국제투자중재와
공공정책

국제투자중재와 공공정책

최신 국제중재판정례 분석

펴낸곳 서울대학교출판문화원
펴낸이 성낙인
지은이 신희택 · 김세진 편저

초판 1쇄 발행 2014년 2월 28일
초판 2쇄 발행 2015년 3월 25일

출판등록 제15-3호
주소 서울시 관악구 관악로 1 우편번호 151-742
대표전화 02-880-5252
팩스 02-888-4148
마케팅팀 02-889-4424, 02-880-7995
이메일 snubook@snu.ac.kr
홈페이지 www.snupress.com
영문홈페이지 eng.snupress.com

ISBN 978-89-521-1474-7 93360

이 책은 서울대학교 법학연구소 국제통상 · 거래법센터에서 기획하였습니다.

국제투자중재와 공공정책

최신 국제중재 판정례 분석

신희택 · 김세진 편저

서울대학교출판문화원

International Investment Arbitration and Public Policy

Edited by

Hi-Taek Shin · Sejin Kim

Seoul National University Press

| 머리말 |

국제연합무역개발회의(UNCTAD)의 통계에 의하면 2012년 말 현재 전 세계적으로 체결된 양자간 또는 지역적 투자보장협정은 3,196건에 달한다. 이들 투자보장협정들은 국제적인 투자의 흐름을 촉진하기 위하여 외국인투자에 대한 실체법적인 보호를 약속하면서, 동시에 절차적으로도 외국인 투자자에게 투자유치국과 분쟁이 있는 경우에 투자유치국을 상대로 국제중재를 통하여 직접 권리구제가 가능하도록 '투자자와 국가간 분쟁해결절차(Investor-State Dispute Settlement Mechanism, ISDS)'를 규정하고 있는 경우가 많다. 이러한 분쟁해결절차의 핵심은 투자유치국이 불특정 다수의 협정 상대국의 투자자에 대하여 투자와 관련된 분쟁이 있을 때 국제중재로 해결할 것에 동의하는 조항이다. 이러한 국가의 사전 중재동의에 따라서, 외국인 투자자가 투자유치국의 투자보장협정상의 의무위반이 있을 때 투자유치국을 상대로 제기하는 중재가 '국제투자협정중재'이다. 국제투자협정중재는 주권국가인 투자유치국과 사경제 주체인 외국인 투자자 간의 국제중재라는 점과 중재에서 다투어지는 핵심적인 쟁점이 투자유치국의 조치가 특정 투자보장협정에 위반되느냐는 점에서 사경제 주체 간의 분쟁인 국제상사중재와는 본질적으로 다른 특징을 지닌다.

우리나라는 1975년에 네덜란드와의 투자보장협정에서 최초로 이 제도를 수용한 바 있으며, 그 이후 우리나라가 체결한 많은 양자간 투자보장협정들에 ISDS 조항이 포함되어 있다. 2011년 우리나라와 미국 간의 자유무역협정(한-미 FTA)의 국내 비준과정에서 일부 정치권과 시민사회에서 투자의 장에 포함되어 있는 ISDS 조항이 독소조항이라고 지적하고, 반대 의견을 표명한 바 있다. 논란의 핵심에는 ISDS 제도가 투자유치국의 공공정책의 수립 및 집행에 대한 심각한 제약으로 작용할 것이라는 우려가 있다.

이 책은 실무계나 학계의 가장 큰 관심사로 떠오르고 있는 ISDS에 관하여 최근 국제투자협정중재사건의 판정문을 심층적으로 검토하여 외국인투자의 보호 및 촉진과 공공정책이라는 두 가지 정책 목표 간의 접점이 어떻게 형성되고 있는지를 확인하여 보자는 목적으로 계획되었다. 최근 국제투자협정중재의 중요한 쟁점에 관한 동향을 파악할 수 있도록 국제투자법 전문가들 사이에 주목을 받은 8개의 대표적인 사례를 선별하여 쟁점별로 검토하였다. 그중 여러 쟁점이 다투어졌던 AWG v. Argentina 사건을 각 쟁점의 주제별로 나누어 분석하였다. 추상적인 법률적 쟁점 이외에 분쟁이 발생하게 된 배경, 특히 중재판정부가 확정한 사실관계를 보다 충실히 소개하고자 노력하였다. 이들 중재판정문들은 중재판정부가 투자유치국의 공공정책과 외국인 투자자의 이익 간의 충돌이라는 추상적이고 원론적인 대립 구도적인 접근을 하기보다는, 공공정책에 관한 투자유치국의 광범위한 주권적 권한을 인정하는 토대에서, 개별 사건의 구체적인 사실관계에 터 잡아 구체적 타당성을 어떻게 구현할 것인가에 관하여 고민하고 있음을 보여주고 있다. 투자유치국의 책임이 인정된 사례에서는 대체로 중재판정부가 투자유치국의 공공정책 그 자체의 문제가 아니라, 공공정책이 수립되고 집행되는 과정에서 외국인 투자자에 대하여 차별적인 조치가 행하여지거나 공공정책의 목적에 비추어 비례의 원칙에 맞지 않게 자의적으로 집행된 것이 문제라는 입장을 확인해 볼 수 있다. 국제투자분쟁의 최신 동향에 관심을 가진 분들께 좋은 길잡이가 되었으면 한다. 그리고 이 책이 소개하고 있는 각 중재판정례들을 심도 있게 정리하여 주신 각 집필자 여러분과 공동편자로서 애써 주신 김세진 변호사께 진심으로 감사의 뜻을 전한다.

2013년 겨울

신희택

| 차례 |

제2장 국제투자협정중재의 사례별 분석

제1장

국제투자와 국제투자협정중재*

* 신희택, 서울대학교 법학전문대학원 교수(2007. 10~현재), 국제투자분쟁해결센터(ICSID) 중재인(2009~현재), 서울국제중재센터 운영위원장(2010~현재), 교육과학기술부 법학교육위원장(2010~2012), 대한변호사협회 섭외이사(1999~2001), 새교육공동체위원회 대학위원회 위원(1998~2000), 외교통상부 국제투자부문 통상교섭 민간자문그룹 자문위원(1998~2006), 중앙교육심의회 위원(1996~1998), 사법연수원 국제거래법 외부강사(1995~2006), 우루과이라운드 서비스 협상 정부 자문 변호사(1990~1993), 김&장 법률사무소 변호사(1980. 10~2007. 9)

| 제1절 |

국제투자의 현황[1]

국제투자는 자본과 기술이 경영과 결합하여 국경을 넘어서 이동한다는 점에서 상품의 국가간 이동과 관련된 국제통상, 자금의 국가간 이동과 관련된 국제금융 및 증권 분야와 구분된다.[2] 국제투자에 관하여 권위적인 통계를 발표하고 있는 국제연합무역개발회의(United Nations Conference on Trade and Development, UNCTAD)의 통계에 의하면, 2011년 말을 기준으로 전 세계적으로 외국인 직접투자(foreign direct investment, FDI)는 누적기준으로 약 20조 4,000억 달러에 이르고 있고, 2011년에만 약 1조 5,000억 달러가 투자되었다.[3]

---

1 국제투자와 관련된 상세한 논의는 신희택, 「투자유치와 해외투자의 법적실무」, 한국국제경제법학회, 『신국제경제법』(보정판), 박영사, 2012, 686~720면 참조.

2 국제투자라고 하면, 외국인의 국내에 대한 직접투자(foreign direct investment 또는 FDI), 국내 기업의 해외투자(overseas direct investment)를 모두 포함하는 개념으로써, 자본과 기술 및 경영이 합체되어 국경을 넘어서 이동한다는 점에서 단순히 투자수익을 목적으로 해외 증권 또는 채권에 투자하는 포트폴리오 투자(portfolio investment)와는 구별된다.

3 UNCTAD, *World Investment Report 2012, Towards a New Generation of Investment Policies* (2012), p. 2 참조. 위 통계는 신규투자(greenfield investment)와 기존 기업의 인수, 합병(merger and acquisition, M&A) 방식의 투자를 모두 합친 숫자이다. UNCTAD는 외국인 직접투자는 전 세계적으로 계속 증가하는 추세를 보일 것으로 예측하고 있다.

전통적으로 국제투자의 흐름은 유럽과 미국 등 선진국의 다국적기업들이 개발도상국 또는 후진국에 투자하는 것으로 인식되어 왔다. 그러나 1990년대 이후 국제투자의 흐름에는 상당한 변화가 눈에 띄고 있다. 투자자 측면에서 전통적인 자본수출국이라고 할 수 있는 미국, 유럽 및 일본의 다국적기업들 이외에 한국, 중국, 인도, 브라질 등 신흥 공업국들의 기업들도 활발하게 해외투자활동을 하면서 투자자 대열에 합류하였다. UNCTAD의 자료에 의하면, 2010년 말 기준으로 최대의 외국인투자유치국은 미국이며, 중국이 그다음을 차지하고 있다. 또한 최대의 해외투자국 역시 미국이며, 중국이 세계 5위의 해외투자국으로 부상하였다.[4] 또한 개발도상국 투자자가 다른 개발도상국에 투자하는 사례도 국제투자 흐름의 상당 부분을 차지한다. 우리나라는 1990년대 이전까지는 외국인투자를 일방적으로 받아들이는 자본수입국의 입장이었으나, 1990년 중반 이후부터 우리나라 기업의 해외투자가 꾸준히 증가하여, 현재는 국제투자의 흐름에 있어서 자본수출국으로서의 지위를 유지하고 있다. 정부의 최근 통계에 의하면,[5] 외국인직접투자가 시작된 1962년부터 2012년 말까지의 외국인 직접투자는 총 55,246건에 누적액수 약 2,035억 달러를 기록하고 있으며, 우리나라 기업에 의한 해외투자는[6] 1980년부터 2011년 말까지 총 117,907건에 누적액수 2,684억 달러에 달하고 있다. 2012년에는 국내에 투자된 외국인 직접투자는 2,865건에 총 163억 달러이며, 국내 기업의 해외투자

---

4 UNCTAD, *World Investment Report 2011*, 표 1-4, p. 4, 및 표 1-9, p. 9 참조. 이 통계에 의하면 우리나라는 2010년 기준으로 세계 19위의 해외투자국이다.

5 산업통상자원부 외국인투자통계: http://www.motie.go.kr/motie/in/it/investstats/investstats.jsp (2013. 10. 6. 최종 방문) 이 웹사이트에서 기간별로 외국인투자 통계를 검색할 수 있다.

6 외교통상부, 주요경제통상통계(2012. 11)

는 2012년에 5,637건에 총 177억 달러에 이르고 있다. 또한 국제적으로 해외투자의 주체도 다양화되고 있는데, 전통적인 해외투자자인 다국적기업들 이외에 사모펀드(private equity fund), 국부펀드(sovereign wealth fund), 국영기업(state owned enterprises) 등이 중요한 투자자로 등장하고 있다. 특히 석유 수출로 많은 외환보유고를 기록하고 있는 중동 국가들과 2000년대 이후 수출로 인하여 막대한 무역흑자를 기록하고 있는 중국의 국부펀드의 역할과 자원 분야에서 해외 기업의 인수에 활발하게 참여하고 있는 이들 나라의 국영기업들의 활동이 국제사회의 주목을 끌고 있다. 우리나라의 기업들과 일부 공기업들도 자원 확보를 위한 해외투자에 나서고 있다.[7]

---

7 우리나라의 공기업인 한국석유개발공사는 2011년 영국의 석유시추회사인 Dana Petroleum사를 적대적인 M&A 방식으로 인수한 바 있으며, 미국과 세계 각지에서 석유개발과 탐사를 위한 해외투자를 적극적으로 하고 있다.

| 제2절 |

해외투자의 위험요소

국제투자가 상품의 흐름을 다루는 국제통상과 구별되는 중요한 요소는 투자유치국과의 관계이다. 국제통상에서는 거래의 대상이 되는 상품에 대한 수출국과 수입국의 수출입규제 및 관세부과 등의 조치가 논의의 중심이다. 일단 상품이 수입국의 국경을 넘어 수입자의 소유 내지 통제 아래 있게 되면, 외국에 있는 수출자와 수입국 간의 관계는 단절되거나 매우 한정적으로 된다. 그러나 국제투자에 있어서는 외국인 투자자의 자본과 기술 및 인력이 국경을 넘은 후에는 투자유치국의 영토 내에서 외국인 투자자의 소유로 장기간 존속하게 되므로, 외국인 투자자와 투자유치국 간의 관계가 매우 장기적이라는 점에서 국제통상과는 다른 차원의 여러 가지 법률적 문제가 발생하게 된다. 투자유치국의 입장에서는 외국인 소유의 기업이 국내에 투자를 하여 고용을 하는 등 국내 경제에 긍정적인 영향을 미친다는 점은 환영할 만하나, 한편 그 영향력이 너무 커져서 정치 사회적인 부담으로 작용할 가능성에 대하여 항상 염려를 하지 아니할 수 없다. 한편 외국인 투자자의 입장에서는 상당한 자본과 기술 또는 인력이 장기적으로 투자유치국의 입법, 행정 및 사법적 관할에 놓일 수밖에 없다는 점에서 우려가 없을 수 없다. 외국인 투자자와 투자유치국 간에 투자가 이루어지기 전까지는 외국인 투자자가 투자유치국에 대하여 상당한 정도의 협상력을 가지게 되나, 일단 투자가 이루어진 이후에는 외국인 투자자의 투자유치국에 대한 협상력이 상대적으로 약화되는 경우가 많다. 일단 투자가 이루어지고 나면, 장기적인 투자의 성격상 쉽게 철수할 수가 없기 때문이다. 통상 해외투자에 수반되는 위험으로는, 외국인투자 또는 민간투자자에 대한 이념적인 적대감(예컨대, 사회주의 전통이 강한 국가에 투자할 때), 국수주의(nationalism), 인종 간 갈등이나 종교적인 갈등, 인권 문제와 환경 문제, 정부에 의한 일방적인 계약 파기 또는 변경, 외국인투자의 전제가 되었던 법제도의 일방적인 변경, 투자유치국의 열악한 사법제도 수준, 정치적인 불안정과 정권 교체 등을 들 수 있다.[1]

해외투자의 위험은 사회제도가 선진화되어 법적 안정성이 보장되어 있고, 사법제도가 완비되어 있는 선진국에 투자를 하는 경우에 비하여, 개발도상국 내지 저개발국가로 갈수록 커지기 마련이다. 정치적인 불안정이나 정권 교체는 전 정권이 허가한 사업 또는 그 조건에 대한 전면 재협상 요구, 일방적 변경 내지 폐기 또는 불이행으로 이어질 수 있다. 무엇보다 해외투자에 있어서 가장 어려운 점은 투자유치국의 일방적이고 자의적인 공권력 행사가 외국투자자의 재산권을 침해하거나 영업활동에 커다란 손해를 끼칠 경우에 외국인 투자자에게는 사실상 효과적인 구제수단이 없다는 점이다. 만약 투자유치국의 공권력 행사가 국내의 정치적인 분위기에 따라 자의적이고, 불투명하고, 불확실한 방식으로 행하여진다면, 외국인 투자자 입장에서는 투자유치국의 사법부로부터 공정한 권리구제를 기대하기는 힘든 것이 현실이다.

---

1 해외투자에 수반하는 위험에 대한 상세한 분석은 M. Sornarajah, *The International Law on Foreign Investment* (3rd edition, 2010), p. 69 이하 참조.

| 제3절 |

국제적 규범을 도출하려는 노력

전통적으로 국제관습법(customary international law)은 투자유치국이 외국인 투자자에 대하여 문명국 간에 인정되는 최소한의 대우를 할 의무가 있으며, 이러한 의무를 위반하여 외국인의 신체 또는 재산권에 대한 침해를 한 경우에는 국가가 이를 배상할 의무가 있음을 인정하고 있다. 그러나 이러한 국제관습법의 존재 여부 및 정확한 내용에 관하여서도 논란이 있을 뿐 아니라, 국제법은 권리구제의 방법에 관하여서도 그다지 효율적인 방법을 도출하지 못하였다. 외국인이 권리침해를 받았을 때 국제법상 외국인은 투자유치국에 대하여 직접적인 제소권을 인정받지 못하고 있으며, 다만 일정한 요건이 충족되었을 때 외국인 투자자의 본국이 투자유치국을 상대로 외교적 보호권을 행사할 수 있을 뿐이다. 외교적 보호권의 행사는 본국의 권리이고, 외국인 투자자의 권리가 아니라는 점에서 외국인 투자자의 입장에서는 확실한 권리구제라고 하기 어렵다. 국제사법재판소(International Court of Justice)에서 다루어졌던 Barcelona Traction 사건[1]은 외국인 투자자가 외교적 보호권에 의

1 *Case concerning the Barcelona Traction, Light and Power Company* (Belgium v. Spain) [1970] ICJ Rep 44. 이 사건은 벨기에 정부가 스페인에 투자한 캐나다 법인의 주주

존할 때(특히 본국이 정치적 영향력이 그리 크지 아니한 국가인 경우) 권리구제가 얼마나 어려운지를 단적으로 보여주는 사례라고 할 수 있다. 다른 한편으로는 과거에 외교적 보호권의 행사는 무력행사를 포함하였기 때문에, 투자유치국 역시 강대국의 자의적인 외교적 보호권 행사의 위협에 놓여 있었다. 실제로 1956년에 이집트의 나세르 대통령이 수에즈 운하의 운영권을 국유화하였을 때, 외국인 투자자의 본국인 영국과 프랑스가 군대를 동원하여 수에즈 운하를 점령한 바가 있었다. 외국인 투자자의 본국이 외교적 보호권을 행사하게 되면, 투자자와 투자유치국 간의 투자분쟁이 양국간의 정치 · 외교적인 분쟁으로 비화하게 될 가능성이 커진다는 점도 문제가 된다. 이러한 국제법의 현실적인 한계를 인식하여, 국제투자 규범에 대한 논의가 시작되었다. 이러한 국제적 규범으로는 다자간 협약, 지역적 협약, 양자간 투자보장협정, 그리고 법적 구속력이 없는 선언 · 지침 등이 다양한 차원에서 논의되었는데, 이하에서는 다자간 협약과 양자간 투자보장협정에 대하여 간략하게 살펴본다.

국제적 규범을 도출하려는 이유는 나라마다 다르다. 전통적인 자본수출국들은 무엇보다 자국 투자자의 보호를 중요시한다. 자국 투자자의 재산이나 신변의 안전을 보호하기 위한 실체적 기준을 명시하는 것은 물론, 투자유치국의 국내 법원보다 중립적인 국제적 분쟁해결절차를 보장받고자 한다. 나아가 다른 나라들의 시장 개방을 이끌어 내서

인 벨기에 국민을 위하여 외교적 보호권을 행사하여 스페인을 상대로 국제사법재판소에 제소하였던 사건이다. 국제사법재판소는 오랜 검토 끝에, 투자자가 캐나다 회사이므로, 벨기에는 그 주주인 벨기에 국민을 위하여 스페인을 상대로 외교적 보호권을 행사할 수 없다는 결론을 내렸다. 이 사건에 대한 평석 중 대표적인 것은 F.A. Mann, *The Protection of Shareholders' Interests in the Light of the Barcelona Traction Case*, 67 American Journal of International Law 259 (1973) 이하 참조.

자국 투자자의 해외진출 기회를 넓히고, 국제투자의 흐름을 활성화시키고자 한다. 반면 자국의 경제발전을 위한 국내자본이 부족한 자본수입국들은 한편으로는 외국인투자를 유치하여 이를 경제발전에 활용하기를 원하여 외국인투자에 대한 보호를 약속하고, 조세감면 등 투자와 관련한 각종 혜택을 부여하고 있다. 동시에 국가의 경제발전에 대한 외국인투자의 혜택을 최대화하면서 부작용을 최소화하려는 노력을 하고 있다. 특히, 강력한 경제력을 가지고 있고, 본국의 정치적 힘에 의존할 수 있는 다국적기업들에 대하여 적절한 투자재산의 보호를 약속하면서도, 그러한 약속이 너무 지나치게 확대 해석되어 국가의 경제주권에 제약을 주지 않도록 적절한 균형점을 모색하고, 국내 경제가 지나치게 외국인 투자자들에게 예속되지 않도록 다양한 규제를 시도한다. 이러한 고민들이 국제적 규범의 협상에 그대로 반영되고 있다. 그러나 앞에서 본 바와 같이 최근 자본수출국과 자본수입국 사이의 경계가 매우 불분명해지고, 국가간의 이해관계 역시 매우 복잡해지는 양상을 보이고 있다.

1. 다자간 투자협정(Multilateral Investment Treaty)을 체결하려는 노력

가. 하바나 헌장(Havana Charter)

제2차 세계대전 종전 후 세계평화의 유지를 위하여 국제사회는 세 가지의 중요한 국제기구의 설립을 시도하였다. 정치적 안정을 도모하기 위한 국제연합(United Nations)과 국제통화와 환율의 안정을 도모하기 위한 국제통화기금(International Monetary Fund, IMF)과 국제부흥개발은행

(International Bank for Reconstruction and Development)[2]은 원래 취지대로 설립되어 현재까지 중요한 역할을 해 오고 있다. 한편 제2차 세계대전 발발의 중요한 경제적인 원인이 되었다고 생각되는 세계무역의 블록화 현상을 타파하여 무역과 투자를 전 세계적으로 촉진하자는 취지에서 논의되었던 국제무역기구(International Trade Organization, ITO) 설립은 진통 끝에 1948년 국제무역기구헌장(Havana Charter, 이하 "하바나 헌장")이 서명되었음에도 불구하고, 미국의 비준 실패로 결국 무산되었다. 하바나 헌장은 국제무역과 함께 투자를 촉진하고자 하는 목적으로 투자 보호에 관한 규정을 포함하였으나, 협상에 참여한 다양한 이해관계를 가진 국가들의 의견을 반영하기 위하여 너무 낮은 수준의 투자자 보호기준을 설정함으로써, 미국을 비롯한 자본수출국의 지지를 받지 못한 것이 실패의 주된 원인으로 지적되고 있다. 이로써 투자에 대한 다자간의 국제적인 규범을 도출하려는 초기의 노력은 실패로 돌아갔고, 국제무역기구가 설립될 때까지 잠정적인 무역협정으로 1948년에 발효하였던 관세와 무역에 관한 일반협정(General Agreement on Tariffs and Trade, GATT)만이 상품 교역을 규율하는 통상협정으로 존속하게 되었다.[3]

나. 국제연합(UN)

1974년 5월 국제연합총회에서 77 Group(Group of 77)의 주도로 '새로운 국제경제질서(New International Economic Order)'를 선언하는 결의가 채택되었다. 새로운 국제경제질서를 선언하는 국제연합총회 3201호 결

2 통상 세계은행(World Bank)으로 약칭하고 있다.

3 국제투자무역기구의 설립을 위한 협상의 배경 및 과정에 관하여서는 Andreas F. Lowenfeld, *International Economic Law* (2nd edition, 2008), pp. 25~28 참조.

의와 함께 이를 실행하기 위한 구체적인 방안들을 담은 3202호 결의가 같은 날 채택되었다. 위 총회 결의들은 기본적으로 투자유치국에 주권이 있다는 점을 확인하고, 다국적기업들이 투자유치국의 개발목표를 존중하고 투자유치국의 법을 준수해야 한다는 것을 의무로 규정할 것을 시도하였다. 이러한 국제연합을 통한 시도는 종전의 자본수출국들에 의한 외국인 투자자에 대한 보호를 강화하기 위한 노력과는 상반된 관점에서 출발한다. 외국인투자에 대한 보호의 관점이 아니라, 다국적기업의 국내 정치 개입 및 불공정 거래 관행에 대하여 국제적인 규제를 할 필요가 있다는 신생국 및 비동맹 국가들의 정치적 시각의 집합적 표현이라고 볼 수 있다. 그 후 국제연합에서는 다국적기업과 투자유치국의 권리 · 의무에 대하여 상세히 규정하고자 법률적으로 구속력이 있는 구체적인 행동규범(code of conduct)의 초안 작업에 들어갔다. 국제연합 초국적 회사에 관한 센터(UN Centre on Transnational Corporations, UNCTC)라는 기구에서 이 작업을 맡았는데, 1977년부터 협상을 진행하였으나 다국적기업을 어떻게 정의하고, 어떤 법률적인 의무를 규정하고, 의무불이행에 대하여 어떤 조치를 할 것인지 등에 관하여 선진국과 77 그룹간에 합의점을 찾기가 어려웠다. 결국 1992년 UNCTC에서 공식적으로 초안 작업을 포기하기에 이르렀다. 이는 중요한 쟁점들, 예컨대 위 행동규범과 기존 국제법 사이의 관계, 위 행동규범을 집행하는 데 있어서 국제연합의 역할 등에 대하여 선진국과 개도국 간에 합의를 이루지 못하였기 때문이다.

다. 경제협력개발기구(OECD)의 움직임

UN에서의 다국적기업에 대한 법률적인 규제 움직임에 대하여 선진국들의 모임인 경제협력개발기구(Organization for Economic Co-operation and Development, OECD)는 1976년 국제투자 및 다국적기업에 관한 선언(The OECD Declaration and Decisions on International Investment and Multinational Enterprises)을 채택하여 선제적으로 대응하였다. 그 핵심적인 내용은, 내국민대우(National Treatment)와 다국적기업에 대한 지침(OECD Guidelines for Multinational Enterprises)[4]이다. OECD 회원국들이 다국적기업에 대하여 내국민대우를 약속하는 대신 다국적기업들에 대하여 영업활동에 관련하여 권고하는 사항을 지침으로서 채택한 것이다. 내국민대우는 회원국들 간에 법적 구속력이 있는 의무로 합의하였으나, 다국적기업에 대한 지침은 법적 구속력이 없고 OECD의 회원국 정부가 공동으로 다국적기업에 대하여 권장하는 법적인 구속력은 없는 지침(guidelines)으로 정하였다. 다국적기업에 대한 지침은 다국적기업의 활동으로 인한 부정적 영향을 최소화하고 다국적기업의 사회적 책임(social responsibility)을 강화하기 위한 목적으로 만들어진 것으로서, 책임 있는 기업행동에 대한 자발적 원칙과 기준을 제시하였다. 요약하자면, 다국적기업은 사회적 · 경제적 · 환경적 목표들 사이의 조화를 보장하는 지속가능한 발전을 위해 최선의 관행정책(best practices policies)을 수행해야 할 책임이 있고, 이렇게 많은 다국적기업들이 높은 수준의 기업행동 기준을 준수하면 국제사회가 성장한다는 내용이다. OECD는 이러한 지침을 통하여 다국적기업들이 사회적 · 경제적 · 환경적 발전에 긍정적인 기여를 할 수 있도록 장려하고, 이들의 다양한 활동이 초래할 수 있는 문제들을 최소화하려고 하였다. OECD의 다국적기업에 대한 지침은 1976년 최초 채택 이후에 전 세계적으로 기업의 사회적 책임에 관한 논의의 발전

4 OECD Guidelines for Multinational Enterprises는 1976년 최초 채택 이후 수차례에 걸쳐서 개정되었다. 가장 최근의 개정은 2011년 5월 25일자로 채택된 Declaration on International Investment and Multinational Enterprises의 Part 1을 구성하고 있다.

에 큰 계기가 되었다.

라. 우루과이 라운드와 GATS(General Agreement on Trade in Services)

투자에 대한 다자간 협정을 체결하려는 노력은, 우루과이 라운드에 이르러 상당한 진전을 보였다. 우루과이 라운드에서는 서비스 교역에 대한 국제적인 규범인 서비스에 관한 일반 협정(General Agreement on Trade in Services, GATS)의 협상을 성공적으로 타결하였다. 당시 서비스산업의 성장과 국제 서비스 교역의 증대에 따라 국가간 서비스 교역에 있어서 적용될 국제적인 규범이 필요했기 때문이다. 또한 우루과이 라운드에서는 해외로부터 투자를 받아들일 때 기술이전 요구, 특정 부품 국내에서의 제조 요구 등을 덧붙이는 조치(Trade-Related Investment Measures)를 규제하는 규범도 마련하였다. 이는 무역과 관련된 투자에 관한 투자유치국의 조치를 규율한다는 제한적 의미에서 다자간의 투자에 관한 협정이라고 할 수 있다.

GATS는 서비스 교역의 한 형태로 서비스 분야의 투자에 대하여도 적용되는 규범이기 때문에 국제투자의 관점에서도 매우 중요하다. GATS는 투명성 제고 및 점진적인 자유화를 통한 서비스 교역의 증진, 효율적인 자원 배분 및 거래 비용의 감소, 세계 경제성장 및 발전이라는 목표하에 만들어졌다. GATS는 서비스 교역을 네 가지로 분류하고 있는데, ① 국경 간 거래(Mode 1), ② 해외에서의 소비(Mode 2), ③ 상업적 주재(Mode 3)와 ④ 자연인의 주재(Mode 4)가 바로 그것이다. 상업적 주재는 서비스업자가 국내에 진출하여 소비자들에게 서비스를 제공하는 것을 말한다. 이는 서비스 교역의 한 형태로 분류되었으나, 그 실질에 있어서는 서비스업에 관한 외국인 직접투자이다.

GATS는 시장 개방(Market Access)과 내국민대우(National Treatment)에 관한 구체적인 약속을 담고 있고, 약속한 사항에 대한 최혜국대우(Most-Favoured-Nation Treatment)를 보장하고 있다. 그러나 서비스 사업자가 상업적 주재를 통하여 투자유치국에 투자한 재산을 어떻게 보호할지에 대한 보호기준에 관하여서는 아무런 언급을 하지 않고 있기 때문에, 서비스산업에 대하여 시장 개방과 그 조건에 국한된 제한적인 다자간 투자협정의 성격을 띤다고 할 수 있다. 국제투자법의 관점에서 GATS는 외국인 직접투자에 해당하는 상업적 주재를 서비스 교역의 한 형태로 포함시키고, 이에 대한 시장 개방, 내국민대우 및 최혜국대우라는 합의를 이끌어 냈다는 점에서 큰 의의가 있다.

마. OECD의 새로운 시도 — Multilateral Agreement on Investment

우루과이 라운드가 성공적으로 타결되어, 1995년 세계무역기구(World Trade Organization, WTO)가 출범한 이후, OECD는 Multilateral Agreement on Investment(MAI)라는 이름의 다자간 투자협정의 협상을 시도하였다. 당시 선진국들은 구소련을 비롯한 공산권의 몰락과 소위 워싱턴 합의(Washington Consensus)로 대변되는 신자유주의적인 사조의 등장 및 우루과이 라운드의 타결과 WTO의 출범이라는 시대적 배경 속에서 다자간 투자협정의 도출도 가능할 것이라는 희망을 가지고 있었다. 개발도상국과 시장경제로 전환을 모색하는 동구권의 전환경제국들 역시 경제개발을 위한 외국인투자 유치의 필요성을 인식하고 있었다. 그 어느 때보다 다자간 투자협정에 대하여 논의할 수 있는 분위기가 만들어졌다. 이러한 배경 아래 MAI는 외국인 투자자에 대한 보호와 대우에 관하여 보다 강화된 기준을 설정하고, 외국인 투자자에 대한 높은 수준의 시장 개방과 투자자-국가 간의 중재를 통한 효과적인 분쟁해결 수단의 확보 등을 목표로 하여 협상을 진행하였다. 그러나 결과적으로 MAI 협상은 실패하였다. 그 이유로는 여러 가지를 들 수 있다. 먼저, 고도의 정책적 판단이 요구되는 다양한 투자자 보호와 관련된 쟁점에 대하여 선진국과 개발도상국 사이는 물론 선진국 사이에서도 견해 대립이 심했다. 선진국들의 기구인 OECD가 과연 국제적인 투자규범을 협상하는 장으로서 적절한지에 대한 의문도 있었고, 적성국과의 무역을 통제하기 위한 미국의 헬름스 버튼(Helms-Button)법의 역외적용과 관련된 미국과 EU 국가 간의 분쟁도 한 몫을 했다. 또한, 당시 시민단체 및 국제사회 전반의 세계화에 대한 강력한 반발 분위기, MAI 협상 과정에서 일어난 동아시아의 외환위기도 협상 실패의 원인으로 꼽히고 있다. 비록 MAI 협상은 공식적으로 중단되었으나 MAI 협상 과정에서 논의되었던 내용들은 OECD의 공식자료로 잘 정리되어 남아 있고[5] 실제로 MAI의 주요 내용들이 그 후에 체결된 많은 양자간 투자보장협정(Bilateral Investment Treaty, BIT) 등에 반영되고 있다.

하바나 헌장에서 시작된 국제적으로 투자 보호를 위한 규범을 도출하려는 다자간 투자협정 체결 시도는 OECD에서의 MAI 협상 실패를 끝으로 일단 막을 내렸다. 다자간 투자협정을 만드는 데 실패한 이유에는 여러 가지가 있겠지만, 무엇보다 국제투자가 국제통상과는 달리 각국의 규제와 외국인투자의 보호 간 접촉면이 시간적으로도 장기간이

5 MAI 협상과 관련된 각종 자료는 http://www.oecd.org/investment/internationalinvestmentagreements/multilateralagreementoninvestment.htm 참조 (2013. 10. 6. 최종 방문)

고, 내용적인 측면에서도 매우 넓었기 때문에 서로 상충되는 이해관계를 가진 국가들 사이에 합의를 도출하기가 매우 어려웠다는 점을 들 수 있다. 그러나 여전히 외국인투자의 보호 문제를 국내법이 아니라 국제법적으로 해결할 필요성이 절실하였으므로, 특히 자본수출국들과 해외자본유치가 절실한 국가들이 다양한 이해관계를 조율해야 하는 다자간 협상이 아니라 이해관계가 일치하는 양 당사자 간의 개별 협상을 통해 양자간 투자보장협정(Bilateral Investment Treaty, BIT)을 체결함으로써 외국투자자의 보호 문제를 해결하고자 하였다. 아래에서는 이러한 BIT에 대하여 살펴본다.

2. 양자간 투자보장협정(BIT)

가. 최근 경향

UNCTAD 통계에 따르면, 2012년 말 기준으로[6] 2,857개의 BIT와 339개의 기타 국제투자협정[7]이 있다. 독일이 135개의 쌍무적 투자보장협정을 체결하여 가장 많고, 중국이 125개로 그다음을 차지하고 있다. 종전에는 선진국과 개발도상국 사이의 BIT가 대부분이었는데, 1980년대 이후 개발도상국 간의 BIT도 급격하게 증가하고 있다. 상당수의 국가들이 BIT에 관하여 표준안을 마련하여 놓고, 협상의 지침으로 활용

---

6 UNCTAD, *World Investment Report* 2013, p. 101.

7 339개의 기타 국제투자협정은 ASEAN 협정 등과 같은 지역 간 협약(regional economic agreement)과 자유무역협정(Free Trade Agreement, FTA)에 포함되어 있는 투자 규정들을 모두 합친 것이다.

하고 있다.[8] 우리나라는 1964년에 독일과 최초로 투자보장협정을 체결하였다. 외교부 자료에 의하면,[9] 2013년 9월 현재 우리나라는 93개국과 투자보장협정을 체결하였으며, 이 중 87개가 발효되었다.

여전히 투자 문제에만 국한하여 독립된 투자보장협정의 형태로 체결되는 양자간의 BIT가 주류이나, 최근 2000년대 이후에 체결되는 쌍무적 또는 지역적 자유무역협정에 투자의 자유화 및 보호에 관하여서 별도의 장을 포함시키는 경우가 증가하고 있다. 자유무역협정(free trade agreement, 이하 "FTA")은 상품과 서비스의 교역 및 투자자유화 및 보호를 단일협정에 포함시킴으로써 무역과 투자의 연관성을 강화하려는 목적을 가지는데, 이러한 유형의 효시로는 미국, 캐나다와 멕시코 간에 체결되어 1994년에 발효된 북미자유무역협정(North American Free Trade Agreement, NAFTA)[10]을 들 수 있다. 우리나라가 맺은 자유무역협정의 거의 대부분이 별도의 투자에 관한 장을 두고 투자의 자유화 및 보호에 관하여 상세하게 규정하고 있다.[11] 예컨대 2012년 3월에 발효된 한미 FTA는 제11장에서 투자에 관하여 규정하고 있다.

---

8 세계 주요 국가의 표준 BIT(Model BIT)안에 관한 포괄적인 분석에 관하여서는 Chester Brown 편, *Commentaries on Selected Model Investment Treaties* (2013) 참조. 우리나라는 대외 협상의 기밀성을 이유로 표준 BIT안을 공개하지 아니하고 있다.

9 우리나라의 투자보장협정 체결 현황은 외교부 웹사이트 참조. http://www.mofa.go.kr/trade/economy/agreement/status/index.jsp?menu=m_30_160_10&tabmenu=t_2 (2013. 10. 11. 최종 방문)

10 NAFTA 현황에 관하여서는 미국 USTR의 웹사이트 관련 부분 참조. http://www.ustr.gov/trade-agreements/free-trade-agreements/north-american-free-trade-agreement-nafta (2013. 10. 11. 최종 방문)

11 우리나라가 체결하여 발효된 9개의 FTA 중에서 한-EU FTA 및 한-터키 FTA를 제외한 7개의 FTA가 투자에 관한 별도의 장을 두고 있다. 우리나라의 FTA 체결 현황에 관하여서는 산업통상자원부 웹사이트 참조. www.fta.go.kr/new2/ftakorea/ftakorea2010.asp (2013. 10. 11. 최종 방문)

나. 유형

BIT는 크게 유럽형 BIT와 미국형 BIT의 두 가지 유형으로 나누어 볼 수 있다. 1959년 서독이 파키스탄과 체결한 것을 시작으로 유럽의 전통적인 자본수출국인 스위스, 네덜란드, 이탈리아, 영국, 프랑스 등이 주도하여 주로 개발도상국들과 BIT를 체결하여 왔다.[12] 유럽형 BIT는 10~15개 조문 이내의 비교적 간략한 형태로 주로 외국인투자 보호에 관한 법적인 기준을 명시하는 데 치중한다. 가장 핵심적인 조항은 수용(expropriation)으로부터의 보호조항으로서, 투자유치국은 일정한 조건을 충족하는 경우에 공공정책을 위하여 외국인 투자자의 재산을 수용 또는 국유화할 수 있음을 명시하고, 그 대신 외국인 투자자에 대하여서는 비차별적인 대우와 신속하고 적절한 보상을 보장하는 내용이다. 외국인 투자자에 대한 투자 기회의 부여는 법적인 의무가 아니라 상호 노력하자는 정도로 규정하는 반면, 외국인투자 보호에 관한 부분은 법적 구속력이 있는 것으로 정하고 있다.

미국형 BIT는 다시 두 가지 유형으로 나뉜다. 먼저, 비교적 옛 모델인 우호통상 및 항해조약(Agreements on Friendship, Commerce and Navigation, 또는 FCN Treaty)이 있다. 미국은 1945년부터 1966년 사이에 21개의 FCN Treaty를 맺은 바 있다.[13] 미국은 FCN Treaty의 후속 유형으로서 1980년대 초반 미국형 BIT 표준안을 만들었고, 1982년 이집트와 최초

---

12 스위스는 1961년 튀니지와 최초로 BIT를 체결하였다. 네덜란드는 1963년 최초로 튀니지와 BIT를 체결하였다. 이탈리아는 1964년 최초로 기니(Guinea)와 BIT를 체결하였다.

13 우리나라는 미국과 1956년 우호통상 및 항해조약(Treaty of Friendship, Commerce and Navigation between the Republic of Korea and the United States of America)을 체결한 바 있다.

로 BIT를 체결하였다. 미국의 BIT 표준안은 여러 번의 개정 작업을 거쳐 현재는 2012년 Model BIT를 사용하고 있다.[14] 미국 역시 주로 개발도상국들과 BIT를 체결하고 있는데, 내국민대우, 최혜국대우, 수용으로부터의 보호 등 실체적 보호 내용 면에서는 유럽형과 유사하나, 규정의 구체적인 문안 및 구체성의 정도에서는 유럽형 BIT 모델보다 상당히 자세하다는 차이가 있다. 또한 미국형 BIT는 외국인 투자자에 대한 투자자유화를 법적 의무로 규정하려는 의도에서 외국인 투자자의 설립(establishment) 및 투자유치국 내의 기존 기업의 인수에 있어서도 내국민대우(national treatment)와 최혜국대우(most favoured nation treatment)의 원칙을 적용하고 있다는 점이다. 즉 투자자유화를 법적으로 구속력 있는 약속으로 규정하고 있다. 그 외에 투자유치국이 투자와 관련하여 부과하는 이행요건(performance requirement)의 금지, 외국인 투자자의 대외 송금의 자유 등에 관하여 매우 상세한 조항들을 두고 있는 것이 특징이다.[15]

다. BIT의 내용

아래에서는 우리나라가 최근 체결한 BIT 중에서 거의 표준형에 가깝다고 판단되는 쿠웨이트와의 BIT[16]를 예로 들어 BIT에 통상 포함되는 내용을 설명하기로 한다.[17]

---

14 2012 U.S. Model BIT 문안은 USTR website에 게시되어 있다. http://www.ustr.gov/sites/default/files/BIT%20text%20for%20ACIEP%20Meeting.pdf (2013. 10. 18. 최종 방문)

15 미국의 BIT에 관한 상세한 분석은 Kenneth J. Vandevelde, *U.S. International Investment Agreements* (2009) 참조.

16 대한민국 정부와 쿠웨이트 정부 간의 투자의 증진 및 상호보호에 관한 협정, 2004년 7월 15일 서울에서 서명, 2007년 8월 31일 발효(조약 제1863호).

17 우리나라 BIT에 대한 상세한 분석은 "Hi-Taek Shin, Republic of Korea", in Chester

(1) 협정의 명칭

약간의 차이가 있으나, "투자의 증진 및 상호 보호"를 목적으로 한다는 점을 명시한 협정이 대부분이다. 다만 미국형 BIT 유형으로써 외국인투자에 대한 개방 약속을 포함하고 있는 한국-일본 간의 BIT[18]는 "투자의 자유화 증진 및 보호"라는 명칭을 쓰고 있다.

(2) 전문

BIT는 당사자들 사이에 왜 이러한 협정을 체결하는지 그 배경과 목적을 설명하는 전문으로 시작된다. 투자의 장려 및 상호 보호를 통한 두 체약 당사국의 경제협력 발전 도모 등 조약을 체결하는 목적을 간략하게 기재하고 있다. 이 전문은 구체적으로 투자자에 대한 보호의 기준과 관련된 조약의 조문을 해석하는 데 참고가 될 수 있다.

(3) 정의조항

협정에서 사용되는 중요한 개념을 정리하는 정의조항이 통상 전문 다음에 등장한다. 한-쿠웨이트 BIT는 제1조(정의)에서 '투자', '수익', '투자자', '청산', '영역', '자유태환통화' 및 '지체 없이'에 대한 정의를 두고 있다. 정의조항에서 가장 핵심적인 개념은 당해 협정에 의하여 보호되는 투자(investment)와 투자자(investor)이다. BIT에서는 일반적으로 투자를 매우 넓게 포괄적으로 정의하고 있는데, 통상의 외국인 직접투자(FDI)의 개념보다는 훨씬 넓게 규정한다. 예컨대 한-쿠웨이트 BIT는 투자를 "일방 체약 당사자의 투자자가 타방 체약 당사자의 영역 안에

Brown 편, *Commentaries on Selected Model Investment Treaties* (2013), pp. 393~424 이하 참조.

18 대한민국 정부와 일본국 정부 간의 투자의 자유화 증진 및 보호를 위한 협정, 2002년 3월 22일 서울에서 서명, 2003년 1월 1일 발효(조약 제1614호).

서 투자한 모든 종류의 자산 및 권리를 말하며, 특히 다음 각목의 사항을 포함하나, 이에 한정되지 아니한다"라고 매우 포괄적으로 규정하고 있다. 그 예시로서 "유형 및 무형의 재산, 동산 부동산과 리스 저당권 유치권 및 질권 그 밖의 재산권" 및 기타 청구권 및 지적재산권 등을 들고 있다. BIT에서 투자자란 투자를 하는 개인 또는 기업을 의미하는데, 투자자의 국적에 의하여 특정 BIT의 보호대상인지 여부가 결정된다.

국제투자협정중재에 있어서는 투자와 투자자의 정의는 중재기관과 중재판정부의 관할 범위를 결정하는 매우 중요한 개념이다. 투자는 물적 관할의 범위를, 투자자는 인적 관할의 범위를 결정하는 요소가 된다.

이 책에서 검토 대상인 중재판정 중에서 제2장 제2절에서 다룰 Saba Fakes v. Turkey 사건과 Micula et. al. v. Romania 사건은 자연인의 국적과 관련하여 ICSID 중재판정부의 인적 관할이 다투어진 사안이다. 제2장 제3절에서 다룰 Global Trading v. Ukraine 및 Phoenix Action v. Czech 사건은 물적 관할의 문제로서 투자의 정의가 다투어진 사건이다. Global Trading 사건은 투자와 일반 상사거래의 채권을 어떻게 구분할 것인가가 쟁점이 된 사건이다. Phoenix 사건에서는 기본적으로는 투자자가 기만적인 방법으로 내국투자자와 정부 간의 분쟁을 외국인 투자자와 투자유치국 간의 국제투자분쟁으로 전환시킨 경우에 이를 특정 BIT의 보호를 받는 투자로 인정할 것인가가 쟁점이 된 사건이다.

(4) 투자촉진(promotion of investment) 또는 투자자유화(investment liberalization) 약속

앞서 살펴본 바와 같이, 유럽형 BIT는 체약 당사국 상호 간에 투자를 촉진하거나 상대방 투자자에게 투자를 허용하기 위해 노력하겠다는 약속만 할 뿐 투자 개방을 법적인 의무로 규정하지 않는다. 예컨대 한-쿠웨이트 BIT 제2조(투자의 증진 및 보호) 제1항에서는 "각 체약 당사자는 자국 영역 안에서 자국의 적용 가능한 법령에 따라 타방 체약 당사자의 투자자에 의한 투자를 허용하고 촉진한다"라고 규정하고 있다. 따라서 투자를 허용할 것인지 여부는 각 당사국의 국내법에 따라서 결정된다. 반면, 미국형 BIT는 투자의 설립, 인수, 확장, 운영 및 기타 영업활동에 대하여 내국민대우 및 최혜국대우의 원칙을 적용한다는 약속을 규정한다.[19] 내국민대우는 외국투자자에게 투자유치국의 국민과 비교하여 차별 없이 대우한다는 약속을 의미하고, 최혜국대우는 제3국의 국민과 비교하여 국적을 이유로 차별대우를 하지 않겠다는 약속을 의미하므로, 투자의 설립과 인수에 관하여 내국민대우 및 최혜국대우를 한다는 의미는 내국민과 동일하게 투자의 설립 및 인수를 할 수 있다는 것이며, 이는 실질적으로 투자자유화 약속을 의미한다. 미국형 BIT에서는 내국민대우와 최혜국대우에 대한 예외가 있다면 이를 부록에 negative list 방식으로 상세하게 열거하는 방식을 취하는데, 이러한 예외를 비합치조치(non-conforming measures)라고 부른다.[20] 이러한 미국형 BIT의 경우에 특정 분야에 대한 외국인투자를 허용하지 않는 것이 당사국의 정책이라면, 그 분야를 비합치조치로서 부록에 명확하게 기재하는 것이 필수적이다. 비합치조치로서 부록에 기재하여 놓지 아니한 분야에 관하여서는 원칙적으로 외국인 투자자의 투자를 내국민대우와 최혜국대우 원칙에 따라서 허용하여야 할 법적인 의무를 진다.

(5) 외국인 투자자의 보호

외국인 투자자의 보호를 위하여 BIT의 핵심적인 실체적 보호기준으로서 통상 다음과 같은 규정이 있다.

---

19 예) 한-일 BIT 제2조.

20 예) 한-일 BIT 제4조, 제5조.

(가) 차별금지

외국인 투자자 및 외국인이 투자한 국내 회사의 운영과 관련하여 내국민대우 및 최혜국대우를 규정한다. 한-쿠웨이트 BIT 제3조 제1항은 "각 체약 당사자는 자국의 영역 안에서 타방 체약 당사자 투자자가 행한 투자의 운용 · 관리 · 유지 · 사용 · 향유 또는 처분과 관련하여 자국 투자가의 투자 또는 수익 또는 유사한 상황에서 부여하는 대우 또는 제3국의 투자자의 투자 또는 수익에 대하여 부여하는 대우 중 보다 유리한 것보다 불리한 대우를 하지 아니한다"라고 규정하고 있다. 최혜국대우에 관하여서는 이 조항이 실체적인 문제에만 적용되는 것인지, 아니면 투자자-국가 간의 분쟁해결절차에 관한 조항에도 적용되는가에 대하여 논란이 있다. BIT가 이 점을 분명하게 규정해 놓은 경우에는 문제가 없으나, 많은 BIT들이 이 점을 명확하게 규정하지 않고 있어서, 실제 중재사건에서 많이 다투어지고 있고, 중재판정례도 일관성을 보이지 못하고 있다. 제2장 제7절에서 검토할 Impregilo v. Argentina 사건은 이 문제가 다투어진 대표적인 사건이다. 특히 중재판정부의 다수의견은 분쟁해결절차에 관하여서도 최혜국대우 조항이 적용된다는 입장인데 반하여, 중재판정부의 일원이었던 Stern 교수는 별개의 반대 의견을 내면서 매우 상세하게 반대 논거를 설시하고 있다.

(나) 수용의 조건과 보상

투자유치국의 수용이나 국유화로부터 어떻게 보상을 받을지의 문제는 BIT의 핵심조항이다. 일반적으로 수용의 개념에 간접수용(indirect expropriation)도 포함시키는데, 간접수용이란 사실상 수용과 비슷한 효과를 가져오는 투자유치국의 조치를 의미한다. 나아가 투자유치국은 일정한 조건하에서만 수용을 할 수 있는데, 그 수용이 (a) 공익을 위한 것이고, (b) 차별 없이 이루어져야 하며, (c) 적법절차에 따라 진행되어야 하고, (d) 투자가에게 적절하고 신속한 보상이 주어져야 한다. 최근에는 '공정한 시장가치에 상응하는 보상(fair market compensation)'과 같이 보다 구체적으로 표현하기도 한다. 한-쿠웨이트 BIT는 제5조에서 수용에 대하여 자세한 규정을 두고 있다.

제2장 제4절에서 검토할 AWG v. Argentina 사건은 국가의 특정한 조치를 수용으로 볼 수 있는가가 다투어진 대표적인 사례이다.

(다) 공정하고 공평한 대우(fair and equitable treatment, FET)

BIT들은 거의 예외 없이 외국인 투자가에 대한 공정하고 공평한 대우를 약속하고 있다. 어떠한 대우가 공정하고 공평한 대우인지에 관하여 구체적인 기준을 제시하지 않고 있는 매우 포괄적인 일반조항이다. 국제투자협정중재에서는 오히려 그 일반성으로 인하여 청구인 측이 이 조항을 자주 원용하고 있다. 한-쿠웨이트 BIT 제3조 제2항은 "각 체약 당사자는 자국의 영역 안에서 타방 체약 당사자의 투자의 관리 · 유지 · 사용 · 향유 또는 처분과 관련하여 공정하고 공평한 대우를 부여하며"라고 규정하고 있다. NAFTA 협정의 위반이 주장된 일부 사건에서 중재인들이 NAFTA 협정이 규정하고 있는 공정한 대우(FET)의 의미를 점점 확장 해석하는 경향을 보이자, 미국은 자신들의 모델 BIT를 수정하여 공정한 대우란 국제관습법에서 나온 개념으로써 국제관습법상의 최소한의 기준(international minimum standard)만 보장하는 것이라고 제한하고 있다. 한-미 FTA 제11장 제11.5조(대우의 최소기준)의 규정은 이러한 입장을 취하여, 공정하고 공평한 대우의 개념은 국제관습법상의 최소기준이 요구하는 것에 추가적인 또는 이를 초과한 대우를 요구하지 아니하며, 추가적인 실질적 권리를 창설하지 아니한다고 명시하고 있다. 이 책의 제2장 제5절에서 다시 검토하는 AWG v. Argentina 사건은 아르헨티나가 외국인 투자자가 투자한 회사에 대하여 취한 조치가 직접 및 간접 수용에는 해당하지 아니하나, 공정하고 공평한 대우를 할 의무에는 위반이 되었다고 판단하고 국가의 책임을 인정한 사례이다. 제2장 제6절에서 검토할 Chevron v. Ecuador 사건은 국내 법원의 지나친 재판의 지연으로 인하여 공정하고 공평한 대우의 한 요소로 인정되는 '효과적인 사법적 구제수단'을 제공할 의무를 국가가 위반하였다고 판단한 사례이다.

(라) 완전한 안전과 보호(full security and protection)

이 조항은 원래 투자가의 신변의 보호를 보장하는 조항이다. 최근에는 이 조항도 일부 투자자들이 '재산적인 의미'가 있는 것으로 확장해석하는 주장을 하고 있다.

(마) 그 밖에 이행요건(performance requirement)의 금지, 송금의 보장, 이사와 경영진의 국적 요건에 대한 사항 등을 정하기도 한다.

(6) 분쟁해결절차에 대한 규정

초기의 BIT는 국가 대 국가 간의 분쟁해결절차만을 규정하고 있었으나, 1960년대 후반부터 BIT에 투자자 대 투자유치국 간의 분쟁해결절차에 관한 규정을 포함시키기 시작하였다. 투자자-국가 간의 분쟁해결은 통상 국제중재로 진행된다. BIT에서 정의된 투자자가 역시 BIT에 정의된 투자와 관련된 분쟁에 관하여 중재를 제기할 수 있는데, 투자자가 구체적으로 중재에 회부할 수 있는 분쟁의 대상이 어디까지인지는 개별 BIT마다 다르다. 중재의 대상이 되는 '분쟁'은 투자유치국의 조치가 BIT에 위반한 경우로 한정되는 경우가 일반적이나, 그 외에 투자인가조건 위반 또는 투자계약 위반까지도 포함하는 경우도 있다. 중국과 구동구권 국가들이 1990년대에 체결한 BIT에서는 중재의 대상이 되는 분쟁을 수용에 관한 보상액의 결정만으로 한정한 바도 있다.[21] 또한, 협상 절차나 협의기간 등 중재를 제기하기 전에 반드시 거쳐야 하는 절차나 요건을 두기도 한다. 다른 구제수단과의 관계, 예컨대 국제중재를 제기하면 투자유치국 법원에는 소를 제기하지 못하는지 등에 대한 조항도 자주 등장한다. 한-쿠웨이트 BIT는 제8조에서 투자자-국가 간의 중재에 관하여 매우 상세한 규정을 두고 있다. 투자자와 국가 간의 중재에 대하여서는 다음 절에서 상술한다.

중재를 하려면 양 당사자의 중재합의가 필요한데, 일반적으로 BIT에서는 불특정 다수의 협정 상대국의 투자자에 대하여 투자유치국의 동의를 규정하고 있는데, 투자자가 구체적 분쟁이 발생하여 BIT에 정해진 바에 따라서 중재신청을 할 때에 양 당사자의 중재합의가 있는 것으로 본다. 하지만 어떤 BIT에서는 국가의 동의 자체가 아니라, 앞으로 분쟁이 생겼을 때 동의를 할 의무만을 규정하고 있으므로 주의를 요한다. BIT는 통상 중재를 담당할 중재기관 또는 중재에 적용될 규칙을 미리 정하기도 하는데, 보통 국제투자분쟁해결센터(International Centre for Settlement of Investment Disputes, ICSID)에 의한 기관중재를 정하는 경우가 가장 빈번하고, UNCITRAL(United Nations Commission on International Trade Law) 중재규칙에 의한 임시중재(ad hoc arbitration)를 규정하는 경우도 많이 있다. 여러 가지 중재기관 또는 중재규칙을 열거하여 놓고, 외국인 투자자에게 선택권을 주는 경우가 통상적이다. 그 밖에 BIT에서

---

21 이는 우리나라와 중국이 1992년에 체결한 투자보장협정에서도 마찬가지이다(동 협정 제9조 3항). 그러나 2007년도에 서명된 우리나라와 중국 간의 새로운 투자보장협정은 제9조에서 이러한 제한을 삭제하고, 투자자가 국제중재를 제기할 수 있는 투자분쟁을 "다른 쪽 체약 당사자 투자자의 투자와 관련하여 이 협정상 의무위반 주장으로 인하여 또는 의무위반 주장으로부터 발생한 손실 및 손해를 초래한 다른 쪽 체약 당사자의 투자자와 어느 한 쪽 체약 당사자 간의 분쟁"이라고 정의하고 있다.

는 가처분, 본국의 외교적 보호권 포기에 대한 조항을 두기도 한다.

(7) 발효 시기, 기간 등 일반조항

일반적으로, BIT는 그 발효시기 및 조약의 존속기간 등에 관하여 비교적 간단한 조항들을 두고 있다.

| 제4절 |

국제투자협정중재

1. 개요

앞에서 설명한 바와 같이 외국인 투자자에게 투자유치국을 상대로 국제중재를 허용하고 있는 BIT 또는 기타 국제적인 협정에 따라서, 외국인 투자자가 투자유치국을 상대로 직접 중재를 통하여 법률적 구제를 구할 수 있는 제도가 국제투자협정중재이다. 이러한 국제투자협정중재의 근거가 되는 국제협정으로는 앞에서 살펴본 BIT 외에 FTA에 포함되어 있는 투자의 장(Investment Chapter) 및 에너지 분야의 다자간 협정인 'Energy Charter Treaty' 등이 있다. UNCTAD 보고서에 따르면,[1] 2011년 말까지 파악된 국제투자협정중재가 450건인데, 이 중 279건이 ICSID 협약에 따른 중재절차에 따라 진행되었으며, 126건이 UNCITRAL 중재규칙에 따라 진행되었다.[2] 또한, 2011년 중재판정이

1 UNCTAD, *Latest Developments in Investor – State Dispute Settlement*, IIA Issues Note No. 1 (2012), UNCTAD Doc. No. UNCTAD/WEB/DIAE/IA/2012/03.

2 21건은 스톡홀름 상공회의소(Stockholm Chamber of Commerce, SCC)에서 진행되었으며 7건은 International Chamber of Commerce(ICC)에서 진행되었다. Cairo Regional Centre for International Commercial Arbitration 그리고 London Court of

이루어진 26건의 경우에도, 13건이 ICSID 절차에 따라 진행되었으며, 7건(26%)이 UNCITRAL 중재규칙 그리고 나머지 6건이 스톡홀름 상공회의소 및 ICC 등의 절차에 따라 진행되었다.

아래에서는 국제투자협정중재에서 가장 많이 활용이 되는 ICSID 투자협정중재에 대하여 살펴본다.

2. ICSID 국제투자협정중재

가. 국제투자협정중재의 연혁

1966년 국가와 외국인 투자자 간의 투자분쟁해결에 관한 협약(Convention on the Settlement of Investment Disputes between States and Nationals of Other States, 통상 ICSID 협약 또는 Washington 협약이라고 불린다)이 발효되어 세계은행(World Bank) 내에 ICSID가 창설되었다.[3] 원래 ICSID 협약이 발효할 당시에는 외국인 투자자와 국가 간에 구체적인 계약[예컨대, 광물채광계약 또는 양허계약(concession agreement) 등]이 있고, 그 계약에 당사자 간의 분쟁해결방법으로 ICSID에 의한 중재를 하기로 서로 합의한 경우

International Arbitration(LCIA) 중재절차에서 각각 1건이 진행되었다. LCIA에서 UNCITRAL 중재규칙에 따른 중재를 3건 처리하기도 하였다. 위와 같은 자료는 국제투자중재 건수의 대략 20~30%가 UNCITRAL 중재규칙에 따라 진행되고 있음을 보여준다. 하지만 UNCITRAL 중재규칙에 따른 국제투자중재의 경우, ICSID 중재와는 달리 통계에 잡히지 않는 경우도 있기에, 실제 사건 수는 UNCTAD에서 파악한 126건보다는 많을 것으로 추측된다.

3 1966년 10월 14일 발효되었으며, 2012년 12월 말 현재 147개국이 회원국으로 이 협정을 수용하였다. 볼리비아, 에콰도르 및 베네수엘라 3개국은 협약에 서명, 비준하였다가, 그 후 협약으로부터 탈퇴하였다. 우리나라는 1966년 4월 18일에 서명하였고, 1967년 3월 23일부터 우리나라에 대하여 협정이 발효되었다.

를 염두에 두고 있었다. 그러나 ICSID 협약이 발효된 이후, 1968년에 네덜란드와 인도네시아 간에 체결된 BIT가 최초로 외국인 투자자가 직접 투자유치국을 상대로 국내 법원의 권리구제절차를 거치지 않고 국제중재를 바로 제기하는 것을 수용하였다.[4] 그 후에 다른 국가들도 BIT에 이러한 중재동의조항을 포함시키기 시작하였다. 최근에 체결되는 BIT들은 대부분 이러한 투자자-국가 간 중재조항을 포함하고 있다. 우리나라는 1975년에 발효한 네덜란드와의 BIT에서 최초로 외국투자자와의 중재를 수용하였다.[5] 2012년 말 기준으로 우리나라가 체결하여 발효가 된 86개의 BIT 중에서 투자자-국가 간 중재를 포함하고 있는 것은 82개에 달하며, 그중에서 사전적이고 포괄적인 동의조항을 포함하고 있는 것은 64개이다. 또한 지금까지 우리나라가 체결하고 발효된 자유무역협정 9개 중에서 한-EU FTA 및 한-터키 FTA를 제외한 7개의 FTA 모두에 포괄적이고 사전적인 동의조항이 포함되어 있다. 알바니아와 코트디부아르 등 일부 국가들은 외국인투자를 규율하는 국내법에서 투자자와의 분쟁이 있을 때 국제중재에 동의하겠다는 조항을 포함시키기도 한다.

앞에서 언급한 UNCTAD 통계에 따르면, 2011년 말까지 알려진 국제투자협정중재사건은 총 450건이다. 피청구국은 모두 89개국인데,

---

4 네덜란드와 인도네시아 간에 1968년에 서명된 BIT는 1994년에 서명된 새로운 투자보장협정으로 대체되었다.

5 우리나라가 네덜란드와 체결한 1975년 BIT는 제6조에서 "타방 체약 당사국의 국민이 투자하거나 또는 투자하고자 하는 영역의 체약 당사국은, 국내의 모든 행정적 및 사법상의 구제를 소진한 후에, 중재재판 또는 조정을 위하여 1965년 3월 18일자의 국가와 타방국가 국민간의 투자분쟁의 해결에 관한 워싱턴 협약에 의하여 설치된 센터에 동 투자에 관련하여 제기될 수 있는 분쟁을 회부하고자 하는 동 국민의 요구에 동의하기로 한다"고 규정하고 있다. 따라서 이 조항은 사전적인 동의가 아니라 동의를 할 의무를 부과한 것으로 해석된다. 1975년 BIT는 2003년에 서명하여 2005년에 발효한 새로운 BIT로 대체되었다.

선진국이 18개국, 개도국 55개국, 그리고 구공산국에서 시장경제로의 전환과정에 있는 국가(transition economies)가 16개국이다. 국가별로 살펴보면, 아르헨티나가 51건으로 가장 많고, 베네수엘라 25건, 에콰도르 23건, 멕시코 19건, 체코 18건, 캐나다 17건, 미국 · 이집트 · 폴란드 및 우크라이나 각 14건 제소되었다. 미국, 캐나다를 제외한 선진국으로서는 독일이 3건, 영국과 프랑스가 2건 제소를 당하였다. 중국도 2011년 말레이시아 투자자로부터 1건 제소를 당한 바 있다. 청구인(claimants)의 국적을 보면 대체로 선진국의 투자자들이 많으나, 최근 개발도상국(developing countries) 및 전환경제국의 투자자들이 중재를 제기하는 경우도 점차 증가하고 있는 추세이다.[6] 중국 투자자가 이미 페루, 몽골 및 벨기에를 상대로 중재를 제기한 바 있다. 2011년 말 기준으로 220건이 종결되었는데, 국가가 승소한 것이 약 40%, 투자자가 일부라도 승소한 것이 30%이고, 나머지 30% 정도가 화해로 종결되었다고 한다.

나. WTO 통상분쟁과의 차이

WTO 분쟁해결절차는 국가 외의 주체들에게 소송당사자 적격을 인정하지 않는다. 민간 기업들이 실질적인 이해관계를 가지고 있지만, WTO 분쟁해결절차는 국가 대 국가의 대결구조로 진행된다. 이 점은 국제사법재판소(ICJ) 사건도 동일하다. 이러한 통상분쟁해결절차의 목적은 문제가 된 상대방 국가의 조치를 시정하는 것이지, 그러한 조치로

---

6 국제투자협정중재에 관한 통계는 UNCTAD에서 발간된 '*Latest Development in Investor-State Dispute Settlement*, in IIA Issues Note' 및 '*World Investment Report* (2012)'를 참조. ICSID가 처리한 중재에 관한 통계는 'ICSID Caseload Statistics'를 참조. 이 자료들은 모두 UNCTAD(www.unctad.org)와 ICSID(icsid.worldbank.org)의 웹사이트에서 찾아볼 수 있다.

인하여 피해를 입은 개인이나 기업의 손해를 배상하거나 보전하는 것이 아니다. 이러한 전통적인 국제법의 분쟁해결절차와는 달리 국제투자협정중재는 외국인 투자자에게 직접 당사자로서 중재를 제기할 수 있는 자격을 인정하여 본국의 개입 없이 스스로 손해를 배상받을 수 있는 길을 열어 주고 있다.

다. 투자분쟁의 유형

국제투자협정중재에서 자주 문제되는 투자분쟁은 몇 가지 유형으로 나누어 볼 수 있다. 첫 번째 가장 흔한 유형은 투자유치국이 외국인 투자자가 투자한 재산을 국유화하거나 수용하는 것이다. 이러한 경우 국내적인 구제절차를 통하여서는 공정한 보상을 기대하기 어렵기 때문에, 외국인 투자자가 중재에 의하여 수용된 재산에 대한 보상을 구하게 된다. 최근에도 일부 국가에서는 외국인 투자자의 재산을 국유화한 예가 많이 있고 이로 인하여 다수의 투자협정중재가 제기되고 있다. 예컨대, 아르헨티나는 2012년 5월 스페인 기업인 Repsol이 소유하고 있는 아르헨티나 최대의 에너지 회사인 YPF의 지분 51%를 국유화하였다. Repsol은 2012년 12월 ICSID에 이에 대한 보상을 요구하는 중재를 제기하였다.[7] 두 번째 유형은 법률적으로는 소유권이나 점유권이 외국인 투자자 소유로 남아 있어서 수용에 해당한다고는 볼 수 없으나, 투자유치국이 행한 일련의 규제조치의 결과 사실상 그 재산에 대하여 국유화나 수용이 된 것과 같이 투자자의 재산 가치가 박탈된 경우이다. 소위 간접수용(indirect expropriation) 또는 점진적 수용(creeping expropriation)의 문

7 *Repsol, S.A. and Repsol Butano, S.A. v. Argentine Republic* (ICSID Case No. ARB/12/38)

제이다. 여기서 말하는 정부의 규제조치란, 입법, 행정 및 사법부의 행위를 모두 포함하고, 지방자치단체 및 공권력을 행사하는 공적 기관의 행위까지도 포함한다. 마지막 유형은 정부의 조치가 직접수용이나 간접수용에 해당하지는 아니하더라도 외국인 투자자의 입장에서 공정하고 공평한 대우를 받지 못하여 외국인 투자자의 정당한 기대(legitimate expectation)를 침해하였다고 주장하는 경우이다. 최근 실제로 중재가 진행되는 양상을 보면, 청구인인 외국인 투자가는 문제되는 국가의 규제조치가 수용이나 간접수용(indirect expropriation) 또는 점진적 수용(creeping expropriation)에 해당한다고 주장하는 동시에, 국가의 공정하고 공평한 대우(FET) 위반을 중첩적으로 주장하는 경우가 많다. 제2장 제4절 및 제5절에서 검토할 AWG v. Argentina 사건은 청구인이 투자유치국의 조치가 직접수용 및 간접수용에 해당하며, 또한 공정하고 공평한 대우 위반에 해당한다고 주장한 대표적인 사례이다. 중재판정부는 아르헨티나의 조치가 직접 또는 간접 수용에는 해당하지 아니하나, 공정하고 공평한 대우 위반에는 해당한다는 판단을 하였다.

3. ICSID 협약[8]

가. ICSID 기관중재

ICSID는 ICSID 협약에 기하여 설립된 세계은행 산하의 국제기구

8 ICSID 협약에 따른 중재에 관하여서는 L. Reed, J. Paulsson & N. Blackaby, *Guide to ICSID Arbitration* (2nd Edition, Wolters Kluwer, 2011)이 가장 대표적인 저술이다. 국내문헌으로는 법무부, ICSID 중재제도 연구(2006)가 ICSID 협약에 의한 중재를 자세하게 설명하고 있다.

로서, ICSID 협약에 따른 중재를 관장하는 기관이다. 중재의 당사자인 외국인 투자자의 본국과 피청구국이 모두 ICSID 협정에 가입되어 있는 경우에는 ICSID 협약 및 이 협약에 근거한 조정 및 중재 제기 절차에 관한 규정(Rules of Procedure for the Institution of Conciliation and Arbitration Proceedings)과 중재절차 규정(Rules of Procedure for Arbitration Proceedings)에 따라서 중재를 진행한다. 만약 중재의 당사자인 외국인 투자자의 본국이나 피청구국의 일방이 ICSID 회원국이 아닌 경우에는 당사자들의 합의가 있으면 ICSID가 중재기관으로서 ICSID Additional Facility Rules에 따라서 중재를 진행할 수 있다.

ICSID는 조직상 의사결정기관이 운영이사회(Administrative Council)인데, 그 의장(Chairman)은 세계은행 총재가 맡고 있다. 운영이사회는 각 회원국에서 파견된 대표 1명씩으로 구성되어 있다. 실제 업무는 대부분 사무총장(Secretary General)이 처리하고 있다. ICSID는 자체 조정인 명단(panel of conciliators)과 중재인 명단(panel of arbitrators)을 가지고 있는데, ICSID 체약국들이 각각 4명씩을 지명할 수 있다. 이에 추가하여 운영이사회 의장은 10명의 조정인과 중재인을 지명할 수 있다. 실제로 분쟁이 발생하면 통상 3명의 중재인으로 구성되는 중재판정부가 구성되는데, 각 당사자가 1명씩 추천하고 나머지 1명인 의장중재인에 대하여 당사자들이 합의를 하지 못하는 경우에 ICSID 운영이사회 의장이 중재인 명단에 있는 사람 중에서 선정한다.

나. ICSID 협약의 핵심적 조항

(1) ICSID의 관할(협약 제2장, 제25조)

ICSID 협약은 제25조 제1항에서 ICSID의 중재관할에 관하여 규정하고 있다. 체약국과 다른 체약국의 국민 사이의 "투자와 직접적으로 관련되어 제기된 법적 분쟁(any legal dispute arising directly out of an investment)"이 ICSID 중재의 대상이며, 양 당사자의 ICSID 중재에 대한 동의가 필요하다. 중재에 대한 동의는 서면으로 이루어져야 하며, 누구도 일방적으로 동의를 철회할 수 없다. 앞에서 설명하였듯이, 국가는 BIT나 FTA의 투자의 장에서 포괄적인 사전동의를 하는 경우가 대부분이나, 일부 국가들은 국내법에서 그러한 동의를 하고 있는 경우도 있다.[9] 당사자들이 ICSID 중재에 서로 동의를 한 경우에도, 만약 그 분쟁이 "투자와 직접적으로 관련되어 제기된 법적 분쟁"이라는 ICSID 협약상 관할의 범위를 넘는 경우에는 ICSID의 관할이 인정되지 아니한다. ICSID 협약은 무엇이 투자인지에 대한 정의를 구체적으로 하고 있지 않으므로, 실제 중재사건에서는 이에 대한 많은 논란이 제기되고 있다. 앞에서 살펴본 바와 같이 BIT는 일반적으로 투자에 관한 정의조항을 포함하고 있다. ICSID가 중재관할을 가지기 위하여서는 분쟁의 대상이 되는 투자가 BIT에서 규정한 투자에 해당하여야 할 뿐만 아니라, ICSID 협약상 투자로써 인정될 수 있어야 한다고 보는 것이 다수의 중재판정부의 입장이다.

ICSID 협약 제25조 제2항은 ICSID 협약에 의하여 중재를 신청할 수 있는 당사자의 범위를 규정하고 있다. 자연인의 경우, 분쟁 대상국

---

9 최근 ICSID 통계에 의하면 중재동의의 근거로써 BIT가 65%로 가장 많고, 국가와 투자자 간의 투자계약상의 동의에 의한 경우가 19%, NAFTA가 3%, Energy Charter Treaty가 4%이며, 개별 국가의 국내법상의 동의를 기초로 한 경우가 7%라고 한다. ICSID Caseload-Statistics (Issue 2013-2), 10면 참조. https://icsid.worldbank.org/ICSID/FrontServlet?requestType=ICSIDDocRH&actionVal=ShowDocument&CaseLoadStatistics=True & language=English42 (2013. 10. 11. 최종방문). 특히, 국내법에 의하여 중재동의를 한 경우의 예로는 코트디부아르와 알바니아 등이 있다. (Reed & Blackaby, 전게서, 54~55면 참조.)

이 아닌 다른 체약국의 국적을 가진 사람이어야 한다. 여기에는 두 가지 요건이 있다. 적극적 요건으로는 체약국의 국적을 가져야 하고, 소극적 요건으로는 분쟁 대상국의 국민이어서는 안 된다. 이 요건은 양 당사자가 중재 회부에 동의한 날은 물론, ICSID의 사무총장이 사건을 등록하는 날에도 갖추어져야 한다. 복수 국적을 가진 사람은 두 나라 모두에 대하여 제소할 수 없다. ICSID 중재제도의 취지가 외국인 투자자에게 투자유치국을 상대로 국제중재를 통하여 권리구제를 할 수 있도록 하는 것이므로, 투자자가 자국 정부를 상대로 ICSID 중재를 제기하는 것은 허용하지 않겠다는 취지이다. 법인은 두 가지로 나뉜다. 첫째, 자연인과 마찬가지로 분쟁 대상국이 아닌 다른 체약국의 국적을 가진 법인이다. 국적 보유 여부는 양 당사자가 중재 회부에 동의한 날을 기준으로 판단한다. 둘째, 외국인의 지배와 소유하에 있는 투자유치국에 설립된 법인, 즉 외국인투자 기업이다. 단, 양 당사자가 이러한 외국인투자 기업을 중재 목적상 외국인으로 취급하겠다고 합의한 경우에만 가능하다. 예컨대 한국 회사 A가 미국에 투자하여 미국 내에 100% 소유하는 B라는 회사를 만든 경우, 미국의 동의가 있다면(BIT에 포함된 사전적 동의 또는 개별적인 동의), B가 미국 정부를 상대로 직접 국제투자협정 중재를 제기할 수도 있다. 많은 경우에 투자유치국의 국내법상 외국인 투자자가 투자유치국에 법인체를 설립하도록 법에 의하여 강제되고 있는 현실을 고려하여, 외국인 투자자가 소유하거나 지배하는 투자유치국의 국적을 가진 법인을 중재목적상으로는 외국인 투자자와 같이 취급한다는 취지이다.[10]

10 우리나라 외국인투자촉진법도 원칙적으로 외국인 투자자가 국내법인의 주식이나 지분을 취득하는 것을 외국인투자로 보고 있다. 외국인투자촉진법, 제2조 제1항 제4호 참조.

(2) 투자유치국 내 구제수단(Local Remedies)과의 관계(제26조)

달리 정함이 없는 한, ICSID 중재에 동의는 다른 구제수단을 배제하는 전속적인 중재 약정이다. 이는 ICSID 중재에 동의하면 투자유치국 내 구제수단을 더 이상 밟을 수 없다는 의미로 해석되지만, 한편으로는 투자유치국 내 다른 구제수단을 거치지 않고도 중재를 제기할 수 있다는 의미도 된다. 다만, 체약국은 중재동의의 조건으로 투자유치국 내 구제수단을 모두 거칠 것(exhaustion of local remedy rule)을 요구할 수 있다. 상당수의 BIT들은 외국인 투자자에게 국내 구제절차와 국제중재 간에 택일을 요구하고 있다. 반면 일부 BIT들은 투자자에게 국제중재를 제기하기 전에 일단 일정기간 국내 구제절차를 밟을 것을 요구하기도 한다.

(3) 외교적 보호권과의 관계(제27조)

ICSID 협약에 의한 중재를 하기로 하면, 본국은 외교적 보호권을 행사할 수 없다. 다만, 중재판정이 났음에도 불구하고 상대방 국가에서 중재판정을 이행하지 않는 경우에는 일반 국제법 원칙에 따라서 외교적 보호권을 행사할 수 있다.

(4) 중재절차(Arbitration Procedures)(제36조 – 제47조)

ICSID의 중재절차는, 청구인이 ICSID 사무총장에게 중재신청서(Request for Arbitration)를 제출함으로써 시작된다. 이후 신청서의 형식적 요건에 대한 심사를 거치고, 위 심사를 통과하면 사무총장이 그 중재신청을 등록한다(Registration of the request). ICSID 중재의 가장 큰 특징은 중재신청이 등록되면, 바로 당해 사건이 ICSID에 중재가 제기되어 등록되었음이 ICSID 웹사이트를 통하여 공개된다는 점이다. 국제상사중재의 경우 중재제기 사실 자체가 비공개로 다루어지는 것과는 큰 차이가 있다. 다음으로 중재판정부 구성(Constitution of the Tribunal)의 단계를 거치게 되는데, 원칙적으로 당사자들이 각자 원하는 중재인을 1명씩 선임하고 양측의 합의로 의장중재인(president)을 정한다. 최근에는 이 단계에서부터 치열한 공방이 일어나는데, 당사자들이 서로 상대방이 선임한 중재인의 이해 상충 문제(conflict of interest)를 지적하여 중재판정부의 중립성을 확보하려는 노력을 하는 경우가 증가하고 있다. 당사자들이 의장중재인의 선정에 합의를 못하는 경우에는 운영이사회 의장이 의장중재인을 선정한다.

중재판정부가 구성되면, 당사자들과 그 대리인들, 그리고 중재판정부가 모두 모여서 사건 진행절차에 관한 협의를 한다. 통상 다음과 같은 순서로 진행된다. 일단 당사자들이 두 차례에 걸쳐서 서면을 주고받는다. 청구인 측에서 준비서면(Claimant's Memorial)을 제출하면, 피청구국 측에서 이에 대한 답변서(Respondent's Counter-memorial)를 낸다. 청구인이 다시 여기에 대한 반박서면(Claimant's Reply)을 내면, 피청구국은 재차 이에 대한 재반박서면(Respondent's Rejoinder)을 제출한다. 중재재판부는 이렇게 양 당사자의 서면을 받고, 구술심리(hearing of merits) 절차를 통해 양 당사자의 주장을 듣고 증인의 증언 등 증거를 검토한 다음 최종판정(award)을 내린다. 만일 피청구국에서 관할 항변을 제기하면, 중재재판부는 관할 문제만 별도로 먼저 판단할 것인지 아니면 이를 본안과 함께 판단할 것인지 결정한다. 관할에 대하여 먼저 심리하기로 결정하면, 이번에는 피청구국으로부터 먼저 관할에 관한 준비서면을 받고, 청구인으로부터 이에 대한 답변서를 받게 된다. 역시 필요한 경우 구술심리(hearing of jurisdiction)를 거친 다음 관할에 대한 중간 판정(decision of jurisdiction)을 내리는데, ICSID의 관할이 인정되면 바로 본안에 관한 심리절차를 진행하게 된다.

(5) 준거법(Governing Rules, 제42조)

준거법은 기본적으로 당사자들의 합의에 따른다. 만일 이러한 합의가 없으면, 재판부는 ① 국제사법을 포함한 분쟁 당사국의 법률과 ② 적용 가능한 국제법을 적용하여야 한다.

(6) 중재판정(제48조 – 제52조)

중재판정의 결론은 과반수로 결정하는데, 개별 중재인은 반대 의견 또는 별개 의견을 덧붙일 수 있다. 중재판정의 해석이나 범위를 둘러싸고 새로운 분쟁이 발생하면, 원칙적으로 그 중재판정을 내린 원재판부(original tribunal)가 이를 판단한다. 원재판부만큼 그 중재판정의 의미를 잘 알고 있는 사람은 없기 때문이다. 중재판정의 재심(revision)은 중재판정에 결정적인 영향을 줄 수 있는 사실이 중재판정 이후에 발견되었을 때 가능하다. 다만 당해 판정이 내려질 때까지 신청인과 중재판정부가 그 사실에 대하여 알지 못했고, 그 신청인이 그 사실을 알지 못하였던 것에 과실이 없어야 한다. 또한 그 사실을 발견한 후 90일 이내 또는 중재판정일 이후 3년 내에 재심을 신청하여야 한다.

ICSID 협약은 중재판정의 취소(Annulment)라는 독특한 제도를 규정하고 있다. 중재판정을 취소할 수 있는 사유에는 다섯 가지가 있다. 즉 ① 중재재판부가 올바로 구성되지 않은 경우, ② 중재재판부가 명백히 그 권한을 넘어선 경우(예컨대 ICSID 관할 규정을 무시하고 판정을 내린 경우), ③ 중재인의 뇌물수수 등 부패(corruption)가 있었던 경우, ④ 기본적인 규칙에 대한 심각한 위반이 있는 경우, 그리고 ⑤ 판정 이유에 대한 충분한 설시가 없는 경우이다. 그리고 중재판정의 취소 주장은 중재판정일 이후 120일 이내에 하여야 한다. 한편, 중재판정의 취소 여부는 3명으로 구성된 별도의 위원회(Ad hoc Committee)에서 판단하는데, 3명의 위원들 모두 ICSID의 의장(Chairman)이 ICSID 중재인 명단 중에서 선정한다.

실제로 최근 ICSID 중재판정이 취소되는 사례가 늘어나고 있다. 중재판정이 취소된 대표적인 사례로는, 제2장 제9절에서 검토할 Fraport v. Philippines 사건을 들 수 있다. 만일 중재판정이 취소되면, 일방 당사자의 요구에 따라 새로운 중재재판부가 그 분쟁에 대하여 다시 심리를 열어서 판단하게 된다.

(7) 중재판정의 승인과 집행(제53조 – 제55조)

체약국은 ICSID 협약에 의거한 중재판정을 구속력 있는 것으로 승인하여야 하고, 중재판정에서 인정된 금전채무를 그 나라의 확정판결로 인정된 금전채무와 동일하게 집행하여야 한다. 일반 국제상사중재의 경우에는 외국중재판정을 특정국가에서 집행하기 위하여, 우선 외국중재판정의 승인 및 집행에 관한 협약(Convention on the Recognition and Enforcement of Foreign Arbitral Awards, 통상 New York Convention이라 불린다) 회원국인 경우에는 이 협약에 따라서, 회원국이 아닌 경우에는 그 국가의 관련법에 따라서 승인절차를 밟아야 한다. ICSID 중재판정은 이러한 절차를 밟지 않아도 된다는 점에 큰 차이가 있다. 외국 정부의 재산에 대한 주권 면제(sovereign immunity) 관련 의무는 그대로 지켜야 한다.

제2장

국제투자협정중재의 사례별 분석

| 제1절 |

개요

국제투자협정중재에서 주로 쟁점이 되는 사안들은 해당 국제투자협정이 포함하고 있는 주요 개념들과 밀접하게 연관되어 있다. 예컨대 양자간 투자보장협정(BIT)이 일반적으로 다루고 있는 정의(definition)조항은 투자(investment)와 투자자(investor)에 대한 개념을 그 핵심으로 한다. 투자와 투자자를 정의함으로써 협정의 보호대상이 되는 투자의 범위가 정해지기 때문에, ICSID 중재를 비롯한 관련 국제투자협정중재에서는 해당 중재판정부의 관할권(jurisdiction) 존부와 관련하여 투자와 투자자의 정의 문제가 자주 다루어진다. 또한 국제투자협정에는 외국투자자의 보호를 위한 핵심적인 내용으로 차별금지 원칙(내국민대우, 최혜국대우)이 통상적으로 규정되어 있다. 그리고 투자유치국의 수용이나 국유화로부터 어떻게 보상을 받을지의 문제도 중요하게 다루어지고 있으며, 외국투자가에 대한 공정하고 공평한 대우(fair and equitable treatment, 소위 'FET' 조항) 규정이 포함되어 있는 것이 일반적이다. 특히, 일반조항이라고 할 수 있는 FET 조항 관련 쟁점은 국제투자협정중재에서 가장 자주 등장하는 개념 중의 하나이다. 또한, 투자자의 완전한 안전과 보호(full security and protection)를 보장한다는 조항도 자주 등장한다. 이 장에서는 최근에 나온 국제투자협정중재 사례들을 주요 쟁점별로 자세히 살펴보고자 한다. 즉 투자자 · 투자, 수용, 공정 · 공평 대우, Denial of Justice, 최혜국대우, 긴급피난 항변, 위법성 항변 등을 중심으로 최근 중재판정 사례들을 심층적으로 분석해 보도록 한다.

| 제2절 |

투자자의 정의

BIT상 '투자자'의 정의: Saba Fakes v. Turkey 사건 검토*

| 절차적 배경 및 판정요지 |

사건명

Saba Fakes (Claimant) v. Republic of Turkey (Respondent), ICSID Case No. ARB/07/20, Award (2010. 7. 14. 중재판정)

* 김연경, 인천지방법원 부천지원 판사. 광주지방법원 판사(2006~2009), 사법연수원 수료(35기), 제45회 사법시험 합격, 대성병원 치과과장(2000~2001), 서울대학교 치과대학 졸업(2000).

당사자와 변호인

1. 청구인 및 그 국적

이 사건의 청구인(Claimant)은 네덜란드와 요르단의 이중국적자 Mr. Saba Fakes이며, 네덜란드 로펌인 Houthoff Buruma N.V. 소속의 변호사들이 대리하였다.

2. 피청구국

피청구국은 터키 공화국(The Republic of Turkey)이며 프랑스 파리 소재 중재전문 로펌인 Derains & Gharavi 소속의 변호사들이 대리하였다.

중재판정부

청구인이 중재인으로 지명한 벨기에 국적의 Hans van Houtte 교수, 피청구국이 중재인으로 지명한 스위스와 브라질의 이중국적자인 Laurent Levy 박사, 피청구국이 제안하고 청구인이 동의한 의장중재인 프랑스 국적의 Emmanuel Gaillard 교수가 중재판정부를 구성(2008. 3. 4)하였다.

사실적 배경 및 판정요지

Telsim은 터키 법에 따라 1993년 설립된 약 10만 명의 이용자를 갖고 있는 이동통신(모바일) 회사였는데, 2003년 3월 28일경 당시 지분의 약 67%를 Standard Telekom사를 통하여 Uzan 가문이 간접적으로 소유하고 있었다. 터키 정부는 2003년 7월경 자국내 기업인 Uzan 그룹(터키 국적인 Uzans 가문이 소유하고 있는 회사로 금융, 전기, 전화 등 광범위한 영역에서의 사업을 수행하는 기업)의 변칙적인 재정 운영을 적발하였고, 광범위한 수사 끝에 2004년 2월경부터 2005년 12월경까지 Telsim에 대한 법정 관리를 진행하여 Telsim의 자산을 제3자에게 매각하였다.

한편, Telsim은 2003년 2월 10일 장래에 발행할 증권과 교환할 수 있는 임시주식증서(temporary share certificate)를 발행하였는데, 청구인은 같은 해 7월 3일 Masoud International Trading Establishment라는 회사로부터 위 임시주식증서를 취득하였다. 청구인과 위 회사 사이에 체결된 주식이전계약에 따르면, 위 회사는 청구인에게 66.96%의 Telsim 주식을 이전해 주고, 청구인은 계약 시 미화 3,800달러를, 나머지 미화 1,766만 8,000달러는 계약서에 기재된 사항이 이행된 후 지급하기로 정하였으며, 청구인은 계약 시 위 미화 3,800달러를 지급하였다.

청구인은 위 주식이전계약에 따라 자신이 Telsim 지분의 66.96%를 적법하게 취득하였는데, 터키 정부가 Telsim에 대해 법정관리를 개시하고 자산을 매각하는 등의 일련의 조치를 취하였고, 이는 결과적으로 터키 정부가 네덜란드-터키 BIT를 위반하여 청구인의 Telsim 지분을 강제로 수용한 것이라고 주장하며 ICSID 중재를 제기하였다. 이 사안에서는 네덜란드와 요르단의 이중국적자인 청구인이 네덜란드-터키 BIT를 원용하여 터키를 상대로 ICSID 중재를 요청할 수 있는지가 중요 쟁점의 하나가 되었다. 중재판정부는 이중국적자의 경우 ① 투자 수용국의 국적을 갖고 있지 않을 것이라는 소극적 요건과 ② 투자국의 국적을 갖고 있을 것이라는 적극적 요건을 충족한다면 ICSID에 중재를 요청할 수 있으며, Nottebohm Case[1]에서 확립된 국적의 유효성 테스

---

1 Nottebohm Case (Liechtenstein v. Guatemala), ICJ Report 1955, p. 4.

트(effective nationality test)는 요건이 아니라고 판시하였다. 따라서 청구인은 이 사건에서 ICSID 중재를 제기할 수 있는 당사자로 판단되었다.

중재절차상의 특이사항

ICSID는 청구인이 2007년 6월 6일 제출한 중재신청(request of arbitration)을 2007년 8월 13일자로 등록(registration)하였다. 청구인은 2007년 11월 26일 벨기에 국적의 Hans van Houtte 교수를 중재인으로 지명하였다. 피청구국은 2008월 1월 23일 스위스와 브라질의 이중국적자인 Laurent Levy 박사를 중재인으로 지명하며, 프랑스 국적의 Emmanuel Gaillard 교수를 중재판정부의 의장중재인으로 할 것을 제안하였다. ICSID는 2008월 3월 4일 양 당사자에게 Emmanuel Gaillard 교수, Hans van Houtte 교수, Laurent Levy 박사가 그들의 지명을 받아들였다는 통지를 하였다. 청구인은 Gaillard 교수를 의장중재인으로 하자는 제안에는 동의를 하였으나, ICSID 협약 제57조와 Arbitration Rule 9에 따라 Laurent Levy 박사에 대하여 중재인 기피신청을 하였다. Emmanuel Gaillard 교수와 Hans van Houtte 교수는 2008년 4월 28일 ICSID 조약 제58조와 Arbitration Rule 9(4)에 따라 청구인의 위 신청을 기각하였다. 이어서 피청구국은 2008년 6월 24일 청구인의 청구에 대하여 관할이 없음을 주장하였다. 아래에서는 위 관할이 없다는 주장에 관한 중재판정부의 판단을 정리한다.

| 사건 및 판정의 세부사항 |

청구의 근거가 된 조약

이 사건에서 청구 근거가 된 조약은 1989년 11월 1일 발효된 네덜란드-터키 BIT이다.

문제가 된 투자유치국의 조치

청구인은 2003년 7월 3일 66.96%의 Telsim 지분을 적법하게 취득하였는데, 피청구국이 2003년 7월경부터 Telsim에 취한 일련의 조치는 청구인의 Telsim 지분 처분을 동결하였고, 특히 피청구국이 Telsim의 법정관리 끝에 자산을 제3자에게 매각한 것은 청구인의 투자에 대한 수용(expropriation)에 해당한다고 주장하였다. 더욱이 피청구국의 법정관리가 2004년 2월경부터 2005년 12월 사이에 심각하게 잘못 이루어졌고, 그 결과로 Telsim의 주식가치가 하락했으며, 2005년 12월경 경쟁입찰이 결여된 경매절차에서 자산을 매각한 결과 주식가치가 심각하게 저평가되었다고 보았다. 그리고 청구인은 Telsim의 매각에 따른 투자손실을 보상받지 못하였다고 주장하였다.

청구인에 따르면 이러한 피청구국의 행위는, 네덜란드-터키 BIT에서 정한 ① 정당한 보상 없이 투자를 박탈하지 않을 의무, ② 투자 대가를 부당히 지체하지 않고 이전할 의무, ③ 공정하고 공평한 대우(fair and equitable treatment) 의무, ④ 부당한 방법으로 청구인의 투자의 운용, 운영, 유지, 사용, 향유, 판매, 청산을 방해하지 않을 의무, ⑤ 완전한 보호와 보장 의무, ⑥ 투자자 보호를 통한 경제협력 증진 의무를 위반한 것이었다.

청구인의 청구취지

피청구국은 청구인에게 Telsim의 투자를 수용한 것에 대한 보상으로 미화 190억 달러를 지급하라.

사실관계

1. 배경

이 사건의 배경에는, 터키 국내에서 많은 사업(금융, 전기, 전화 등)을 수행하던 Uzan 가문에 대하여 행하여진 광범위한 수사와 소송이 있다. 노키아와 모토롤라사는 2001~2002년경 Uzan 그룹을 상대로 뉴욕주 법원에 소송을 제기하였는데, 위 법원은 2003년 7월 31일 Uzan 가문과 그들이 소유하고 있던 몇몇 회사들에 대하여 사기죄의 유죄를 인정하며, 그들에게 연대하여 피해자들의 손해를 배상하라는 판결을 선고하였다. 이 재판 진행 과정에서 터키 정부는 Uzan 그룹의 변칙적인 재정 운영을 적발하였고, 2003년 7월 수사 결과 Uzan 가문이 Imar 은행을 통해 6억 달러의 불법자금을 세탁하여 은닉하였음이 드러났다. 터키 정부는 Telsim이 위 사기 범행에 이용하기 위한 수단으로 이용된 회사였다는 이유로 법정관리를 개시했고 범죄 피해액을 변제하기 위해 Telsim의 지분을 제3자에게 강제 매각하였다.

Uzan 가문(Kemal Uzan, Cem Uzan, Hakan Uzan 등)은 터키 국적의 사람

들로 네덜란드-터키 BIT를 원용하여 자국 터키 정부를 상대로 ICSID 중재를 제기할 수 없다는 것은 당사자 사이에 다툼이 없다.

2. 청구인의 주식취득 과정

가. 청구인은 주식의 취득과정과 관련하여 다음과 같은 사실관계를 주장하며, 자신이 2003년 7월 3일부터 Telsim의 지분 66.96%를 소유한 법적인 주주라고 주장한다.

Telsim의 이사회는 2003년 1월 2일 대주주인 Standard Telekom의 요구에 따라, 그들이 보유하고 있는 Telsim의 주식을 나타내는 인가증서(Consent Certificate)의 발행을 인가하는 결의를 하였고, 그 결의에 따라 Telsim은 2003년 2월 10일 Standard Telekom에게 장래에 발행할 주권과 교환할 수 있는 임시주식증서(temporary share certificates)를 발행하였다. Standard Telekom의 이사회는 2003년 2월 14일 Hankan Uzan에게 Standard Telekom이 소유하고 있는 Telsim의 주식을 처분할 수 있는 권한을 부여하는 결의를 하였고, 2003년 3월 28일부터 같은 해 4월 2일 사이에 위 '임시주식증서'를 요르단 국적의 Mr. Nasser Masoud에 의해 설립된 요르단 회사인 Masoud International Trading Establishment사(이하 "Masoud")에 전달하였다.

청구인은 2003년 6월 30일부터 같은 해 7월 2일 사이에 Masoud와 "매도인이 소유하고 있는 주식"의 이전 계약을 체결하였는데, 계약 내용에 따르면 Masoud는 청구인에게 66.96%의 Telsim 주식을 이전해 주고, 청구인은 계약 시 미화 3,800달러를, 나머지 미화 1,766만 8,000달러는 계약서에 기재된 사항이 이행된 후 지급하기로 약속하였다. 청구인은 계약에 따라서 Masoud에 미화 3,800달러를 지급하였고, Masoud는 2003년 7월 3일 위 임시주식증서에 배서하여 이를 청구인에게 교부하였다.

한편, 청구인은 2003년경 Hakan Uzan과 위 주식의 수익 소유자(beneficial owner)는 Hakan Uzan이 되는 것으로 구두 약정을 한 바 있고, 위 약정에 따라 수익 소유자는 Hakan Uzan으로 남아 있었다. 청구인은 2003년 7월 15일경 Telsim으로부터 Telsim이 주주명부 기재와 관련한 모든 요구사항을 완결하였고 청구인이 주주로 등재되었다는 취지의 통지를 두 통 받았는데, 첫 번째 편지에는 Telsim의 CEO로서 Hakan Uzan의 서명이 있었고, 두 번째 편지에는 "주주서비스를 대표하여(on behalf of Shareholders Services)"라고만 기재되어 있었다.

나. 터키는 청구인의 위 주장에 대하여 다음과 같이 반박하였다.

청구인은 ICSID의 관할을 인정받기 위한 목적으로 Uzan 가문들에 의하여 내세워진 자에 불과할 뿐 터키에 대해 "투자(investment)"를 한 "투자자(investor)"에 해당하지 않는다. 청구인은 자신이 Telsim의 주주임을 충분히 입증하지 못하였다. 특히 청구인이 증거로 제출한 임시주식증서에는 Hakan Uzan의 서명만이 있을 뿐인데, 터키 법률에 따르면 2개의 서명이 요구된다. 청구인이 2003년 7월 15일 Telsim으로부터 받았다는 통지서에도 두 번째 서명이 누락되어 있고, 영문으로 작성되었으며, 참조번호(reference number)도 없다. 그러나 Telsim의 통지서는 관례적으로 터키어로 작성되며 기록 보관의 목적으로 참조번호가 부여된다.

청구인이 주식을 취득했다고 주장하는 2003년 7월 3일이라는 시점에도 의문이 있다. 그날은 바로 Imar 은행의 영업허가(license)가 폐지된 날이며, 같은 날 저녁에 Uzan 가문이 보유하고 있는 자산이 동결되었다. 특히, Telsim의 주주명부에는 청구인의 주식취득 여부가 기재된 바가 없으며, 오히려 2003년 8월경에도 그 주식은 Standard Telekom의 소유로 남아 있는 것으로 기재되어 있었다. 청구인은 위의 두 편지를 받은 것을 제외하고 그 이후로 Telsim의 주주총회 등에 초대받거나 Telsim으로부터 어떠한 통지도 받은 바 없으며, 2003년 7월부터 2006년 5월까지, 즉 Telsim의 강제매각절차가 종료될 때까지 터키 정부에 아무런 이의를 제기하지 않았다.

관할 항변에 관한 법률적 쟁점 및 중재판정부의 판단

1. 피청구국의 주장

청구인은 요르단 국적과 네덜란드 국적을 모두 보유하고 있지만, 네덜란드-터키 BIT에 따라 ICSID 중재를 청구하기 위하여는 청구인이 단지 네덜란드 국적을 보유하는 것만으로는 부족하고, ICJ의 Nottebohm Case[2]에서 확립된 국적의 유효성 테스트에 따라 네덜란드

2 중재판정문에는 Nottebohm case를 인용하고 있지 않으나 독자의 이해를 돕기 위하여 판시 내용을 일부 인용한다. Nottebohm case에서 ICJ는 다음과 같이 판시하였다: "국적은 사회적 사실관계, 권리와 의무의 상호작용과 함께 존재, 관심, 감정의 진정한 연결에 그것의 기초를 두고 있는 법적인 결합이다. 이는 그것이 법률 또는 권한기관의 행위의 결과로 국적이 수여된 개인이 다른 국가에 비하여 국적 부여 국가의 국민으로 더욱 밀접하게 연결되어 있다는 사실에 대한 사법적인 표현을 구성하는 것이라 얘기될 수 있다. 국가에 의하여 부여되었기에, 개인의 국가에 대한 그 연결을 법적인 용어로 해석하자면, 그것은 그 국가에 다른 국가에 대하여 보호권을 행사할 수 있는 권한을 부여하는 것에 그친다(Nationality is a legal bond having as its basis a social fact of attachment, a genuine connection of existence, interests and sentiments, together with the existence of reciprocal rights and duties. It may be said to constitute the juridical expression of the fact that the individual upon whom it is conferred, either directly by the law or as the result of an act of the authorities, is in fact more closely connected with the population of the State conferring nationality than with that of any other State. Conferred by a State, it only entitles that State to exercise protection vis-à-vis another State, if it constitutes a translation into juridical terms of the individual's connection with the State which has made him its national.)." Nottebohm (Liechtenstein v. Guatemala), Judgment, ICJ (6 April 1955), p. 23.

국적의 유효성을 입증하여야 함에도 아무런 증거를 제출하지 않았다. 반면, 청구인의 요르단 국적은 유효하므로 네덜란드-터키 BIT의 적용 대상이 아니다.

2. 청구인의 주장

청구인은 이중국적자이며 2개의 국적 모두 상대방인 터키와 무관하다. 즉, 청구인은 네덜란드-터키 BIT 제1조 제(a)호 제(i)목에서 정한 체결 상대국의 국적자이고, 투자유치국(host state)인 터키의 국적을 갖고 있지 않으므로, 청구인은 네덜란드-터키 BIT와 ICSID 조약 제25조 제2항 제(a)호를 모두 충족한 것이다. 상대방 국적의 유효성에 관한 주장에 대하여는, 청구인은 네덜란드와 진정으로 관련(그는 네덜란드 국적의 어머니와 요르단 국적의 아버지 사이에서 태어났고, 요르단 국적이었던 아버지도 청구인이 8살 때 네덜란드 국적을 취득하였다)되어 있다.

3. 중재판정부의 판단

중재판정부는 양 당사자의 주장과 Dolzer 교수의 전문가 진술을 검토한 끝에 피청구국의 주장을 받아들이지 않았다.

가. ICSID 협약 제25조 제2항 제(a)호 위반 여부

우선 ICSID 협약 제25조 제2항 제(a)호[3]에 관하여 살펴보면,

---

3 ICSID Convetion Article 25

1) The jurisdiction of the Centre shall extend to any legal dispute arising directly out of an investment, between a Contracting State (or any constituent subdivision or agency of a Contracting State designated to the Centre by that State) and a national of another Contracting State, which the parties to the dispute consent in writing to submit to the Centre. When the parties have given their consent, no party may withdraw its content unilaterally.

ICSID 협약 제25조 제2항 제(a)호의 국적 요건은 '분쟁 당사국의 국적을 갖고 있지 않을 것'이라는 소극적 요소와 '조약 체결 당사국의 국적을 가질 것'이라는 적극적 요소로 구성되어 있다. ICSID 협약 제25조 제2항 제(a)호에서는 분쟁 상대방 국가의 국적을 갖고 있는 자를 관할의 배제 요건으로 규정하였다. 따라서 당사자가 분쟁 상대방의 국적을 갖고 있는 동시에 조약 체결 당사국의 국적을 가지고 있다고 하더라도 마찬가지로 관할에서 배제된다. 상대방이 동의하더라도 이러한 하자는 치유될 수 없다.

ICSID 입안자들이 자연인인 이중국적자의 관할 배제 사유로써 고려하였던 것은 오직 '상대방의 국적을 가진 이중국적자'이며, 중재판정부의 견해는 이러한 관할 배제가 국적에 관한 유효성 테스트를 전제로 하는 것이 아니라는 것이다. 실제로 ICSID 협약의 회원국들은 조약 체결 시 ICSID 협약 제25조를 위한 투자자 국적의 유효성에 관해 언급하는 것을 피하였다.[4] 반대로 ICSID 협약 회원국들은 이중국적자들이 ① 최소 하나의 조약 체결국의 국적을 가지고 있되, ② 투자유치국의 국적을 가지지 않은 경우를 관할 배제 사유에서 제외하였으며, 이 사건의 청구인은 ICSID 회원국의 국적(네덜란드)을 갖고 있으나 투자유치국(터키)의 국적을 갖고 있지 않으므로, 바로 이러한 경우에 해당한다. 투자유치국의 국적을 갖고 있지 않은 이중국적자(예컨대 투자유치국이 아닌 2개의

---

(2) "National of another Contracting State"means: (a) any natural person who had the nationality of a Contracting State other than the State party to the dispute on the date on which the parties consented to submit such dispute to conciliation or arbitration as well as on the date on which the request was registered pursuant to paragraph (3) of Article 28 or paragraph (3) of Article 36, but does not include any person who on either date also had the nationality of the Contracting State party to the dispute.

4 *Victor Pey Casado et Foundation Presidente Allende v. Chile* (ICSID Case No. ARB/98/2) Award (8 May 2008), at para. 241.

조약 체결국의 국적을 가진 경우 혹은 투자유치국이 아닌 조약 체결국의 국적과 조약 비체결국의 국적을 가진 경우)에 대하여 ICSID 입안자들은 국적의 유효성 테스트를 전제로 하지 않았다.

나. 네덜란드-터키 BIT 제1조 제a항 제(i)호 위반 여부

다음으로 당사국들이 국적의 유효성 테스트를 적용하려고 하였는지 여부는 네덜란드-터키 BIT 제1조 제a항 제(i)호의 문언 자체에 의해 다른 해석의 여지 없이 명쾌하다. 네덜란드-터키 BIT 제1조 제a항 제(i)호는 "투자자란 (i) 적용법에 따라 체약국의 국적이 있는 자연인(a natural person who is a national of a Contracting party under its applicable law)"이라고 규정하고 있으며 여기에 국적의 유효성이라는 요건은 명시되지 않았다. 중재판정부는 이와 유사하게, 스웨덴-루마니아 BIT를 근거로, "BIT가 확립한 명백한 정의와 특정한 체제는 그것이 유지될 수 있도록 해석되어야 하며, 그렇지 않으면 부적절한 BIT 개정의 결과를 초래할 수 있다"고 판시한 Micular v. Romania[5] 중재판정부의 의견에 동의하였다. 또한, 네덜란드-터키 BIT는 이중국적자를 제외하고 있지 않으므로, 청구인이 요르단 국적을 가지고 있다고 하더라도, 네덜란드 국적자로서 터키를 상대로 ICSID에 중재를 요청할 수 있다고 보았다.

국적의 유효성 테스트에 관하여 터키는 청구인의 네덜란드 국적이 Nottebohm 사건과 Iran-United States Claim Tribunal[6]의 Decision

5 *Micula et al. v. Romania* (ICSID Case No. ARB/05/20), Decision on Jurisdiction and Admissibility (24 September 2008), at para. 101.

6 Iran-United States Claim Tribunal(IUSCT) — 알제리 선언에 따라 이란과 미국이 합의로 수립한 중재재판소(중재판정문에는 주석이 없으나 독자의 이해를 돕기 위하여 덧붙임).

No. A/18[7]에서 채택된 국적의 유효성 테스트의 요건에 부합되어야 한다고 주장하고 있다. 그러나 중재판정부는 다음과 같이 그 주장을 받아들이지 않는다. 첫째, Nottebohm 사건은 국적과의 '진정한 관련(genuine link)'이라는 요건을 확립한 사례이긴 하나, 이러한 요건은 국가에 의해 주장된 그 나라 국민의 외교적 보호의 맥락에서 적용되었던 것이다. 즉, Nottebohm 사건에서의 쟁점은 이중국적과 그 결과로서 한 개인이 직접 제3국을 상대로 외교적인 보호를 주장할 수 있는지의 문제가 아니라, 국가가 그 국적을 보유하고 있는 그와 진정한 관련이 없는 개인을 '대신하여' 제3국에 대하여 외교적 보호를 주장할 수 있는지였다.[8] Nottebohm 사건이나 Iran-US Claims의 Decision No. A/18이 네덜란드-터키 BIT 제1조 제a항 제(i)호의 명백한 문언을 대체할 수는 없다. 위 조항은 위 BIT에서 국적에 관한 유일한 조항이고, 체결 당사자들이 유효성이라는 부가적인 제한을 설정하려고 하였다면 조항에 명백하게 이를 언급하였을 것이다.

둘째, 터키가 원용하고 있는 Decision No. A/18은 '미국 대 이란 또는 이란 대 미국 간의 분쟁에서의 국적을 결정하기 위한 특별한 목적'을 갖는 '알제리 선언(Algiers Declarations)'[9]에 근거하여 확립된 것이다.

---

7 Case A/18, decision No. DEC 32-A18-FT (6 April 1984).

8 Nottebohm 사건: 제2차 세계대전 당시 과테말라에 거주하며 사업을 영위하던 독일 출생의 노테봄은 과테말라가 독일에게 선전포고를 하고 교전을 개시하자, 생명과 재산에 위협을 느끼고 중립국인 리히텐슈타인으로 이민 신청을 하여 국적을 옮긴다. 노테봄은 종전 후 다시 과테말라로 돌아와 사업을 개시하였는데 과테말라는 그를 독일인으로 간주, 전재산을 몰수하고 체포하였다. 리히텐슈타인은 1951년 12월 17일 이 사건을 국제사법재판소에 제소하였다. 즉, 이 사건은 국가가(리히텐슈타인) 외국에 거주하는 자국민(노테봄)의 손해에 대해 구제를 요구하며 외교적 보호권을 행사할 수 있는지에 관한 국제 분쟁이었다. (중재판정문에는 주석이 없으나 독자의 이해를 돕기 위하여 덧붙임.)

9 Declaration of the Government of the Democratic and Popular Republic of Algeria Concerning the Settlement of Claims by the Government of the United States of

Iran-US Claim Tribunal의 결정은, 이란과 미국의 이중국적자가 그의 이란 국적이 우세하고 유효(dominant and effective)하지 않은 경우 이란을 상대로 중재를 신청할 수 있는지를 다룬 사안이었고, 중재판정부는 "알제리 선언에서의 '국적'에 관한 조문은 그 예외가 명백히 규정되어 있지 않다면 Nottebohm 사건에서의 국적의 유효성 테스트에 부합하여야 하는 것으로 이해되어야 한다. 알제리 선언의 규정에는 명백한 예외 조항을 찾을 수 없다"고 판시하였다.[10] '알제리 선언'과 달리 ICSID 협약은 이중국적자의 경우(국적의 유효성을 따지지 않고) 그가 투자유치국의 국적을 갖는다면 관할에서 배제됨을 명백히 표현하고 있다. 즉, ICSID 조항은 Decision No. A/18에서 고려하였던 '명백히 규정된' 조항이므로, 결과적으로 그 사안을 여기에 적용할 수 없다.

셋째, 중재판정부는 ICSID 중재사건들 중에서 터키의 입장을 지지하는 사안을 찾을 수 없다. 오히려, 이전의 ICSID 판정들에서는 투자가-국가 간 분쟁과 관련하여서 유효성 테스트를 특히 배제하고 있었다. 이전 중재판정부들이 Nottebohm 사건과 Decision No. A/18를 언급하는 것은, 그 결정들이 사안에 적용되지 않는다는 것을 판단하기 위한 것이었다. 특히, Siag v. Egypt 사건[11]에서 다수 의견은 "Champion Trading v. Egypt 사건[12]에서 중재판정부의 판정과 같이, ICSID 협

America and the Government of the Islamic Republic of Iran (Claims Settlement Declaration), (19 January 1981), Article II(1).

10 Case A/18, decision No. DEC 32-A18-FT (6 April 1984), 5 IUSCTR 251, at 263 et seq. Iran-US Claims Tribunal은 이란과 미국의 이중국적을 가진 청구인이 이란을 상대로 제소한 사안에서, 청구인의 주되고 유효한 국적이 미국인 경우에 관할이 있다고 판시하였다.

11 *Waguih Elie George Siag and Clorinda Vecchi v. Egypt* (ICSID Case No. ARB/05/15), Decision on Jurisdiction (11 April 2007), at para. 198.

12 *Champion Trading Company et al v. Egypt* (ICSID Case No. ARB/02/9), Decision on Jurisdiction (21 October 2003), p. 16.

약 제25조에 의해 세워진 체계에서는 국적이 우세하거나 유효한지 여부의 테스트를 할 여지가 없다. 만약 외교적인 보호에 관한 문제라면 달리 주장될 여지가 있는 반면, 양 당사자들은 ICSID 협약에 따라 그들의 분쟁을 해결하기로 동의했으며 ICSID 협약은 관할의 결정에 관하여는 특별한 체제를 세웠다. 외교적 보호의 영역에서의 개인의 국적에 관하여 국제법의 발전이 있어 왔고, 흥미롭기는 하나 이는 ICSID 협약이나 BIT의 체제에서는 우선될 것이 아니다"[13]라고 결론을 내렸다. Champion Trading 사건에 관하여 보자면 그 중재판정부는 "Nottebohm 사건과 Decision No. A/18은 이 사안에 적용되지 않는다. ICSID 협약 제25조 제2항 제(a)호는 이중국적자에 관하여 명백하고 상세한 규정을 포함하고 있다. Decision No. A/18은 '예외 조항이 명백하지 않은 경우'에만 국적의 유효성이 의의가 있다는 중대한 조건을 포함하고 있다"[14]고 판시하였다.

ICSID 협약 제25조 제2항 제(a)호의 문언은 매우 명백하며 더 이상 상세화할 여지가 없다. 조약의 해석과 관련해 일반적으로 받아들여진 비엔나 협약(the Vienna Convention on the Law of Treaties) 제31조에 의하더라도, 당사자들 간에 관할을 제한하는 규정을 두지 않았음에도 관할의 제약을 인정하는 결과가 되도록, 명백한 문언에 반한 해석을 할 수는 없다. 국적의 유효성 테스트가 ICSID 중재와 아무런 관련이 없다고 할 것은 아니며, 사안에 따라서는 특별한 경우에 그 적용이 정당화되는 경우도 상정할 수는 있다.

혹자는 중재를 청구하기 위하여 '편의에 따른 국적'을 취득한 경우

---

13 *Waguih Elie George Siag and Clorinda Vecchi v. Egypt* (ICSID Case No. ARB/05/15), Decision on Jurisdiction (11 April 2007), at para. 198.

14 *Champion Trading Company et al v. Egypt* (ICSID Case No. ARB/02/9), Decision on Jurisdiction (21 October 2003), p. 16.

에는 BIT나 ICSID 협약 제25조 제2항 제(a)호의 요건을 충족하지 않은 것으로 보아야 한다고 주장할 수 있다.[15] 그와 마찬가지로 3, 4대를 거슬러 올라간 조상의 국적에 불과할 뿐인 경우도 문제가 제기될 수 있다.[16] 그러나 청구인인 Mr. Fakes는 그 부모와 네덜란드에 사는 동안 네덜란드 국적을 취득했으므로, 이 사안은 위의 둘 중 어느 것에도 해당되지 않는다. 결론적으로, 이 사안에서는 국적의 유효성 테스트는 적용되지 않으며, 청구인의 네덜란드 국적이 유효한지 여부는 관할을 판단함에 있어서 무관하다.

중재판정부의 판정

중재판정부는 청구인 적격이 없다는 터키의 주장을 받아들이지 않고 청구인이 네덜란드-터키 BIT에 의하여 보호되는 투자가임은 인정하였다. 그러나 중재판정부는 청구인이 주장하는 Telsim에 대한 권리가 BIT에 의하여 보호되는 '투자'에 해당하지 않는다는 이유로 ICSID의 관할이 인정되지 않는다고 판단하였다.

이 사건은 터키의 유력한 사업가인 Uzan 가문과 터키 정부 간의 일련의 분쟁중 하나의 사건이다. 중재판정부는 본질적으로는 터키 국민인 Uzan 가문과 터키 정부 간의 국내적 분쟁을 Mr. Fakes라는 외국인을 내세워서 국제 분쟁의 모양을 갖추어 네덜란드와 터키 간의 BIT에 근거한 국제투자협정중재를 제기한 것으로 파악하였다. 이 사건은 투

15 TJ Grierson Weiler (ed.), *Investment Treaty Arbitration and International Law* (2008), p. 101.

16 *Champion Trading Company et al v. Egypt* (ICSID Case No. ARB/02/9), Decision on Jurisdiction (21 October 2003), pp. 16~17.

자자가 투자유치국의 국적을 보유하지 아니한 이중국적자로서 그중 한 국가가 투자유치국과 체결한 BIT의 혜택을 주장할 때, 당해 BIT가 그 국가와 개인 간의 "실효적인 국적(effective nationality)"를 명시적인 요건으로 하지 않는다면, 중재판정부는 실효적인 국적 기준을 적용하지 않는다는 점을 보여주는 사례라고 할 수 있다. 원래 국제법에서는 국가가 외교적 보호권을 행사하기 위하여서는 보호권의 대상인 개인과 국가 간에 실효적인 관계가 있어야 한다는 일반적인 원칙이 있는데, 국제투자협정중재에서는 그러한 실효적인 국적 기준은 원칙이 아니라 개별 BIT가 명시할 때에만 적용되는 예외적 기준이라는 것이 이 중재판정의 의미이다. Saba Fakes 사건의 또 다른 중요한 쟁점은 '투자'의 정의였다. 이 사건은 투자의 정의에 'good faith'와 'legality'가 포함된다고 본 Phoenix Action v. Czech 사건의 중재판정부와 다른 입장을 취하였다. 중재판정부는 이 건에서 투자가 없다고 보았고, 관할이 없다는 결정을 하면서 이례적으로 청구인 측에 중재비용 전부와 터키 측의 법률자문 비용을 모두 부담하도록 명하였다.

자연인 투자자의 국적문제:
Micula et. al. v. Romania 사건 검토*

| 절차적 배경 및 결정요지 |

사건명

Ioan Micula, Viorel Micula, S.C. European Food S.A., S.C. Starmill S.R.L. And S.C. Multipack S.R.L. (Claimants) v. Romania (Respondent), ICSID Case No. ARB/05/20, Decision on Jurisdiction and Admissibility (2008. 9. 24. 결정)

당사자와 변호인

1. 청구인 및 그 국적

'청구인 1'인 Mr. Ioan Micula는 1957년 4월 8일 루마니아에서 출생하였으며 1987년 스웨덴으로 이주하여 1992년 루마니아 국적을 포기하고 스웨덴 국적을 취득한 자로, 현재는 루마니아에 거주 중이다. '청구인 2'인 Mr. Viorel Micula는 1957년 4월 8일 루마니아에서 출

* 조세화, LG 하우시스 전략 · 혁신팀. 서울대학교 법과대학 대학원(국제투자법 전공), 서울대학교 법학사/문학사(중어중문학).

생하였으며 1989년 스웨덴으로 이주하여 1995년 루마니아 국적을 포기하고 스웨덴 국적을 취득한 자로, 역시 현재는 루마니아에 거주 중이다. 청구인 1과 2는 쌍둥이 형제이다. '청구인 3'인 European Food S.A.는 설립등기지가 루마니아이고 청구인 1 · 2가 대주주로 있는 법인이며, '청구인 4'인 Starmill S.R.L과 '청구인 5'인 Multipack S.R.L은 설립등기지가 루마니아이고 청구인 1 · 2만이 주주로 있는 법인이다.

청구인 1 · 3 · 4 · 5의 변호인은 Vienna에 위치한 Schönherr Rechtsanwälte OEG 법률사무소의 Mr. Gerald Zeiler와 Vienna 대학의 Christoph Schreuer 교수이고, 청구인 2의 변호인은 Paris 소재 Dewey & LeBoeuf 법률사무소의 Messrs. Eric A. Schwartz, Alain Farhad, 그리고 루마니아 Bucharest에 위치한 Muşat & Asociaţii 법률사무소의 Messrs. Gheorghe Muşat, Gelu Titus Maravela와 Luminita Popa이다.

2. 피청구국 및 문제가 된 피청구국 국가기관

피청구국은 루마니아이며, 피청구국의 대리인은 재정경제부 장관(Minister of Economy and Finance)인 H.E. Varujan Vosganian, 재경경제부의 법률고문인 Mr. Bogdan Mirghis, 그리고 영국에 본부를 둔 로펌인 Freshfields Bruckaus Deringer 법률사무소의 Messrs. Brian King, Georgios Petrochilos, Boris Kasolowsky, Ms. Jacomijn J. van Haersolte-van Hof와 Bucharest의 Nestor Nestor Diculescu Kingston Petersen 법률사무소의 Mmes. Adriana I. Gaspar, Ana Diculescu-Sova, Manuela Nestor이다.

중재판정부

중재판정부는 청구인 측이 지명한 불가리아 국적의 Mr. Stanimir A. Alexandrov와 피청구국에서 지명한 독일 국적의 Dr. Claus-Dieter Ehlermann 그리고 당사자들이 합의하여 지명한 의장중재인인 스위스와 브라질 국적의 Dr. Laurent Lévy로 구성되었다.

사실적 배경 및 결정요지

1998년 9월 30일, 루마니아는 긴급명령 제24호(the Emergency Government Ordinance No. 24/1998, 이하 EGO 24/1998)를 가결하였는데, 이는 저개발된 지역에 투자자들의 투자를 이끌어 내기 위하여 이러한 지역을 "소외 지역(disfavoured region)"으로 지정하고 당해 지역에 투자하는 사업체에 관세 면제 등의 인센티브를 제공하는 것을 내용으로 하고 있었다. 그러나 2007년 EU 회원국이 된 루마니아는 EU의 경쟁정책에 따르기 위해 긴급명령에 의하여 부여된 인센티브를 폐지하였다. 청구인들은 인센티브가 폐지되기 전에 EGO 24/1998에 따라 "소외 지역(disfavoured region)"에 투자를 하였으나 이후 변화된 정책으로 인해 손실을 입게 되었다며, 스웨덴-루마니아 BIT에 근거하여 이에 대한 배상을 청구하였다.

루마니아는 본안전 항변으로 청구인 1 · 2는 스웨덴 국적자가 아님을 주장하였다. 청구인 1 · 2는 스웨덴과 실효적 관련이 없으므로, 이들은 루마니아 국적자로서 루마니아에 대하여 이러한 중재를 제기할 수 없다는 것이다. 그러나 중재판정부는 스웨덴 법과 양자간의 BIT 등에 비추어 볼 때 청구인 1 · 2가 스웨덴 국적을 취득하는 데 진정한 관련성은 요구되지 않으며, 설사 진정한 관련성 여부를 판단기준으로 삼는다 하더라도 청구인 1 · 2는 스웨덴과 진정한 관련성을 가진 자들이므로 중재판정부는 본 사안에 있어 관할권을 가진다고 판시하였다.

절차상의 특이사항

청구인들은 2005년 8월 2일 중재신청서를 ICSID에 제출하였고, ICSID는 2005년 10월 13일 이를 등록하였다. ICSID 중재절차가 개시된 이후 루마니아는 2007년 9월 10일 "Objections to Jurisdiction and Admissibility(R-Mem.)"라는 제목으로 청구인의 관할권(jurisdiction) 없음을 주장하였다. 이 사건의 당사자들은 ICSID 중재규칙 제41조 제4항에 따라 중재판정부가 루마니아의 관할권 항변을 검토해야 한다는 데 동의하였는 바, 중재판정부는 2007년 10월 9일 본안 판단에 대한 절차(proceedings on the merits)를 임시로 중단(suspended)하였다. (본 결정문은 이 관할권 항변에 대한 중재판정부의 판단을 담고 있는 것이다.)

한편, 관할 항변에 대한 결정이 있은 후, 2009년 5월 26일자로 Dr. Claus-Dieter Ehlermann 중재인이 사임을 하게 되고, 새로운 중재인으로 이집트 국적의 Georges Abi-Saab가 선정되어 새로운 중재판정부가 구성되었다. 그리고 2013년 6월 현재 본안 판단에 대한 변론절차도 모두 완료되어, 중재판정부의 판정만이 남아 있는 상태이다.

| 사건 및 판정의 세부사항 |

청구의 근거가 된 조약

청구의 근거가 된 조약은 2002년에 체결된 스웨덴-루마니아 BIT[1] (이하 "BIT")이다.

청구인이 문제로 삼고 있는 투자유치국의 조치

청구인은 1998년의 EGO 24/1998으로 부여된 투자 인센티브를 폐지한 루마니아의 조치를 문제 삼아 중재를 신청하였다.

청구인의 청구취지

청구인은 EGO 24/1998이 유효하던 당시의 법률체계를 재입법(reinstitution)하거나, 정부의 조치로 발생한 4억 5,000유로의 손실과 이로 인한 수익 상실, 기타 청구인이 입은 손실에 대하여 적절하게 배상하여 줄 것을 주장한다.

---

1 Agreement Between the Government of the Kingdom of Sweden and the Government of Romania on the Promotion and Reciprocal Protection of Investment (2002).

사실관계

1998년 9월 30일, 루마니아는 "소외 지역(disfavoured region)"의 설치와 영구적인 투자자 자격증명서(Permanent Investor Certificates)의 발행을 규정한 EGO 24/1998을 채택하였다. 이에 따르면 "소외 지역(disfavoured region)"은 ① 전체 고용 인력의 50% 이상이 하나의 산업에 집중된 지역이나 ② 광업 활동의 조직화로 인해 근로자가 해고된 광업 지역, ③ 거주 인구의 25% 이상이 해고된 지역, ④ 실업률이 국가 전체 실업률을 25% 이상 초과하는 지역, ⑤ 경제기반시설이 존재하지 않거나 미발전된 지역을 의미한다. 후에 법률 제20호(Law No. 20/1999)로 수정 · 가결된 EGO 24/1998은 소외 지역에 대한 투자자들의 투자를 이끌어 내기 위해 소외 지역으로 지정된 이후 당해 지역에 등록하고 운영되는 루마니아의 법인이나 개인 사업가에게 투자 인센티브를 제공하도록 규정하였다. 그 내용은 ① 소외 지역에 투자하는 목적으로 루마니아에서 생산된 기계, 장비, 운송 수단 등에 대한 부가가치세 면제와 루마니아로 수입되는 이러한 장비들에 대한 관세 면제, ② 해당 지역에서 투자자가 상품을 생산하기 위해 필요한 원자재, 예비 부품 등에 대한 관세 전액 환불, ③ 소외 지역에서 투자가 이루어지는 동안 이득세 납부 면제, ④ 해당 토지의 개발과 농지의 상업화 전환을 위한 기타 세금의 납부 면제, ⑤ 특별 기금에 의한 우선 보조급 지급 등이다.

1999년 3월 25일, 루마니아 북서 지방에 위치한 Bihor County의 Ştei-Nucet 지역이 1999년 4월 1일부터 10년간 소외 지역으로 지정되고, 2000년 11월 29일, 그 범위는 법인인 청구인의 공장이 위치한 Draganesti까지 확장되었다. 법인인 청구인들은 국외 자본이 투자유치국의 용지를 직접 매입하여 공장이나 사업장을 새로 짓는 'greenfield investment' 방식으로 Ştei-Nucet의 소외 지역 내에서 주로 음식을 생산하고 있는 기업인데, EU 회원국을 포함한 다른 국가들로부터의 원자재 수입을 필요로 하였다. 청구인들에 따르면 그들은 현재까지 루마니아에 2억 유로를 투자하였고, 2,000개 가까이 되는 일자리를 창출하였다. 그리고 법인인 청구인들은 위의 인센티브를 누리기 위해 2000년 6월과 2002년 5월에, 2009년 4월 1일까지 유효한 것으로 명시된 영구적인 투자자 자격증명서(Permanent Investor Certificates)를 발행 받았다.

한편, 1993년 이후 루마니아는 EU에 가입하고자 노력하였고, 2007년 1월 1일 EU 회원국이 되었다. 루마니아에 따르면 EGO 24/1998의 관세 면제 등은 EU의 경쟁정책인 시장 공동체와 양립할 수 없는 정부 보조로 간주될 여지가 있으므로, EU에 대한 루마니아의 의무에 위배될 소지가 있어 수정을 필요로 하였다. 이에 따라 2000년 6월 16일의 명령 제75호(Government Ordinance No. 75/2000)는 원자재에 대한 관세 환불을 면제로 변경하였으나 예비 부품 등에 대해서는 관세 면제에서 제외시키고, 특별 기금에 의한 보조금의 지급도 제한하였다. 그리고 2002년에는 법률 제345호(Law No. 345/2002)에 의해 기계 등에 대한 인센티브가 폐지되고, 법률 제414호(Law No. 414/2002)에 의해 이득세에 대한 인센티브가 폐지되었다. 그러나 2002년 7월 1일 이전에 영구적인 투자자 자격증명서(Permanent Investor Certificates)를 발급 받은 투자자에게는 여전히 인센티브가 제공되었다. 이득세에 대한 인센티브는 2004년 1월 1일 법 제507호(Law No. 507/2004)에 의해 재도입되었다.

2003년, 국가 보조 조절 기능이 경쟁위원회(Competition Council)에 회부되었다. 법률 제239호(Law No. 239/2004)는 EGO 24/1998를 수정하여 루마니아의 입법을 EU공동체법 및 관행의 집적(acquis communautaire)에 조화시키기 위해 소외 지역에서 제공되는 보조금 등 국가 보조에 대한 상한을 설정하였다. 2004년 8월 26일 명령 제94호(Government Ordinance No. 94/2004)는 보조금 등 인센티브들을 폐지하였고 이후의 명령 제96호

(Government Ordinance No. 96/2004)는 2004년 12월 3일 이들 인센티브를 유효하게 폐지(effctively cancelled; terminated)하였다. 법률 제507호(Law No. 507/2004)는 이러한 인센티브들을 재도입하였으나 이는 재도입 3개월 후인 2005년 2월 22일에 다시 폐지되었다.

법률적 쟁점 및 중재판정부의 판단

1. 루마니아 정부는 청구인들의 국적과 관련하여 다음과 같이 주장한다

청구인 1 · 2는 스웨덴 국적을 입증하지 못하였다. 특히 청구인 2의 경우 스웨덴 법에 따라 요구되는 거주 요건을 충족시켰는지 의심된다. 또한 청구인 1 · 2는 루마니아에 실효적인 관련이 있고 스웨덴과는 관련이 없으므로 루마니아에 대하여 스웨덴 국적을 주장할 수 없다.

다시 말해, 청구인 1 · 2는 중재판정부에 제소한 문제의 피해가 발생한 당시까지 청구인 1 · 2가 스웨덴 법에 의한 스웨덴 국적을 계속해서 유지하고 있었는지 입증하지 못하였다. ICSID 협약 제25조 제2항은 국제관습법상 '국적 계속에 관한 원칙'의 예외가 아니다.

그리고 청구인 1 · 2는 그들의 실효적인 국적이 아닌 스웨덴 국적으로서 루마니아에 대항할 수 없다. 국제사법재판소(The International Court of Justice)는 'Nottebohm 사건'에서 한 국가와 진정한 혹은 실효적인 관련이 없는 개인의 경우 다른 국가에 대하여 그 국가의 국적을 주장할 수 없다고 하고 있다. 이는 하나의 국적이 문제되는 경우에도 그러하고, 실효적 국적의 원칙은 BIT나 ICSID 협약하에서도 요구된다[ICSID 협약 제25조 제2항(a)에서 특별히 규정하는 이중국적의 경우에는 예외]. 청구인 1 · 2는 계속하여 루마니아에 거주하여 왔을 뿐 아니라 직업 활동이나 경제활동, 사회활동 등을 루마니아에서 하여 왔고, 그들의 가족 관계도 모두 루마니아에서 찾을 수 있으므로 이토록 강력하고 계속적인 루마니아와의 관련성에 비추어 볼 때 루마니아에 대하여 그들의 스웨덴 국적을 주장하는 것은 불가능하다. 청구인 1 · 2의 스웨덴 국적취득은 편의를 위한 것에 불과한 것이다.

청구인 2의 경우 스웨덴 법에 의해 요구되는 5년의 거주 요건을 충족하였는지 의심된다. 청구인 2는 1989년 2월(영주권 취득일)부터 1994년 2월 23일(국적취득일)까지 스웨덴에 거주하였다고 하나, 1992년 잠깐 스웨덴에 거주한 이후 그곳에서 상시적으로(habitually) 거주하지는 않았다. 또한 스웨덴 국적취득이 유효한 경우에만 유효한 루마니아 국적의 포기는 청구인 2가 스웨덴에 거주하고 있어 루마니아로 돌아올 이익이 없다는 데 기초한 것인데, 두 가지 모두 사실과는 다른 것이다.

2. 청구인들은 루마니아 정부의 주장에 대하여 다음과 같이 답변하였다

청구인 1 · 2는 BIT Article 1(2)(a)에서 정의하는 "투자자(investors)"이며 ICSID 협약 제25조 제2항에서 정의하는 "타방 체약국 국민(nationals of another Contracting State)"에 해당한다.

청구인 1 · 2는 ICSID 협약에 따라 국적이 유지되어야 하는 시점인 중재동의 시(date of consent)와 중재청구가 등록된 시점(date of registration of the Request)에 모두 스웨덴 국적을 갖추었고, BIT Article 1(2)(a)에 따라 적용되는 스웨덴 법에 의해 스웨덴 국적이 승인되었으므로, 청구인 1 · 2의 국적에 대한 입증 책임은 피청구국에 있다. 국적이 문제되는 시기에 청구인 1 · 2에게는 루마니아 국적이 없고 청구인들이 스웨덴 법에 따라 스웨덴 국적을 취득하였으며 이것이 이후 지속되었다는 사실은, 스웨덴 이민국(Swedish Migration Board)이 피청구국에 보낸 문서에서도 확인되는 것이다. ICSID 협약은 관습법상으로도 상당히 의심스러운 '국적 계속의 원칙'을 요구하지 않으며, 이를 고려한다 하더라도, 청구인 1 · 2는 BIT 위반이 있은 시점과 그 이후 계속해서 스웨덴 국적을 유지하고 있었다.

국제관습법상의 실효적 국적의 원칙은 이중국적의 경우에만 적용되므로 이 사건에서는 적용되지 않는다. ICSID 중재판정부는 실효적 국적 원칙을 비롯한 국제관습법의 적용을 인정하지 않으며 BIT 역시 스웨덴 법만이 이 경우 적용 가능한 법이라고 하고 있는데, 스웨덴 법은 시민권을 유지하기 위하여 영구적으로 거주하여야 한다는 등의 실효적 관련성 요건을 부가하지 않고 있기 때문이다. 또한 국제관습법상의 실효적 관련성은 국적취득 시에만 요구되는 것인데, 국적취득 당시 청구인 1 · 2는 수년간 스웨덴에 거주하며 스웨덴에 대한 충성의무를 다하고 스웨덴과의 관련성을 유지하고 있는 상태였다. 즉, 이들은 편의를 위해서가 아니라 스웨덴과의 진정한 관련에 의하여 국적을 취득한 것이다.

청구인 2의 스웨덴 국적취득은 스웨덴의 결정에 의한 것이며 이에 대한 입증 책임은 피청구국에 있다.

3. 중재판정부의 판단

가. 적용되는 규정

(1) ICSID 협약 제25조 제2항

"타방 체약국 국민"이라 함은 협약 제28조 제3항 또는 제36조 제3항에 따라 요청서가 등록된 일자 및 당사자가 어느 분쟁을 조정이나 중재에 회부하기로 동의한 일자에 그러한 분쟁 당사국 이외의 체약국의 국적을 가진 자연인을 말한다. 다만, 이상의 어느 일자에 분쟁 당사국의 국적을 가진 자는 이에 포함되지 아니한다.[2]

(2) BIT Article 1(2)(a)

"투자자"는 체약국의 법에 의해 해당 국가의 국적이 인정되는 자연인을 의미한다.[3]

나. 판단기준

ICSID 협약 제25조 제1항에 따르면 중재판정부는 청구인 1 · 2가 제소 당시 스웨덴 국민이었고 루마니아 국민이 아니었다는 것을 판단하여야 한다. 국가가 자국민의 범위에 관하여 국내법으로 정한다는 점에는 당사자 간에 이견이 없다. 이는 국제법의 일반원칙상으로도 명확하며[4] BIT Article 1(2)(a)에서도 이를 재확인하고 있다. 중재판정부의 확립된 법리 역시 국적의 결정은 당사국의 국내법에 따르는 것으로 한다.[5] 이에 따르면 중재판정부는 청구인 1 · 2의 스웨덴 국적에 대해 스

2 ICSID Convention Article 25(2)
National of another Contracting State" means: (a) any natural person who had the nationality of a Contracting State other than the State party to the dispute on the date on which the parties consented to submit such dispute to conciliation or arbitration as well as on the date on which the request was registered pursuant to paragraph (3) of Article 28 or paragraph (3) of Article 36, but does not include any person who on either date also had the nationality of the Contracting State party to the dispute.

3 BIT Article 1(2)(a): "any natural person who is a citizen of a Contracting Party in accordance with its laws."

4 Yearbook of the International Law Commission, 2006, vol. II, Part Two, p. 31.

5 *Hussein Nuaman Soufraki v. United Arab Emirates* (ICSID Case No. ARB/02/7), Decision of the ad hoc Committee on the Application for the Annulment of the

웨덴 법에 따라 결정한다.

당사자들은 국적에 관한 BIT Article 1의 해석과 관련한 국제법의 역할에 대해 견해를 달리하는데, 중재판정부는 Vienna Convention on the Law of Treaties Article 31(3)(c)에 규정된 바와 같이, 관련된 국제법은 BIT의 해석에 고려되어야 한다고 본다. 또한 국적의 인정은 국제법과 모순되어서는 안 될 것이므로[6] 이것이 국제법과 모순된다는 데 대한 입증책임은 이를 다투는 측에 있다. 즉 국가에 의한 국적 부여는 유효하다고 추정되며[7] 이를 물리치기 위해서는 강력한 입증이 필요하다.

다. 청구인 2의 스웨덴 국적취득

1994년 당시 국적취득에 적용되는 스웨덴 국적법 제6조 제1항 [Swedish Citizenship Act of 1950 Section 6(1)]에 따르면 귀화에는 세 가지 요건이 요구된다. ① 18살 이상이고 ② 스웨덴에 5년 이상 거주하였거나 스웨덴 국민과 혼인한 지 3년이 지난 자로서 ③ 상당한 생활을 영위하였을 것이 그것이다. 본 사건에서 문제 되는 것은 거주허가(resident permit) 취득 시부터 국적취득 시(acquistion date)까지 5년 이상의 거주 요건이다. 거주 요건을 만족시키기 위한 요건과 청구인이 '상당한 생활을 영위하였을 것'이라는 요건을 만족시키는 데에 관하여 기록은 없다. 중재판정부는 또한 스웨덴 법에 해외 거주로 인해 스웨덴 국적취득을 취소하는 규정은 존재하지 않음을 확인하였다.

청구인 2는 1987년 루마니아를 떠나 1989년 1월 7일에 스웨덴에

Award (5 June 2007), at para. 60; *Waguih Elie George Siag and Clorinda Vecchi v. Arab Republic of Egypt* (ICSID Case No. ARB/05/15), Decision on Jurisdiction (11 April 2007), at para. 143~146.

6 Yearbook of the International Law Commission, 2006, vol. II, Part Two, p. 31.

7 *Ibid.*, p. 34.

입국하였으며, 1989년 2월 23일에 거주 인가를 받았다. 그리고 스웨덴 이민국(Swedish Migration Board)은 1994년 2월 23일, 2년 내 루마니아 국적을 포기할 경우 청구인 2에게 스웨덴 국적을 부여하기로 결정하였다. 청구인 2는 1995년 1월 17일 루마니아 국적을 포기하고 1995년 2월 8일 스웨덴 국적을 취득하였으며 이후 루마니아 국적을 재취득한 바가 없다.

루마니아는 1995년 청구인 2의 귀화를 승인한 스웨덴의 결정에 의문을 제기하였지만 스웨덴에서는 청구인 2가 귀화 요건을 충족하였다고 판단하여 결정을 내렸을 것이라고 본다. 중재판정부는 Soufraki 사건에서 임시판정부(ad hoc committee)가 내린 판단 등을 염두에 두지 않을 수 없는데, 이에 따르면 국적취득에 요구되는 요건 충족 등에 대한 판단은 그 판단에 사기나 오류 등이 없는 한 당해 국가의 판단에 의한다.[8] 본 사건에서는 문제되는 바가 없다. 본 사건과 관련된 기간 동안 청구인 2가 스웨덴 국적을 보유하였음은 분명하고 이에 대해 피청구국이 반대되는 사실의 증명을 다하지 못하였으므로 중재판정부는 이에 대해 더 이상 조사하지 않는다.

라. 루마니아에 대한 스웨덴 국적의 대항성

본 사건에서 청구인 1 · 2가 루마니아 국적을 포기하였다는 데는 의문이 없으므로, 그들의 국적은 스웨덴이고, 국적 선택의 문제는 발생하지 않는다. 그러나 피청구국은 청구인 1 · 2가 투자를 한 곳임과 동시에 이전 국적을 보유하고 있던 곳으로, 진정한 관련성을 국적 유지의 요건으로 요구하는 경우 청구인 1 · 2에게 스웨덴이 아닌 루마니아와의 진

8 *Soufraki*, at para. 58.

정한 관련성이 존재한다면 본 중재는 계속될 수 없으므로 이에 대한 판단이 요구된다.

ICSID 협약 제25조 제2항(a)는 청구인의 국적이 분쟁에서 반대 당사자의 지위에 있는 국가의 것이 아니어야 한다는 점만을 명시하고 있다. 중재판정부는 이 규정이 지배적 혹은 실효적 국적을 판단함에 있어서 고려할 여지를 주고 있지 않다는 Siag 사건의 결론에 동의한다.[9] 이전의 어떤 판정도 이에 반하지 않았으며[10] 피청구국은 이를 반증할 만한 어떠한 증거도 제시하지 못하였다.

BIT에 의하더라도 진정한 관련성을 요구하는 것은 문제가 있다. BIT 체약 당사국은 국적을 정함에 있어 다른 기준을 부가할 수도 있으나 스웨덴과 루마니아는 양국의 BIT에서 스웨덴 국적을 정하는 데 있어 스웨덴 법 이외에 다른 요건을 부가하지 않고 있기 때문이다. 스웨덴 법에서는 국적취득에 있어(거주 요건 이외에) 관련성을 요하지 않으며 스웨덴 국민의 국외 거주 등에 대해서도 국적과 관련한 제한을 두지 않고 있다. 또한 본 사건에서 루마니아는 청구인 1 · 2가 루마니아 국적을 포기하는 것을 승인함으로써 이들의 스웨덴 국적취득에 동의한 바 있고, 이에는 어떠한 사기나 오류도 없었던 바, 루마니아는 청구인 1 · 2에게 스웨덴과의 관련성 여부를 다툴 수 없다.

만약 진정한 관련성 여부를 판단기준으로 삼는다 하더라도, 청구인 1 · 2는 스웨덴에 자산을 보유하고 있고, 스웨덴 국민과 혼인한 청구

---

9 *Siag*, at para. 198.

10 *Champion Trading Company, Ameritrade International, Inc, James T Wahba, John B Wahba and Timothy T Wahba v. Arab Republic of Egypt* (ICSID Case No. ARB/02/9), Decision on Jurisdiction (21 October 2003), p. 17; Siag, at para. 196~198; *The Rompetrol Group N.V. v. Romania* (ICSID Case No. ARB/06/3), Decision on Jurisdiction and Admissibility (18 April 2008), at para. 93.

인 1의 인척은 스웨덴에 거주하고 있으며 그의 두 딸은 스웨덴 국민이고, 청구인 1 · 2는 은퇴 후 스웨덴에 거주할 의도로 연금을 납부하는 등 여러 정황으로 보아 현재 그들이 루마니아에 거주한다 해도 청구인 1 · 2는 스웨덴과 더 밀접한 관련성이 있는 것으로 판단된다. 오히려, 이러한 사유들은 그들이 사업을 위해 루마니아에 거주하고 있음이 분명함을 보여주는 것이다.

따라서 중재판정부는 루마니아의 주장을 받아들일 수 없다. 청구인 1 · 2는 본 사건에서 스웨덴 국민으로서 중재판정부의 관할하에 있다.

마. 법인인 청구인의 국적

(1) ICSID 협약 제25조 제2항(b)

법인의 국적과 관련하여 "타방 체약국 국민"이라 함은 "당사자가 어느 분쟁을 조정이나 중재에 회부하기로 동의한 일자에 그러한 분쟁 당사국 이외의 체약국의 국적을 가진 법인 및 전기일자에 분쟁 체약 당사국의 국적을 가지고 또한 외국인의 지배로 인하여 당사국이 본 협정의 목적을 위하여 타 체약국의 국민으로서 취급할 것으로 합의한 법인"을 말한다고 정하고 있다.[11]

---

11 ICSID Convention Article 25(2)(6)

"National of another Contracting State" means: (b) any juridical person which had the nationality of a Contracting State other than the State party to the dispute on the date on which the parties consented to submit such dispute to conciliation or arbitration and any juridical person which had the nationality of the Contracting State party to the dispute on that date and which, because of foreign control, the parties have agreed should be treated as a national of another Contracting State for the purposes of this Convention.

(2) BIT Article 1(2)

스웨덴-루마니아 BIT에 따르면, "투자자"라 함은 "일방 체약 당사자의 법규에 따라 법인화되거나 적법하게 설립되고 해당 국가에 위치한 회사 · 주식회사 · 협회 · 기타 조직과 같은 법적 실체" 또는 "위치에 관계없이 일방 체약 당사자의 국민에 의하여 또는 해당 국가의 영역에 위치한 법적 실체에 의하여 효과적으로 지배되는 법적 실체"를 일컫는다.[12]

(3) BIT Article 7(3)

같은 BIT 제7조 제3항에 따르면, 본 BIT 조항과 ICSID 협약 제25조 제2항에 비추어, 일방 체약 당사자의 입법에 따라 조직된 법인과 분쟁 발생 이전에 타방 체약 당사자의 투자자에 의해 지배되었던 법인은, 타방 체약 당사자의 법인으로 보아야 한다.[13]

(4) 법인인 청구인의 국적 판단

청구인 3 · 4 · 5의 국적은 청구인 1 · 2의 국적에 대한 중재판정부의 판단에 달려 있다. 청구인 3은 1989년 11월 30일에 설립된 루마니

---

12 "investor" means: (b) legal entities, including companies, corporations, business associations and other organisations, which are constituted or otherwise duly organised under the law of a Contracting Party and which have their seat in the territory of that same Contracting Party; and (c) legal entities wherever located which are effectively controlled by citizens of a Contracting Party or by legal entities having their seat in the territory of that Contracting Party.

13 For the purpose of this Article and Article 25(2)(b) of the said Washington Convention, any legal person which is constituted in accordance with the legislation of one Contracting Party and which, before a dispute arises, is controlled by an investor of the other Contracting Party, shall be treated as a legal person of the other Contracting Party.

아의 합자회사로서 청구인 1 · 2가 93% 이상을 보유하고 있었고, 청구인 4 · 5는 2002년 2월 21일에 설립된 루마니아의 유한회사로서 청구인 1 · 2가 각각 50%씩의 지분을 보유하고 있었다. 이에 위 규정들에 따라 다른 당사국의 국민의 소유인 청구인 3 · 4 · 5는 중재판정부의 관할하에 있다.

중재판정부의 판정

중재판정부는 관할에 대한 피청구국의 항변을 기각하였고, 본안에 대한 절차를 진행하였다. 이 사건은 2013년 6월 15일 현재 구술 심리까지 모두 마친 상태이고, 중재판정을 기다리고 있다.

이 사건은 국제투자협정중재에서 자연인이 청구인이 되는 경우에, 그 자연인과 투자유치국 간에 국적을 제외한 긴밀한 견련성이 있는 경우에 그러한 견련성이 중재관할에 어떤 영향을 줄 수 있는가 하는 문제를 다루고 있는 대표적인 사례이다. 이 사건에서 Micula 형제는 모두 루마니아에서 태어났으며, 루마니아 국적을 가지고 있다가 이를 포기하고 스웨덴 국적을 취득하였다. 그 후 이들은 루마니아에 상당한 투자를 하였고, 루마니아에서 상당한 활동을 하고 있다. 루마니아의 입장에서는 이들이 과거 루마니아 국적자였으며, 실제로 그 사업 활동이 모두 루마니아에 있다는 이유로 루마니아를 상대로 국제투자협정중재를 제기할 수 없다고 주장하였다. 중재판정부는 청구인이 스웨덴 법에 의하여 스웨덴 국적을 취득하였고, 이러한 취득에 특별히 사기나 불법이 있었다는 증거가 제시되지 않는 한 그러한 국적취득은 적법한 것으로 추정되어야 하고, BIT에 근거한 중재의 경우에는 투자유치국과 투자자 간의 BIT가 명시하지 않는 다른 견련성을 고려하지 아니한다는 입장을 취하였다. 국제투자협정중재에서는 실효적 국적 기준을 적용하지 않는다는 다른 중재판정의 신례들을 확인하고 있다.

구사회주의 체제하에 있던 동구권 국가들이 EU 회원국으로 가입하기 위하여, EU법에 따라서 과거 투자자에게 약속하였던 투자와 관련된 혜택 및 유인 조치들을 철회하였는바, 이러한 조치들에 대하여 투자자들이 투자보장협정을 근거로 국제중재를 제기하였는데, Micula 사건도 그중 하나이다. EU 회원국으로서 EU법을 준수할 의무와 개별 투자보장협정에 따라 외국인 투자자에 대한 의무 간의 충돌이 있는 사안이다.

| 제3절 |

투자의 정의

일반 상거래상 금전청구권의 투자 해당 여부: Global Trading v. Ukraine 사건 검토*

| 절차적 배경 및 판정요지 |

사건명

In the matter between Global Trading Resource Corp. and Globex International, Inc. (Claimants) and Ukraine (Respondent), ICSID Case No. ARB/09/11, AWARD (2010. 12. 1. 중재판정)

* 오준성, 리인터내셔널 법률사무소 변호사, 서울대학교 법과대학 법학부, 동 대학원 지적재산권 전공, 사법연수원 수료(39기).

당사자와 변호인

1. 청구인 및 그 국적

이 사건의 청구인(Claimant)은 미국법에 의하여 설립된 회사인 ① Global Trading Resource Corp.(Global Trading, U.S.), ② Globex International, Inc.(Globex, U.S.)이며, 이들은 뉴욕에 위치한 DLA Piper LLP 소속의 Mr. Stanley McDermott Ⅲ, Ms. Claudia T. Salomon, Mr. David S. Wegner 변호사가 대리하였다.

2. 피청구국

피청구국(Respondent)은 우크라이나(Ukraine)이며, 미국 로펌인 White & Case LLP(Paris) 소속의 Mr. John Willems, Mr. Michael Polkinghorne, Ms. Olga Boltenko, Ms. Nathalie Makowski, Ms. Kristen Young, Ms. Angelica André 및 Magisters의 Mr. Serhii Sviriba, Ms. Olena Koltko가 대리하였다.

중재판정부

청구인들은 중재인으로 프랑스 국적의 Emmannuel Gaillard 교수를 선임하였고, 우크라이나는 캐나다 국적의 Mr. Christopher Thomas를 선임하였다. 양 당사자는 합의를 통하여 영국 국적의 Franklin Berman을 의장중재인(President)으로 선임하였다.

사실적 배경 및 판정요지

우크라이나 수상 Yulia V. Tymoshenko(이하, "우크라이나 수상")는 우크라이나 국내의 육류시장에서 가금류(poultry) 등의 공급 부족으로 인한 소비자가격 인상 문제를 해결하기 위하여, 미국 수출업자 및 미국 대사관 관료와 우크라이나 관료 간의 회의를 주최하여 위 청구인들과 가금류 거래를 할 것을 약속하였고, 위 우크라이나 측에서 지정한 사기업인 Alan Trade사를 상대 당사자로 하여 가금육의 판매 구입 계약을 체결하였다. 청구인들은 위 계약에 따라 가금육을 인도하였으나 피청구국 측에서 위 수령을 거절하면서 자신들의 의무를 이행하지 않았고, 이로 인하여 청구인들은 위 계약이 불이행된 데 따른 손해를 입게 되었다. 이에 청구인은 미국과 우크라이나 간에 맺은 BIT를 근거로 위 손해의 배상을 청구하는 중재판정을 ICSID에 신청하였다.

그러나 ICSID 중재판정부는 이는 단순한 상사거래(commercial transaction)에 불과하므로, ICSID 협약 및 미국-우크라이나 간의 BIT의 투자개념에는 포함될 수 없으므로, 청구인의 위 청구는 본안 판단 이전에 각하되어야 한다고 판정하였다.

중재절차상의 특이사항

2009년 5월 18일 청구인의 중재청구로 중재절차가 개시된 이후, 2010년 1월 5일 피청구인은 ICSID의 중재규칙(Rules of Procedure for Arbitration Proceedings) 제41조 제5항에 따른 본안전 항변을 하였다. 이 항변에서 피청구인은 이 중재사건의 청구가 명백하게(manifestly) 관할권이 없으므로 실체적인 쟁점이 없는 것이(without merits) 분명한바, 각하되어야 한다고 주장하였다.

이 사건은 ICSID의 중재규칙(Rules of Procedure for Arbitration Proceedings) 제41조 제5항[1]을 적용하여, 이 조항에서 규정한 항변을 받아들여 본안전 약식 각하 판정(Summary dismissal)이 내려진 판정이다. 중재규칙 제41조 제5항은 2006년도 ICSID 중재규칙 개정에서 도입된 조항으로, 명백하게 법률적인 근거가 없는 청구를 신속하고 간소한 절차에 따라서 각하시키기 위한 것이다.

| 사건 및 판정의 세부사항 |

청구의 근거가 된 조약

이 사건에서 각 청구인들의 청구 근거가 된 조약은 미국-우크라이나 BIT(the Treaty between the United States of America and Ukraine Concerning

1 (5) 양 당사자가 본안전 항변을 위한 다른 절차에 합의하지 않은 경우, 일방 당사자는 중재판정부 구성 후 30일이 지나지 않고, 첫 번째 중재판정기일이 열리기 이전이라면, 당해 사건 청구가 명백하게 실체적 쟁점이 없다는 항변을 제기할 수 있다. 그 당사자는 그 항변의 근거를 가능한 자세하게 특정하여야 한다. 중재판정부는 양 당사자에게 위 항변에 대한 의견을 제출할 수 있는 기회를 제공한 후, 첫 번째 기일 또는 바로 그 직후에 그 항변에 대한 중재판정부의 결정을 통지하여야 한다.
[Rules of Procedure for Arbitration Proceedings §41(Preliminary Objections) (5) Unless the parties have agreed to another expedited procedure for making preliminary objections, a party may, no later than 30 days after the constitution of the Tribunal, and in any event before the first session of the Tribunal, file an objection that a claim is manifestly without legal merit. The party shall specify as precisely as possible the basis for the objection. The Tribunal, after giving the parties the opportunity to present their observations on the objection, shall, at its first session or promptly thereafter, notify the parties of its decision on the objection.]

the Encouragement and Reciprocal Protection of Investment, BIT)이다.

청구인이 문제로 삼고 있는 투자유치국의 조치

청구인들은 피청구국이 지정한 사기업과 가금육 판매계약을 체결하였고, 이에 따라 청구인들이 가금육 제품을 우크라이나에 인도하였는데, 피청구국 측에서 위 약속된 항구로 배달된 물품의 인수를 정당한 이유 없이 거절하면서 자신들의 대금지급 의무도 이행하지 않았고, 이로 인하여 청구인들이 손해를 입게 되었다. 위와 같은 피청구국 측의 일련의 계약상 의무불이행은 위 BIT에 위반된다고 주장하였다.

청구인의 청구취지

청구인의 계약상 의무이행에 대한 배상금을 지급받을 수 있는 권리를 강제이행해 줄 것을 중재판정부에 청구하였다. (The Request for arbitration sought to enforce "the right to be paid for performance of the contractual obligations.)

사실관계

1. 청구인들과 피청구국 간의 물품거래계약의 체결

우크라이나 가금육 시장은 수입이 제한되어, 높게 형성된 가격으로 인하여 국내 사업자들이 이득을 보고, 소비자들은 손해를 보는 구조였다. 이에 대하여, 2007년 12월 새롭게 취임한 우크라이나 수상은 위 가금류 육류의 소비자가격을 낮추기 위해서는 우선적으로 공급문제를 해결해야 한다고 판단하였다.

이에 우크라이나 수상은 2008년 6월 1일 키에프(Kyiv) 소재 우크라이나 주재 미국대사관에 우크라이나 시장 수출에 관심 있는 미국의 육류수출업체를 알아봐 줄 것을 요청하였다. 그로부터 6주 후 우크라이나 수상 주최의 미국 수출업자, 미국 대사관 관료, 우크라이나 관료 간의 회의가 키에프에서 열리게 되었다. 이 회의에서, 우크라이나 수상은 가금육 구입 및 수입에 관한 정부 주도의 특별 수입 프로그램(purchase-and-import program)을 제안하였다. 또한 위 프로그램의 목적을 우크라이나 가금육 산업에 있어서 경쟁을 저하시키고 가격 상승을 유발하는 조건(inflationary condition)을 개선하는 것임을 명시하였다.

이 회의를 통하여 직접적으로 청구인들과 우크라이나 관료 간의 가금류 육류의 판매와 구입에 대한 계약이 이루어졌고, 이 모임에 참석하였던 우크라이나 재무성(the State Reserve)의 관료들이 사기업인 'Alan Trade'를 가금육 판매 및 구입에 관한 청구인들과의 계약의 상대방으로 지정하여, 청구인들과 Alan Trade 간에 위 가금육 판매 및 구입 계약이 체결되게 되었다.

그 뒤 청구인들이 위 계약에 따라 가금육 제품을 위 약속된 항구까지 인도하였음에도, 피청구국에서는 위 인수를 거부하면서, 위 대금 지급 역시 거부하였고 이에 청구인들이 위에서 본 바와 같이 ICSID에 중재를 신청하게 된 것이다.

2. 청구인들이 특별히 강조하는 사실관계

청구인들은 이 계약이 단순히 상사거래가 아니라, 우크라이나 수상이 위 구입과 판매 계약을 통하여 우크라이나 경제를 발전하려는 정책적 목적이 있었다는 점과 우크라이나 수상의 우크라이나 국가의 지불 확약이 있었다는 점을 강조하고 있다. 또한, 청구인들은 중재 청구서(the Request for arbitration)에서 각 청구인들이 자신들의 계약에 기한 의무 이행의 사실, 우크라이나의 대금 지급 의무 불이행 및 약속된 항구로 배달된 육류의 인도를 받지 않은 사실, 미국 대사관이 우크라이나 정부에게 두 청구인에 대한 계약상의 의무 이행을 촉구한 노력 및 이로 인한 청구인들의 손해('demurrage', 즉 체선료 포함)를 구체적으로 적시하였다.

법률적 쟁점 및 중재판정부의 판단

1. 청구인의 주장

청구인들은 자신들의 위 계약 체결을 비롯한 일련의 행위가 BIT의 투자 정의 규정상의 투자에 해당한다고 주장하였다. 양국간의 BIT 제1조 제1항(a)호에서는 "투자(Investment)"의 정의에 대하여 다음과 같이 정의하고 있다.

> 투자란 협정 일방 당사자국의 영역에 다른 협정 당사자국의 국민 또는 회사가 직접 또는 간접적으로 소유하거나 지배하고 있는 모든 투자를 의미하며, 그와 같은 것들은 주식, 채권과 서비스, 투자계약 등이 있으며, 이에 더하여 다음의 것을 포함한다. … (iii) 투자와 관련된 금전 또는 경제적 가치를 가지는 행위를 청구할 수 있는 권리 … (v) 법 또는 계약, 라이선스, 허가에 의하여 발생하는 권리[2]

---

2 미국-우크라이나 BIT Article(1)(a): "[I]nvestment" means every kind of investment in the territory of one Party owned or controlled directly or indirectly by nationals

청구인들은 자신들이 피청구국과 맺은 계약 및 그로 인한 청구권은 위 투자 정의 규정상 투자로 인정될 수 있으므로,[3] 위 투자에 대하여 자신들이 손해를 입은 이상 중재판정을 통해 손해배상을 받을 수 있다고 주장하였다.

2. 피청구국의 본안전 항변

피청구국은 위와 같은 사실관계를 인정하면서도, 청구인들의 청구는 무역계약에 기한 대금 지급 의무를 청구하는 것에 불과하므로, 투자에는 해당하지 않는다고 주장하였다.

구체적으로, 우크라이나는 위 청구권은 국제 물품 거래를 포함하는 무역거래에서 비롯된 것으로써, 우크라이나와 미국 간의 BIT 제1조에 규정된 투자의 범위에서 명백하게 제외되는 것이고, 또한 이 계약은 ICSID의 관할권을 규정하고 있는 ICSID 협약 제25조 제1항의 범위 밖에 있는 것으로써, ICSID 시스템하에서 구성된 중재판정부는 이에 대하여 관할권이 없다고 주장하였다.

3. 본안전 항변에 대한 청구인의 답변

청구인들은 일견 위 청구인들의 청구의 근거가 된 계약의 형식이 전형적인 물품 판매계약상의 청구에 불과한 것으로 보일 수 있으나, 그 실질은 전혀 다르다고 주장하였다. 즉, 일반 상사거래와는 달리 위 계

---

or companies of the other Party, such as equity, debt, and service and investment contracts; and includes: (iii) a claim to money or a claim to performance having economic value, and associated with an investment; (v) any right conferred by law or contract, and any licenses and permits pursuant to law.

3 특히 청구인들은 그중 주로 (v)호의 투자규정에 해당하는 것을 전제로 하였다. [The Request for arbitration sought to enforce "the right to be paid for performance of the contractual obligations" and was premised mainly upon Article I(1)(a)(v)].

약이 사회 경제적 정책상의 판단에 의하여 우크라이나의 최고 관료들의 요청에 의하여 시작된 것이고, 우크라이나 국가에 의해 계약의 이행을 보증받았다는 점에서 큰 차이가 있는 것이므로, 청구인들의 청구의 기초가 된 이 거래가 단순히 국제 물품 거래에 해당하는 것이 아니라고 주장하였다.

오히려, 청구인들의 청구는 ① 우크라이나 수상의 국내 생산자들의 독점을 깨고, 가격을 낮추고, 인플레이션 완화를 위한 미국 수출업자들에 대한 도움 요청과 ② 우크라이나 수상의 경제 정책을 도울 경우, 우크라이나 정부가 그 의무를 이행할 것이라는 우크라이나 수상의 명시적인 확약에 근거한 것이라고 주장하였다. 즉, 청구인이 언급한 상품의 조달, 선적과 운송 및 그 구매 목적에 관한 사정들을 종합하여 합리적인 해석을 한다면, BIT와 ICSID 협약상 투자의 개념에 포함될 수밖에 없는 것이라고 주장하였다.

4. 중재판정부의 판단

가. 중재판정부가 관할권을 가지기 위한 요건(The conditions to be met for the Tribuanal's Jurisdiction)

중재 회부에 대한 양 당사자의 동의가 BIT를 근거로 하는 사안의 경우, 소위 '투자'가 있었는지 판단하는 데 있어서 ICSID 협약과 BIT상의 투자개념을 모두 충족시켜야 하는 것인지, 아니면 BIT상의 투자개념을 충족한다면 자동적으로 ICSID 협약상의 투자개념도 충족하는 것으로 보아야 하는 것인지가 쟁점이 되어 왔다. 따라서 이에 대하여 우선적으로 살펴볼 필요가 있다.

과거 1975년의 Alcoa Minerals v. Jamaica 사건[4]을 시작으로 일련의 많은 사건들을 통하여 투자의 존재 여부에 대하여 판단하는 Salini test[5]를 발전, 개선해 온 바 있다. 위의 일련의 사건들의 중재판정을 통하여, 투자는 ICSID가 관할을 가지기 위한 요건 중 하나이므로, 투자의 개념은 단순히 양 당사자의 동의에 의하여 정의될 수 없는 것으로 정리되었다. 즉, 다수의 중재판정은 투자라는 용어가 ICSID 협약 내의 체계에서 객관적인 의미를 가지고 있다고 보고 있는 상황이다. 이에 따라 Joy Mining Machinery Limited v. Arab Republic of Egypt 사건에서는, 분쟁 당사자 간에 ICSID 관할에 속하기 위한 목적으로, ICSID 협약 제25조상의 요건에 해당하지 않는 행위를 당사자 간의 계약 및 조약을 통해 투자로 정의할 수는 없다고 판단한 바 있다.[6]

비록 현재는 거의 대부분의 사건에서 국가들이 BIT상의 투자개념을 명확하게 ICSID 협약상의 투자개념의 범위 내로 규정하고 있는 상황이지만, 그렇다고 하여 ICSID 협약이 국가들에게 ICSID 협약상의 투자개념을 충족하는지 여부에 대한 고려 없이, BIT상에 어떠한 활동을 투자로 간주할 수 있는 자유를 부여한 것으로 볼 수는 없다.

이 사건 중재판정부는, ICSID 협약의 입안자의 의도는 제25조의 투자개념을 객관적이고 그 자체로 완결적인 개념으로 규정한 것으로

---

4 *Alcoa Minerals of Jamaica Inc. v. Jamaica* (ICSID Case No. ARB/74/2), Decision on Jurisdiction, (6 July 1975), cited in J. Schmidt, "Arbitration Under the Auspices of The Centre for Settlement of Investment Disputes (ICSID). Implications of the Decision on Jurisdiction in *Alcoa Minerals of Jamaica v. Government of Jamaica*"(1976), 17 Harvard Int'l L. J. 90, at 100.

5 *Salini Costruttori S.p.A. and Italstrade S.p.A. v. Kingdom of Morocco* (ICSID Case No. ARB/00/4), Decision on Jurisdiction, at paras. 51~52.

6 *Joy Mining Machinery Equipment Ltd v. Arab of Republic of Egypt* (ICSID Case No. ARB/03/11), Award on Jurisdiction (6 August 2004), at para. 50.

본다. 그러나 이러한 투자개념에 대한 그동안의 논의 배경을 바탕으로, 중재판정부는 이 사건에 적용되는 두 가지 조약(BIT와 ICSID 협약)에 대한 분석을 한다. BIT 조항을 먼저 분석하여야 하는지, ICSID 협약 조항을 먼저 분석하여야 하는지는 정해진 방법론이 없는 것으로 보이고, 이 사건은 어떤 것을 먼저 분석하여도 결과에 차이가 없는 것으로 보이므로, BIT 조항을 먼저 분석한다.

나. BIT 규정

(1) 조문의 내용

BIT규정 제I조 제1항 (a)호를 살펴보면 그 규정은 다음과 같다.

> 투자란 협정 일방 당사자국의 영역에 다른 협정 당사자국의 국민 또는 회사가 직접 또는 간접으로 소유하거나 지배하고 있는 모든 투자를 의미하며, 그와 같은 것들은 주식, 채권과 서비스, 투자계약 등이 있으며, 이에 더하여 다음의 것을 포함한다. … (iii) 투자와 관련된 금전 또는 경제적 가치를 가지는 행위를 청구할 수 있는 권리 (v) 법 또는 계약, 라이선스, 허가에 의하여 발생하는 권리[7]

---

7 미국-우크라이나 BIT Article 1(1)(a): "[I]nvestment" means every kind of investment in the territory of one Party owned or controlled directly or indirectly by nationals or companies of the other Party, such as equity, debt, and service and investment contracts; and includes: (iii) a claim to money or a claim to performance having economic value, and associated with an investment; (v) any right conferred by law or contract, and any licenses and permits pursuant to law.

(2) 피청구국의 주장

이에 대하여 피청구국은 청구인의 청구는 계약상 의무 불이행이라는 측면에서 위 BIT 조항의 제(a)호 제(iii)목에 속하는 것이므로, 그러한 청구가 위 조약상의 투자개념에 포함되기 위해서는 투자와 관련 있음(associated with an investment)을 입증해야 한다고 주장하고 있다. 이에 더하여, 금전 또는 행위에 대한 청구 그 자체는 BIT상 투자로 볼 수 없다고 주장하고 있다. 이러한 해석은 청구인들이 주장하는 바와 같이 제(a)호 제(v)목의 존재로 인하여 달라지는 것은 아닌데, 그 이유는 첫째, 제(a)호 제(v)목을 동호 제(iii)목의 범위가 축소되는 방향으로 해석할 수 없기 때문이며, 둘째, 위 제(a)호 내 지시문상의 'investment'가 'include 이하 (i) 내지 (v)목'을 수식하고 있는 한, 동호 제(v)목하에서 언급되는 계약 또는 라이선스상의 권리들은 그 권리 자체로서 투자로 인정될 수 있어야 하기 때문이라는 것이다. 또한, 피청구국은 위 계약이 어떤 관점에서 보아도 지시문상에서 요구하고 있는 "우크라이나 영토상의" 투자라고 추론할 수 없다고 주장하고 있다. 그리고 피청구국은 위 BIT에 대한 미 의회의 승인을 위해 제출한 서면의 내용 중 제I조 제1항 제(a)호에 관한 구절을 언급하고 있는데, 해당 구절은 위 제(a)호 제(iii)목이 단순 무역거래로 인한 청구권은 배제하는 효력이 있다는 내용을 포함하고 있다. 피청구인들은 이것을 자신들의 해석에 관한 논거로서 제시하였다.

(3) 청구인의 주장

청구인은 피청구국의 위와 같은 해석을 부인하면서, 여전히 거래의 형식보다는 실체를 중시하여야 한다고 하면서, 이 거래의 실질은 단순한 판매 구매 계약이 아님을 강조하였다. 이를 위해, 청구인은 양 청구인의 회장들이 제출한 진술서에서 두 회사가 공급해 줄 것을 요청받게 된 정황, 그러한 합의에 이르기까지의 과정들을 자세히 기술하였다. 청구인은 이러한 정황이 단순히 예외적인 것이 아니라 매우 특수한 것이므로 청구인들도 전형적인 구매 · 판매 계약은 투자를 구성하지 않는다는 주장에는 동의하지만, 이 사건의 경우 그 특수성으로 인하여 이러한 판매 구매 계약을 BIT의 보호 범위에 들어가는 투자로 간주해야 한다고 주장하였다.

또한 피청구국이 자신들의 근거로서 주장하는 미 의회 제출 서면상의 위 조항에 대한 해설은 청구가 오로지(solely) 무역거래에서 비롯된 경우, 예를 들어 "오로지(only) 국제 물품 거래를 포함할 경우"라고 언급하고 있기 때문에 청구인들의 주장에 반하는 것이 아니라, 오히려 청구인들의 주장의 근거가 된다고 피력하였다.

(4) 중재판정부의 판단

중재판정부는 우선, 위 미 의회 제출 서면에 관한 해석과 관련하여 청구인들의 주장보다는 피청구국의 해석이 타당하다고 판단하였다. 다만, 중재판정부로서는 위 서면이 의미하는 거래행위의 법적 특성 이외의 주장에 대하여 고려할 필요성을 느끼지 못하였고, 특히 그러한 협상과 계약 실행을 둘러싼 상황 및 당사자의 실체관계가 무역거래를 투자로 바꿀 수 있는 것인지 여부에 대하여 판단할 필요성을 느끼지 못하였다. 비록, 양 당사자가 위 서면상의 문언의 의미에 대하여 각자 해석을 하고 있음에도 불구하고, 중재판정부는 위 서면에는 해석을 함에 있어서 실질적으로 도움을 줄 수 있는 내용이 있다고 보고 있지 않았다. 따라서, 중재판정부는 위 BIT의 Article I(1)(a)의 문언 그 이상을 고려할 필요는 없다고 판단하였다.

중재판정부는 그 배경이 어떠하든지 간에, 금전에 대한 청구는 투자와 관련되어 있을 때에만 BIT상의 투자에 해당할 수 있다고 판단하였다. 이와 같은 중재판정부의 관점을 기초로 볼 때, 청구인의 이 계약상 청구는 투자와의 관련성이 결여되어 있는 단순 계약으로 보아야 하며, 따라서 청구인의 이 사건 청구는 중재규칙 제41조 제5항상의 '명백하게 법적 쟁점이 없는 사안'에 해당한다고 판단하였다.

다만, 여전히 청구인이 위 계약은 BIT 제I조 제1항 제(a)호 제(v)목상의 청구이므로 투자로 볼 수 있다고 주장하고 있었으므로, 중재판정부는 이를 문언 그대로 계약에서 발생하는 모든 형태의 권리를 포함하는 것으로 해석할 수도 있고, 또는 문맥상의 해석을 통해 그 자체로서 투자를 구성하는 권리만으로 제한되는 것으로 해석할 수 있다고 보았다. 이 문제는 그 자체로 중재규칙 제41조 제5항상의 약식결정을 내릴 수 있는지 문제와 관련이 있기 때문에, 여기서 결론을 내리기 보다는 ICSID 협약 제25조상의 투자개념 분석 후 결론을 내리는 것이 더욱 합리적이라고 판단하였다.

다. ICSID 협약 제25조 제1항

그다음으로 청구인이 주장하는 위 일련의 사실관계가 ICSID 협약상의 투자개념에 해당하는 것인지 살펴볼 필요가 있다. 투자가 무엇인지, 또는 무엇이 투자가 아닌지에 대한 ICSID 협약 제25조를 둘러싼 논쟁은 위 ICSID 협약상의 실무상 가장 첨예하게 다루어졌던 논의이다.

(1) 청구인의 주장

청구인은 ICSID 중재판정부의 초기 판정들을 근거로 삼고 있다. 즉, 관할의 문제는 첫째, 각 특정 사건의 특유한 사실관계를 기초로 해야 하며, 둘째, 유연하고 실용적인 접근이 되어야 하며, 단순히 투자를 구성하는 것이 무엇인지에 대한 과거의 기술에 매여서는 안 된다는 초

기 중재판정부 사례의 결정을 근거로 하였다.[8]

(2) 피청구국의 주장

그에 반해 피청구국은 각 개별 사안의 실용성은 고려하더라도, 여전히 그 적용의 한계는 존재하는 것이므로, 순수한 상사거래는 ICSID의 관할에 놓일 수 없다고 주장하였다.

(3) 중재판정부의 판단

이 사건의 쟁점은 결국 국제 상품 거래 계약의 이행으로 발생한 청구인이 지출한 금전을 '투자'로 볼 수 있는지 여부이다. 위와 같은 쟁점에 대하여, 과거 Joy Mining Machinery 사건에서 중재판정부는 이 사건보다 더 복잡한 계약이었음에도 ICSID 협약 제25조에 정한 투자는 아니라고 결정한 바 있다.[9] 또한 최근의 Malaysian Historical Salvors v. Malaysia 사건의 임시 판정부는 이와 비슷하게 "협약의 입안자에 의해 투자라는 용어가 단순한 판매와 일시적인 상사거래는 위 ICSID의 관할에서 배제된 것으로 인식되어 왔다"라고 하면서, "이와 같이 투자라는 용어가 판매를 의미하지 않는다는 가정(assumption)은 외연의 한계(the outer limits)를 규정한 것으로 보이며, 그것의 구체적인 내용(the inner content)은 ICISID 관할로 하기로 한 양 당사자의 합의에 의하여 정의된다"라고 하였다.[10] 따라서, 이 사건 중재판정부 역시 이 사건에 대하

8 *RSM Production Corporation v. Grenada* (ICSID Case No. ARB/05/14), Award (13 March 2009); *Ceskoslovenska Obchodni Banka v. The Slovak Republic*, Decision on Jurisdiction, 24 May 1999; *Biwater Gauff v. Tanzania* (ICSID Case No. ARB/05/22), Award (24 July 2008).

9 *Joy Mining Machinery Equipment Ltd v. Arab of Republic of Egypt* (ICSID Case No. ARB/03/11), Award on Jurisdiction (6 August 2004).

10 *Malaysian Historical Salvors v. Malaysia Malaysian Historical Salvors Sdn, Bhd*

여 청구인에 의하여 실행된 구입과 판매 계약은 순수한 상사거래에 불과하므로 협약 제25조에 따른 투자에는 해당되지 않는다고 보는 것이 타당하다고 보았다. 또한, 청구인의 주장과 같이 이 사건의 특수한 정황을 고려한다 하더라도, 청구인이 이 사건 계약을 위해 지출한 금전은 통상적인 CIF 계약에 기한 무역공급자의 전형적인 비용에 지나지 않으므로, 특정 제품의 무역이 국가의 정책상 목적을 달성하기 위하여 이루어졌다고 하여 그 경제적 수익의 근본적인 성격이 바뀌는 것은 아니라고 보았다. 그리고 국가 관료가 계약상의 의무를 이행할 것을 약속하였다고 하여, 그것이 판매와 구매를 위한 계약을 투자로 바꿔주는 것 또한 아닐 것이다. 따라서 중재판정부는 이 계약은 개별계약으로서, 이 계약 또는 계약 이행을 위해 공급자들이 지출한 비용은 어떠한 해석을 거치더라도 ICSID 협약상의 투자개념에는 해당할 수 없다고 판단하였다. 따라서 중재판정부는 이에 따라 이 청구인들의 청구는 명백하게 ICSID 중재규칙 제41조 제5항에 따라 법적 쟁점이 결여된 것으로 보아 이 사건 중재판정을 내린다.

중재판정부의 판정

중재판정부는 이 사건에 중재판정부는 관할권을 가지고 있지 않으므로, 약식 각하 판정을 내렸다(Total rejection on jurisdictional ground, Summary dismissal). 이 사건이 ICSID에 등록된 일자는 2009년 6월 11일이며, 중재판정일자는 2010년 12월 1일이므로, 개정된 ICSID 중재규

---

v. Government of Malaysia (ICSID Case No. ARB/05/10), Decision on the Application for Annulment (16 April 2009), at para. 69.

칙에 따라서 절차 진행이 상대적으로 신속하였음을 알 수 있다.

이 사건은 일반적인 상사계약은 그 협상이나 체결과정에 국가의 공공정책적 고려요소가 있거나 공무원들이 개입한 경우라도 그 자체로서 계약의 본질을 투자로 전환시키는 것은 아니며, 따라서 ICSID 협약 제25조에 따른 물적 관할을 인정할 수 없다는 원칙을 확인한 사례이다. 또한 2006년에 개정된 ICSID 중재규칙에 따라서 명백하게 법적쟁점이 결여된 사건으로 판단이 된 예이다.

ICSID 협정상 '투자'의 요건:
Phoenix v. Czech*

| 절차적 배경 및 판정요지 |

사건명

Phoenix Action, LTD (Claimant) v. The Czech Republic (Respondent), ICSID Case No. ARB/06/5, Award (2009. 4. 15. 중재판정)

당사자와 변호인

1. 청구인 및 그 국적

이 사건의 청구인(Claimant)은 이스라엘 국적의 Phoenix Action, Ltd. 이며, 미국 워싱턴 D.C. 소재 로펌인 Covington & Burling LLP의 Mr. O. Thomas Johnson, Jr.이 대리하였다.

2. 피청구국

피청구국(Respondent)은 체코 공화국(The Czech Republic)이며, 미국 로

* 조옥기, CJ 주식회사 법무실. 서울대학교 대학원 법학과 박사과정 수료(2013).

펌인 Squire Sanders & Dempsey LLP의 Mr. George von Mehren, Mr. Stephen Anway, Mr. Rostislav Pekař이 대리하였다.

중재판정부

청구인은 직접 청구인 측 중재인을 선임하지 아니하고 ICSID 협약 제38조를 근거로 ICSID 운영이사회의 의장(chairman)에게 청구인 측 중재인 및 의장중재인(president)을 선임하여 줄 것을 요청하였다. 이에 따라 운영이사회 의장은 양 당사자들과 협의하여 스위스 국적의 Andreas Bucher 교수를 중재인으로, 프랑스 국적의 Brigitte Stern 교수를 의장중재인으로 임명하였다. 한편, 피청구국은 스페인 국적의 Juan Fernández-Armesto 교수를 중재인으로 선임하였다.

사실적 배경 및 판정요지

이 사건은 체코 국민이었던 Vladimír Beňo가 운영하던 회사인 Benet Praha, spol. s.r.o.(BP)와 Benet Group, a.s.(BG)이 체코 당국으로부터 계좌 동결, 문서 압류 등의 제재를 받자 이스라엘로 도주하여 청구인을 설립하고 청구인을 통해 BP와 BG를 매입한 후, 체코를 상대로 ICSID 중재를 제기한 사건이다.

중재판정부는 ICSID 중재판정부의 관할이 성립하기 위해서는 청구인의 투자가 개별 BIT상 규정된 투자의 요건뿐 아니라 ICSID 협약 제25조에 따른 투자 요건 및 국제법 일반원칙에 따른 투자 요건을 충족해야 한다고 판단하였다. 즉 ICSID 협약 및 BIT는 금전 또는 경제적 가치를 지니는 다른 자산의 출자가 상당한 기간 동안, 위험의 요소를 가지고 투자유치국의 발전을 위하여 기여하였을 뿐만 아니라 투자유치국 법령에 따라 신의성실하게 이루어진 투자만을 보호한다는 것이다. 이러한 기준에 따라, 중재판정부는 이 사건 투자는 다른 요건들은 충족하나 신의성실하게 이루어지지 않았다는 이유로 관할의 성립을 부정하였다.

중재절차상의 특이사항

1. 사건의 등록

이 사건 청구인은 2004년 2월 15일에 ICSID에 중재를 신청하였으나, ICSID는 청구인에게 BP와 BG의 기업 활동 및 이스라엘-체코 BIT 제7조에 따라 당사자들 간에 분쟁이 발생한 시점 등에 대한 소명을 제출할 것을 요청하였다.

이에 대하여 청구인은 청구인이 BP와 BG의 지분을 매입하면서 이들 회사로부터 ICSID에 중재를 제기할 수 있는 권리를 양도 받았으므로 청구인의 청구는 청구인이 BP와 BG를 인수하기 전 이들 회사에 대한 피청구국의 조치와 인수 후의 조치 양자 모두가 청구 범위에 포함된다고 주장하였다.

이러한 청구인의 주장에 대하여 ICSID는 재차 그리고 지속적으로 권리의 양도 문제와 분쟁 발생 시점에 대한 명확화를 요구하였다. 즉 청구인이 주장하는 '투자'는 무엇이며, BP와 BG는 체코 법인으로 애초에 ICSID에 중재를 청구할 수 있는 권리가 없음에도 불구하고 청구권이 어떻게 청구인에게 양도되어 청구인의 청구의 권원이 되었는지에 대한 답변을 요구한 것이다.

결국 청구인은 BP와 BG의 권리가 청구인에게 양도되었다는 주장을 묵시적으로 폐기하고, 청구인이 BP와 BG의 지분을 인수한 것이 이 사건 청구의 '투자'에 해당하는 것이라고 하면서 '투자' 시점 이후로도 지속된 피청구국의 일련의 조치들은 ICSID 협약의 범위에 속하는 것이라고 답변하였다.

이러한 답변에 따라 청구인의 중재신청은 첫 신청 후 2년 이상이 경과된 2006년 3월 23일에 이르러서야 ICSID 사무총장에 의해 정식으로 등록되었다.

2. 잠정적 조치[1]

한편, 청구인은 2007년 1월 25일, ICSID 중재규칙 제39조에 따라 동결된 BP의 은행계좌를 청구인에 이전할 것 등을 내용으로 하는 잠정적 조치(provisional measure)를 요청하는 서면을 ICSID에 제출하였다.

이에 대하여 중재판정부는 ICSID 협약 제47조의 잠정적 조치는 당사자의 권리를 보호하기 위해 필요(necessary)하며 그러한 필요가 긴급(urgent)한 경우에만 인정되는 예외적인(extraordinary) 조치라고 설시하면서, 잠정적 조치가 필요한 때란 당사자 일방의 행위가 "원용된 권리에 회복할 수 없는 해를 끼치거나 그러한 위험을 가할 수 있는(capable of causing or of threatening irreparable prejudice to the rights invoked)"[2] 때를, 긴급한 때란 "당사자 어느 일방의 권리에 해를 끼치는 행위가 최종 결정 전에 일어날(action prejudical to the rights of either party is likely to be taken before such

---

1 *Phoenix Action, Ltd. v. The Czech Republic* (ICSID Case No. Arb/06/5), Decision on Provisional Measures (6 April 2007).

2 *Aegean Sea Continental Shelf Case* (Greece v. Turkey), Request for the Indication of Interim Measures of Protection, Order (11 September 1976), Separate Opinion of President Jiméenez de Aréechaga, ICJ Reports, 1976, p. 15.

final decision is given)"[3] 때를 의미한다고 하였다.

이러한 기준에 따라 중재판정부는 청구인이 이러한 잠정적 조치 없이는 청구인의 권리가 회복할 수 없는 해를 입을 것이라는 점을 증명하지 못하였다고 하면서, 청구인의 잠정적 조치에 대한 요청을 배척하였다.

| 사건 및 판정의 세부사항 |

청구의 근거가 된 조약

이 사건에서 청구인의 청구 근거가 된 조약은 1997년 이스라엘-체코 BIT(이하 "BIT")[4]이다.

청구인이 문제로 삼고 있는 투자유치국의 조치

이 사건에서 청구인은 BG가 제기한 민사소송에 대한 체코 법원의 절차 지연 및 BP에 대한 체코 당국의 다음 네 가지 조치가 문제된다고 주장하였다.

---

3 *Case Concerning Passage Through the Great Belt* (Finland v. Denmark), Request for the Indication of Provisional Measures (29 July 1991), ICJ Reports, 1991, p. 17.

4 Agreement between the Government of the Czech Republic and the Government of the State of Israel for the Reciprocal Promotion and Protection of Investments (signed on 23 September 1997).

① 지속적인 은행계좌 동결

② 계속되는 문서 압류

③ 영업 기록에 대한 접근을 차단한 상태로 관세 사정(customs assessment)에 대응하게 함으로써 공정하고 공평한 대우(Fair and Equitable Treatment, FET) 위반

④ 영업 기록에 대한 접근을 차단한 상태로 2건의 과세 사정(tax assessment)에 대응하게 함으로써 FET 위반

청구인의 청구취지

청구인은 중재판정부에 다음과 같은 결정을 구하였다.

① 피청구국의 BG에 대한 조치로 인하여 청구인이 입은 손해에 대하여 CZK 9억 5,104만 8,000(약 3,750만 유로)에 해당하는 금전을 배상하라.

② 피청구국의 BP에 대한 조치에 대하여 다음의 조치를 이행하라.

- 철합금 무역 회사인 BP의 영업손실을 배상하라.
- 회사의 자산 동결을 해지하라.
- 회계 및 영업문서를 반환하라.
- 청구인의 자기방어에 필요한 수단을 허용하지 않고 관세 및 과세 사정에 응하게 한 것을 포함하여 피청구국의 모든 BIT 위반행위로 인하여 회사가 입은 손해를 배상하라.
- 관세 사정 대응을 위해 회사가 지출한 법률 비용 약 CZK 200만(약 7,900만 유로)을 포함하여 회사가 지출한 비용 일체를 배상하라.

③ ICSID 절차 비용 및 법률 비용은 모두 피청구국이 부담한다.

한편, 청구인은 심리 중 위 BP에 대한 조치 중 자산동결 부분은 해소되었기 때문에 이 부분을 제외한 나머지 청구만을 유지한다고 하였다.

사실관계

중재판정부가 판단한 이 사건의 사실관계는 다음과 같다.

1. BG v. Miroslav Raška 소유권 분쟁

2000년 11월 26일, BG는 Miroslav Raška로부터 C&C(Cash & Capital a.s.)와 주조공장인 DSB(Druha Slevarna Blansko a.s.)를 매입하고, 그 후 C&C가 파산한 CKD Blansko를 입찰을 통해 매입하는 일련의 계약을 체결하였다. 이 중, C&C는 파산한 주식회사(joint stock company)인 CKD Blansko a.s.가 소유한 생산 시설인 CKD Blansko에 입찰하는 것을 유일한 목적으로 설립된 회사였다. (CKD Blansko는 생산시설뿐 아니라 광대한 토지를 소유하고 있었다.) C&C는 2000년 12월 29일, CKD Blansko를 취득하였다.

그후 BG와 Miroslav Raška 간에 CKD Blansko(중재판정일 현재, Miroslav Raška가 1인 주주인 CKD Blansko Strojirny의 소유로 등록) 및 DSB에 대한 소유권 분쟁이 발생하였다. BG는 2001년 9월 19일 C&C의 1인 주주의 결정이 존재하지 않았음을 확인하여 줄 것을 요청하는 소를 Prague 시 법원에 제기하였으며, 2001년 10월 29일에는 DSB에 대해 이와 유사한 확인을 요청하는 소를 Hradec Kralove 지방법원에 제기하였다. 또한 C&C에 대한 소유권과 관련된 청구가 2001년 9월 24일에

제기되었으며, DSB의 소유권에 대한 청구는 2001년 10월 29일에 제기되었다.[5]

한편, BG는 Raška의 회사 자산에 대한 추가적인 전용을 막기 위해 2001년 11월 2일, Prague 시 법원에 C&C에 대한 파산신청을 하였고, 2002년 4월 9일에는 Hradec Kralove 지방법원에 DSB에 대한 파산을 신청하였다. 이에 따라 그 자산은 모두 파산재단에 속하게 되었다.

이들 분쟁들은 청구인이 BG를 인수하기 전에 이미 제기되어 있던 것들로, 종결되지 않고 계속해서 체코 법원에 계류 중이었다.

2. Vladimír Beňo에 대한 범죄 수사

2001년 4월, 체코 당국은 당시 BP의 CEO인 Vladimír Beňo에 대하여 체코로의 금속 수입 시 일련의 관세 및 조세 포탈 혐의에 대한 수사에 착수하였다. 이후 수사 과정에서 추가적으로 Vladimír Beňo의 소득세 사기 연루 혐의도 발견하게 되었다.

이에 따라, 체코 경찰은 BG의 모회사인 BP 본사에 대한 압수수색을 실시하였으며, 그 과정에서 BP의 장부와 영업문서를 대량으로 압수하였다. 또한, BP의 자금이 관세 포탈이란 범죄행위의 결과인 것으로 판단됨에 따라 2001년 4월 25일 및 27일, 체코 경찰은 Prague 고등검찰청의 승인을 받아 체코 법에 따라 체코의 CSOB 은행에 예치된 BP의 모든 자산을 압류하였다.

한편, Vladimír Beňo에 대해 체포영장이 발부되었으나, Vladimír Beňo는 경찰을 피해 이스라엘로 도주하여 2010년 10월 청구인 Phoenix Action, Ltd를 설립하였다.

5 *Phoenix Action, Ltd. v. The Czech Republic* (ICSID Case No. Arb/06/5), Decision on Provisional Measures (6 April 2007), at para. 7.

3. BP와 BG의 인수

이스라엘로 도주한 Vladimír Beňo는 2001년 10월 14일에 이스라엘에 이스라엘 법에 따라서 자신이 1인 주주인 청구인을 설립하였고, 청구인은 이후 2002년 12월 26일 체코의 회사인 BP와 BG(BP의 자회사)를 인수하였다.

청구인은 BP인수를 위하여 체코회사 Benreal s.r.o.(Vladimír Beňo의 부인이 1인 주주)와 "Agreement for the Transfer of a Business Share"를 체결하여 그가 보유한 BP의 지분 100%를 인수하였다(이후, 청구인은 동 지분을 다시 Benreal s.r.o로 양도하였다). 또한 청구인은 BG인수를 위하여 Yugo Alloys s.r.o. 및 BP와 "Share Purchase Agreement"를 체결하여 이들이 보유한 BG의 지분 100%를 인수하였다.

인수 당시 BP 및 BG는 각각 사인(私人) 및 체코 당국을 상대로 위에서 언급한 분쟁을 계속하고 있었다. 이후, 2004년 2월 15일, 청구인은 BP와 BG에 대한 체코 당국의 일련의 조치에 대하여 ICSID에 중재를 제기하였다.

법률적 쟁점 및 중재판정부의 판단

1. 청구인의 주장

청구인은 중재신청 당시 BP, BG에 대한 피청구국의 조치가 청구인의 인수 이전에 있었던 것이라는 점을 ICSID로부터 지적 받자, 청구인이 동 회사들을 인수할 당시 해당 조치들에 대하여 ICSID에 중재를 신청할 권리가 청구인에게 이전(assign)되었다고 주장하였다.

그러나 BP와 BG는 체코 법에 따라 설립된 체코 회사로, 인수 이전의 조치들은 체코 국내법에 따라 규율될 문제이므로 청구인은 위와 같은 'assignment' 주장을 포기하였다. 이에 따라 청구인은 2002년 12월 26일(BP와 BG의 인수), 청구인이 동 회사들을 인수한 이후의 조치(또는 상태)에 대해서만 ICSID 관할을 주장하였다.

청구인이 주장한 BG에 대한 피청구국의 BIT 위반행위는 다음과 같다. ① 체코 법원이 BG의 민사 소송 절차를 지연한 '재판의 거부(denial of justice)'가 있었다. ② 또한 파산 회사의 자산에 편입되어 이미 절차에 따라 매각된 자산은 회복될 수 없기 때문에 수용에 해당한다(BIT 제5조 위반).

청구인은 피청구국이 BP에 대하여 다음과 같이 BIT를 위반하였다고 주장하였다. ① 자산 동결을 한 후 이를 해제하지 아니하였고, ② 문서를 압류하고 나서 이를 반환하지 아니하였으며, ③ BP로 하여금 관세 부과에 대하여 자신의 영업문서에 대한 접근이 차단된 채 대응하게 함으로써 공정하고 공평한 대우(FET)를 위반하였고 ④ BP로 하여금 자신의 영업문서에 대한 접근이 차단된 채 2건의 과세 부과에 대응하게 함으로써 FET를 위반하였다.

2. 피청구국의 주장

피청구국은 청구인의 청구에 대하여, 청구인은 체코에서 도주한 Vladimír Beňo에 의해 사후적으로 설립된 가공의 이스라엘 회사에 불과하며, 이와 같은 청구는 국내 분쟁을 국제 분쟁으로 만들고자 하는 '조약의 남용(treaty-shopping)'에 해당하는 것으로 국제투자를 증진하고자 하는 ICSID 협약과 BIT의 목적에 위배되므로 중재판정부는 청구인의 법인 외관 뒤의 실체를 보고 관할권을 부인하여야 한다고 주장하였다.

피청구국은 보다 구체적으로 ① 2002년 12월 26일 이전의 조치에 관한 청구에 대하여는 중재판정부의 시간적 관할이 성립하지 아니하고, ② 2002년 12월 26일 이후의 조치에 근거한 청구는 "국내 절차완료의 원칙"에 따라 배척되어야 하며, ③ 청구인이 BP와 BG를 인수한 것은 ICSID 협약 제25조 및 BIT 제7조의 "투자"에 해당하지 아니하며, ④ 실제 이해 당사자는 청구인이 아닌 BP와 BG이므로 국적의 다양성 요건이 충족되지 않는다고 주장하였다.

3. 중재판정부의 판단

위와 같은 청구인 및 피청구국의 주장에 대하여 중재판정부는 다음과 같이 판단하였다.

가. 관련 규정

중재판정부의 관할 판단의 근거가 된 규정은 다음과 같다.

(1) ICSID 협약 제25조[6]

본부의 관할권은 분쟁 당사자가 ICSID에 중재를 청구할 것을 서면상으로 동의한 분쟁으로써 ICSID 협약의 체약국(또는 당해 체약국에 의하여 본부에 대하여 지정한 동 체약국의 하부조직이나 기관)과 타방 체약국 국민 간의 투자로부터 직접적으로 발생하는 모든 법적 분쟁에 미친다. 당사자가 그러한 동의를 한 경우에는 어떠한 당사자도 그 동의를 일방적으로 철회할 수 없다. 여기서 "타방 체약국 국민"이라 함은 동 협약

6 (1) The jurisdiction of the Centre shall extend to any legal dispute arising directly out of an investment, between a Contracting State (or any constituent subdivision or agency of a Contracting State designated to the Centre by that State) and a national of another Contracting State, which the parties to the dispute consent in writing to submit to the Centre. When the parties have given their consent, no party may withdraw its consent unilaterally.
(2) "National of another Contracting State" means: any natural person who had the

제23조 제1항 또는 제36조 제3항에 따라 요청서가 등록된 일자 및 당사자가 어느 분쟁을 조정이나 중재에 회부하기로 동의한 일자에 그러한 분쟁 당사국 이외의 체약국의 국적을 가진 자연인을 말한다. 다만, 이상의 어느 일자에 분쟁 당사국의 국적을 가진 자는 이에 포함되지 아니한다. 또는 당사자가 어느 분쟁을 조정이나 중재에 회부하기로 동의한 일자에 그러한 분쟁 당사국 이외의 체약국의 국적을 가진 법인 및 해당 일자에 분쟁 체약 당사국의 국적을 가지고 또한 외국인의 지배로 인하여 당사국이 타 체약국의 국민으로서 취급할 것으로 합의한 법인 또한 포함된다.

(2) BIT 제7조[7]

일방 체약국의 투자자와 타방 체약국 사이에서 타방 체약국 영토 내에서 이루어진 투자와 관련하여 일어나는 분쟁은 양 당사자의 협의로 해결한다. 만약 일방 체약국의 투자자와 타방 체약국 사이의 분쟁이 6개월 내에 해결되지 않는 경우에는 투자자는 다음 기관에 제출할 수 있다.

---

nationality of a Contracting State other than the State party to the dispute on the date on which the parties consented to submit such dispute to conciliation or arbitration as well as on the date on which the request was registered pursuant to paragraph (3) of Article 28 or paragraph (3) of Article 36, but does not include any person who on either date also had the nationality of the Contracting State party to the dispute; and any juridical person which had the nationality of a Contracting State other than the State party to the dispute on the date on which the parties consented to submit such dispute to conciliation or arbitration and any juridical person which had the nationality of the Contracting State party to the dispute on that date and which, because of foreign control, the parties have agreed should be treated as a national of another Contracting State for the purposes of this Convention.

7 1. Any dispute which may arise between an investor of one Contracting Party and the

① 투자가 이루어진 체약국의 관할 있는 법원; 또는

② 1965년 3월 18일 워싱턴 D.C.에서 제정되고 서명된 국가와 타방국가 국민간의 투자분쟁의 해결에 관한 협약에 따른 국제투자분쟁해결기구(ICSID)

③ 분쟁 당사자들의 동의에 의한 중재인 또는 임시(ad hoc) 국제중재판정부

(3) BIT 제1조[8]

"투자"란 일방 체약국의 투자자에 의한, 타방 체약국 영토 내에서 그 법령 및 규제에 따라 이루어진, 경제적 활동과 연관되어 투자된 모든 종류의 자산을 의미하며 다음을 포함하되 이에 한정되지 아니한다.

---

other Contracting Party in connection with an investment made in the territory of the latter shall be subject to negotiations between the parties to the dispute.

2. If any dispute between an investor of one Contracting Party and the other Contracting Party cannot be thus settled within a period of six months, the investor shall be entitled to submit the dispute to:
   a) a court of competent jurisdiction of the Contracting Party in whose territory the investment was made; or
   b) the International Centre for the Settlement of Investment Disputes(ICSID) having regard to the applicable provisions of the Convention on the Settlement of Investment Disputes between States and Nationals of Other States, opened for signature at Washington D.C. on 18 March 18 1965; or
   c) an arbitrator or international ad hoc arbitral Tribunal as agreed by the parties to the dispute. The arbitral Tribunal shall be established according to the principles contained in Article 8.

8 1. The term "investment" shall comprise any kind of assets invested in connection with economic activities by an investor of one Contracting Party in the territory of the other Contracting Party in accordance with the laws and regulations of the latter and shall include, in particular, though not exclusively:
   a) movable and immovable property, as well as any other rights in rem, in respect of every kind of asset such as mortgages, liens, pledges and similar rights;
   b) rights derived from shares, bonds and other kinds of interests in companies;
   c) claims to money or to any performance having an economic value associated

① 동산 또는 부동산 소유권, 모기지, 유치권, 저당 기타 유사한 권리와 같은 모든 종류의 자산에 대한 그 밖의 대물적 권리

② 지분, 사채로부터 나오는 권리와 회사에 대한 모든 종류의 이익

③ 금전에 대한 청구권 또는 투자와 연관되어 경제적 가치를 갖는 모든 행위

④ 저작권, 상표, 특허, 산업디자인, 기술 프로세스, 노하우, 무역기밀, 상품명을 포함한 지식재산권, 투자와 연관된 영업권

⑤ 천연자원에 대한 탐사, 시추, 추출 또는 개발권을 포함한 법령 또는 계약에 의한 영업상의 양허(concession)

한편 동 조에서 이스라엘 투자자는 다음과 같이 정의되어 있다.[9] 즉 이스라엘 법에 따른 이스라엘 국민이면서 체코 법에 따른 체코 국민이 아닌 자연인 또는 이스라엘 법에 따라 조직되고 등록되었으며 이스라엘 영토 내에 본점이 소재하는 법인이 투자자에 해당한다.

나. 관할 요건

이상, ICSID 협약 제25조 및 BIT 제7조, 제1조의 조항을 종합하면, ICSID 중재판정부의 관할이 성립하기 위해서는 다음과 같은 관할 요

---

with an investment;

d) intellectual property rights, including copyrights, trademarks, patents, industrial designs, technical processes, know-how, trade secrets, trade names and goodwill associated with an investment;

e) business concessions conferred by law or under contract, including concessions to search for, cultivate, extract or exploit natural resources.

9 a) natural persons who are nationals of the State of Israel in accordance with its laws who are not also nationals of the Czech Republic in accordance with its laws; or

b) legal entities incorporated or constituted in accordance with Israeli law and having their permanent seat in the territory of the State of Israel.

건을 충족하여야 한다.

① 인적 관할(ratione personae): 일방 체약국과 타방 체약국 국민 사이의 분쟁일 것
② 물적 관할(ratione materiae): "투자"와 관련된 분쟁일 것
③ 동의적 관할(ratione voluntatis): ICSID 중재절차를 통한 분쟁해결에 대한 서면 동의
④ 시적 관할(ratione temporis): 관련 분쟁이 ICSID 협약과 BIT가 적용 가능한 기간에 발생하였을 것

위 네 가지 요건 중, 이 사건에서는 ① 인적 관할, ③ 동의적 관할에 대해서는 당사자들 간에 다툼이 존재하지 않으므로, ② 물적 관할과 ④ 시적 관할이 문제된다.

이 중 시적 관할에 대하여 중재판정부는, 시적 관할의 경우, 청구인의 투자가 이루어진 2002년 12월 26일 이후에 발생하며, 청구인이 BP 및 BG에 대한 권리를 Benreal에 양도한 2008년 1월 8일 이전까지만 성립한다고 하였다. 청구인이 체코에 투자를 하였다고 주장하는 해당 기간 동안에만 외국인 투자자로서 BIT가 적용되기 때문이다.

결국, 시적 관할이 성립하는 기간 동안에 물적 관할이 성립하는지 여부에 따라 본 사건에 대한 중재판정부의 관할이 성립하는지 여부를 판단하게 된다.

다. 물적 관할의 판단기준

Malaysian Historical Salvors Sdn, Bhd v. Malaysia 사건[10]에서 중재판정부는 물적 관할을 판단하는 기준에 대하여 "중재판정부의 관할이 성립하는 데 있어서 BIT에 따른 투자의 정의를 충족하는 것으로는

족하지 않고, ICSID 협약 제25조에 의한 투자의 기준을 충족해야 한다"고 설시한 바 있다. 따라서 'ratione materiae'를 판단하기 위해서는 BIT 제7조 및 제1조에 따른 "투자"의 기준뿐 아니라 ICSID 협약 제25조에 의한 "투자"의 기준이 무엇인지에 대해서 살필 필요가 있다.

(1) ICSID 협약상 투자의 의미

ICSID 협약 제25조는 투자를 정의하지 않으나 ICSID 중재판정부들은 투자개념을 판단하는 다양한 기준들을 정립해 왔다. 최근 가장 많이 인용되는 것이 바로 소위 "Salini Test"로, 최근 Jan de Nul 사건의 관할 판단[11]에서도 인용되었다. 그 요건은 다음과 같다.

① 금전 또는 경제적 가치를 지니는 다른 자산의 출자(a contribution of money or other assets of economic value)

② 상당한 기간(a certain duration)

③ 위험의 요소(an element of risk)

④ 투자유치국의 발전을 위한 기여(a contribution to the host state's development)

한편, 위 Salini Test의 각 요건들 중에서 '④ 투자유치국의 발전을 위한 기여' 요건에 대해서는 ICSID 중재판정들 사이에 일치하지 않는 부분이 있다. Patrick Mitchell 사건[12]의 중재판정부는 이 문제에 대하

---

10 *Malaysian Historical Salvors Sdn, Bhd v. Malaysia* (ICSID Case No. ARB/05/10), Award (28 May 2007), at para. 55.

11 *Jan de Nul N.V. v. Arab Republic of Egypt* (ICSID Case No. ARB/04/13), Decision on Jurisdiction (16 June 2006), at para. 91.

12 *Patrick Mitchell v. The Democratic Republic of Congo* (ICSID Case No. ARB/99/7),

여 다음과 같이 서술하였다.

> 임시위원회는 투자유치국의 경제발전에 대한 기여의 존재는 투자를 판단하는 데 있어 필수적(또는 충분한)인 것은 아니지만 특성 또는 의심할 여지 없는 기준이라고 보나, 이것은 그러한 기여가 항상 규모 있거나 성공적이어야 한다는 것을 의미하는 것은 아니다. 또한 물론 ICSID 중재판정부가 문제가 된 운영의 실제 기여를 평가해야 하는 것도 아니다. 운영은 투자유치국의 경제적 발전에 한 가지 방법 또는 다른 방법으로 기여하는 것으로 충분하며 이러한 경제적 발전의 개념은 사안에 따라 매우 넓고 다양하게 나타난다.

반면, L.E.S.I. S.p.A. et ASTALDI S.p.A. 사건[13]의 중재판정부는 보호받는 투자인지 여부를 판단하는 데 있어서의 기준은 위 ①~③으로 충분하며 경제발전에 대한 기여는 고려되지 않는다고 판단하기도 하였다.

한편, 투자유치국의 발전을 위한 기여는 규명하기 어렵고 무엇이 '발전'인가에 대한 매우 다른 견해들이 존재한다. 따라서 보다 약한 접근으로 일반적으로 출자 · 기간 · 위험의 요소에 의해 형성된 투자의 단순한 개념으로 투자유치국의 '경제' 발전에 대한 기여를 중심으로 보아 이 원칙의 충족을 추정하게 된다. 그러나 이러한 추정은 상황에 의해 깨어질 수 있다. 만약 국제투자를 독려하는 목적의 경제활동이 없다면, 출자 · 기간 · 위험 인수가 관련되어 있더라도 ICSID 협약의 목적을

Decision on the Application for the Annulment of the Award (1 November 2006), at para. 33.

13 *L.E.S.I. S.p.A. et ASTALDI S.p.A. v. Algeria* (ICSID Case No. ARB/05/3), Decision (12 July 2006), at para. 73(iv).

충족하지 못하기 때문에 보호되는 투자가 될 수 없기 때문이다. ICSID 협약의 첫 번째는 "투자유치국의 경제에 기여할 목적으로 이루어진 국제투자를 독려하고 보호하는 것"이다. ICSID 협약 역시 서문에 "경제발전을 위한 국제적 협력의 필요와 그에 대한 국제적인 민간 투자의 역할"을 언급하고 있다.

이에 대하여 ICSID 중재판정들은 회사는 손해 발생 후 오직 ICSID 관할을 얻기 위한 목적으로 투자 구조를 변경할 수 없다고 판단하였다. 단지 ICSID 청구를 하기 위한 목적의 경제적 거래는 시스템의 남용에 해당하며, 보호되는 투자라고 할 수 없기 때문이다. 다만 투자자는 투자유치국 경제에 참여라는 요건을 충족하는 경우, 국제적 보호를 받기 위한 방법을 선택하여 투자 전반(upstream)에 투자구조를 형성하는 것은 가능하다.

Tokios Tokelés v. Ukraine 사건에서 중재판정부는 다수 의견을 통해 "청구인의 리투아니아 법인으로서의 지위가 법인격 남용이라고 볼 수 있는 청구인의 행위가 없었다. 청구인은 명백히 Tokios Tokelés를 우크라이나-리투아니아 BIT에 따른 ICSID 중재신청을 위하여 설립하지 않았다. 동 회사는 BIT가 발효되기 6년 전에 설립되었다. 사실 청구인의 법적인 국적은 적절하지 않은 목적에서 사용했다는 증거는 어디에도 없다"고 하면서 문제된 투자의 권리를 박탈하지 않았다.[14] 단, 이미 손해가 일어난 후 후반(downstream)에 보호를 변경하는 것은 불가하다 할 것이다.

14 *Tokios Tokelés v. Ukraine* (ICSID Case No. ARB/02/18), Decision on Jurisdiction (29 April 2004), at para. 56.

(2) BIT상 투자의 의미

양자간에 체결되는 BIT는 다자 협약인 ICSID 협약의 정의에 반할 수 없다. 즉, ICSID 개념을 확인하거나 제한할 수는 있으나 ICSID 관할을 갖기 위해 BIT가 정의를 확장할 수는 없다.

문제는 BIT가 "투자란 일방 체약국의 투자자에 의한, 타방 체약국 영토 내에서 그 법령 및 규제에 따라 이루어진, 경제적 활동과 연관되어 투자된 모든 종류의 자산을 의미"한다고 규정하는 것이 ICSID 협약상 개념을 벗어나는 것인지 아니면 단지 ICSID 중재관할이 성립하기 위해 필요한 요소를 명시적으로 서술한 것에 지나지 않는지 여부이다. 이에 대한 답을 도출하기 위해서는 ICSID 협약 및 BIT에 대한 국제법상 일반원칙에 의한 적절한 개념 해석이 필요하다.

(3) 국제법의 일반원칙에 따른 협약의 해석

한편, 위법하거나 신의성실하지 않은 투자(ICSID 절차의 남용에 상당하는 허위, 은닉 또는 부패 등)는 ICSID 중재라는 국제적 매커니즘이 보호하고자 하는 투자에 해당한다고 할 수 없다.

① 투자유치국의 법령에 따라 이루어진 외국인투자의 보호

국가들이 자국법을 위반한 투자에 대하여 ICSID 분쟁해결 메커니즘을 제공할 의도로 ICSID 중재관할에 동의했다고 볼 수 없으므로 투자 설립 시 법령 준수 요건은 BIT에 명시되어 있지 않더라도 묵시적으로 규정된 요건으로 보아야 한다. 단, 국가들이 법령을 개정하여 외국인투자에 대한 보호를 거절하는 것을 허용할 수는 없으므로 여기에서의 '법령'은 투자 설립 당시의 법령을 의미한다고 해야 한다.

법령 준수 여부가 BIT상 투자자의 보호에 관한 실체적 조항의 접근을 판단하는 데 중요하다는 데는 이견이 없다. 그러한 접근은 실체적 판단에서 거부될 수 있을 것이다. 그러나 법령위반이 명백한 경우, 관할을 인정하지 않는 것은 소송경제와 밀접한 연관을 갖는다. Fraport 사건에서 중재판정부는 문제된 투자가 "사실적 재정적(factually and financially)"으로 투자의 조건을 충족하였으나 ICSID 체제에서 "법적(legally)"으로 보호되는 투자가 아니라고 하면서 관할의 성립을 부인하였다. "Fraport는 의식적으로, 의도적으로 그리고 암암리에 필리핀의 Anti-Dummy Law를 위반한다는 것을 알고 투자의 구조를 형성하였다."[15]

② 신의성실한(Bona Fide) 투자에 대한 보호

국가들이 신의성실에 따라 이루어지지 않은 투자에 대하여 ICSID 분쟁해결 메커니즘을 제공할 의도로 ICSID 중재관할에 동의하였다고 보기 어려우며, 만약 그러한 보호가 국제법의 일반원칙, 그중에서도 가장 중요한 신의성실의 원칙에 반하는 경우에는 부여되어서는 안 된다.

신의성실의 원칙은 오랫동안 국제공법과 국내법 체계에서 승인된 원칙이다. 이 원칙은 당사자들로 하여금 "상호 정직하고 공정하게 거래할 것, 진실되게 동기와 목적을 표현할 것, 불공정한 이익을 추구하지 말 것"을 요구한다.[16] 누구도 조약상의 권리를 남용해서는 안 되며 모든 규정에는 이를 남용해서는 안 된다는 묵시적인 조항이 포함된 것으로 보아야 한다.

따라서 BIT와 ICSID 협약도 국제법상 신의성실의 원칙에 따라 해석되어야 한다. 단, 신의성실의 원칙은 양면적인 측면이 있어 국내법상

---

15 *Fraport AG Frankfurt Airport Services Worldwide v. Republic of the Philippines* (ICSID Case No. ARB/03/25), Award (16 August 2007), at para. 323.

16 A. D'Amato, Good Faith, *Encyclopedia of Public International Law*, vol. 7, p. 107 (R. Bernhardt, ed. 1984).

신의성실의 원칙 위반은 나란히 국제법상 신의성실의 원칙 위반이 된다.

Inceysa v. El Salvador 사건에서 중재판정부는 신의성실의 원칙에 어긋난 투자는 BIT에 따른 국제법적 보호를 받을 수 없다고 판정하였다.

> "신의성실의 원칙은 그와 관련된 모든 측면과 내용에서의 법적 관계를 규율하는 최고의 원칙이다. … El Salvador는 ICSID 관할에 대한 동의는 장래 투자에 대한 선의의 행위를 전제한 것이다."[17]

위 사건에서 중재판정부의 분석은 명백하게 국내법적 선의의 원칙에 따라 판단하였으나, 보다 일반적으로는 국제 공공정책을 고려하였다. 중재판정부는 우선 국내법 질서 위반을 고려한 후, 이러한 국내법상 신의성실의 원칙 위반이 국제 공공정책 위반에도 해당한다고 하였다.

> "사실을 위조함으로써 청구인은 투자 당시 신의성실의 원칙을 위반한 것이며 Salvadorian 법을 준수하지도 않았다. 청구인의 투자는 BIT의 혜택을 받을 수 없기 때문에 이러한 상황에서 중재판정부는 청구인의 청구에 대한 관할 없음을 선언할 수밖에 없다. … 위법행위로부터 발생한 권리의 존재를 인정할 수는 없다. 왜냐하면 이는 국제 공공정책(international public policy)의 원칙인 법에 위배되기 때문이다."[18]

현재 이 사건에서는 위계에 의한 행위나 부패를 다루고 있지는 아니하나, 중재판정부는 ICSID의 중재 메커니즘에 적용되는 국제법적

---

17 *Inceysa Vallisoletana, S.L. v. Republic of El Salvador* (ICSID Case No. ARB/03/26), Award (2 August 2006), at para. 230.

18 *Ibid.* at paras. 243, 249.

신의성실의 원칙을 다루고 있는 것이다. 한편, 중재판정부는 국제법상 신의성실의 원칙에 부합하는 투자만이 ICSID 협약에 따른 보호를 받을 수 있다는 것을 확실하게 하여 ICSID 시스템의 남용을 방지해야만 한다.

(4) 소결

이상의 논의에 따르면 결국 해당 투자가 ICSID 협약에 따른 보호를 받는 투자에 해당하는지 여부를 판단하기 위해 다음과 같은 요건을 고려하게 된다.

① 금전 또는 다른 자산의 출자(a contribution in money or other assets)
② 상당한 기간(a certain duration)
③ 위험의 요소(an element of risk)
④ 투자유치국의 경제활동을 증진시키기 위한 영업활동(an operation made in order to develop an economic activity in the host state)
⑤ 투자유치국 법령에 따라 투자된 자산(assets invested in accordance with the laws of the host state)
⑥ 신의성실의 원칙에 따라 투자된 자산(assets invested bona fide)

단, 이들 각 요건들이 모두 다 필요한 것은 아니고 다른 요건과 겹치거나 묵시적으로 다른 요건에 포함되어 있을 수 있다.

BIT에 규정된 투자는 "경제적 활동과 연관될 것"과 "투자유치국의 법령 및 규제에 따라 이루어질 것"을 명시하고 있는데, 이는 ICSID 협약상 투자의 요건을 변경하는 것이 아니라 위 요건 중 ④, ⑤를 강조한 것으로 보아야 한다.

라. 물적 관할의 성립 여부

(1) 금전 또는 다른 자산의 출자

청구인인 Phoenix Action은 BP와 BG의 인수자금으로 33만 4,500달러를 투자하였는데 이러한 명목상의(아주 적은) 인수자금은 '투자'의 존재 여부에 대한 의심을 불러일으키며 중재판정부에 보다 깊은 조사를 요한다. 만약 이를 기반으로 실제 경영 활동을 전개하려는 의도가 있었다면, 명목상의 인수자금에도 불구하고 투자의 존재를 인정할 수 있다.

청구인이 BP와 BG를 인수하기 위하여 일정액을 출자한 것은 사실이며 지분 또는 회사에의 자본 참여는 통상적으로 투자로 본다. ICSID 중재판정부는 완전소유, 대주주, 소수주주를 구분하지 않고 투자로 인정하고 있다. 단, 소수주주에 대하여 Enron v. Argentina 사건의 중재판정부는 "조약상 조항에 따라 투자자들이 청구할 수는 있지만 어떠한 청구가 받아들여질 수 있는지에 대해서는 그 한계를 설정할 필요가 있다. 침범된 회사와 간접적인 연관밖에 없을 수도 있기 때문이다"라고 하여 모든 소수지분이 반드시 투자가 되는 것은 아니라고 한 바 있다.[19]

이 사건에서 Phoenix Action은 BP와 BG의 100% 주주였기 때문에 본 요건은 충족된 것으로 본다.

(2) 상당한 기간

청구인이 BP와 BG 인수를 위해 2002년 지불한 돈이 투자의 요건을 충족한다면, 청구인이 2008년 1월까지 BP와 BG의 지분을 양도하

19 *Enron Corporation and Ponderosa Assets, L.P. v. Argentine Republic* (ICSID Case No. ARB/01/3) (United States/Argentina BIT), Decision on Jurisdiction (14 January 2004), at para. 54.

지 않았다는 단순한 사실로 상당한 기간 요건이 충족되었다고 해야 할 것이다.

(3) 위험의 요소

국제거래에서 파산한 회사를 싸게 구입하여 이익을 창출하는 회사로 만드는 형태는 빈번하게 일어나며, 이러한 형태의 투자를 하는 투자자는 회사를 회생시킬 수 없을 수도 있다는 위험을 감수하게 된다. 이에 따라 청구인의 경영에 위험적 요소가 없었다는 이유로 관할을 부인할 수는 없다.

(4) 투자유치국의 경제활동을 증진시키기 위한 영업활동

청구인이 투자를 통해 BP와 BG를 인수했을 당시 이들 회사는 1년 이상 분쟁 외에 아무런 경제적 활동도 하고 있지 않았다. 이는 청구인의 인수 이후에도 마찬가지였는데 이에 대하여 피청구국은, 청구인이 단순히 ICSID 중재를 청구할 권리를 구입한 것에 불과하며, 6년이 흐른 2008년에 인수가와 같은 가격으로 이들 회사들을 판매했다는 점은 이를 잘 뒷받침한다고 주장하였다.

이에 대하여 청구인은 BP와 BG가 경제활동을 전개하지 않은 것은 다투지 않았으나 이러한 결과는 전적으로 피청구국의 조치로 인한 것이라고 항변하였다.

> "BP 및 BG에 대한 청구인의 투자에 대한 보다 합리적인 BIT 적용은, Phoenix Action이 BP와 BG를 매수한 것은 경제적 활동과 연계되었다는 것이다. 왜냐하면, 청구인은 소유권 분쟁, 관세 조치, 문서 압류, 자산 동결이 BIT상의 피청구국의 의무에 부합하게 해소될 것이며 이에 따라 이전 수준과 수익성으로 경제활동을 재개할 수 있을 것이라는 합리적인

믿음에서 본건 투자를 행한 것이기 때문이다."[20]

이에 대하여 중재판정부는 투자가 이익을 창출하지 못한다는 사실이 경제적 활동의 성립을 부인하여 투자의 범위에서 제외되도록 만들지 않는다고 판시한다. 경제적 활동의 전개는 예견되었거나 의도된 것이어야 하지만, 성공적일 필요는 없고 특히 투자자가 활동을 전개할 수 없는 것이 투자유치국의 조치 때문인 경우 더욱 그러하다. 투자유치국의 조치로 인하여 투자자가 활동 할 수 없는 경우에 투자의 성립을 부인한다면, BIT의 목적을 달성할 수 없게 되기 때문이다.

(5) 투자유치국 법령에 따라 투자된 자산

청구인의 BP와 BG 인수는 체코 법에 따라 적법하게 이루어졌고, 적법하게 등록되었으므로 본 요건은 충족되었다.

(6) 신의성실의 원칙에 따라 투자된 자산

투자가 선의로 이루어져서 ICSID 절차에 남용에 해당하지 않는지 여부를 판단하는 데 있어서는 투자의 시기와 거래의 실체 등을 고려하여야 한다.

① 투자의 시기

청구인이 주장하고 있는 모든 손해는 문제가 된 투자 이전에 이미 발생한 상태였다. Vladimír Beňo의 진짜 의도를 알기 위해서는 청구인이 ICSID 중재를 최초로 신청(initial request)할 당시 BP와 BG의 권

20 Claimant's Rejoinder on Jurisdiction, at para. 60.

리가 청구인에게 이전되었다는 견해를 취하고 있었음을 고려할 필요가 있다. 체코에서 도주하여 이스라엘 국적을 취득한 Vladimír Beňo는 이스라엘 회사를 설립하여 이전 체코인으로서 그가 소유하던 두 회사를 인수하였다. 인수 당시에 이미 이 두 회사는 청구인이 주장하는 체코 당국의 조치를 당한 상태였고, 청구인은 이를 잘 알고 있었다. 또한, 본 중재절차의 개시 당시에 있어서 청구인 측은 Phoenix Action과 BP, BG 사이에 완전한 혼동이 있었다.

② 청구의 시기

특히 전체적 상황을 확인하기 위해서는 청구의 시기도 함께 고려해야 한다. 청구인이 BP와 BG를 인수 한 후, 단 두 달 만에 미처 이 회사들에 대한 소유권 등록이 되기도 전에 피청구국에 분쟁을 통지했다는 사실 등은 Phoenix Action의 전체 투자 계획이 단지 BIT에 따른 청구를 하기 위한 것이었음을 증명하는 것이다. 이 사건에서는 'ratione temporis'에 따라 2002년 12월 26일 이후의 상태에 대해서만 BIT가 적용되는데, 그렇게 되면 청구인은 투자 후 투자 문제 해결에 단 2개월의 지연이 있었다는 이유만으로 공정하고 공평한 대우 위반을 주장한 것이 된다. 결국 이러한 점을 종합해 보면 진짜 이해관계는 투자 전에 이루어진 침해와 손해에 관한 것이었다고 해야 할 것이다.

③ 거래의 실체

이 사건과 관련된 모든 지분의 이전은 Vladimír Beňo의 가족 내부에서 이루어졌다. 즉, 청구인은 BP를 Vladimír Beňo의 부인으로부터, BG를 Beňo의 딸이 소유한 회사인 Yougo Alloys로부터 인수하였다.

또한 어떠한 경제적 활동도 시장에서 청구인에 의해 이루어지거나 의도되지 않았다. 사실관계를 살펴보면, 청구인의 지분인수(투자)와 관련하여 어떠한 경영계획이나 재무구조 개선 프로그램, 또는 경제적 목적이 제시된 바 없으며 경제적 거래에 대한 진정한 가치평가도 시도되지 않았다. 반면, 청구인에 대한 피청구인의 조치가 해소될 경우, 동결계좌에 예치되었을 금액은 약 600만 달러에 달한다.

따라서 청구인의 모든 행위는 회사의 실제적 또는 장래적 가치에 기한 경제적 투자가 아닌 단순히 가족 내에서 자산을 재조정하여 최초의 투자로는 원용할 수 없는 ICSID 중재관할을 얻는 것이었다고 판단된다. 이는 순수하게 국내적인 분쟁을 BIT의 보호대상으로 변환시키는 작업에 불과한 것이라고 해야 할 것이다.

④ 판단

이렇듯 이미 존재하는 국내 분쟁을 BIT에 따른 ICSID 국제 분쟁으로 변환시키는 것을 유일한 목적으로 행해진 '투자'는 신의성실에 따른 투자에 해당하지 않는다. 'Bona fide test'는 관할 요건의 왜곡에 따른 남용 적용되나 이는 본안 판단의 대상인 국제조약상 실체적 보호에 대한 분석에도 적용될 수 있다.

(7) 소결

이상에서 살핀 바와 같이 청구인이 주장하는 투자는 ICSID 협약 및 BIT가 보호하는 투자에 해당하기 위한 다른 요건들은 충족하는 것으로 볼 수 있으나, 이러한 투자가 신의성실에 따른 투자라고는 할 수 없다. 청구인의 중재신청은 ICSID 투자중재체계의 남용에 해당하며 이러한 남용을 방지하는 것은 중재판정부의 의무이다.

만약 중재판정부가 본 사건의 관할을 인정한다면, 이미 존재하는 국내 분쟁에 대하여 BIT 보호를 받기 위한 목적으로 국내적 경제적 이해관계를 외국 회사에 이전하는 사례가 증가하여 ICSID와 BIT의 관할은 그 한계가 사라지게 될 것이다. 이는 또한 ICSID 협약과 BIT의 목적에도 반하는 것이다.

중재판정부의 판정

중재판정부는 이 사건에 대하여 다음과 같이 판정하였다.

① 청구인이 주장한 투자는 워싱턴 협약과 이스라엘-체코 BIT가 보호하는 투자에 해당하지 않으므로 청구인의 청구에 대한 ICSID 중재판정부의 관할이 성립하지 않는다.

② 나아가, 본건 청구는 국제투자 보호제도의 남용에 해당하므로 절차 비용과 법률 비용은 청구인이 부담한다.

Phoenix 사건은 체코인이 체코 정부와의 분쟁을 교묘한 거래를 통하여 외국투자자와 체코 간의 분쟁으로 가장하여 이스라엘-체코 BIT를 통하여 중재를 제기한 것으로, 중재판정부가 이를 국제투자협정중재의 남용 사례로 판단한 사안이다. 이러한 결론을 도출하는 가운데, ICSID 협정상의 투자의 요건으로써 그동안 많은 중재판정부가 받아들여 왔던 소위 Salini test의 네 가지 요건, 즉 금전 또는 다른 자산의 출자(a contribution in money or other assets), 상당한 기간(a certain duration), 위험의 요소(an element of risk), 투자유치국의 경제활동을 증진시키기 위한 영업활동(an operation made in order to develop an economic activity in the host state) 외에 투자유치국 법령에 따라 투자된 자산(assets invested in accordance with the laws of the host state)과 신의성실의 원칙에 따라 투자된 자산(assets invested bona fide)이라는 두 가지 요소를 추가하였다는 점에서 국제투자법 전문가들의 주목을 받았다. 반면 ICSID 협정 제25조는 투자에 관하여 구체적인 정의를 하지 아니하고 있는데, 해석에 의하여 추가적인 요건들을 더 추가함으로써, 청구인의 청구를 관할 단계에서 너무나 엄격하게 제한하는 것이라는 비판도 많이 받고 있다. 터키의 Uzan 가문과 관련된 국내적인 분쟁의 국제화를 시도하였던 Saba Fakes 사건의 중재판정부도 청구인이 주장하는 투자가 ICSID 협약상 "투자의 정의"에 맞지 않는다는 결론을 내었다. 그러면서도 Saba Fakes 사건의 중재판정부는 투자의 요건으로서 Salini test 중 앞의 세 가지에 방점을 두고, 투자유치국의 경제활동을 증진시킨다는 점은 앞의 세 가지 요건에 따른 투자의 결과이지, 그 자체가 요건이 되는 것은 아니라고 하면서, ICSID 협정 해석에 있어서 투자의 요건을 축소시키는 입장을 보였다. 이러한 입장은 Poenix 사건의 중재판정부가 내린 결론과 대비된다.

| 제4절 |

수용

국가 공공정책과 수용: AWG v. Argentina 사건 검토*

| 절차적 배경 및 판정요지 |

사건명

Suez, Sociedad General de Aguas de Barcelona S.A., and Vivendi Universal S.A. (Claimants) and The Argentine Republic (Respondent),

* 김세진, 법무법인 태평양 국제중재팀, 해군 법무관(2010~2013), 미국 Washington Court of Appeals Law Clerk (the Honorable Mary Kay Becker) (2008~2009), 미국 University of Washington School of Law (J.D. 2008), 서울대학교 사회과학대학 정치학과 졸업(2005), 서울대학교 법과대학원 국제투자법 전공.
* 강상구, 법무법인 태평양 변호사, 육군법무관(2011~2014), 사법연수원 수료(40기), 서울대학교 법과대학 학사, 동 대학원 국제투자법 전공.

ICSID Case No. ARB/03/19; The arbitration under the Rules of the United Nations Commission on International Trade Law between AWG Group(Claimant) and The Argentine Republic(Respondent), DECISION ON LIABILITY. (2010. 7. 30. 결정)

당사자와 변호인

1. 청구인 및 그 국적

이 사건의 청구인(Claimant)은 ① Aguas Argentinas S.A. (AASA, Argentina), ② Suez (France), Sociedad General de Aguas de Barcelona S.A. (AGBAR, Spain), ③ Vivendi Universal (Vivendi, France), ④ AWG Group Ltd(AWG, U.K.)이며, 이들은 Freshfields Bruckhaus Deringer LLP 소속의 Mr. Nigel Blackaby, Mr. Lluis Paradell, Ms. Noiana Marigo 변호사가 대리하였다.

2. 피청구국

피청구국(Respondent)은 아르헨티나 공화국(The Argentine Republic)이며, 중재 개시 후 2010년 1월 26일까지는 국가재무부 법무과(Procurador del Tesoro de la Nacion) 소속 Dr. Osvaldo Cesar Guglielmino가, 그 이후는 Dr. Joaquin Pedro da Rocha가 대리하였다.

중재판정부

청구인들은 중재인으로 스위스 국적의 Gabrielle Kaufmann-Kohler

교수를 선임하였고, 아르헨티나는 베네수엘라 국적의 Pedro Nikken 교수를 선임하였다. 의장중재인(president)에 대한 합의가 이루어지지 않아, 청구인들의 요청으로 ICSID는 미국 국적의 Jeswald W. Salacuse 교수를 의장중재인으로 임명하였다.

사실적 배경 및 판정요지

AWG, AGBAR, Suez, Vivendi가 주주로 참여하고 있는 Aguas Argentinas S.A.(AASA)는 아르헨티나 정부와 양허계약(concession contract)을 체결하여 부에노스아이레스 시와 인근 지역에 상하수도 서비스를 제공하는 업체이다. 2000년경 아르헨티나에 경제위기가 닥치면서 아르헨티나 정부는 이를 극복하기 위한 여러 조치들을 시행하였다. 그로 인해 자금 조달 비용이 크게 상승하였을 뿐만 아니라 은행계좌에 대한 새로운 조세 항목이 신설됨에 따라 사업의 운영비용이 크게 증가하여 AASA의 수익이 크게 감소하게 되었다. 이에 AASA는 양허계약에서 정한 절차에 따라 아르헨티나 정부에 수도요금의 인상을 요청하였으나 아르헨티나 정부는 이를 거부하였고 결국 AASA의 주주들은 2005년 10월 양허계약의 해지를 요청하기에 이르렀다. 그러나 그러한 계약해지 요청은 3개월 뒤 거절되었다. 약 1개월 후 아르헨티나 정부는 AASA가 공급하는 상수도의 질산염(nitrate) 수치에 대한 조사를 개시하였고, 조사결과 몇 가지 위반사항이 있음을 발견하여 사업자 측의 채무불이행을 이유로 양허계약을 해지하였다.

이에 따라 AASA와 그 주주인 청구인들은 이 사건 중재를 신청하였다. 이들은 ① 아르헨티나 정부가 경제위기에 대처하기 위하여 제정하고 실행했던 일반적 조치와 각종 규제, ② AASA의 반복된 요금 인상 요청에 대한 아르헨티나 정부의 거부 처분, ③ 사업허가(concession) 종료 시 아르헨티나 정부가 취한 조치들이 각각 직접 또는 간접 수용에 해당한다고 주장하였다. 이에 대하여 중재판정부는 간접수용은 투자에 대한 실질적인 박탈이 요구되나, 청구인들은 AASA의 주주로서 경영권을 지속적으로 행사하였으며, AASA는 경제위기 기간 동안 계속 사업시행권(concession rights)을 가지고 부에노스아이레스 시 및 인근 지역에 상하수도 서비스를 제공하였으므로 투자에 대한 실질적 박탈이 발생하지 않았다고 보았다. 중재판정부는 또한 아르헨티나 정부의 요금 인상 요청의 거부를 통해서도 그러한 실질적인 박탈이 일어나지 않았으며, 양허계약의 해지 역시 아르헨티나 정부가 계약의 당사자로서 계약상 권리를 실행한 것일 뿐 국가주권의 실행행위에 해당한다고 볼 수 없다고 보고, 이는 투자자-국가 간 중재에서 다룰 수 있는 것이 아니라고 판단하였다. 이에 따라 중재판정부는 청구인들의 수용에 관한 위 주장들을 모두 배척하였다.

중재절차상의 특이사항

1. 사건의 등록

2003년 4월 17일 AASA, Suez, AGBAR, Vivendi 및 AWG가 청구인 자격으로 아르헨티나를 상대로 ICSID에 중재를 제기하였는데, AWG를 제외한 청구인들의 중재건은 'ICSID Case No. ARB/03/19'의 사건 번호로 등록되었다. 청구인 중 Suez와 Vivendi는 프랑스 국적의 법인이고, AGBAR는 스페인 법인, AWG는 영국에서 설립된 법인이었다. 그리고 이들이 주주로 있는 AASA는 아르헨티나 법인이었다. AWG v. Argentina 사건의 근거가 된 영국과 아르헨티나 간의 투자보장협정은 일차적으로 당사자의 합의로 ICSID 중재와 UNCITRAL 중재 중 하나를 선택할 수 있지만, 3개월이 지난 후에도 당사자 간에 합의가 이루어지지 아니하는 경우에는 UNCITRAL 중재에 의하도록 하는 규정을 두고 있었다.[1] AWG와 아르헨티나 사이에서 어느 중재에 의할 것인지에 대한 합의가 없이 3개월이 도과하였는데, AWG는 그럼에도 중재신청 서면에 ICSID 중재에 의할 의사를 표시하였다. 아르헨티나는 UNCITRAL 중재규칙에 의한 중재를 주장하며 이에 반대하였고, 다만 UNCITRAL 중재규칙을 적용하는 한 ICSID의 행정적 지원 아래 동일 중재판정부를 구성하는 것에는 반대하지 않았기 때문에, 위 ARB/03/19 건의 중재와 공동 중재판정부가 구성되었고, 두 그룹의 청구인들에게 각 UNCITRAL 중재규칙과 ICSID 중재규칙에 따라서 절차가 진행되었다.

2. 관할의 존부

아르헨티나는 2005년 2월 28일자 서면(memorial with objections to jurisdiction)을 통해 ICSID와 중재판정부가 청구인들의 손해배상청구를 심리하고 결정할 권한이 없다고 주장하면서 관할에 관한 항변을 제기하였다. 이에 중재판정부는 위 항변 모두를 배척하였고, 2006년 8월 3일 결정을 통해 ICSID와 본 중재판정부는 ARB/03/19 사건에 관한 관할권이 있으며, 동시에 AWG-아르헨티나 간 UNCITRAL 중재에 관하여도 관할권을 갖는다고 결정하였다. 이에 중재판정부는 두 사건 모두에 대한 본안(on the merits) 심리를 진행하였다

1 Agreement between the Government of the United Kingdom of Great Britain and Northern Ireland and the Government of the Republic of Argentina for the Promotion and Protection of Investments, signed on 11 December 1990, and in force since (19 February 1993). 제8조 제3항.

3. AASA의 중재신청 철회

청구인들의 대리인은 ICSID 중재판정부에 제출한 2006년 2월 9일자 서면을 통해, AASA는 본 중재신청을 철회하겠다고 하면서 중재신청의 철회(withdraw its claim)를 신청하였다. 이는 AASA의 주주들이 지분을 제3자에게 매각하는 중이므로 아르헨티나 정부로부터 그 매각에 대한 허가를 얻기 위함이었다. 이에 중재판정부는 ICISD 중재규칙 제44조를 적용하여 일방 당사자의 요청에 의하여(타방 당사자가 반대하지 않을 경우) 그 당사자에 관한 중재신청을 철회할 수 있도록 허가할 수 있는 권한을 가진다고 판단하면서 AASA의 중재신청 철회를 허가하였다. 중재판정부는 2006년 4월 14일자 결정(Procedural Order No. 1)을 통해 AASA에 관한 ARB/03/19 절차는 종료되고, AASA는 당사자로서의 지위를 상실하는 반면, 동 사건에서 다른 청구인에 대한 절차(in all other respects)는 계속 진행된다고 결정하였다.

4. 중재인 기피신청

청구인들은 아르헨티나 정부가 임명한 중재인인 Gabrielle Kaufmann-Kohler 교수에 대하여 ① 2007년 10월 12일에는 위 교수가 2007년 8월 20일 아르헨티나 정부가 패소한 다른 중재사건의 중재인이었다는 사실을 이유로, ② 2008년 11월 29일에는 동 교수가 청구인인 Suez와 Vivendi의 지분을 가지고 있는 UBS 그룹의 이사로 재직하고 있다는 사실을 이유로 두 차례의 기피신청을 하였다. 각각의 기피신청에 대하여 해당 중재인을 제외한 나머지 2명의 중재인들이 중재절차를 중단하고 기피신청에 대하여 심리하였고, 두 가지 신청 모두 기각하였다.

| 사건 및 판정의 세부사항 |

청구의 근거가 된 조약

이 사건에서 각 청구인들의 청구 근거가 된 조약은 세 가지로, ① Suez, Vivendi는 1991년 아르헨티나-프랑스 BIT,[2] ② AGBAR는 1991년 아르헨티나-스페인 BIT,[3] ③ AWG는 1990년 아르헨티나-영국 BIT[4]를 근거로 이 사건의 중재를 청구하였다.

청구인이 문제로 삼고 있는 투자유치국의 조치

청구인들은 ① 경제위기에 대처하기 위한 아르헨티나의 조치들로 인한 청구인들의 투자 수익 감소, ② 청구인들의 요금 인상 요청 거부,

---

2 Accord entre le Gouvernement de la République française et le Gouvernement de la République Argentine sur l'encouragement et la protection réciproques des investissements(Agreement between the Argentine Republic and the Republic of France for the Promotion and Reciprocal Protection of Investments), signed on 3 July 1991 and in force since 3 March 1993; 1728 UNTS 298.

3 Acuerdo para la promoción y protección recíprocas de inversiones entre el Reino de España y la República Argentina(Agreement on the Promotion and Reciprocal Protection of Investments between the Kingdom of Spain and the Argentine Republic), signed in Buenos Aires on 3 October 1991 and in force since 28 September 1992; 1699 UNTS 202.

4 Agreement between the Government of the United Kingdom of Great Britain and Northern Ireland and the Government of the Republic of Argentina for the Promotion and Protection of Investments, signed on 11 December 1990, and in force since 19 February 1993.

③ 아르헨티나 정부에 의한 일방적인 계약해지가 모두 위 BIT들에 위반된다고 주장하였다.

청구인의 청구취지

청구인들은 중재판정부에 대하여, 피청구국이 청구인들에게 미화 1억 192만 달러를 지급하라는 결정을 구하였다.

사실관계

1. 아르헨티나의 민영화 정책

이 사건은 아르헨티나 부에노스아이레스의 상하수도 서비스의 민영화(privatization) 정책에서부터 시작되었다. 1912년 이래로 대부분의 부에노스아이레스 지역 상하수도 서비스는 '국가위생정책공사(Obras Sanitarias de la Nación, OSN)'라는 정부 소유의 국영기업이 제공하고 있었다. 1980년대에 들어서자 아르헨티나는 높은 인플레이션과 많은 재정적자, 심각한 투자부족, 네 번의 외환위기(각 위기를 통해 90% 이상의 평가절하가 발생)를 겪었고 아르헨티나의 경제부문, 특히 공기업들은 심각한 위기에 봉착하였다. OSN 역시 많은 재정적자로 인해 시설과 서비스에 대한 투자가 잘 이루어지지 않아서 운영의 효율성이 감소하였고 이는 OSN이 제공하는 상하수도 서비스의 품질에도 영향을 주었다. 이러한 위기를 타개하기 위하여 1989년 아르헨티나 의회는 '국가개혁법(State Reform Law)'을 제정하였고 국가 공공서비스가 위기 상황에 있음을 선언하면서 이를 해결하기 위해 폭넓은 민영화 계획을 수립하였다.[5] 또한 아르헨티나 의회는 다시 태환성법(Convertibility Law)[6]을 제정하여 아르헨티나 페소화의 가치를 미화에 고정시키고, 환율위원회를 만들어 자국 통화의 양이 자국의 외환보유고와 균형을 이루도록 하였다.

1990년 아르헨티나 정부는 OSN을 비롯한 공공서비스 기관들을 민영화하여 외국 민간투자자들에게 사업을 이전하기 위하여 대통령령 제2074/90호(Decree No. 2074/90)를 제정하였다.[7] 동 대통령령에서는 입찰을 통해 사업자를 선정하고, 낙찰자와 장기 양허계약(long-term concession agreements)을 체결함으로써 새로운 기술과 자본을 투입하도록 규정하였다. 1992년 아르헨티나 정부는 위 대통령령을 기반으로 OSN이 기존에 운영하던 상하수도 시설에 대한 민영화를 세부적으로 규정하는 일명 '수자원령(Water Decree)'이라 불리는 대통령령 제999/92호

5 국가개혁법(State Reform Act), 법률 제23696호[Law No. 23696(1989. 8. 23)]: 이 사건의 주요 사안인 사업허가(concession)의 법적 동인이자 기초가 되는 법률이다. 이 법률에서는 아르헨티나가 공공서비스 및 사업이 위급상황에 있음을 선언하고(제1조), 아르헨티나 대통령(본문에서는 국가행정권력, 즉 'National Executive Power')이 특정 개혁 조치를 취할 수 있도록 하였다. 개혁 조치에는 여러 수단(민간 및 외국 투자자에게 개별 공공서비스를 운영하도록 사업허가권을 부여하는 것을 포함)을 통하여 국가 산업을 민영화하는 것도 포함된다(제17조). 또한 국가개혁법은 그러한 민영화에 필요한 절차를 규정하고 있다. 따라서 동법은 AASA 사업허가의 성립으로 이어지는 여러 법률 사이에서 기초가 되는 상위 법령에 해당한다.

6 아르헨티나가 계속하여 높은 인플레이션과 환율 불안을 겪게 되자, 인플레이션을 막기 위하여 아르헨티나 정부는 법률 제23928호(Law No. 23928)를 제정하였다. 이는 '통화태환성법(Convertibility Law)'이라고도 불리며, 아르헨티나 통화를 미국 통화에 고정(peg)시키도록 하고, 중앙은행이 통화량을 증가시키지 못하도록 규정하였다.

7 대통령령 제2074/90호(1990. 10. 5): 당시 부에노스아이레스의 수도 공급 및 하수도 처리 서비스를 하도록 위임 받았던 공공사업부(Ministry of Public Works and Service) 예하의 OSN을 포함한 여러 국영기업의 민영화에 관한 내용을 규정하였다. 동령 제3조는 OSN이 운영하고 있는 서비스를 사업허가의 대상으로 규정하고 있고, 사업권자를 결정하는 데 필요한 공적, 전국적, 국제적 입찰 절차에 적용되는 입찰 규정 및 조건을 마련하도록 규정하였다.

(Decree No. 999/92)를 제정하였다.[8] 수자원령에 따라 연방공공사업부(Federal Ministry of Public Works and Services)는 사업허가의 목적, 조건, 규칙, 입찰절차, 양허계약 등에 관한 세부규정과 입찰규정(Original Bidding Rules)을 마련하였다.

2. 양자간 투자협정(Bilateral Investment Treaty, BIT)의 체결

1990년을 기점으로 아르헨티나는 국가개혁과 경제발전 및 민영화에 필요한 해외투자를 촉진하기 위하여 여러 나라들과 투자의 상호 촉진과 보호를 위한 투자협정(BIT)을 체결하기 시작하였는데, 그중 1990년 12월에는 영국, 1991년 7월에는 프랑스, 1991년 10월에는 스페인과 BIT를 체결하였다.

3. AASA의 설립

아르헨티나 정부의 민영화 조치에 따라 청구인 Suez, AGBAR, Vivendi, AWG는 1992년 몇몇 아르헨티나 회사와 함께 컨소시엄(consortium)을 구성하여 부에노스아이레스 지역 상하수도 운영에 관한 사업허가의 입찰에 참가하였고 최종 사업자로 낙찰되어 초기 자본 1억 2,000만 달러로 'Aguas Argentinas S.A.(AASA)'를 설립하였다.[9]

---

8 대통령령 제999/92호(1992. 6. 30)(Water Decree): 당시 OSN이 관리하던 부에노스아이레스 상하수도 시스템의 민영화를 위한 근거 법령을 마련한 것으로서 그러한 근거 법령은 다섯 가지 목적을 가지고 있었다(수자원령 제3조). 즉 (1) 상하수도 시스템의 관리 보장 및 확장 촉진, (2) 규제 대상인 공공서비스의 계속적인 질적 보장, (3) 상하수도 시스템 사용자, 사업권부여당국(conceding authority), 사업권자, 규제기관(regulatory entity)의 권리, 의무, 부속권한(attributions)에 대한 규제 및 보호, (4) 현 서비스 운영의 보장 및 근거 법령에서 정하고 있는 질과 효율성 측면에서 향후 정해지는 것들에 대한 보장, (5) 공중보건, 수자원 및 환경 보전 등이 그것이다.

9 AASA의 지분 구성은 (1) Suez(25.3%), (2) Vivendi(8%), (3) AWG(4.5%), (4) AGBAR(12.6%)였다. 이하 제5절 내 '민영화 이후 초기 8년간 운영(1994~2001년)'

1993년 4월 28일 AASA는 아르헨티나 경제공공사업부(Minister of Economy and Public Work)와 30년의 양허계약(concession contract)을 체결하였다. 양허계약에 따르면 사업시행자는 직접 운영 및 개발한 상하수도 설비를 소유할 수 없으며, 계약 종료 후 아르헨티나 정부로 해당 설비를 사용 가능한 상태(good operating condition)로 반환해야 한다. AASA나 청구인들 모두 아르헨티나 정부에 사업허가(concession) 취득에 따른 대가를 지급할 의무는 없었으나, 상하수도 시스템의 비효율적 운영으로 인해 발생하는 손해로부터 아르헨티나 정부를 보호하기 위해 이행보증서(performance bond)를 제출해야 했다. 양허계약에 대한 구체적인 내용은 아래와 같다.

4. AASA의 양허계약

1993년 4월 28일 양허계약상 사업허가당국(the Conceding Authority)으로 표시된 아르헨티나 정부와 사업시행자(the Concessionaire)로 표시된 AASA 사이에 총 129쪽에 이르는 양허계약이 체결되었고, 이 계약은 AASA가 부에노스아이레스 지역의 상하수도 시설에 관한 사업허가를 취득한 1993년 5월 1일에 발효되었다. 양허계약에서는 계약종료일인 2023년 4월 30일까지 30년간 상하수도 시스템의 개발, 운영 및 전환에 관한 개개의 권리와 의무를 정하고 있다. 이 계약은 동 계약 제1조 제6항에 기재된 근거 법령에 따라 해석되고 적용된다. 해석의 기준이 되는 근거 법령에는 ① 국가개혁법(법률 제23696호), ② 수자원령(Water Decree), ③ 입찰규정 및 관계 법령, ④ 민영화 위원회법에 의해 승인된 AASA 입찰제안서가 있다.

부분 참조(이 책 169~170면).

계약서 제1장은 계약의 목적, 계약상 용어의 정의, 해석의 원칙, AASA의 인수 시부터 30년이라는 계약 존속 기간 및 AASA가 아르헨티나에 어떠한 대가도 지불할 필요가 없다는 내용을 규정하고 있으며 계약상 규정의 대부분은 수자원령 및 입찰규정에 대한 '특별규정'임을 규정하고 있다. 제4장은 AASA가 상하수도 시설 사업을 시행하는 데 있어 따라야 할 공급규범을 규정하고 있고, 이는 사업시행자(concessionaire)가 소비자들에게 제공하여야 할 서비스의 지속성, 일관성, 품질 및 보편성에 관해 규정하고 있는 규범들이다. 제6장에서는 재산권의 취득, 사용, 보호, 양도, 폐기에 관해 규정하면서 계약종료 시 사업시행자는 상하수도 시설에 관한 모든 재산권을 아르헨티나 정부에 무상양도하도록 규정하고 있다.

한편, 제11장과 부속서 7에서는 요금에 관해 규정하고 있다. 이에 따르면 요금 변경 신청에 대하여 규제당국은 상위 법령인 '수자원령(Water Decree)' 제44조에서 정한 절차에 의하도록 규정하고 있다. 수자원령과 수정 입찰 규정(Revised Bidding Rules)에서 정한 절차에 따르면 ① 전형적인 변경(제11.11.3조), ② 비용의 변화에 따른 비전형적 변경(제11.11.3.4조), ③ 기타 비전형적 변경(제11.11.5조)의 경우에 요금 변경이 가능하다.

첫째, '전형적인 변경(Ordinary Revisions)'은 사업시행자(concessionaire)에 의한 투자 5개년 계획에 변화가 있는 경우에 가능하다. 수정 입찰 규정에 따르면 입찰자는 입찰 시 5년 단위의 투자계획을 제출하여야 하고, 낙찰자는 제출한 투자계획을 실행하여야 한다. 요금은 이러한 장기간의 투자소요에 따라 결정되므로 환경과 수요의 변화에 따라 그러한 투자계획이 수정될 경우 요금 변경도 필요할 것이다. 계약서 제11.11.3조는 이러한 전형적인 요금 변경의 기초적인 내용과 필요한 절차를 규정하고 있다.

둘째, '비용 변화에 따른 비전형적 변경(Extraordinary Revisions for Change of Costs)'은 사업(concession)의 시행 과정에서 발생한 7% 이상의 비용 변화 중 연료, 화학약품, 전기, 보험, 인건비, 건축자재비, 예비물품비, 운송비, 이자 비용 등과 같이 목록에 규정된 비용이 변하였을 때 발생한다. 계약서 제11.11.4.2조는 이러한 비용 증감의 경우 증감되는 각각의 비용 요소에 따라 변경될 요금을 계산하는 방법에 관해 규정하고 있다.

셋째, '기타 비전형적 변경(Other Extraordinary Revisions)'은 서비스를 제공하는 잠재적 변화를 야기하는 기초적 사정 및 법령, 업무규정의 변화, 태환성법(Convertibility Law)에 의해 정해진 환율의 변화나 세금 제도의 변경 또는 소멸이 있는 경우에만 발생한다.

제14장은 계약의 종료 및 연장에 대하여 규정하고 있는데, 제14.1조는 계약의 종료가 기간의 만료, 사업시행자의 귀책사유로 인한 해지, 사업허가당국의 귀책사유로 인한 해지, 불가항력에 의한 종료, 파산, 사업권자의 해산 또는 청산, 서비스의 회수(recovery of the service) 등으로 발생한다고 규정하고 있다. 예를 들어, 계약 종료를 정당화하는 사업시행자의 귀책사유 중에는 규제당국 또는 계약에 의한 규제를 이행하기 위한 서비스 불이행, 계획된 투자의 집행 과정에서의 반복적이고 정당화할 수 없는 지체 등이 있다. 제14.4조에서는 "규제당국 또는 사업허가당국의 규범상 조항(normative provision), 작위 또는 부작위, 소송(legal action)으로 인해, 계약에 따라 사업허가당국에 부과된 의무의 중대한 불이행이 있는 경우 사업시행자는 계약을 해지할 수 있다"고 규정하고 있다. 제15장은 계약의 마지막 장으로서 계약상 분쟁에 대하여 부에노스아이레스 연방행정법원에 관할이 있다고 규정하고 있다.

5. AASA의 운영

설립 시점인 1992년부터 2001년까지 8년의 기간 동안 AASA는 해당 사업(concession)과 관련하여 총 17억 달러를 투자하였고, 이 중 AASA의 초기자본이 1억 2,000만 달러, 대출액이 7억 610만 달러, 나머지는 AASA의 수익금이었다. 이와 같은 투자를 통해서 수질 개선 및 공급 확대가 가시적으로 나타났다. 한편, 1994년 아르헨티나의 보건 규제당국인 '보건사업청(Ente Tripartito de Obras y Servicios Sanitarios, ETOSS)'과 부에노스아이레스 시 당국, AASA는 상하수도 시설 확대를 위한 투자 확대에 합의하였다. 또한 1996년 AASA는 서면으로 ETOSS에 아르헨티나의 높은 인플레이션, 상하수도 연결을 위한 시설비용 지급 청구에 대한 일부 거부, 정치적 압력, 개인 사용량에 비해 적절치 못한 요금체계 등을 이유로 재협상을 요구하였고 2년간의 재협상 끝에 합의에 이르렀다.[10]

6. 아르헨티나의 경제위기와 AASA의 요금 조정 신청

2000년경 아르헨티나에는 극심한 경제위기가 찾아왔다. 이에 아르헨티나 정부는 공공지출을 억제하고 세금을 늘리는 등 긴축 정책을 실시하였으나, 이러한 조치들은 상황을 크게 개선시키지 못하였고 오히려 AASA의 수도요금 수납에 부정적인 영향을 미쳤다. AASA는 2001년 3월 이후 수차례 서면으로 ETOSS에 기존 요금에 대한 비전형적 심사(extraordinary review)를 요청하였다. 그러나 ETOSS는 요금 인상을 승인하지 않았고 AASA는 지속적으로 요금 인상(tariff revision) 협상을 시도하였다.

---

10 재협상에 따른 자세한 합의 내용은 이하 제5절 각주 3 참조(이 책 170면).

2001년 말 경제위기가 심화되면서 아르헨티나 정부는 은행계좌에 '코랄리토(corralito, 작은뜰)' 또는 '작은 울타리(little fence)'라 불리는 효과를 발생시키는 대통령령 제1570/01호를 공포하였다. 이에 따라 은행계좌의 예금주가 인출할 수 있는 현금의 양이 제한되었다.

또한 2002년 1월에는 긴급조치법 제25561호(Emergency Law No. 25561)를 제정하여 정부로 하여금 모든 공공서비스 계약을 재협상하도록 하였다.[11] 청구인들은 이러한 조치들이 양허계약에 따른 이행의무를 위반하여 투자에 손해를 입혔다고 주장하면서 아르헨티나 정부에 상하수도 서비스 및 기타 운영 조건 등을 변경하기 위한 요금 조정(adjustments in the tariffs)을 요구하였다. 또한 AASA는 사업허가에 관한 관련 법령에 따라 요금에 대한 비전형적 변경심사(extraordinary tariff review)를 요청하였고, 경제위기 기간 중 사업운영을 위한 긴급 계획(emergency plan)을 제출하였다. 정부가 비전형적 변경심사 요청을 거부하자, 같은 해 3월 AASA는 새로이 요금 조정을 요청하였다. 2002년 5월 정부는 AASA의 긴급 계획(emergency plan)의 승인을 거부하였고, 2003년 2월 AASA의 요금 조정 요청을 최종적으로 거부하였다.[12] 이에 2003년 4월 17일, AASA와 청구인인 주주들은 ICSID에 중재를 신청하였다. AASA와 청구인들이 ICSID에 중재를 신청한 이후에도 양 당사자 간에는 2002년 긴급조치법과 협상기간 연장에 관한 후속 법령에 따른 재협상이 계속되었다. 그러나 양 당사자의 여러 제안에도 불구하고 재협상은 아무런 실익 없이 종료되었다. 2003년 7월 정부는 AASA에 당초 사업허가(concession) 범위 내에 존재하지 않던 상하수도 서비스

11 재협상의 자세한 내용은 이하 제5절 '사건 및 판정의 세부사항' 참조(이 책 169~171면).

12 이하 제5절 '사건 및 판정의 세부사항'의 '사업허가 재협상 시도들' 참조(이 책 171~174면).

까지 제공할 것을 요구하였다.

한편, 아르헨티나 페소화의 평가절하로 인해 AASA의 사업비용이 상당히 증가하였음에도 정부가 수도요금 인상을 거부함으로써 AASA의 손해가 증가하였고, 결국 채무의 이행지체로 이어졌다.[13] 동시에 ETOSS와 아르헨티나 정부는 AASA에 사업허가 계약에 따른 투자 의무를 완전히 이행할 것을 촉구하였고, 특정 투자 조건을 만족시키지 못하면 AASA에 과징금을 부과하였다. 또한 위 재협상 과정 중 아르헨티나는 AASA 측의 불이행이 있었다고 주장하였는데, 특히 AASA가 공급하는 수돗물의 높은 질산염(nitrate) 함유량이 문제되었다. 이에 대해 AASA는 그러한 주장은 아르헨티나 정부의 양허계약에 따른 수도요금 인상 거부와 갑작스러운 양허계약해지에 대한 핑계일 뿐이라고 주장하였다.

7. 사업의 종료와 손해배상청구[14]

악화되는 재정상황과 정부와의 관계 악화로 인해 AASA의 주주들은 2005년 9월 아르헨티나 정부에 양허계약의 해지를 요구하였으나 3개월 후 그 요구는 거부되었다.

2006년 3월 아르헨티나 정부는 AASA가 공급하는 수돗물의 질산염 함유량에 대한 공식적인 조사를 개시하였다. 그 결과 정부는 AASA가 여러 가지 위반(fault)을 하였다고 주장하면서 양허계약을 해지하였고, 이행보증서(performance bond)상의 이행보증채무 이행을 청구하였다. 이에 따라 상하수도 시스템의 운영권은 즉시 아르헨티나 정부가 소유

---

13 이하 제5절 '사건 및 판정의 세부사항'의 '사업허가 재협상 시도들' 참조(이 책 173면).

14 이하 제5절 '사건 및 판정의 세부사항'의 '양허계약의 해지' 참조(이 책 174~175면).

하고 운영하는 아르헨티나 수자원위생공사(Agua y Saneamientos Argentinos S.A.)로 이전되었다.

계약 종료에 따라 발생하는 여러 권리의무 관계를 정리하기 위해 아르헨티나 법정에서 AASA 관련 회사의 청산 절차(insolvency proceeding)가 시작되었다. 한편, 청구인들은 부에노스아이레스에서의 상하수도 사업에서 철수하였고, 그로 인해 1억 192만 달러(2008. 6. 현재)의 손해를 입었다고 주장하면서 이 사건 중재를 통해 손해배상을 청구하였다. 이에 대해 아르헨티나 정부는 청구인들이 사업허가에 따른 여러 의무를 이행하지 않았다고 주장하면서 그 결과 24억 달러 규모에 이르는 손해가 발생하였다고 주장하였다.

법률적 쟁점 및 중재판정부의 판단

1. 청구인의 주장

청구인들은 아르헨티나가 투자에 관한 조약의 세 가지 조항 즉, ① 투자에 대한 직접 또는 간접 수용(direct and indirect expropriation)으로부터의 보호, ② 투자에 대한 완전한 보호와 안전(full protection and security), ③ 공평하고 동등한 대우(FET)의 보장을 위반하였다고 주장하면서 그 중 직접 또는 간접 수용에 대하여는 "① 아르헨티나 정부가 경제위기에 대처하기 위해 법률에 따라 실행한 일반적 조치 및 그 후속 조치와 각종 규제, ② 경제위기 기간 및 그 이후 수도요금 인상에 관한 AASA의 반복된 요청에 대해 아르헨티나 정부가 내린 거부 처분, ③ 양허계약의 해지 시 아르헨티나 정부가 취한 조치들"로 구분하여 각각의 조치들이 모두 직접 또는 간접 수용에 해당한다고 주장하였다.

2. 피청구국의 주장

이에 대해 아르헨티나 정부는 자국 정부의 행위 중 어떠한 것도 조약을 위반한 것이 아니라고 주장하면서 국제법에 기초하여 ① 긴급피난(necessity)을 원인으로 한 BIT 조항 위반으로부터의 면책을 주장하고, ② 국가의 긴급 상황에 관한 아르헨티나-프랑스 BIT, 아르헨티나-영국 BIT 조항들은 아르헨티나 위기에 대처하기 위한 정부 조치에 적용되는 기타 BIT 규정들보다 우선적으로 적용된다고 항변하였다.

3. 중재판정부의 판단

가. 관련 BIT 규정

이 사건에 적용되는 세 가지 BIT에서는 모두 투자자가 투자유치국의 직접 · 간접 수용으로부터 보호받을 수 있는 규정을 아래와 같이 두고 있다. 각 BIT 규정에 따라 수용으로 인정되기 위해서는 ① 투자자의 투자가 수용될 수 있는 성질의 것일 것, ② 투자유치국(아르헨티나)에 의하여 취해진 조치일 것, ③ 그와 같은 조치의 결과로서 수용이 되었을 것 등의 세 가지 요건이 충족되어야 한다.

(1) 아르헨티나-프랑스 BIT 제5조 제2항

BIT의 체약 당사국들은 공익상 목적이 있는 때와 비차별적이고 특정한 보증에 반하지 아니하는 방법에 의한 경우 외에는, 직접적 또는 간접적으로 수용 및 국유화 조치 또는 수용과 비슷한 효과를 가지는 기타 조치들을 하여서는 아니 된다. 또한 그러한 박탈을 할 경우에는 신속하고 적절한 보상이 이루어져야 하며, 보상 액수는 박탈의 위협 이전의 정상적인 경제 상황에 기초하여 수용 대상인 투자의 실제 가치에 따

라 평가되어야 한다.[15]

(2) 아르헨티나 – 스페인 BIT 제5조

'국유화 및 수용' 일방 당사국의 당국이 상대방 투자자가 상대국 영역 내에 투자한 것에 대하여 취할 수 있는 국유화, 수용 또는 그와 유사한 성격 및 효과를 가지는 조치들은 공익적 필요가 있는 경우에 한하여 법률에 따라 이루어져야 하며, 어떠한 경우에도 차별적이서는 아니 된다. 그러한 조치를 취하는 당사국은 해당 투자자 또는 그 양수인에게 부당한 지체 없이 자유롭게 환전 가능한 화폐를 이용하여 적절한 보상을 하여야 한다.[16]

(3) 아르헨티나 – 영국 BIT 제5조 제1항

일방 체약 당사국 투자자의 투자는 상대방 체약 당사국 영역 내에서 국유화, 수용 또는 국유화나 수용에 상응하는 효과를 가지는 조치를 받지 아니한다. 그러나 해당 체약 당사국 내에서의 필요에 의하여 공익

---

15 The Contracting Parties shall not take, directly or indirectly, any expropriation or nationalization measures or any other measures having a similar effect of dispossession, except for reasons of public necessity and on condition that the measures are not discriminatory or contrary to a specific undertaking. Any such dispossession measures taken shall give rise to the payment of prompt and adequate compensation the amount of which, calculated in accordance with the real value of the investments in question, shall be assessed on the basis of the normal economic situation prior to any threat of dispossession.

16 Nationalization and Expropriation. Nationalization, expropriation, or any other measure having similar characteristics or effects that might be adopted by the authorities of one Party against investments made in its territory by investors of the other Party shall be effected only in the public interest, in accordance with the law, and shall in no case be discriminatory. The Party adopting such measures shall pay the investor or his assignee appropriate compensation, without undue delay, and in freely convertible currency.

적 목적에 따라 비차별적이고 즉각적이며 적절하고 효과적인 보상이 있는 경우에는 그러하지 아니한다.[17]

나. '투자'의 존재 여부

우선 투자인지 여부에 관하여 중재판정부는 청구인이 ICSID 협약 제25조 및 세 가지 BIT의 관련 규정에서 정한 목적에 맞는 투자를 한 것으로 판단하였다. 청구인의 수용 주장을 판단하기 위해서는 수용되었다고 주장된 자산이 특정되어야 한다. 해당 자산은 사업허가(concession) 부여 시에 존재하고 있었는지 또는 그 이후에 건설되었는지 등에 관계없이 아르헨티나 정부의 자산이었다. 따라서 AASA나 그 주주들은 모두 상하수도 시설에 대해 법률적인 이익을 가지지는 않는다. 다만 AASA의 주주인 청구인들은 주주로서 30년간 부에노스아이레스에서의 상하수도 시설 운영에 대해 간접적인 이익을 가질 뿐이었다. 사업권자인 AASA는 위에서 언급된 사업시행자(concessionaire)에 관한 근거 법령에 따른 특정한 조건과 기간 내에서 그 시설을 운용함으로써 나오는 일정한 이익을 취득할 법률상 권리만을 가진다. 그러나 아르헨티나-프랑스 BIT상 "모든 경제적 가치가 있는 이익에 대한 권리와 주장", 아르헨티나-스페인 BIT상 "경제적 가치를 창출하기 위한 목적에서 한 모든 종류의 행위로부터 나온 권리", 아르헨티나-영국 BIT상 "특정한 투자와 직접적으로 연관된 이익에 따른 권리"도 투자로 인

---

17 Investments of investors of either Contracting Party shall not be nationalised, expropriated or subjected to measures having effect equivalent to nationalisation or expropriation (hereinafter referred to as 'expropriation') in the territory of the other Contracting Party except for a public purpose related to the internal needs of that Contracting Party on a non-discriminatory basis and against prompt, adequate and effective compensation⋯.

정된다. 그러므로 AASA가 가졌던 시설운영권은 BIT상 투자에 해당된다. 또한 회사의 주식은 세 BIT상 모두 투자로 간주되므로 AASA의 주주로서 청구인들은 AASA의 시설운영권에 대해 간접적인 이익을 가진다. 그와 같은 주식의 경제적 가치는 AASA의 자산에 대한 어떠한 조치에 의해 직접적으로 영향을 받으므로 청구인들은 수용으로부터 보호되는 투자를 한 것이다.

다. '조치'의 존재 여부

세 가지 BIT 모두 '조치(measure)'에 대해서는 규정하고 있지 않다. 용어의 사전적 의미에 따른다면, 조치는 '특정한 목적을 달성하기 위한 일련의 행위 또는 계획'이라 할 수 있다. 따라서 경제위기 과정에서 아르헨티나 정부에 의해 우연히 이루어진 다양한 입법적, 규제적, 행정적 활동이 '조치'로 인정될 수 있을 것이다. 그와 같은 조치들이 사업에 영향을 미쳤음은 명백하다. 대부분은 청구인의 사업 수행을 어렵게 만들었고 투자의 수익성을 감소시켰다. 허가에 대한 규제와는 별개로 행정부의 결정에 따라 제정된 법률들은 아르헨티나 법에 따라 AASA 및 청구인들의 권리를 제한하거나 박탈하였을 수도 있다. 그러나 이는 그러한 조치들이 모두 수용에 해당하거나 수용과 동일한 효과를 가져 온 것인지 여부와는 별개의 문제이다.

라. '수용'의 존재 여부: 직접수용과 간접수용

조약상 규정들은 직접수용과 간접수용 모두를 규정하고 있다. 일반적으로 투자유치국 정부는 투자자의 재산에 대한 사용수익권을 박탈함으로써 재산을 박탈할 수 있다. '규제적 수용(regulatory taking)'이라고도 하는 간접수용의 경우에는 투자자의 재산에 대한 통제권을 박탈하지는 않지만 입법권 또는 규제권한을 이용하여 투자로부터 나오는 이익을 감소시키는 방법을 사용한다. 직접수용은 물리적인 수용이 있기 때문에 판단하기 수월하나 간접수용은 국가의 유효한 규제권한을 사용한 것이기 때문에 판단하는 데 어려움이 있다. NAFTA에 관한 'Feldman v. Mexico 사건'에서 중재판정부는 "직접수용을 판단하는 것은 어렵지 않지만, 광범위하게 정의된 재산권을 침해하는 정부의 조치가 언제 타당성 있는 정부규제의 범위를 벗어나 보상이 필요한 수용으로 넘어가는지는 그 선이 분명하지 않다. 아무도 그러한 선을 긋는 충분히 만족스러운 방법을 만들어 낸 적이 없다"라고 판시한 바 있다.[18] 본 사안에서 청구인들은 아르헨티나가 직접 · 간접 수용 모두를 하였다고 주장하였다.

세 가지 BIT 모두는 수용이라는 용어에 대해 특별히 정의하고 있지는 않다. 다만 아르헨티나-프랑스 BIT 제5조 제2항에서는 "박탈과 유사한 행위(any similar acts of dispossession)",[19] "그런 박탈의 방법"이라고 규정하고 있으므로 이를 바탕으로 수용의 요소를 도출할 수 있을 것이다. 따라서 아르헨티나-프랑스 BIT에 따르면 투자자로부터의 "박탈(dispossession)"이 있어야 한다. 수용이 문제되었던 선례 및 학설들에 의하더라도 수용의 요소로서 '박탈'이 요구된다. 수용의 요소로서 박탈의 유무는 정부의 의도보다 투자에 미친 '영향(effects)'에 따라 판단된다. 따라서 위에서 언급된 각각의 BIT 조문상 수용이 있었는지를 판단하는 데 있어서는 투자에 미친 영향을 판단하는 것이 중요하다.

아르헨티나-프랑스 BIT에서는 보상이 필요한 수용인지 여부를 판

---

18 *Marvin Roy Feldman Karpa v. United Mexican States* (ICSID Case No. ARB(AF)/99/1), Award (16 December 2002), at para. 100.

19 중재판정문에 소개된 제5조 제2항 본문에는 '박탈과 유사한 행위(any similar acts of dispossession)'라는 용어가 등장하고 있지는 않다. 대신, 박탈과 유사한 효과(similar effects of dispossession)라는 표현이 등장한다.

단하는 데 있어 '규제가 미친 경제적 영향'을 중요한 척도로 삼고 있다. 즉 정부의 규제로 인해 투자 또는 투자로부터 창출되는 경제적 이익에 실질적 박탈이 초래되었는지 여부가 판단기준이다. 'Occidental v. Ecuador 사건'에서는 에콰도르의 세금 부과가 간접적인 수용에 해당되는 것인지 여부를 결정하는 데 있어서 상당한 박탈의 기준(the criterion of substantial deprivation)을 적용하였다.[20] 2001~2003년의 아르헨티나 위기와 관련된 'CMS v. Argentina 사건'에서도 가스 운송회사의 투자자인 청구인은 아르헨티나 정부가 위기 기간 동안 가스 운송요금의 지급을 일시 정지하는 것이 간접수용에 해당한다고 주장한 바 있다.[21] 이 사건에서 중재판정부는 관련된 중재판정례들에 비추어 사용수익에 관한 재산권이 실질적으로 국유화되었는지 여부가 필수적인 요소라고 판시하였다. 더욱이 그러한 박탈은 영구적 또는 지속적이어야 한다. 예를 들어, 'LG&E v. Argentina 사건'에서 중재판정부는 아르헨티나 정부가 청구인의 투자에 대해 행한 조치들의 효과가 영구적이지는 않다고 하면서 LG&E의 투자에 관한 권리에 대해 중대하고 영구적인 박탈 또는 LG&E의 투자 가치에 대한 완전한 박탈이 없다면 그와 같은 조치들이 수용에 해당하지 않는다고 판시하였다. 그러므로 위 세 가지 BIT 규정들을 적용하는 데 있어 투자에 대한 상당하고 영구적인 박탈(substantial, permanent deprivation)이 있었는지 여부를 판단하여야 한다.

이에 대하여는 청구인들이 주장하는 바와 같이 ① '경제위기에 대처하기 위한 법률에 따른 일반적 조치 및 그 후속 조치와 각종 규제', ② '위기 기간 및 그 후 사용료 인상에 관한 AASA의 반복된 요구를 아

20 *Occidental Exploration and Production Company v. the Republic of Ecuador* (LCIA Case No. UN3467), Final Award (1 July 2004), at para. 89.

21 *CMS Gas Transmission Company v. the Argentine Republic* (ICSID Case No. ARB/01/8), Award (12 May 2005), at para. 262.

르헨티나 정부가 거부한 조치', ③ '허가가 종료된 때로부터 아르헨티나 정부에 의해 취해진 조치'들로 구분하여 각각의 조치들이 모두 직접 또는 간접 수용에 해당하는지 여부를 검토하여야 한다.

마. 아르헨티나 정부의 세 가지 조치

(1) 경제위기에 대처하기 위한 아르헨티나 정부의 조치

2001년부터 아르헨티나 정부는 국가의 금융위기에 대처하기 위해 다양한 조치를 시행하였다. 청구인들이 주장하는 이러한 조치들은 코랄리토(corralito)라고 하는 법률 제1570/01호에 의해 시행되었는데, '코랄리토'에 의하면 예금주들의 예금 인출 금액을 제한하고 예금에 대해 새로운 항목의 세금을 부과하였다. 또한 '비상조치법 제25561호'에 따라 아르헨티나 페소의 엄청난 평가절하를 초래한 페소와 미국 달러 간 외환거래소를 폐쇄하고, 물가지수연동방식으로 합의된 공공서비스 계약을 해지했으며, 아르헨티나 정부가 체결한 공공서비스 계약에 대해 아르헨티나 정부에 재협상 권한을 부여하였다. 이러한 조치들은 사업시행자들의 사업 시행을 더욱 어렵게 하였고 이익의 현저한 감소를 초래하였으며, 청구인들의 권리를 박탈하는 것과 마찬가지의 결과를 초래하였다. 그러나 그러한 조치가 AASA의 사업허가(concession) 자체에 영향을 준 것은 아니었다. AASA는 그 기간 동안 계속 사업허가(concession)를 보유하고 있었으며(remained in possession of concession) 부에노스아이레스 및 인근 지역에 상하수도 서비스를 계속 제공하였다. 더욱이 AASA의 주주로서 청구인들은 여전히 AASA의 경영권을 행사하였으며 주식을 소유하는 데 아무 제한도 없었다. 그러므로 중재판정부는 위와 같은 조치들의 결과로 이 기간 동안 청구인들의 권리가 명백히 침해되었다고 보지 않았고, 따라서 BIT와 국제법상 허용되지 않는 직접적인 수용도 없었다고 판단하였다.

또한 이러한 조치들이 투자의 가치를 감소시키는 조치라는 것만으로는 간접수용이라고 보기도 어렵다고 판단하였다. 'LG&E 사건'에서는 아르헨티나가 위기에 대처하기 위하여 행한 가스 공급 부분에 관한 조치들이 아르헨티나-미국 BIT상 직접 · 간접 수용 어디에도 해당되지 않는다고 판시한 바 있다. LG&E 중재판정부는 'CME Czech Republic v. Czech Republic 사건'[22]을 인용하면서 실제로 외국 소유자의 재산상 이익을 무효화(neutralize)하는 정부의 조치가 있는 경우에만 수용에 해당한다고 판시하였다.[23] 소유권은 투자에 대한 직접적인 관리가 불가능해질 때 무효화되는 것이므로 결국 LG&E 중재판정부는 아르헨티나 정부가 행한 조치들이 직접 · 간접 수용 어디에도 해당되지 않는다고 결정하였다. 마찬가지로 CMS 사건에서도 투자자의 사업에 중요한 영향을 미치기는 하였지만 그것이 실질적인 박탈에 해당되지는 않는다고 보았고, 따라서 아르헨티나-미국 BIT상의 조약 위반은 없다고 결정하였다. 현재의 사건에도 위기에 대처하기 위한 아르헨티나 정부의 조치들에 대해 위 결정들과 동일한 원리가 적용될 수 있다.

2001~2003년까지의 위기에 대한 다른 투자자-국가 중재사건에서도 대다수의 청구인들은 아르헨티나 정부가 행한 조치들이 간접수용에 해당한다고 주장하였다. 그러한 사건들에 있어 대부분의 중재판정부는 그 조치들이 투자로부터 만들어진 경제적 자산에 대해 영구적이고 상당한 박탈을 한 것은 아니라고 판단하면서 위 주장을 배척하였다. 다만

---

22 *CME Czech Republic BV (The Netherlands) v. the Czech Republic* (UNCITRAL), Partial Award (13 September 2001).

23 *LG&E Energy Corp., LG&E Capital Corp. and LG&E International Inc. v. Argentine Republic* (ICSID Case No. ARB/02/1), Decision on Liability (3 October 2006), at para. 188.

'Siemens v. Argentina 사건'에서는 아르헨티나의 행위가 수용에 해당된다고 판정하였다. 이 사건에서 중재판정부는 아르헨티나 정부에 의해 행해진 위기에 대처하기 위한 일반적인 조치들은 수용에 해당하지 않는다고 보았으나, 지멘스와 아르헨티나 정부 사이의 계약을 종료하는 내용의 행정명령(government decree)을 제정하는 것은 수용에 해당한다고 결정하였다.

국가는 공공의 이익(interests of public welfare)에 대한 자국의 규제권한(police power)을 행사할 수 있는 정당한 권리(legitimate right)가 있고, 이러한 규제권한의 행사는 수용과 구분되어야 한다. '미국의 외교 관계법에 관한 미국법률협회의 리스테이트먼트 제3판[*American Law Institute's Restatement* (Third) of the Foreign Relations Law of the United States]'에 의하면 국가에 의한 차별적이지 않은 선의(bona fide)의 과세, 규제, 범죄에 대한 몰수 등은 국가의 규제권한 범위 내에 속하는 것이고 그것으로 인해 발생한 경제적인 손실에 대하여 국가는 책임을 지지 않는다고 하였다. 이와 같은 규제권한 행사 원칙은 'Methanex v. U.S. 사건',[24] 'Saluka v. the Czech Republic 사건'[25] 등에서도 원용된 바 있다. 이와 같이 규제권한의 행사 범위 내라면 수용에 해당되지 않고, 정부가 외국인 투자자로부터 박탈한 재산에 대해 보상을 할 책임이 없다는 원칙은 오늘날 관습법의 일부로 인정된다.

아르헨티나가 위기에 대처하기 위해 행한 조치들에 대하여 이 사건 중재판정부는 국가가 직면한 중대한 위기에 대해 아르헨티나 정부가 행한 조치는 규제권한의 범위 내에 있는 것이고, 따라서 청구인들의 투

---

24 *Methanex Co. v. United States of America* (UNCITRAL), Award (3 August 2005), pt. IV, ch. D, at para. 7.

25 *Saluka Investments B.V. v. the Czech Republic* (UNCITRAL), Partial Award (17 March 2006), at para. 262.

자에 대한 영구적이고 상당한 수용에 해당되지 않는다고 결정하였다. 비록 AASA의 수익에 부정적인 영향을 주었다고 하더라도 그러한 조치가 AASA 또는 그 투자자들의 재산권을 박탈하거나 감소시킨 것은 아니고, 사업허가를 유지하고 사업을 시행할 권한에 영향을 준 것도 아니라는 이유로 중재판정부는 그러한 조치들이 직접 또는 간접 수용에 관한 BIT 규정을 위반한 것이 아니라고 판단하였다.

(2) 아르헨티나 정부의 요금 조정 거부

또한 청구인들은 AASA의 반복되는 요금 인상 요청에도 불구하고 아르헨티나 정부가 이를 묵살한 것은 직접 또는 간접 수용에 해당한다고 주장하였다. 세 BIT 모두 수용에 대하여 정부의 '조치(measure)'를 요구한다. 이 때의 '조치'는 특정한 목적을 달성하기 위해 행해진 행위를 의미한다. 그렇다면 요금 인상 요청을 거부한 것이 그러한 조치에 해당될 수 있을 것인지가 문제된다. 'Olguin v. Paraguay 사건'에서 중재판정부는 "수용은 그 자체가 목적으로서 이루어졌을 것이 요구되고, 그렇지 않은 부작위는 그것이 아무리 터무니없다고 하더라도 수용에 해당되지 않는다"고 판시한 바 있다.[26] 그러나 이 사건에서는 비록 아르헨티나 정부가 요금 인상을 거부했다 하더라도 그러한 거부는 AASA와의 공식적인 의사결정 절차에 의한 것으로서, 그러한 결정은 세 조약 모두에서 규정한 범위 내에서 행해진 조치이므로 부작위는 아니다.

청구인들은 아르헨티나의 요금 인상 거부는 경제적인 이익을 빼앗는 것이므로 법령에 따르면 간접수용에 해당한다고 주장하였다. 즉, 투자의 경제적 이익은 상하수도 서비스에 대해 소비자들이 AASA에 지

---

26 *Eudoro A. Olguin v. Republic of Paraguay* (ICSID Case No. ARB 96/5), Award (26 January 2001), at para. 84.

불하는 수도요금 수입이고, 그러한 수입은 AASA가 운영을 통해 수익을 얻을 수 있도록 함으로써 발생한다는 것이다. 청구인들에 따르면 사업허가는 재정적 안정의 원칙에 기초하고 있고 소비자로부터 벌어들이는 이익을 통해 대출을 비롯한 모든 비용을 지불하고 AASA의 정당한 이익을 창출하게 한다. 청구인들은 AASA가 급격히 비용이 상승하자 요금 조정 규정에 의해 요금 인상을 요청하였음에도 아르헨티나 정부가 이를 거부함으로써 AASA의 재정적 균형이 깨졌고, 이는 사업권의 경제적 가치를 떨어뜨린 것이므로 간접수용에 해당한다고 주장하였다.

아르헨티나 측은 요금 인상을 거부한 것이 규제에 의한 수용에 해당하지 않는다고 항변하였다. 즉, 양허계약에 의해 요금을 인상하여야 할 의무가 발생한 것은 아니며 재정적 안정의 원칙이 계약에 구체화되어 있는 것은 아니라고 주장하였다. 따라서 사업권자인 AASA는 계약의 실행 과정에서 발생하는 위험을 감수한 것이고, 사업허가당국인 아르헨티나 정부가 AASA를 보호하여 줄 의무는 없으므로 AASA의 요금 인상 요청에 대한 아르헨티나 정부의 거부처분을 통해 수용의 요건이 충족되는 것은 아니며, 요금에 관한 문제는 국제중재가 아닌 계약상 분쟁해결절차에 따라 해결되어야 한다고 주장하였다.

수용을 주장하면서 청구인들은 'CME 사건'과 'Vivendi II[27] 사건'을 인용하고 있다. 두 사건 모두 청구인들은 정부의 조치로 인해 투자한 자산을 전부 상실하였고 이에 대해 중재판정부는 수용이 있었다고

---

27 *Compania de Aguas del Aconquija S.A. and Vivendi Universal S.A v. Argentine Republic* (ICSID Case No. ARB/97/3). 이 사건은 본 판정문에서 'Vivendi II'로 약칭되고 있다.

판단하였다. 반면 'Lauder v. Czech Republic 사건'은 CME 사건과 유사한 BIT 관련 사건이었지만 중재판정부는 체코 정부의 조치가 수용에 해당되지 않는다고 판시하였다.[28] 더욱이 CME 사건에서 체코 정부의 조치는 정부에 의해 취해진 적극적인 조치(affirmative action)였던 반면에, 이 사건에서 청구인들은 아르헨티나 정부가 AASA에 호의적인 권한 행사를 하지 않았음을 주장하고 있다. 아르헨티나 위기가 있은 2001~2003년에 발생하지 않은 'Vivendi II 사건'에서는 지방정부가 고의적으로 미납된 상하수도 요금 청구권에 대한 지급을 정지시키는 조치를 취하였으므로 이 사건에 적용하기는 부적절하다.

간접수용은 투자에 대한 실질적인 박탈이 요구된다. 그러나 아르헨티나 정부의 요금 인상 거부를 통해서는 그러한 실질적인 박탈이 일어나지 않았다. 1999년부터 2006년 동안 AASA는 사업허가를 유지하였고 상하수도시스템에 대한 관리권도 유지하였다. 따라서 중재판정부는 아르헨티나 정부의 요금 인상 신청에 대한 거부 처분이 직접 또는 간접수용에 해당되지 않는다고 결정하였다.

(3) 아르헨티나 정부의 양허계약해지

2006년 3월 21일 아르헨티나 정부는 아무런 예고도 없이 AASA와의 양허계약을 해지하였다. 그리고 계약에 규정된 대로 상하수도 시설의 운영권을 재취득하였다. 게다가 아르헨티나 정부는 청구인들에 대한 계약상 이행보증보험(performance bond)의 실행을 청구하였다. 따라서 이러한 조치들이 직접 또는 간접 수용에 해당하는지 여부가 문제되었다.

청구인들은 계약상 권리를 완전히 박탈하는 그러한 조치들이 간접

---

28 *Ronald S. Lauder v. the Czech Republic* (UNCITRAL), Final Award (3 September 2001).

수용에 해당할 뿐만 아니라 직접수용에 해당함이 명백하다고 주장하였다. 청구인들은 그와 같은 계약의 종료는 직접 또는 간접 수용 어디에도 해당되지 않는다고 판정한 'CMS v. Argentina 사건', 'LG&E v. Argentina 사건', 'Azurix v. Argentina 사건' 등을 비롯한 아르헨티나 금융위기 시 있었던 조치들에 대한 다른 중재사건과는 서로 다르다고 주장하였다. 청구인들의 주장에 따르면 위 사건들에서는 투자자들이 투자에 대한 경영권과 소유권을 유지하고 있었지만 이 사건에서는 아르헨티나의 갑작스런 계약 종료 때문에 투자에 대한 경영권과 소유권을 유지하지 못하였다. 계약해지에 따라 청구인들은 아르헨티나가 훨씬 개선되고 확장된 상하수도 시설을 취득하였으므로 그에 대한 보상을 하여야 한다고 주장하였다. 그러한 주장을 뒷받침하기 위해서 청구인들은 'CME 사건'과 'Vivendi II 사건'을 인용하였다. 두 사건의 청구인들은 정부의 조치로 인해 그들의 투자 자산을 상실하였다고 주장하였고, 중재판정부는 그것이 수용에 해당된다고 결정하였다.

아르헨티나의 계약해지가 수용에 해당되는지 여부를 판단하기 위해서는 AASA의 계약상 권리에 대한 검토가 필요하다. 만일 AASA나 그 주주들이 부에노스아이레스 시의 상하수도 시설에 대한 재산권을 가지고 있었다면 아르헨티나 정부의 일방적인 계약해지에 따른 시설 운영권의 이전은 수용에 해당되고 청구인들은 BIT에 따른 보호를 주장할 수 있을 것이나, AASA는 사업시행자로서 30년간 그 시스템을 운영하고 그로부터 발생하는 수익을 취득할 권리만을 가질 뿐이었고, AASA의 그러한 권리는 절대적인 것이 아니라 다양한 조건에 따라 달라질 수 있는 것이었다. 더욱이 계약상 아르헨티나 정부는 사업시행자의 계약 위반에 대해 계약을 해지하고 상하수도 사업권을 회수할 권리가 있었다.

2005년 9월, AASA는 그 스스로 사업권을 포기하려고 하였으나 아르헨티나는 그 요구를 거절한 바 있다. 실질적으로 수백만 시민들에 대한 상하수도 서비스가 중단될 위기에 놓이게 되자 아르헨티나 정부는 사업시행자에 의해 공급된 수돗물에서 기준치 이상의 질산염이 검출되었다는 것을 이유로 계약상 권리를 이용하여 계약을 해지하였다. 아르헨티나 측은 질산염 기준치 초과와 같은 계약상 중대한 위반이 있는 경우 계약을 해지할 권리를 가진다고 주장하였다. 뿐만 아니라 아르헨티나 정부는 계약에 대한 재협상 과정에서도 채무불이행을 이유로 엄청난 과징금을 부과한 적이 있었다.

청구인들은 이에 대해 질산염이 기준치를 초과하였다는 아르헨티나의 주장은 사실과 다르며 그 밖의 다른 이유들 역시 계약해지를 정당화하기 위한 핑계일 뿐이고 과징금은 아르헨티나 정부가 정당하지 않은 새로운 계약 조건을 AASA에 강요하기 위해 사용한 압박 수단이었다고 주장하였다.

국제법에 의하면 'The Norwegian Shipowners Claims 사건' 이후로 계약상 권리 역시 수용의 대상으로 인정되고 있다.[29] 'Chorzow Factory 사건'으로부터도 유사한 결론을 도출할 수 있다.[30] 비록 이 사건과 관련한 세 BIT 모두 명시적으로 그러한 점을 언급하고 있지는 않지만 유체물에 대한 재산권뿐만 아니라 투자에 따른 계약상 권리도 수용으로부터 보호되는 대상에 포함될 수 있을 것이다. 그러나 실체적 재산권의 수용에 있어서는 그것이 국제법상 수용에 해당되는지 여부를 판단하기에 앞서 그 재산권의 본질에 대해서 먼저 판단하여야 한다. 이러한 권리들의 본질에 접근하기 위해서는 그 권리가 발생한 국내법을 먼저 살펴보아야 한다. 수용되었다고 주장하는 AASA 및 청구인들의 계약

---

29 *Norwegian Shipowners Claims* (Nor v U. S.), (Perm Ct Arb 1922) 1 RIAA 307.

30 *Case Concerning the Factory at Chorzow* (FRG v. Pol) (1927) PCIJ Series A No. 9.

상 권리는 관계 법령 및 양허계약에 따라 발생한 것이다. 그러한 법령 및 계약에 따르면 아르헨티나는 위에서 언급한 바와 같이 특정한 조건에 의해 계약을 해지할 권리를 가진다. 즉, 2006년 1월 아르헨티나 정부는 계약상 권리를 실행하여 계약을 해지한 것이다. 이러한 관점에서 본다면 그러한 상황은 'The Norwegian Shipowners Claims 사건', 'the Chorzow Factory 사건', 'CME v. Czech Republic 사건'과는 구별되어야 한다. 이 사건들에서는 피청구국인 국가가 청구인 및 제3자 간의 계약에 간섭한 것이었던 반면, 현재 사건에서 피청구국은 계약에서 정한 일정한 조건에 따라 계약을 해지한 것이다. 이와 같은 맥락에서 'Lauder v. Czech Republic 사건'의 중재판정부 또한 체코 정부의 조치들이 수용에 해당되지 않는다고 판정하였다.

청구인과 투자유치국 사이에 체결된 계약의 위반이 문제되는 투자자-국가 중재에서는 '국가가 주권을 실행한 행위(acta iure imperii)'인지 또는 '국가가 계약 당사자로서 한 행위(acta iure gestionis)'인지를 기준으로 조약의 위반 여부를 판단해야 한다. 즉, '국가가 주권을 실행한 행위'는 조약 위반이 되지만, '국가가 계약의 당사자로서 한 행위'는 투자 조약에 의해 보호되는 것이 아니라 민사소송에 의해서 해결될 문제이다.

'Siemens v. Argentina 사건'에서는 계약 당사자로서 취할 수 있는 전형적인 행위를 넘어서고, 계약의 실행 과정에서 국가의 방해가 포함되어 있어야만 국가가 계약 당사자로서 한 행위도 투자 조약 위반에 해당된다고 판시하였다.[31] Siemens 사건에서 중재판정부는 아르헨티나 정부가 계약에 기초하지 않고, 계약을 종료하는 행정입법을 함으

---

31 *Siemens AG v. Argentine Republic* (ICSID Case No. ARB/02/8), Award (6 February 2007), at para. 248.

로써 공적 권한을 행사한 것이므로 아르헨티나가 지멘스의 계약상 권리를 강제적으로 박탈한 것이라고 판정하였다. Vivendi II 사건에서도 비슷하게 접근하고 있는데, 이 사건에서도 중재판정부는 Tucuman 주(province)에 의해 행해진 조치가 투자자의 계약상 권리를 박탈한 것으로 보았다.[32] 그러나 'Bayindir v. Pakistan 사건'에서 보는 것처럼 계약의 해지로 이어진 정부의 조치들이 주권 실행의 결과로서 일어나야만 하는 것은 아니다.[33]

이 사건에서 아르헨티나의 계약해지가 주권의 실행행위로서 이루어진 것이라면, 아르헨티나 정부는 AASA와 청구인들의 계약상 권리를 박탈한 것으로서 수용에 해당된다. 만일 전형적인 계약 당사자로서 한 행위라면, 수용에 해당되지 않으므로 청구인들은 단지 계약상 청구만을 할 수 있다. 중재판정부는 아르헨티나 정부가 위기에 대처하기 위해 다양한 권한을 행사한 것과 관련하여 계약의 해지 역시 그러한 권한 행사의 결과로서 이루어진 것인지 여부는 고려하지 않았고 아르헨티나의 행위는 다른 공급자를 찾을 필요에 따라 계약상의 권리를 이용하여 이루어진 것으로 보았다.

따라서 중재판정부는 청구인들과 아르헨티나 정부 사이의 계약해지는 계약 그 자체에 의해 이루어진 것으로서 계약상 권리를 실행한 것이므로 아르헨티나 정부의 행위는 수용에 해당되지 않는다고 보았다. 이행보증채권의 실행 역시 아르헨티나 정부가 계약상 채권의 수익자라는 사실에 바탕을 둔 것으로서 계약상 권리에 의한 것이라고 보았다. 그러한 계약상 권리를 실행한 것은 양허계약에 따른 것이고 따라서 계

---

32 Vivendi II, at para. 7.5.34.

33 *Bayindir Insaat Turizm Ticaret ve Sanayi A S v. Islamic Republic of Pakistan* (ICSID Case No. ARB/03/29), Award (27 August 2009), at paras. 128~129, 315.

약과 이행보증채권상의 분쟁해결절차에 따라 해결되어야 할 문제이다. 다만 계약상 권리가 불법적인 방법으로 실행되었다면 조약 위반이 있다고 판단할 수 있을 것이다. Bayindir v. Pakistan 사건의 중재판정부는 "조약을 위반하였는지 여부를 판단하기 위해 중재판정부가 계약에 관해 검토할 수 있으나, 이것이 계약을 위반하였는지에 관한 판단까지 중재판정부가 하여야 한다는 것을 의미하지는 않는다. 계약 위반과 조약 위반은 별개의 문제이다. 따라서 국가가 계약상 권리를 실행한 것이라는 이유만으로 조약의 위반 가능성을 배제하는 것은 아니다"라고 판시한 바 있다.[34]

조약 위반을 판단하는 데 있어서 중재판정부는 아르헨티나 정부의 계약상 행위를 평가하여야 하나, 외형상 아르헨티나에 의해 행해진 계약해지는 수용이 아닌 계약상 권리의 실행으로써 이는 계약에서 정한 분쟁해결절차에 따라 이루어져야 하는 것이고 따라서 BIT 조항을 위반한 것은 아니라고 판단하였다.

중재판정부의 판정

청구인의 직접 · 간접 수용 주장에 대하여 중재판정부는 1999년부터 2006년까지 이루어진 아르헨티나의 다양한 조치들 중 그 어떤 것도 직접 · 간접 수용을 금지한 BIT 규정을 위반한 것은 아니라고 판정하였다. 중재판정부의 직접 · 간접 수용에 대한 판단은 재산권의 실질적인 박탈 또는 이에 유사한 효과가 있어야 하고, 단순히 재산적 이익 또

34 *Ibid.* at paras. 136~138.

는 가치의 감소만으로는 직접 또는 간접 수용을 인정하지 않는다는 최근의 중재판정부의 경향과 일치한다. 중재판정부는 청구인의 직접 · 간접 수용 주장은 배척하였으나, 다음 절에서 보듯이 공정하고 공평한 대우 위반은 인정하였고, 아르헨티나의 배상책임을 인정하였다.

| 제5절 |

공정 · 공평 대우

BIT상 공정 · 공평 대우(FET)의 의미 및 그 판단: AWG v. Argentina 사건 검토*

| 사실적 배경 및 판정요지 |[1]

앞서 '수용(expropriation)'과 관련하여 살펴본 바와 같이 아르헨티나 정부는 1993년 4월 28일 다국적 컨소시엄인 Aguas Argentinas S.A.(AASA)와 30년 동안 부에노스아이레스 시 및 그 인근 지역의 상하수도 서비스를 제공하도록 하는 양허계약(Concession Contract)을 체결하였다. 초기 8년 동안은 비교적 상호협력관계가 원만하게 유지되었으

* 정한별, 헌법재판소 헌법연구관. 서울대학교 법과대학 학사, 동 대학원 헌법 전공, 사법연수원 수료(40기).

1 이 사건 AWG v. Argentina의 공식 사건명, 당사자 및 중재판정부 등에 대한 형식적인 정보는 위의 '제4절 수용'에서 이미 언급하였으므로 해당 내용을 참조할 것.

나, 2000년경 심각한 경제위기에 직면한 아르헨티나 정부는 이를 극복하려는 일련의 조치들을 단행하였고, 이는 AASA에 각종 비용지출의 급격한 증대와 수익의 감소를 초래하였다. AASA는 아르헨티나 정부에 수차례에 걸쳐 양허계약에 정한 절차에 따라 수도요금을 인상해 줄 것을 요청하였으나 거절당하였고, 아르헨티나 정부는 오히려 법개정을 통하여 재협상 절차가 진행되는 동안 수도요금을 동결시키는 정책을 펼쳤다. 감독기관의 지위도 보건사업청(Ente Tripartito de Obras y Servicios Sanitarios, ETOSS)으로부터 새로 창설된 행정부서인 '재협상 및 공공서비스 분석부(Renegotiation and Public Services Analysis Unit, UNIREN)'로 이전되었으며, AASA는 기존에 이루어진 요금 인상액의 일정 부분에 대하여도 투자적립금에 납입할 것을 강요당하였다. 나아가 기존의 계약내용에 포함된 바 없었던 지역에 대해서까지 추가로 투자할 것을 요구받는 등 양허계약은 최초 계약체결 당시와 매우 다른 방향으로 진행되었다. 결국 AASA는 2005년 10월 양허계약의 해지를 요청하였다. 그러나 이 역시 거절되었고, 아르헨티나 정부는 그로부터 1개월 후 질산염 수치를 문제 삼아 AASA의 채무불이행을 이유로 양허계약을 해지하였다.

AASA의 주주인 청구인들은 ICSID에 중재신청을 하였고, 중재판정부는 여러 쟁점들과 함께 공정하고 공평한 대우(Fair and Equitable Treatment, FET) 의무의 위반 여부에 대해서도 검토하였다. 중재판정부는 아르헨티나 정부가 취한 일련의 조치들이, 직접 또는 간접 수용에는 해당하지 않지만 양허계약 당시 투자자인 청구인들이 신뢰하였던 기존 법체계의 근간을 흔드는 변화로서 청구인들의 정당한 기대에 반하고, 양허계약의 재협상을 강요한 것에 해당하므로 피청구국인 아르헨티나 정부가 FET 의무를 위반하였다고 판단하였다. 다만 청구인이 주장한 아르헨티나 정부의 갑작스러운 양허계약해지와 관련된 부분에 대해서는 기본적으로 계약상 분쟁절차에 따라야 하는 사항이며, FET 위반으로 판단할 만한 자료도 충분하지 않다고 설시하였다.

| 사건 및 판정의 세부사항 |

사건의 배경

앞서 살펴본 바와 같이,[2] 이 사건에서 각 청구인들의 청구 근거가 된 조약들은 청구인별로 다르다. 즉 Suez와 Vivendi는 아르헨티나-프랑스 BIT(1991년)를, AGBAR는 아르헨티나-스페인 BIT(1991년)를, AWG는 아르헨티나-영국 BIT(1990년)를 각각 원용하였다. 그리고 청구인들은 아르헨티나 정부가 행한, ① 아르헨티나 경제위기상황에서 청구인들의 투자 수익을 감소시킨 일련의 조치들, ② 청구인들의 요금 인상 신청에 대한 거부, ③ 일방적인 계약해지가 위 각 BIT의 내용 중 FET 의무에 위반된다고 주장하였다.

중재판정부가 인정한 관련 사실관계

1. 민영화 이후 초기 8년간 운영(1994~2001년)

AASA는 민영화 초기에 부에노스아이레스 시의 열악한 상하수도 시설을 개선하고 양허계약상의 의무를 이행하기 위하여 실제로 벌

---

2 위의 제4절 '청구의 근거가 된 조약' 참조(이 책 137면).

어들일 수 있는 수익을 상당히 초과하는 정도의 막대한 투자를 하여야 했다. 따라서 부족한 비용을 충당할 재원이 필요하였는데, 이는 미국 달러화로 환산 및 지불이 가능한 다국적 금융기관(multilateral lending agencies)에 의하여 주로 이루어졌다. 그리하여 AASA는 계약체결 이후 8년 동안(1994~2001년) 사업허가와 관련하여 총 17억 달러를 투자하였는데, 이는 AASA의 초기자본 1억 2,000만 달러, 대출액 7억 610만 달러 그리고 나머지 AASA의 수익금으로 구성되었다.[3]

계약의 준거법인 아르헨티나의 법체제(legal framework) 및 사업시행자(concessionaire)인 AASA와 아르헨티나 정부의 관계는 매우 안정적이고 우호적이었다고 평가되며, 이는 아르헨티나 당국이 AASA의 요금조정 요청에 대하여 두 차례 동의한 사실에서도 확인된다.[4]

2. 아르헨티나의 경제위기(2001~2003년)

아르헨티나는 2000년경까지 외환위기를 겪으며 나라 안팎으로 중대한 경제적 위기를 경험하였다. 정부의 초기 대응책은 공공지출을

---

3 위의 제4절 '3. AASA의 설립' 부분 참조(이 책 140~141면).

4 첫 번째 요금 조정은 규제기관인 ETOSS와 부에노스아이레스 시가 AASA에게 추가적인 시스템 투자를 위한 비용지출확대를 요청한 1994년에 있었다. 이에 따라 관련 당국의 승인하에 1994년 6월 30일에 이루어진 ETOSS 결의안 81/94(ETOSS Resolution 81/94)에서 비전형적인 요금개정조항이 발동되었다. 두 번째 조정은 1997년부터 1999년 사이의 재협상을 통해 이루어졌다. 1996년 4월 12일, AASA는 ETOSS에 대하여 사업허가와 관련한 다양한 쟁점들을 다루는 건설적 토의를 할 것과 아르헨티나의 현실과 사업운영과정에서 겪는 어려움을 반영한 요금 인상을 해 줄 것을 공식적으로 요청하였다. 그 결과 1997년 11월 20일 대통령령 1167/97(Decree 1167/97)에 의해 승인된 1997년 10월 30일 협조결의서(Acta Acuerdo)에서 새로운 투자계획이 합의되었다. 그리고 1998년 12월 28일자 결의서 1103/98(Resolution 1103/98)에 의하여 승인된 1998년 11월 21일자 협조결의서(Acta Acuerdo)는 AASA에게 AASA의 운영효율성 평가에 사용될 "모델 기업(Model Company)"을 기안할 것을 요구하였다.

감소시키고 세금을 인상하는 긴축정책이었으나 실패하였고, 더불어 AASA의 요금 수익에도 부정적 영향을 미쳤다. 2001년 초 신용평가기관인 스텐다드 앤 푸어즈(Standard & Poor's)는 AASA에 대한 신용등급을 하향 조정하였고, 같은 해 3월 아르헨티나 정부는 은행계좌에 대한 새로운 세금을 부과하였다. 이에 따라 AASA가 지출해야 하는 비용들도 증가하였다. AASA는 2001년 3월 29일 규율기관인 ETOSS에 서신을 보내 양허계약 조항에 따른 비전형적 요금 변경심사(extraordinary review of the applicable tariff)를 신청하였다. 그러나 2001년 10월 ETOSS는 AASA의 재정위기 상황이 그 스스로에 의한 것이지 다른 소비자나 아르헨티나 정부에 의한 것이 아니라며 그 요청을 거절하였다.

2001년 말부터 2002년 초 경제위기가 더 심각해지자 아르헨티나 정부는 더 가혹한 일련의 조치들을 단행하였다. 즉 아르헨티나 정부는 2001년 12월 3일 대통령령 제1570/01호(Decree No. 1570/01)를 제정하였는데, 그것은 예금주들이 출금할 수 있는 현금의 양을 제한하는 "작은 뜰(corralito)" 또는 "약간의 울타리(little fence)"를 은행계좌에 부과하는 것이었다.[5] 이러한 정책은 국민의 반감을 불러일으켰고 격렬한 시위가 이어졌다. 이에 따라 들라 루아(de la Rua) 대통령은 절반 이상의 임기를 남긴 채 2001년 12월 20일 대통령직을 사임하였다. 그로부터 2002년 1월 1일까지 4명의 대통령이 취임과 사임을 반복하다가 에두아르도 두알데(Eduardo Duhalde)가 2003년 5월 대통령으로 당선되었다.

3. 사업허가 재협상 시도들

두알데 대통령 체제하에서 아르헨티나는 디폴트(채무불이행) 선언

5 위의 제4절 '6. 아르헨티나의 경제위기와 AASA의 요금 조정 신청' 부분 참조(이 책 144~146면).

을 하였고, 기존의 주요 법령들을 폐지하거나 개정하는 일련의 긴급 입법조치를 단행하였다. 이러한 긴급조치들 중 2002년 1월 6일 긴급조치법 제25561호(Emergency Law No. 25561)가 중요하였는데, ① 아르헨티나 페소의 심각한 평가절하를 유발한 통화태환성법, 즉 아르헨티나 페소를 미국 달러화에 연동시키는 통화제도를 폐지하고, ② 물가연동(indexations)에 따른 공공서비스 요금 조정제도를 폐지하며, ③ 행정부에 모든 공공서비스 계약에 대한 재협상 권한을 부여하는 내용을 담고 있었다. 그리고 공공서비스 계약에 대하여 재협상을 할 때 고려하여야 할 기준으로, ① 경제적 경쟁력과 수입 분배에 미치는 요금의 영향, ② 서비스와 투자계획의 질, ③ 소비자의 이익과 서비스에 대한 접근성, ④ 시스템의 안전성, ⑤ 기업의 수익성을 규정하였다(위 법 제9조). 또한 어떠한 경우에도 법으로써 공공서비스에 대한 계약상 의무를 유예하거나 변경하는 권한을 부여할 수 없도록 규정하였다(위 법 제10조). 청구인들은 이러한 조치들이 당초 합의에 반하는 것으로서 손해를 입었다고 주장하며 요금 변경심사을 요청하였고, AASA는 2002년 1월 10일 사업허가 관련 법령에 따른 비전형적 요금 변경심사(extraordinary tariff review)를 요청하였다. 같은 달 30일에는 경제위기 동안 양허계약을 운용하기 위한 긴급 계획(emergency plan)을 제출하였다.[6]

긴급조치법의 제정 직후, 두알데 대통령은 경제부장관에게 재협상위원회를 조직하도록 하는 대통령령[7]을 발령하였고, ETOSS는 2002년 2월 14일 위와 같이 요청된 요금 변경심사 요청을 거부하였다. 그러나 AASA는 같은 해 3월 6일 다시 수자원부차관에게 새로운 요금 변경

6 요금 변경심사 및 긴급 계획과 관련하여, 위의 제4절 '아르헨티나의 경제위기와 AASA의 요금 조정 신청' 참조(이 책 144~145면).

7 2002년 2월 14일 대통령령 제293/02호(Decree No. 293/02).

심사를 요청하였다. 2002년 4월, 경제부장관은 재협상 기간의 종료 시까지 ETOSS를 포함하는 어떠한 규제기관도 요금에 직간접적으로 영향을 미치는 조치를 취할 수 없도록 하는 결의안(resolution)[8]을 제시하였다. 2002년 5월 16일, 재협상위원회는 AASA가 제출한 긴급 계획(emergency plan)의 수용을 거절하였고, 같은 해 7월 AASA는 누적된 채무의 이자 중 단지 일부만을 지급할 수 있을 정도로 재정상황이 악화되었다. 2002년 12월 4일, AASA는 요금제도가 수입-지출 간의 균형이 고려되도록 개정을 요구하는 새로운 제안서를 제출하였으나, 2003년 2월 26일 ETOSS는 그 요구를 받아들일 수 없다는 최후 통지를 하였다.[9] 사태가 이와 같이 심각해지자 AASA와 그 주주들은 2003년 4월 17일 ICSID에 중재를 제기하게 된다.

2003년 5월 25일 키르치네르(Kirchner) 대통령 취임 이후 아르헨티나 정부는 대통령령으로 재협상과 공공서비스 계약을 담당하는 새로운 행정부처인 UNIREN(Renegotiation and Public Services Analysis Unit)을 창설하였다. 그리고 2003년 10월 재협상 기간을 연장하고 절차를 규율하는 후속 법률이 제정되었다. 그 후속 법률 제2조는 "재협상 절차에서의 행정부 결정은 양허계약으로 합의된 규제구조(regulatory framework)에 의하여 제한되거나 조건이 부가될 수 없다"는 취지의 내용이었다.[10] 이러한 상황에서 AASA는 양허계약의 미래가 불투명한 가운데 계약에 따른 의무를 계속 이행하여야 했고, 정부가 마련한 새로운 재협상 절차에도 참여하여야 했다. 나아가 2003년 7월, AASA는 최초의 양허계약에 포

8 2002년 4월 10일자 결의안 제38/02호(MoE Resolution No. 38/02)

9 위의 제4절 '아르헨티나의 경제위기와 AASA의 요금 조정 신청' 참조(이 책 144~145면).

10 Law No. 25790 of (22 October 2003).

함되지 않았던 지역까지 그 서비스를 확장하도록 정부로부터 요구 받았다.

4년여 동안 재협상 절차가 진행되었지만 별다른 합의점은 발견되지 않았다. 그러는 동안 아르헨티나 페소화의 평가절하로 인한 AASA의 손실은 아르헨티나 정부의 요금 인상 거부와 맞물려 커져만 갔다. 예컨대, 2003년 2월 즈음 AASA의 운영비용은 63%나 상승하였다. 이러한 지출비용의 증가는 AASA가 미국 달러화로 상환하기로 약정한 다국적 금융기관으로부터 대규모 대출로 인하여 더욱 극대화된 것이기도 하다. AASA가 제때 상환에 실패함으로써 청구인 주주들은 대신 다국적 금융기관으로부터 AASA의 부채를 인수하여야 했으며, 이러한 와중에 ETOSS와 아르헨티나 정부는 여전히 AASA에 대하여 양허계약상 투자의무를 완전히 이행할 것을 요구하였고, 이를 이행하지 못한 AASA에게 벌금을 부과하였다. 한편 아르헨티나 정부는 수돗물의 높은 질산염 함유량을 AASA의 주된 채무불이행 내용이라 주장하였다. 반면 AASA는 이러한 주장이 수도요금 인상을 막으면서 갑작스런 계약해지 행위를 합리화하는 아르헨티나 정부의 핑계에 지나지 않는다고 반박하였다.

4. 양허계약의 해지[11]

AASA의 재정상태가 악화되고 문제가 계속되자 AASA 주주들은 2005년 9월 22일 아르헨티나 정부에 양허계약의 해지를 요청하였으나, 석 달 후 거절되었다. 아르헨티나 정부는 2006년 3월 17일 수돗물의 질산염 함유량에 대한 공식 조사에 착수하는데, 그로부터 불과 나흘 만인

11 위의 제4절 '사업의 종료와 손해배상청구' 참조(이 책 146~147면).

3월 21일 아르헨티나 정부는 AASA의 채무불이행을 이유로 양허계약을 해지하였고, 이행보증서(performance bond)의 이행도 촉구하였다. 계약의 종료로 인하여 급수와 상하수도 시설은 아르헨티나 수자원위생공사(Agua y Saneamientos Argentinos S.A., AySA)로 즉각 이전되었고 그 소유와 관리도 아르헨티나 정부가 담당하게 되었다. 이로써 13년 동안 유지되었던 부에노스아이레스 시의 상하수도 시설 민영화는 막을 내리게 된다.

AASA의 기업 청산절차는 2006년 5월 아르헨티나 법원에서 개시되었다. 그러는 동안 청구인들은 아르헨티나 부에노스아이레스 상하수도 사업에서 철수하였고, 2008년 6월 현재 미화 1억 192만 달러의 손해를 입었고 이에 대한 배상을 요구하는 본 절차 진행 중에 있다. 이에 대응하여 아르헨티나 측은 청구인들이 양허계약의 의무를 제대로 이행하지 않음으로써 24억 달러에 달하는 손해를 입었다고 주장하고 있다.

법률적 쟁점 및 중재판정부의 판단

1. 청구인들의 주장

청구인들은, 아르헨티나 정부의 행위는 ① 투자의 기본구조에 중대한 변화를 초래했는지 여부, ② 투자자로서의 정당한 기대(legitimate expectations)를 저버렸는지 여부를 기준으로 평가되어야 하며, 아르헨티나 정부가 관련 법령 정비 등을 통해 투자유인을 마련하여 외국투자자들을 적극 유치하였음에도 불구하고, 사후적으로 경제위기를 이유로 그 근간을 뒤엎음으로써 공정하고 공평한 대우를 할 의무를 저버렸다고 아래와 같이 주장한다.

가. 경제위기에 대처하기 위한 아르헨티나 정부의 일련의 조치들

투자자의 정당한 기대에 배치되는 2002년도에 단행된 아르헨티나의 조치들은 다음과 같다. ① 2002년 1월 법률(January 2002 Law)[12]은 자동 연간 요금 조정제도를 폐지하고(제8조), 구속적인 재협상 절차를 마련하면서 그 재협상 기간에 기존 요금제도를 무효화하였으며(제9조), 기업에 대하여는 관련 계약과 규제구조에 따른 모든 의무를 계속적으로 준수할 것을 요구(제10조)하였다. ② 대통령령 제293/02호(2002. 2. 14)는 약정된 요금 변경심사 대신에 의무적 재협상 절차를 규정하였고, ③ ETOSS가 2002년 2월 14일 AASA에 보낸 서신은 2002년 1월 법률이 기존 AASA에 대한 요금제도[13]를 배제하는 내용임을 확인하였다. ④ 경제부장관(MoE) 결의안 제38/02호(Resolution No. 38/02, 2002. 4. 10)도 재협상 절차가 종료될 때까지 ETOSS 등의 규제기관이 기존 법체제상의 요금 조정 조항을 적용하여 요금 인상하는 것을 일절 금지함으로써 기존 AASA에 대한 요금제도를 효과적으로 무효화하였다. ⑤ 대통령령 제1090/02호(2002. 6. 26), MoE 결의안 제308/02호(Resolution No. 308/02, 2002. 8. 20)는 AASA 등의 공공서비스 기업으로 하여금 합법적 권리를 주장하거나 국제중재신청을 포함한 제소행위 등 일체의 구제수단을 활용하지 말 것을 종용하였다.

청구인들은 이러한 일련의 조치들은 아르헨티나 정부가 일방적이고 근본적으로 기존 법체계를 변화시키고 투자자들의 정당한 기대를 무시한 것으로서 FET 의무위반에 해당한다고 주장하였다.

---

12 긴급조치법 제25561호를 지칭.

13 이에 의하면 아르헨티나 페소와 미국 달러화 사이의 호환비율 변화가 있을 때 AASA는 요금 조정 심사를 요청할 수 있으나, 이를 배제시킴으로써 요금 조정을 거절하면서 AASA로 하여금 의무이행을 중단하지 못하게 하였고 위 2002년 1월 법률 제10조에 따른 모든 의무들에 복종하도록 하였다.

나. 강요된 재협상(Imposed Renegotiation)

아르헨티나 정부는 AASA에 대하여 재협상 절차에 참여할 것을 강요하였는데, 그 내용은 다음과 같다.

첫째, 아르헨티나 정부는 재협상의 존속시한을 계속적으로 연장하였다. AASA는 최초 120일 동안의 재협상 절차가 종료된 2002년 6월부터 양허계약해지 통지를 받은 2006년 3월까지 무용한 재협상 절차를 반복하여야 했다.

둘째, 2003년 4월 키르치네르 대통령 선거의 시작과 함께 재협상 절차에서의 불공정하고 불평등한 조치가 이어졌다. ① 벌금액이 급격히 인상되었고, ② 요금 인상액의 일정부분이 계획된 투자자금에 예치되는 신탁자산(Fideicomiso)의 액수가 일방적으로 증가되었고, ③ 기존의 양허계약에 포함되어 있지 않았던 지역까지 서비스를 제공하도록 요구되었다. 이러한 조치들은 (i) 재협상위원회가 AASA에게 2003년 4월에 보낸 서신에 의하여 이행(implemented)되었는데, 이 서신은 지난 14개월 동안의 재협상 절차 중에는 전혀 제기되지 않았었던 임시합의(transitory agreement)에 관한 첫 번째 제안을 첨부하고 있었다. 이 제안은 AASA가 처한 압박을 심화시키는 것으로서 AASA에 대하여 해당 제안에 대한 검토와 답변에 단 5일 만을 허여하였다. (ii) 2003년 6월 27일 ETOSS가 AASA에 보낸 No. 17407/03 서신에서, 아르헨티나는 AASA로 하여금 신탁자산(Fideicomiso)에 관한 계약 이행을 요구하였다. (iii) 2003년 7월 4일, 대통령령 제311/03호(Decree No. 311/03)는 재협상 절차에 관한 규칙을 수정하고, 새로운 재협상을 책임지는 기관으로 UNIREN을 창설하였으며, 재협상 절차를 처음부터 다시 시작하도록 하였다. (iv) 2003년 8월 6일, ETOSS 결의안 제86/03호(ETOSS Resolution No. 86/03)에서는 AASA로 하여금 신탁자산(Fideicomiso)을 형성하고, 2001년과 2002년에 적용된 요금 인상액의 3.9%에 해당하는 금액을 신탁자산(Fideicomiso)으로 이전시킬 것을 요구하였다. 그리고 이행보증보험(Performance Bond)의 실행을 불이행할 경우 벌금을 부과한다고 하였다. (v) 2003년 10월 22일, 법률 제25790호(Law No. 25790)는 공공계약의 재협상 절차에 대하여 규정하면서 기존 규제 관련 조항들에는 전혀 구속되지 않는 무제한적인 권한을 아르헨티나에 부여하였다. 따라서 아르헨티나는 기존의 규제조항들을 무시한 채 재협상 절차를 진행할 권한을 부여받았고 요금심사에 대한 감독관할권도 새로이 마련된 재협상 절차에 따라 행사될 수 있게 되었다. (vi) 2003년 12월 2일 수자원부차관령(Disposition of SSRH)[14] 제76호, 2004년 12월 29일 발령한 수자원부차관령 제58호는 일방적으로 2004년과 2005년의 신탁자산(Fideicomiso)의 규모를 확장하였고, 이는 AASA의 재정상황 악화로 이어졌다.

셋째, 2003년 말에 시작된 정부와의 협상 재개를 통하여 2004년 5월 11일 UNIREN이 서명날인한 '2004년 임시합의(2004 Transitory Agreement)'가 이루어졌다. 이 임시합의에서 당사자들은 적어도 2004년 말까지 요금 조정에 대하여 합의를 도출해 낸다는 대전제를 마련하였다. 중재절차가 중단된 2004년 12월까지 AASA는 미화 약 230만 달러를 추가적으로 투자하였고 2004년 6월 30일이 되기 전에 채무 조정(debt restructuring)이 되기로 되어 있었다(이는 청구인의 협력적 태도를 보여주는 것이다). 그리고 AASA는 2004년 7월 15일 중간 합의에서 미화 145만 달러의 부채를 탕감받았다. 실제 AASA의 채무 조정은 2006년 3월에 이루어졌다.

넷째, 그다음 재협상 국면은 '2004년 임시합의'의 종료와 함께 시작되었는데, 재협상 절차는 전혀 진전되거나 개선되지 않았다. 이 시

14 SSRH: Subsecretaria de Recursos Hidricos.

점에 이르러 아르헨티나 정부는 임시합의에 따른 의무를 이행하지 않았을 뿐만 아니라 AASA에 대한 태도도 적대적으로 돌변하였고, 일방적으로 신탁계약(Trust Agreement)의 확대를 꾀하여 정부가 지정한 분야에 대하여 AASA로 하여금 매년 42만 페소(ARS)를 납입하도록 하였다. 2005년 1월 11일, AASA는 ETOSS 결의안 제1/05호(Resolution No. 1/05) 및 제2/05호(Resolution No. 2/05)에 의하여 미지급된 벌금의 납입을 포함한 모든 계약상 의무를 이행하기를 요구받았고, 같은 날 긴급폐쇄(emergency shutdown)에 대하여 200만 페소의 벌금이 부과되었다.

청구인들은 이 사건에서 특히 다음 사항들에 대하여 불만을 제기하였다. ① 2005년 1월 11일 ETOSS 결의안 제1/05호은 AASA가 양허계약상 의무를 이행하도록 하고 있고, 결의안 제2/05호는 공공위생에 대한 우려로 이루어진 긴급폐쇄 사실을 당국에 알리지 않은 것에 대해 벌금을 부과하도록 하고 있다. ② 2005년 7월 25일 UNIREN은 임시합의(transitory agreement)를 제안하였는데, 이는 기존의 논의를 전혀 반영하지 않은 것이었을 뿐 아니라 앞으로의 합의 내용에 대한 기본골격을 제시하지도 않는 것이었다. 또한 행정부로부터 어떤 인허가를 받기 전에 청구인들로 하여금 ICSID 제소를 취하할 것과 과거와 미래에 대한 모든 청구권을 포기할 것을 요구하였다. ③ 2005년 7월 29일 수자원부차관은 AASA에 2005년 7월 26일 요청되었던 비용-수익 간 균형 모색 시도를 거부하는 서신을 보냈고, AASA의 허가계약에 대한 취소권도 부정하였다. ④ 언론의 지속적인 AASA에 대한 비방은 긴장감을 고조시켰다. ⑤ 2005년 말과 2006년 초에는 아르헨티나 정부가 AASA의 주주들에게 보유주식을 자국투자자에게 양도하라는 취지로 협박하기도 하였다.

다. 일방적인 사업허가의 종료(Unilateral Termination of the Concession)

2006년 3월 21일에 발령된 대통령령 제303/06호(Decree No. 303/06)는 아르헨티나 정부가 AASA에 대한 아무런 손해전보 없이 일방적으로 양허계약을 해지하는 내용을 담고 있었다. 청구인들은 계약 종료 이후 공공사업부(Secretary of Public Works) 장관이 새로운 국영관리자에게 즉각적으로 3억 4,900만 페소화를 투자한다는 발표를 지적하며, 이는 이전에 재정적 어려움을 이유로 요금 인상이 불가능함을 피력하였던 것과는 배치되는 태도라고 주장하였다.

2. 피청구국의 주장

피청구인인 아르헨티나 정부는, 청구인들은 FET 의무에 위반되는 작위와 부작위들을 입증하지 못하였고, 나아가 이례적인 경제위기가 지배하는 상황에서 AASA 사업허가 구역에 거주하는 주민들의 이익을 위하여 합리적이고 책임감 있게 그리고 비차별적이며 적정한 방법으로 조치를 행하였다고 주장했다. 그리고 이는 극심한 경제위기 상황에서 주권국가에 주어진 규제권한의 범위 내에 있는 것이며, 양허계약해지 역시 이미 청구인들에게 양허계약 종료 의사가 있었던 상황에서 주민들의 건강 내지 복지와 관련된 공공서비스에 대한 합리적인 조치였다고 주장하였다.

또한 FET의 기준은 국가와 투자자의 관계를 규율하는 계약서에 근거하는 기대여야만 하며, 자동요금 조정에 대하여 AASA와 청구인들에게 특별한 계약적 보장이 없었기 때문에 청구인들이 혹독한 경제위기 속에서 아르헨티나 정부가 막대한 요금 인상을 해줄 것이라는 기대는 완전히 비합리적인 발상이라고 주장하였다.

오히려 아르헨티나 정부는 양허계약의 재협상 과정에서 나타난

AASA와 청구인들의 태도가 비합리적이고 비협조적이었다고 주장하였다. 예컨대 AASA는 긴급조치법(Emergency Law) 제정의 배경이 된 국가적 경제위기 상황을 무시한 채 무리한 요금심사를 요청하였을 뿐이며, 2002년 2월의 비상계획(emergency plan)을 통해 많은 의무들을 중단하고자 하였다. 2002년 2월 12일 발족된 재협상위원회는 위 비상계획에 대하여 언급하면서 1997~1999년의 요금심사체계는 더 이상 실현가능하지 아니하고, AASA의 제안들은 단순한 요금 인상의 수준이 아닌 대대적인 계약의 변경을 내포하고 있는 것이라 평가하였다.

또한 청구인들은 재협상 절차가 강요에 의한 것이라고 주장하지만, 2002년 12월 4일 재협상위원회에 제출된 서류들에 의하면 AASA가 재협상 절차에 대하여 동의를 표명한 사실을 확인할 수 있으므로 받아들일 수 없다고 주장하였다. 즉 AASA가 새로운 경제현실에서 새로운 경제적 · 재정적 균형을 달성할 수 있는 합의를 채택하는 것에 동의하였다는 것이다. 과거 1997년 재협상에 3년이 소요되었던 전례에 비추어 보더라도 이번 재협상이 불필요하게 길었다고 볼 수 없다고 주장하였다. 나아가 최종 재협상은 AASA의 사유로 결렬된 것으로서 AASA는 채무를 조정하거나 2004년 8월에 요청받은 중요 서류들을 제출하지도 못하였는바, 즉 ① 요청받았던 모델 기업(model company)을 기안하지 못하였고, ② 기한 내에 요금계획(accounting)을 제출하는 데에도 실패하였으며, ③ 사용자에 있어 요금 인상 대안의 영향 분석 제시에도 실패하였고, ④ 새로운 요금제도 계획을 마련하고 요금 인상률을 예측하는 것에도 실패하였으며, ⑤ 양허계약에 대한 자원영향평가를 제출하는 것에도 실패하였다고 주장하였다. UNIREN은 이러한 AASA의 실패들에도 불구하고 오히려 2005년 6월 14일 요금수입과 사업허가 종료시 최종적인 비용지급을 통하여 AASA의 자본기반을 회복하게 한다는 내용의 제안을 하였으나, AASA가 2005년 8월 1일 그 제안을 거절한 것이며 2005년 9월 무렵 재협상이 결렬되었다는 것이다.

재협상 절차는 공개적이고 투명한 절차로 진행되었으며, 의무가 아니었으며 여러 가능한 수단들 중 하나로 제공되었고 공평한 결과를 추구한 것이었다고 주장하였다. 또한 아르헨티나 정부는 ① AASA의 계속적 계약 위반에도 불구하고 벌금 부과를 유예하면서 페소화에 의한 이행보증서(Performance Bond)의 실행을 지연시켰고, ② 미화 달러의 융자금을 탕감시켰으며(pesification), ③ 양허계약의 종료에 따르는 기업정리절차 또는 파산절차의 신청을 배제시킴으로써 일정 부분 AASA에 대하여 양보하였다는 것이다. 아르헨티나 정부는 AASA의 채무불이행을 근거로 양허계약을 해지할 수 있는 온전한 계약적 · 법적 권리를 보유하고 있었다. 그리고 2005년 9월 22일에 있었던 AASA의 주주총회에서 양허계약 종료를 승인하였고, AASA는 아르헨티나 당국에 계약을 해지할 것과 가능한 한 빨리 이행보증채권을 원상회복(restitution of the agreement Performance Bond)하고, 허가 자산에 대한 임시 수용(provisional acceptance)을 할 것을 요청하였다. 수자원부차관국(Under-Secretariat of Water Resources)은 양허계약과 그 법체제에 규정된 계약해지를 인정할 만한 당국의 잘못이 없었기 때문에 그 해지요구를 받아들이지 않았다.

AASA의 계약해지 노력과 함께 아르헨티나는 AASA의 주식 8.26%를 보유하는 갈리시아은행(Banco de Galicia)이 2005년 9월 22일 주주총회의 결정 무효 선언을 위한 절차를 개시하였다. 이는 기업에 손실을 끼치는 것이었고 회사법에 반하는 것이었기 때문이었다. 그리고 청구인들의 주장은 AASA의 수도공급과 상하수도 서비스가 그 기업의 이해타산에 맞지 않게 되자 아르헨티나 경제위기를 틈타 오히려 아르헨티나에서 도망칠 계책에 지나지 않는다고 비판하였다.

3. 중재판정부의 판단(Tribunal's positions)

가. 관련 BIT 규정

이 사건에 적용되는 세 가지 BIT에서는 모두 투자유치국이 투자자의 투자에 대하여 공정하고 공평한 대우(fair and equitable treatment)를 할 것을 명시하고 있다.

(1) 아르헨티나-프랑스 BIT 제3조 및 제5조

아르헨티나-프랑스 BIT 제3조는 "각 계약 당사국은 그 영토와 영해에서 국제법상 원칙에 따라 상대 당사국 투자자들의 투자에 대하여 공정하고 공평한 대우(just and equitable treatment)를 하여야 하며, 부여된 권리의 실행이 법적으로든 사실상으로든 위협받지 않을 것임을 확인하여야 한다"라고 규정하고 있고, 제5조는 "일방 당사국의 투자자들이 행한 투자들은 이 합의의 제3조에서 언급하였던 공정하고 공평한 대우의 원칙에 따라 타방 당사국의 영토와 영해에서 완전하고 완벽하게 보호되어야 한다"고 규정하고 있다.[15]

---

15 Article 3

Each Contracting Party shall undertake to accord on its territory and maritime zone just and equitable treatment, in accordance with the principles of international law, to the investments of investors of the other party and to ensure that the exercise of the right so granted is not impeded either de jure or de facto.

Article 5

Investments made by investors of one Contracting Party shall be fully and completely protected and safeguarded in the territory and maritime zone of the other Contracting Party, in accordance with the principle of just and equitable treatment mentioned in article 3 of this Agreement.

(2) 아르헨티나 – 스페인 BIT 제4조

아르헨티나-스페인 BIT 제4조 투자의 대우(treatment)와 관련하여 "각 당사국은 그 영토에서 타방 당사국의 투자에 대하여 공정하고 공평한 대우를 보장하여야 한다"라고 규정하고 있다.[16]

(3) 아르헨티나 – 영국 BIT 제2조

제2조는 투자의 촉진과 보호에 관하여 "2) 각 체약 당사국의 투자자들이 행한 투자들은 항상 공정하고 공평한 대우를 받아야 하고, 타방 체약 당사국의 영토 내에서 지속적인 보호를 영위할 수 있어야 한다"고 규정하고 있다.[17]

나. 조항의 해석

(1) 해석기준

위 세 가지 BIT들 중 어디에도 '공정한(fair)', '공평한(equitable)', '대우(treatment)'의 정의는 제시되지 않고 있다. 따라서 공정하고 공평한 대우의 의미를 파악하기 위해서는, 주어진 문맥과 목적과의 연관 속에서 용어의 통상적 의미에 부합하도록 해석되어야 함을 규정한 '조약법에 관한 비엔나협약(Vienna Convention on the Law of Treaties, VCLT)' 제31조

---

16 Article Ⅳ
TREATMENT
Each Party shall guarantee in its territory fair and equitable treatment of investors of the other Party.

17 Article (Promotion and Protection of Investment)
2) Investments of investors of each Contracting Party shall at all times be accorded fair and equitable treatment and shall enjoy protection and constant protection in the territory of the other Contracting Party….

제1항[18]이 지침으로 활용될 수 있다. 이에 따르면 ① FET 용어의 통상적 의미(ordinary meaning), ② 사용된 문맥 또는 정황(context), ③ 세 가지 BIT들의 목적(object and purpose)을 고려하여 그 의미를 해석하게 된다.

(2) 용어의 통상적 의미 및 조약 내에서의 문맥의 고려

'대우(treatment)'의 사전적 의미는 '사람에 대한 행위 또는 태도'로써, 이 사건의 중재판정부는 관할에 관한 판단을 하면서 '대우'란 '투자의 맥락에서 조약의 적용을 받는 투자자에 의한 투자(investment)에 대하여 계약 당사국에 부여되는 특권과 권리 및 부과되는 의무와 부담을 포함하는 것'으로 정의한 바 있다. 판정부는 이들 정의를 여기서도 그대로 사용할 것이다. 그리고 '공정하고 공평한(fair and equitable)'의 의미는 일반적이고 모호하며 다의적 해석이 가능한 특성으로 말미암아 한 마디로 정의하기가 쉽지는 않지만, Saluka 사건에서는 '정의롭고 치우치지 않은'이라고 언급한 바 있다.[19] 이러한 용어의 통상적 의미를 고찰하는 것으로는 개념의 도출이 그리 효과적이지는 않다. 나아가 중재판정부는 조약에 규정된 다양한 권리와 의무의 내용도 고려하여야 하는데, 관련 BIT 조항과의 관련 속에서 그 의미를 발견하는 비교 고찰이 필요하다.

(3) BIT들의 목적 고려

BIT 서문(preamble)에서 그 BIT의 목적과 취지 등을 발견할 수 있

---

18 비엔나협약 제31조 제1항: "a treaty shall be interpreted in good faith in accordance with the *ordinary meaning* to be given the terms of the treaty *in their context and in light of its object and purpose.*"

19 *Saluka Investments B.V. v. the Czech Republic* (UNCITRAL), Partial Award (17 March 2006), at para. 297.

다. 아르헨티나-프랑스 BIT와 아르헨티나-스페인 BIT의 각 서문은 그 목적이 투자자의 보호에서 더 나아가 아르헨티나와 프랑스 또는 스페인 사이의 경제적 협력(economic cooperation)을 장려하고 자본과 기술의 이전을 촉진시킴으로써 경제적 발전을 달성하기 위함에 있다고 강조하고 있다.[20, 21] 아르헨티나-영국 BIT 서문도 아르헨티나, 영국 양국의 사업 동기를 유발하고 경제적 번영을 증진하는 일반적 목표를 담고 있다.[22] 아르헨티나-프랑스 BIT, 아르헨티나-스페인 BIT에 언급된 "국가간 경제적 협력(economic cooperation between States)"이란 표현은 투자자(investor)와 같은 중요한 경제적 행위자에게 공정하고 공평한 대우

20 아르헨티나-프랑스 BIT: "양국간의 경제적 협력을 발전하기를 희망하고 아르헨티나 내에서의 프랑스 투자 그리고 프랑스 내에서의 아르헨티나의 투자에 대하여 보다 우호적인 조건들을 창출하기 위하여(Desiring to develop economic cooperation between the two States and to create favorable conditions for French investments in Argentina and Argentine investments in France)", "그러한 투자의 촉진과 보호는 경제 발전의 목적으로 양국간의 자본과 기술의 이동을 촉진할 것을 분명히 한다(Convinced that the promotion and protection of such investments are likely to stimulate transfers of capital and technology between the two countries in the interest of their economic development …)."

21 아르헨티나-스페인 BIT: "양국의 경제적 이익을 위한 경제적 협력을 증진하기를 도모하며, 타방 당사국의 영역 내에서 행해진 각국의 투자에 대하여 보다 우호적인 조건들을 창출해 내기를 의도한다. 이 합의에 부합하는 투자에 대한 촉진과 보호가 이 분야에서의 의욕을 고취시킬 것을 인식한다(Desiring to intensify economic cooperation for the economic benefit of both countries, Intending to create favorable conditions for investments made by investors of either State in the territory of the Other State, Recognizing that the promotion and protection of investments in accordance with this Agreement will encourage initiatives in this field …)."

22 아르헨티나-영국 BIT: "타방 당사국의 영토 내에서의 일방 당사국 투자자에 의하여 행해진 투자가 더 큰 투자를 위해 더 우호적인 조건을 창출해 내기를 희망한다. 그러한 투자에 대한 국제적 합의 하에서의 고취와 상호 보호를 인식하는 것은 개별적 유인의 자극으로 이어질 것이고 양국의 번영으로 이끌 것이다(Desiring to create favorable conditions for greater investment by investors of one State in the territory of the Other State; Recognizing that the encouragement and reciprocal protection under international agreement of such investments will be conducive to the stimulation of individual initiative and will increase prosperity in both States …)."

(FET)를 한다는 약속을 의미하고, 이러한 FET의 준수가 전제되지 않는다면 경제와 투자 영역에서의 국제적 협력은 실현될 수 없기 때문에 이러한 목적이 FET의 실체를 파악하는 데 도움이 된다. 중재판정부로서는 FET를 본 사건에 적용되는 각 BIT들에서 언급되는 경제적 협력의 필수조건으로써 고려하여야 한다. 한편, 아르헨티나-영국 BIT의 경우 '경제적 협력'이라는 명시적 표현은 등장하지 않지만, "투자를 위해 선호되는 조건들을 창출하기 위하여(to create favorable conditions for investment)" 및 "개별적 유인의 자극(the stimulation of individual initiative)"이라는 표현에서 FET의 중요성이 도출 가능하다.

다. 투자자들의 정당한 기대(legitimate expectations)와 공정하고 공평한 대우(FET)의 의미

FET 준수 여부를 판단함에 있어 중재판정부는 투자유치국이 투자자에게 부여한 정당한 기대(legitimate expectations)와 이러한 기대를 좌절시킨 정부 행위의 정도를 점차 더 많이 고려하는 추세에 있다. 투자자가 투자를 할 때 투자유치국은 법률, 법령, 정책 등을 통해 투자자에게 투자유치국으로부터 기대되는 대우의 성질, 본질이 어떠할 것인지에 대한 일정한 기대를 발생시키게 되는데, 이러한 투자자의 기대는 최초 투자에 대한 결정과 그 이후의 투자가 이루어질 방법에 영향을 미치는 중요한 요소로 자리 잡았다.

Saluka 사건의 중재판정부는 투자자가 투자결정을 함에 있어 기초가 되는 것은 투자에 따른 투자유치국의 행위가 공정하고 공평할 것이라는 투자자의 기대와 투자 당시 투자유치국에 존재하던 법과 사업환경의 완전성이라 설시한 바 있다.[23] 또한 공정하고 공평한 대우의 개념

23 *Saluka Investments B.V. v. Czech Republic* (UNCITRAL), Partial Award (17 March

은 투자유치국의 투자자가 투자 당시 가졌을 정당한 기대에 대한 존중과 연결된다. 예컨대 Tecmed 사건[24]은 후속 사건들에서도 인용되고 있는데 그에 의하면 중재판정부는 국제법에 의해 형성된 선의원칙(good faith principle)의 관점에서 계약 당사국들이 외국투자자가 투자 결정 당시 고려사항에 포함시켰던 기본적 기대에는 영향을 미치지 아니하는 대우를 제공할 것을 요한다고 판단한 바 있다.[25] 일각에서 Tecmed 기준이 너무 광범위하다는 비판을 받는 것도 사실이지만, 그 판정의 주요 요소들, 특히 당사자들의 정당하고 합리적인 기대의 중요성은 이후의 결정들에서도 확인되고 있다. MTD v. Chile 사건에서 무효위원회(Annulment Committee)는 Tecmed의 특정 양상에 대하여 반박하였는데, 특히 서술하기를 "투자유치국의 관할 당국과 투자자들의 협상에 의한 산물인 정당한 기대들은 투자조약에 담긴 보장(guarantees)의 적용과도 관련이 있을 수 있다"라고 하였다.[26] MTD 무효위원회는 Tecmed 결정에 대하여 '투자유치국 의무(수용에 대한 보상의무와 같은)의 근거로써 존재하는 외국투자자의 기대에 대한 명백한 의존'에 대하여 매우 회의적인 반응을 보였다. 어떠한 투자자와 투자유치국 간 분쟁에서도 외국투자자에 대한 투자유치국의 의무는, 적용가능한 투자조약으로부터 도출되는 것이지 투자자들이 가졌거나 가졌다고 주장하는 기대로부터 도출되

2006). at paras. 301~302.

24 *Tecnicas Medioambientales TECMED S.A. v. United Mexican States* (ICSID Case No. ARB(AF)00/2), Award (29 May 2003).

25 *LG&E Energy Corp., LG&E Capital Corp. and LG&E International Inc. v. Argentine Republic* (ICSID Case No. ARB/02/1), Decision od Liability (3 October 2006), at para. 127; MTD Equity Sdn. Bhd. and MTD Chile S.A. v. Republic of Chile (ICSID Case No. ARB/01/7), Decision on Annulment (21 March 2007), at para. 114.

26 *Técnicas Medioambientales TECMED S.A. v. United Mexican States* (ICSID Case No. ARB(AF)00/2), Award (29 May 2003), at para. 69.

는 것은 아니다. Bayindir v. Pakistan 사건의 중재판정부는 FET의 요소로 투명하고 적법절차를 따르고 자의적이거나 차별적 조치를 금지하고, 강제하거나 또는 투자에 영향을 미치는 법체계와 관련하여 투자자의 합리적 기대를 좌절시키는 것을 금지할 의무를 포함한다고 판단한 바 있다.[27]

본 사건에서도 중재판정부는 아르헨티나가 청구인들에 대해 부담하는 의무는 오로지 BIT로부터만 도출되며, 중재판정부의 임무는 사건에 현출된 사실관계의 맥락 속에서 '공정하고 공평한 대우'에 부합하는 아르헨티나의 의무의 성질과 범위가 무엇인지를 해석해 내는 것에 기반하고 있다. 그 핵심은 1993년에 체결된 30년 기간의 아르헨티나의 상하수도 사업 양허계약에 관하여 투자를 결정할 당시 아르헨티나의 역사와 정치, 경제, 사회적 상황을 고려하며 사용허가에 관한 법적 구조하에서 청구인들이 합리적인 투자자라면 가졌을 정당하고 합리적인 기대란 무엇인가에 있다. 물론 투자자들의 모든 기대를 충족시킬 것을 요구하는 것은 아니고, 제반 여건하에서 정당하고 합리적인 기대들만이 존중되어야 한다.

또한 LG&E v. Argentina 사건에서 중재판정부는 투자자의 정당한 기대는, ① 투자 당시 투자유치국에 의해 제공된 여건들에 기초하여야 하고, ② 일방 당사자에 의하여 일방적으로 설정된 것이어서는 아니되며, ③ 반드시 존재하고 법에 의해 집행이 가능하여야(enforceable) 하고, ④ 투자유치국에 의한 침해 발생 시 투자유치국은 긴급피난상황(state of necessity)이 아닌 한 투자자에 대하여 보상의무를 부담하게 되나, 투자자의 공정한 기대는 사업에 관한 위험부담이나 산업 규제 경향과 같

---

27 *Bayindir Insaat Turizm Ticaret ve Sanayi A S v Islamic Republic of Pakistan* (ICSID Case No. ARB/03/29), Award (27 August 2009), at para. 178.

은 변수들을 고려하는 데 실패해서는 아니 된다고 판시한 바 있다.[28] 또한 Duke v. Ecuador 사건에서는 법적, 사업적 환경의 안정성이 투자자의 정당한 기대와 직접적으로 연결된다고 설시하였다. 보호받을 수 있는 투자자의 기대는 투자 결정 당시 합법적이고 합리적이어야 한다. 합리성과 합법성에 대한 평가는 투자를 둘러싼 사실관계뿐만 아니라 투자유치국의 정치적, 사회경제적, 문화적, 역사적 상황들을 모두 종합적으로 고려하여 이루어져야 한다. 또한 이러한 기대는 국가가 투자자에게 제공한 조건들에 기인하였어야 하고, 투자자는 이러한 기대에 기초하여 투자를 결정하였어야 한다.[29]

이 사건의 경우, 양허계약과 그 허가의 법적 구조는 위에서 언급한 조건을 그대로 충족시키고 있다. 투자자들은 투자를 할 당시에 아르헨티나 정부가 제공한 조건들을 신뢰하였고, 그것들은 일방적인 것이 아니라 상호 합의에 의한 것이었으며, 그것들은 존재하였고 법에 의하여 집행가능하였다. 청구인들은 여느 합리적 투자자와 마찬가지로 양허계약과 규제구조에 규정된 요금제도(tariff regime)에 중대한 의미를 두고 그 사업에 임하였다. 게다가 그들의 이윤발생 정도는 그것에 심각하게 의존하고 있었다. 요금제도의 중요성은 무엇보다도 태환성법(Convertibility Law)에 의한 동등한 교환비율과 비용변화에 따라 수정이 가능하도록 예외적 요금 조정을 규정한 입찰규칙 원안의 제18.11.4.1조와 제18.11.5.1조가 수정된 사실에서도 알 수 있다. 이러한 개정들은 이후에 아르헨티나의 기대뿐 아니라 투자자의 정당한 기대를 포함하는 양허계약서(Concession Contract)에 반영되었다. 청구인들은 정당한 기대

---

28 LG&E supra note 16, at para. 130.

29 *Duke Energy Electroquil Partners and Electroquil S.A. v. Republic of Ecuador* (ICSID Case No. ARB/04/19), Award (18 August 2008), at para. 340.

하에서 아르헨티나에 대한 투자를 결정한 것이고, 이러한 신뢰 없이 그 어떤 투자자도 부에노스아이레스의 상하수도 시스템에 대한 투자에 동의하지 아니하였을 사정이 인정된다.

라. 아르헨티나 정부의 조치들이 FET에 위배되었는지 여부

(1) 경제위기에 대처하기 위한 일련의 조치들

청구인들에게는 아르헨티나 정부와의 30년 양허계약기간 동안 상호협력적인 태도로 이로운 관계를 형성하고 유지해 갈 것이라는 일종의 기대권이 부여되었다고도 볼 수 있다. 이를 대변하듯 양허계약 제5.1조는 사업시행자와 규제기관인 ETOSS가 양허계약의 이행에 있어 보다 유연한 관계를 정립하고 유지할 수 있는 모든 수단을 동원하도록 규정하여 각 BIT들이 추구하고 있던 경제적 협력의 예를 보여주고 있다. 또한 아르헨티나는 청구인들이 아르헨티나의 불안정한 정세에 대하여 이미 충분히 인식하고 있었으므로 경제위기 상황에서 있을 조치에 대하여도 예측가능하였다고 주장하나, 청구인들은 계약체결 이전에 그러한 아르헨티나의 상황을 의식하여 요금 조정 심사에 관한 특별조항들을 추가할 것을 강력히 주장하였고 아르헨티나 정부가 이를 받아들여 부정적 요인들을 제거하고자 부단히 노력하였던바, 위와 같은 아르헨티나의 주장은 설득력이 없다.

그리고 아르헨티나 정부로서는 청구인들의 이익을 더 보호할 수 있는 방법이 있었음에도 이를 행하지 아니하였던 점이 인정된다. 예컨대, 요금동결조치와 관련하여 아르헨티나 정부는 적어도 요금이 인상되지 않는 동안만은 AASA에게 치명적인 손해를 가하고 있던 상하수도 설비에 대한 투자의무를 경감시켜줄 수 있었을 것이나 오히려 이를 더욱 강하게 부과하였고, 가난한 서민들 이외에 요금 인상을 감당할 수 있는 다른 소비자들에 대한 요금 인상 조치도 거부하였다. 또한 AASA에 대한 최대의 채무자인 아르헨티나 정부기관(governmental agency) 스스로 그 채무를 이행하려는 조치를 취하지 아니하였다.

이러한 점들을 종합하면, 아르헨티나 정부는 경제위기를 맞이하고 그 상황이 종료된 이후에도 더 이상 AASA와 양허계약을 이어나갈 의지가 없었음을 짐작할 수 있다. 다만 아르헨티나 정부는 요금문제를 포함하여 전반적으로 국민의 생명과 연관된 공공서비스에 대한 양허계약에 관하여 조정할 권한을 가진다는 점에 주목할 필요가 있다. 청구인들의 정당하고 합리적인 기대는 아르헨티나 정부의 적법한 조정 내지 규제권한의 범위 내에서 보호될 수 있다. 본 사건의 경우 투자자들의 정당하고 합리적인 기대 속에는 아르헨티나 정부가 30년 동안 일어날 수 있는 예기치 못한 상황에 대응하여 합법적이고 정당한 규제상 이익(legitimate regulatory interests)을 실행할 것이라는 기대 또한 포함되어 있다. 그런데 아르헨티나 정부는 양허계약과 관련하여 마련된 적법한 절차와 제도를 무시하고 규제권한을 실행하였으므로, 투자자들의 투자에 대한 공정하고 공평한 대우라는 정당한 기대를 저버린 것이다.

(2) 요금 조정 요청 거부와 사업허가 재협상 조치

청구인들은 아르헨티나 정부에 의하여 강요된 2002년의 재협상 절차에 동의한 사실이 전혀 없고, 그 절차를 거부할 수 없었다고 주장한다. 청구인들이 이 재협상 절차에 스스로 참여하였다고 볼만한 사정도 존재하나, 전체로서 아르헨티나 정부의 청구인들에 대한 대우에 관한 결론을 뒤집을 정도에는 미치지 못한다. 청구인들과 아르헨티나 정부 사이의 재협상은 계약상 마련된 절차 또는 과거 행하였던 절차와는 매우 다르게 진행되었다.

즉 ① 2002년 4월 10일자 경제부장관(MoE) 결의안 제38/02호

(Resolution No. 38/02 of MoE)[30]는 어떠한 규제당국도 재협상 기간이 끝날 때까지 요금에 직간접적으로 영향을 미치는 조치를 할 수 없도록 조치하였다. ② 2003년 4월 2일 재협상위원회가 AASA에 보낸 서신에는 지난 14개월 동안의 재협상 내용은 전혀 반영되지 않은 채 새로운 내용이 담겨 있었고, 그 검토와 답변에 단 5일만을 허여하였다. ③ 2003년 7월 4일 발령된 대통령령 제311/03호(Decree No. 311/03)는 재협상 절차를 주재하는 새로운 규제기관으로서 UNIREN을 출범시키고 재협상 절차를 처음부터 재개하도록 하였다. ④ 2003년 8월 6일 ETOSS 결의서 제86/03호(ETOSS Resolution No. 86/03)는 AASA로 하여금 신탁자산(Fideicomiso)을 형성하고, 2001년도와 2002년도에 적용된 요금 인상액의 3.9%에 해당하는 금액을 그 신탁자산에 납입할 것을 요구하였으며, 이에 응하지 않으면 이행보증보험의 이행을 청구하고 벌금을 부과할 것이라 위협하였다. ⑤ 2003년 10월 22일 법률 제25790호(Law No. 25790)는 공공계약들을 재협상하는 과정에서 내려진 행정부의 결정은 기존 규제구조하의 조항들에 의하여 제한되거나 조건이 부가되지 않음을 천명하였다. 따라서 아르헨티나는 기존 규제구조하의 조항들을 효과적으로 무시하고 훼손할 수 있었으며 요금 변경심사에 대한 규제권한도 새로 마련된 재협상 절차에 기해서만 행사될 수 있었다.

이와 같은 조치들의 가혹함에 비추어 보면 아르헨티나 정부가 제시한 재협상이 과연 진정한 재협상에 해당하는지에 대하여 의문이 제기되지 않을 수 없다. 재협상의 본질은 기존 합의의 내용을 개정하고 수정하는데 당사자들이 자유로이 의견을 낼 수 있다는 데 있기 때문이다.[31] 아르헨티나 정부는 자신이 의도하였던 결론을 도출해 내기 위하

---

30 위 각주 8번 참조.

31 *Enron Corp. and Ponderosa Assets S.A. a. Argentine Republic* (ICSID case No.

여 AASA의 계약적 자유를 축소시키거나 심각하게 제한하는 방향으로 재협상 절차를 강행하였다. 2002년에 시작된 재협상 기간 동안 AASA와 청구인들에 대한 아르헨티나 정부의 대우는 세 가지 BIT들에 규정된 FET의 이행의무를 위반한 것이다.

BG Group v. Argentina 사건은 아르헨티나 정부가 UNIREN을 갑작스럽게 출범시켜 재협상 권한을 부여한 것에 대하여 이는 국제적인 최소기준(international minimum standard)에도 위반한 것이라 설시한 바 있다.[32] 긴급조치법과 그 후속 입법들이 허가권자와 새로운 거래를 촉진시키기 위하여 제정되었지만 이는 원래의 규제구조(regulatory framework)의 적용과 집행을 방해(impede)한 것에 해당하며, 아르헨티나는 결의서 제308/02호(Resolution No. 308/02)와 대통령령 제1090/02호(Decree No. 1090/02)를 통하여 허가권자가 중재 또는 다른 포럼을 통하여 손해배상을 청구하는 길을 봉쇄함으로써 각 BIT들에 규정된 FET 위반을 증대시킨 측면이 있다.

(3) 양허계약의 해지

규제당국은 이전부터 AASA에 대하여 높은 질산염 수치에 대하여 우려를 표명해 왔으나, 아르헨티나 정부는 2006년 3월 17일에 이르러서야 공식조사에 착수하였고 그로부터 나흘 만인 2006년 3월 21일 수돗물의 높은 질산염 수치 등을 근거로 들며 AASA의 채무불이행을 이유로 양허계약을 해지하였다. 이러한 아르헨티나 정부의 계약해지는 매우 갑작스러웠고 그 근거에 석연치 않은 부분도 어느 정도 인정된다.

ARB/01/3), Award (22 May 2007), at para. 186.

32 *BG Group Plc v. the Argentine Republic* (UNCITRAL), Award (24 December 2007), at para. 309.

이때 아르헨티나 정부는 이행보증서(Performance Bond)의 실행을 청구하였다. 청구인들이 2005년 9월에 아르헨티나 정부보다 먼저 계약해지 요구를 하였던 사실이 아르헨티나 정부의 계약해지에 영향을 미쳤을 가능성도 배제할 수 없다. 국민의 생사와 관련된 수도공급과 관련하여 아르헨티나가 대비되지 않은 상태에서 바로 계약을 종료하기는 어려웠을 것이고, AASA가 아르헨티나에서 철수하기로 한 이상 아르헨티나 스스로 어느 정도 정비를 한 다음 전격적으로 계약을 해지하였을 수 있는 것이다.

그러나 아르헨티나 정부의 계약해지는 AASA와의 계약에 따른 것이다. 중재판정부는 아르헨티나 정부의 계약해지조치가 양허계약을 위반한 것인지 여부에 관하여 판단할 권한이 없다. 어쨌든 높은 수치의 질산염이 검출되었다는 증거는 존재할 수 있고, 이에 대한 분쟁해결은 계약 내에 마련된 분쟁해결절차를 따라야 할 것이다. 그리고 아르헨티나 정부의 허가계약해지가 각 BIT들에 규정된 FET에 위반하였다고 판단할 만한 자료가 충분하지도 아니하다.

4. 중재판정부의 판정

중재판정부는 양허계약하의 법체계에 따른 요금 조정 요청을 거절한 아르헨티나의 조치와 관련 법체제에 반하는 양허계약의 재협상을 강요한 조치가 청구인들의 투자에 대하여 공정하고 공평하게 대우(FET)를 할 것을 요하는 BIT상 의무를 위반한 것이라고 판단한다. 전자의 의무위반은 긴급조치법(Emergency Law)이 제정되던 2002년 1월 6일 발생하였고, 후자의 의무위반은 재협상 절차의 시작점이라 볼 수 있는 경제부장관(MoE) 결의서 제38/02호(MoE Resolution No. 38/02)를 채택한 2002년 4월 10일에 발생하였다.

FET 기준은 어느 한 방식으로만 위반될 수 있는 것은 아니다. 이와 관련하여 다수 의견은 Nikken 교수가 개진한 아르헨티나 정부는 선관주의의무(due diligence)를 위반한 것이라는 취지의 별개 의견을 부정하는 것은 아니고, 선관주의 의무위반이 이러한 FET 위반으로 이어진 것이라는 점에 동의하고 있다. 2010년 7월 30일 책임에 관한 결정 이후에 이 사건은 구체적인 손해액 산정을 위한 절차에 들어가 있다. 2012년 말 현재 사건은 진행 중이다.

| 제6절 |

Denial of Justice

국제관습법 및 BIT상 'denial of justice': Chevron v. Ecuador 사건 검토*

| 절차적 배경 및 판정요지 |

사건명

Arbitration under the Treaty Between the United States of America and the Republic of Ecuador Concerning the Encouragement and Reciprocal Protection of Investment and the UNCITRAL Arbitration Rules, Partial Award on the Merits, 30 March 2010. PCA

* 김성민, 김&장 법률사무소 변호사. 서울대학교 법과대학원 석사(민법)(2010), 동 대학원 박사과정, 서울대학교 법과대학 졸업(2006), 육군법무관, 사법연수원 수료(38기), 제47회 사법시험 합격.

Case No. 34877. (이 사건은 UNCITRAL 중재규칙에 의한 PCA 중재사건이다.)

당사자와 변호인

1. 청구인 및 그 국적

이 사건의 청구인(Claimant)은 ① Chevron Corporation(이하 "Chevron"), ② Texaco Petroleum Company(Chevron의 자회사, 이하 "TexPet")이며 모두 미국(USA) 회사이다.

변호인은 King & Spalding LLP 소속의 R. Doak Bishop, Edward G. Kehoe, Wade M. Coriell, Roberto Aguirre-Luzi, Margrete Stevens, Isabel Fernández de la Cuesta, David H. Weiss와 Quevedo & Ponce 소속의 Alejandro Ponce-Martínez이다.

2. 피청구국 및 문제가 된 피청구국 국가기관

피청구국은 에콰도르 공화국(Republic of Ecuador)이며 문제가 된 피청구국의 국가기관은 법원이다.

변호인은 Winston & Strawn LLP 소속의 Bruno D. Leurent, Eric W. Bloom, Mark Clodfelter, Ricardo Ugarte, Tomás Leonard, C. MacNeil Mitchell과 에콰도르 정부의 법무부장관(Procurador General del Estado)인 Diego Garćia Carrion이다.

중재판정부

중재인으로 청구인들은 Charles N. Brower (United States) 판사를,

피청구국은 Albert Jan van den Berg (Belgium) 교수를 선정하였다. 의장중재인으로는 당사자들의 동의하에 양 중재인의 합의에 따라 Karl-Heinz Böckstiegel (Germany) 교수가 선정되었다.

사실적 배경 및 판정요지

Chevron의 자회사인 TexPet은 1964년부터 에콰도르 정부와의 양허계약(concession contract)을 통하여 에콰도르 아마존 지역의 원유 개발·생산권을 부여받았다. 1990년 TexPet과 에콰도르 정부는 양허계약의 연장에 대하여 합의하지 못하였는데 TexPet은 1991년부터 1994년까지 에콰도르 법원에 에콰도르 정부가 위 계약을 위반하였다는 이유로 7건의 손해배상청구소송을 제기하였다. 그런데 에콰도르 법원은 위 소송에 대하여 장기간 절차를 진행하지 아니하거나 판결을 선고하지 아니하였다. 이에 따라 청구인들은 이 사건 중재를 신청하였다.

이 사건의 쟁점은 에콰도르 법원이 위 소송의 재판을 부당하게 지체함으로써 'denial of justice'[1]를 범하였는지 여부이다. 이에 대하여 중재판정부는 부당한 지체가 있다고 하면서 국제관습법상 'denial of justice'가 아닌 미국-에콰도르 BIT에 명시된 '효과적인 수단(effective means)'의 제공의무를 위반하였다고 인정하였다.

1 Denial of justice는 국내 문헌에 '사법거부', '재판의 거부' 또는 '정의의 거부' 등 다양한 용어로 번역되고 있다. 재판의 거부는 너무 좁은 의미로 보인다. 전체적인 취지를 볼 때, '사법적 구제의 거부'가 가장 근접한 번역라고 사료된다. 이 글에서는 원래의 뜻을 그대로 전하기 위하여 denial of justice라는 용어를 쓴다.

중재절차상 특이사항

Chevron과 TexPet은 2006년 12월 21일 중재통지(notice of arbitration)를 통해 미국-에콰도르 BIT 제5조에 따라 중재를 개시하였다. BIT는 BIT 위반에 따른 분쟁을 UNCITRAL 중재규칙에 따라 구성된 중재판정부에 제출할 수 있다고 정하고 있다. 본안에 앞서 관할에 관하여도 다음과 같은 네 가지 사항이 다투어졌다. ① 청구인이 미국 법원에서 주장한 에콰도르 법원의 공정성과 관할권 인정이 중재신청과 모순되는지, 에콰도르 법원 판결의 강제집행 가능성을 훼손하기 위하여 중재를 신청한 것으로 권리의 남용에 해당하는지, ② 물적 관할(rationae materiae): 투자와 관련된 것인지, 아니면 단순한 금전에 대한 청구인지, ③ 국내 구제조치를 모두 소진하여야 하는지, 실제로 소진하였는지, ④ 시적 관할(rationae temporis): BIT 이전에 이루어진 작위 또는 부작위로 인한 분쟁이 BIT의 적용 범위에 포함되는지(소급금지에 반하는지)이다. 중재판정부는 2008년 12월 1일 중간 판정을 통하여 피청구국의 관할 항변을 모두 기각하고 중재판정부가 관할권을 갖는다고 결정하였다.

| 사건 및 판정의 세부사항 |

청구의 근거가 된 조약

청구인의 청구 근거가 된 조약은 Treaty Between the United States of America and the Republic of Ecuador Concerning the Encouragement and Reciprocal Protection of Investment of August 27, 1993(1997. 5. 11.

발효, 이하 "미국-에콰도르 BIT")이다.

청구인이 문제로 삼고 있는 투자유치국의 조치

청구인은 에콰도르 법원의 재판을 문제 삼았다. 즉 TexPet은 1991년부터 1994년까지 에콰도르 정부를 상대로 에콰도르 법원에 7건의 소송을 제기하였는데, 에콰도르 법원이 10년이 넘는 기간 동안 부당하게 재판을 지체하고, 그중 3개의 사건을 판단함에 있어 포기 또는 소멸시효에 관한 에콰도르 법을 명백하게 무시하면서 편견에 치우쳤으며, 청구인들이 권리를 실현함에 있어 그들에게 공정하고 독립적인 법정을 제공하는 데 실패함으로써 국제관습법상 denial of justice를 범하고 BIT에 규정된 의무를 위반하였다고 주장하였다.

청구인의 청구취지

청구인의 청구취지는 다음과 같다.

① 투자 또는 투자협정과 관련하여 청구권을 주장하거나 권리를 실행할 수 있는 효과적인 수단을 청구인에게 제공하는 데 실패함으로써 피청구인이 BIT 제2조 제7항에 따른 의무를 위반하였음을 확인

② 피청구인이 국제관습법에 따른 denial of justice를 범하였음을 확인

③ 청구인에게 투자에 대한 공평하고 동등한 대우(fair and equitable

treatment) 및 완전한 보호와 안전(full protection and security)을 보장하지 못함으로써 피청구인이 BIT 제2조 제3항 (a)에 따른 의무를 위반하였음을 확인

④ 청구인의 투자의 관리, 운영, 유지, 사용, 수익, 취득, 확장, 처분에 대하여 임의적 또는 차별적 조치를 함으로써 피청구인이 BIT 제2조 제3항 (b)에 따른 의무를 위반하였음을 확인

⑤ 피청구인이 1973년 및 1977년 약정을 위반하였음을 확인

⑥ 피청구인에게 TexPet이 7개의 사건에서 에콰도르 법원에서 피청구인을 상대로 받을 수 있는 손해와 그에 따른 이자를 아무런 제한 없이 청구인에게 완전히 배상할 것을 명령

⑦ 피청구인에게 중재절차, 중재판정부, 법적 대리인에 대한 비용, 수수료, 경비의 지급 명령

⑧ 피청구인에게 피청구인의 BIT 위반에 따라 청구인에게 발생한 모든 비용과 손해의 배상을 명령

⑨ 피청구인에게 위 금액들을 지급할 때까지 그에 대한 복리에 따른 이자 지급 명령

⑩ 피청구인에게 추가 손해배상 또는 만족과 같은, BIT에 따라 적절한 또는 기타 정당하거나 적절한 기타 추가적인 구제의 부여

사실관계

1. TexPet과 에콰도르 간의 사실관계

먼저 TexPet과 에콰도르 사이의 관계를 시간 순으로 살펴본다. 1964년 에콰도르 정부는 에콰도르 아마존 지역의 원유 개발 · 생산권을 TexPet의 현지 자회사와의 양허계약(concession contract)을 통해 TexPet

에 부여하였고 TexPet은 컨소시엄(consortium)을 형성하였다. 1973년 TexPet은 에콰도르 및 CEPE(에콰도르가 1971년에 세운 정부 기관, 컨소시엄의 일부 지분을 가짐)와 새로운 양허계약인 1973년 약정(1973 Agreement)을 체결하여 1964년 체결된 계약을 대체하였다. 1973년 계약에 의하면, TexPet은 에콰도르의 국내 소비 수요를 충족하도록 원유 생산량의 일정 부분을 정부에 제공하여야 했으며, 정부는 이러한 일정 생산량을 국내 가격으로 구매할 권리가 있었다. 또 TexPet은 이 생산량을 제외한 나머지 석유는 국제시세로 자유롭게 수출할 수 있었는데, 이는 국내 가격보다 사실상 높은 가격이었다. 정부에 제공하는 석유가 에콰도르의 국내 소비 수요 충족 이외의 목적에 쓰인 경우, TexPet은 이 부분에 대해 국제시세에 맞춘 보상을 받을 권리를 갖게 되었다. 1977년 에콰도르와 CEPE, TexPet은 1973년 계약의 추가적 계약(1977 Agreement)에 서명하였다.

그런데 1987년 3월 에콰도르에 지진이 발생하였고 그로 인하여 Trans-Ecuadorian 파이프라인이 파괴되어 컨소시엄의 원유 생산이 현저하게 감소하였다. 이에 따라 파이프라인이 복구되기까지 6개월 동안 에콰도르는 CEPE를 통해 국내 소비 수요를 맞추기 위한 부산물(derivative products)을 얻기 위하여 에스메랄다스(Esmeraldas) 정제소의 연료유(fuel oil)를 매입하였다. 그 후 정상적인 원유 생산과 수송이 재개되면서 위의 연료유 매입에 대한 상환으로 에콰도르는 TexPet에게 약 140만 배럴의 원유를 요구하였고, TexPet은 이 원유에 대해 국내 가격으로 지급받았다.

TexPet과 PetroEcuador(1989년 CEPE를 대체하여 세워진 에콰도르 정부 소유의 석유회사), 에콰도르 정부는 1992년 6월에 만기가 도래하는 1973년 계약의 연장에 대해 서로 합의하지 못하였고 그에 따라 1990년부터 1973년 계약과 그 종료에 관련된 문제들을 정리하기 위한 협의를 시작하였다.

그러던 중에 1991년 12월부터 1993년 12월까지 사이에 TexPet은 에콰도르 법원에 에콰도르 정부를 상대로 7건의 계약 위반 사건에 대해 5억 5,300만 달러(US)의 손해배상 소송을 제기하였다. 이 사건들에서 TexPet은 에콰도르 정부가 1973년 및 1977년 계약에 따른 의무를 위반했으며, 이는 또한 에콰도르 국내법 위반임을 주장하였다. 5건은 에콰도르가 국내 수요 및 소비량을 잘못 진술하여 양허계약에 의하여 국내 가격으로 얻을 수 있는 것보다 더 많은 양의 원유를 가져갔다고 주장하였고, 1건은 지진 발생으로 인한 불가항력(force majeure)과 다른 1건은 1986년 재금융 약정과 관련되었다.

에콰도르, PetroEcuador, TexPet은 1994년 12월 MOU를 체결하여 에콰도르가 TexPet에 대해 요구할 수 있는 모든 미해결 환경 복구 처리에 대해 합의하였다. 이는 컨소시엄이 활동한 Oriente 지역 내 특정 구역에서의 환경 복구에 대한 TexPet의 의무 설정을 포함하고 있었다. 또 1995년에는 1994 MOU를 대체하여, TexPet의 복구 책임과 면제를 구체화하는 1995년 복구 계약(1995 Remediation Agreement)을 체결하였으며, 그에 따라 TexPet은 본 계약에 첨부된 "작업범위(Scope of Work)"와 1995 복구조치계획(Remedial Action Plan)에서 구체화된 스케줄에 따라 1995년부터 1998년까지 특정 구역에서의 복구를 수행하였다. 나아가 에콰도르, PetroEcuador, TexPet은 1995년 포괄적 합의(1995 Global Settlement)를 체결하였고 이 합의에서 거의 모든 미해결 문제들에 대해 합의에 도달하였다. 여기서 1973년 계약에서 도출되었던 남은 의무의 거의 대부분을 서로 면제하였다. 단, 여타 계약에서 협의된 환경적 의무들과 현존하는 법적 분쟁(위의 7건의 사건 포함)은 제외되었다. 그 후 1997년 미국과 에콰도르 간의 BIT가 발효되었다.

2. 환경 소송의 제기

TexPet이 에콰도르에서 원유 개발 · 생산을 마치고 그에 따른 복구 및 종료에 대한 논의가 이루어질 무렵 미국에서는 이와 관련된 또 다른 소송이 제기되었다. 1993년 11월 TexPet이 원유개발허가권을 실행한 지역의 주민들이 TexPet의 모회사인 Texaco Inc.를 상대로 미국 연방법원 뉴욕 남부 지원(District Court for the Southern District of New York)에 집단소송(Aguinda v. Texaco, Inc.)[2]을 제기한 것이다. 이 집단소송에서 에콰도르 지역 주민들은 환경적 피해에 대한 보상, 형평의 원칙에 따른 추가적 구제, TexPet이 환경 파괴의 위험성을 가진 추후 활동을 하는 것에 대한 금지명령을 주장하였다.

위 Aguinda 사건의 원고들은 미국법과 미국 법원에서만 구제가 가능하다고 주장했고, 이에 대해 TexPet은 1993년부터 2000년에 이르는 재판 기간 동안 불편한 법정지의 법리(forum non conveniens)를 근거로 이 사건을 각하할 것과 에콰도르 법원이 대체적인 법정지(alternative forum)로서 효율적이고 공정하다고 주장하였다. 본 사건은 결국 미국 법원에서 불편한 법정지의 법리(forum non conveniens)를 근거로 각하되었으며, 이에 원고들은 2003년 에콰도르 라고 아그리오(Lago Agrio) 소재 법원에 소송을 제기하였다.

3. 에콰도르의 사법 파동

에콰도르는 정치적 격변 속에서 2004년부터 사법 파동이 일어났는데 주요한 사건들을 살펴보면 다음과 같다.

---

2 *Aguinda v. Texaco, Inc.*, 945 F. Supp. 625 (S.D.N.Y. 1996).

먼저 에콰도르 의회가 2004년 11월에 헌법재판소와 선거법원(Electoral Court)의 판사들을 모두 해임하였고, 2004년 12월에 대법원 판사를 모두 해임하였다. 2005년 4월에는 구티에레즈(Guttierez) 대통령이 긴급 상황을 선언하고, 시민들의 권리를 일부 정지시켰으며, 대법원에 새로 임명된 판사들을 모두 해임하였다. 에콰도르 의회는 사법조직법(the Organic Law of the Judiciary)을 통과시켰고, 11월에 이에 따른 새로운 대법원 판사들이 임명되었다.

청구인들이 이 사건 중재절차를 시작하는 중재통지(Notice of Arbitration)를 신청한 2006년 12월 21일 당시 청구인들이 에콰도르 법원에 제기한 7건의 사건 중, 6건은 1심의 단계에 머물러 있었고 1건은 포기(abandonment)를 근거로 기각된 상태였다(이 기각판결은 나중에 항소심에서 번복됨).

한편, 새로 선출된 코레아(Correa) 대통령은 2007년 1월 제헌의회(Constituent Assembly) 창설 여부를 국민투표에 회부하였으며 이것이 승인되었다. 이에 대하여 구(舊)의회는 국민투표를 저지하기 위해 선거법원장을 축출하였으며, 코레아 대통령에 의해 새로이 구성된 신의회는 구의회 해산이 위법이라고 판결한 헌법재판소의 판사 전원을 해임하였다. 이러한 과정 속에 2007년 4월 국민투표는 통과되었다. 국민투표에 의해 구성된 제헌의회는 2007년 11월 의회를 해산하고 절대적 권한을 천명하였으며, 사법부의 부패를 비난하며 사법개혁권을 맡아 판사들의 봉급을 50% 이상 삭감하였다. 2008년 1월 헌법재판소는 제헌의회의 절대적 권한에 대한 도전을 모두 부인하였고, 2008년 2월 대법원장은 공적인 자리에서 제헌의회가 절대적 권한을 가지며 이로 인하여 에콰도르에서 법의 지배(rule of law)는 부분적인 현실에 불과하다고 진술하였다.

4. TexPet 소송의 진행 경과

TexPet이 제기한 소송의 진행 경과를 요약하면 〈표-1〉과 같다.[3]

표-1. TexPet이 에콰도르 법원에 제기한 7개의 소송

사건 번호	소송의 대상	시작일	절차 진행과정	현재 상태
23-91	1973년 계약 (에스메랄다스 정제소)	1991. 12. 17.	증거조사 단계(1995년 8월까지) 선고를 위한 기일 명령(2002. 12. 13) 선고를 위한 기일 명령(2004. 1. 29) 2002. 12. 13과 2004. 1. 29. 결정의 무효 선언(2004. 6. 17) 기각-시효(2007. 1. 29) 항소 제기(2007. 2. 9) 항소 기각(2008. 3. 7) Cassation 제기(2008. 4. 4) Cassation 기각(2008. 5. 14) Fact appeal 제기(2008. 5. 16) Fact appeal 기각(2008. 6. 9)	2008. 6. 9. 종결
152-93	1973/1977년 계약 (에스메랄다스 정제소)	1993. 12. 10.	증거조사 단계(1996년 중반까지) 선고를 위한 기일 명령(2002. 5. 22)	1심 계속중

3 *Chevron Corporation (USA) and Texaco Petroleum Company (USA) v. The Republic of Ecuador* (UNCITRAL, PCA Case No. 34877), Partial Award on the Merits (30 March 2010) at para. 149, table 1.

7-92	1973년 계약 [아마조나스 (Amazonas) 정제소]	1992. 4. 15.	전문가 선정을 위한 기일 지정(1993. 5. 5) 대법원 재판장 기피 신청(1994. 3. 4) 대법원 재판장 기피 명령(1994. 5. 6) 포기의 선언(2007. 4. 9) 항소 제기(2007. 4. 25) 항소 기각(2008. 5. 20) Cassation 제기(2008. 5. 27) Cassation 기각(2008. 6. 24) Fact appeal 제기(2008. 6. 30) Fact appeal 기각(2008. 7. 16)	2008. 7. 16 종결
153-93	1973/1977년 계약 (아마조나스 정제소)	1993. 12. 14.	전문가 보고서 제출(1996. 10. 31) 선고를 위한 기일 명령(1998. 10. 12) 선고를 위한 기일 명령(2002. 5. 22) 에콰도르 정부 승소판결(2009. 7. 14)	1심 판결
154-93	1973년 계약 (수입 상품)	1993. 12. 14.	증거조사 단계(1997년 7월 8일까지) 선고를 위한 기일 명령(1997. 10. 8) 선고를 위한 기일 명령(2002. 5. 21) 에콰도르 정부 승소판결(2009. 9. 10)	1심 판결
8-92	1973년 계약 (불가항력-지진)	1992. 4. 15.	대법원 재판장 기피 신청(1994. 3. 4) 대법원 재판장 기피 명령(1994. 6. 8) 증거조사 단계(1995년 3월까지) 선고를 위한 기일 명령(1995. 7. 18) 포기의 선언(2006. 10. 2) 항소심에서 번복(2008. 1. 22) 기각-시효(2008. 7. 1) 항소 제기(2008. 7. 2)	항소심 계속중
983-03 (예전 6-92)	1986년 재금융 계약 (미지급이익)	1992. 4.15.	증거조사 단계(1995년 3월까지) 법원 간 이송(2003. 10) 선고를 위한 기일 명령(2007. 2. 6) TexPet 승소 판결(2007. 2. 26) 항소 제기-CEPE(2007. 3. 1) 항소 제기-TexPet(2007. 3. 12)	항소심 계속중

법률적 쟁점

이 사건 중재의 쟁점은 다음과 같다.

① 피청구인이 부당한 지체 또는 명백히 부당한 판결에 의하여 국제관습법에 따른 denial of justice를 범하였는지
② 청구인의 재판에 대하여 피청구인이 행위 또는 부작위를 통하여 특정한 BIT 기준을 위반하였는지
③ 피청구인이 '투자 계약'과 관련하여 BIT에 따른 의무를 위반하였는지
④ Denial of justice 또는 BIT 위반을 이유로 청구를 하기 위하여 청구인이 국내 구제수단을 모두 소진하여야 하는지, 실제로 소진하였는지
⑤ 중재 이전의 진술 또는 행위로 배제 효과가 있는지
⑥ 손해배상액

당사자의 주장[4]

1. 부당한 지체에 의한 국제관습법상 'denial of justice'

가. 청구인의 주장

청구인들은 에콰도르 법원이 부당하게 재판을 지체함으로써 국내

법, BIT, 국제관습법을 위반하였다고 하면서 다음과 같이 설명하였다.

(1) 국내법 위반

에콰도르의 국내법(에콰도르의 1998년 헌법, 사법조직법, 민사절차법)은 재판의 신속하고 효율적인 진행을 요구하며, 에콰도르가 가입한 국제 조약인 미주인권협약(American Convention on Human Rights)도 이를 보장하고 있다. 또 에콰도르 대법원의 실무도 '지체된 정의는 심각한 부정의(slow justice is a serious injustice)'라는 관념을 지지하고 있다. 따라서 에콰도르 법원이 사건에 대해 신속하게 결정해야 할 의무는 일반적 · 구체적으로 주어지며, 15년의 지체와 판결의 거부는 에콰도르 국내법상 denial of justice에 해당한다.

(2) BIT 위반

다음으로 BIT 제2조 제3항 (a)는 "투자는 어떤 경우에도 국제법이 요구하는 것 이하의 대우를 받아서는 안 된다([i]nvestment … shall in no case be accorded treatment less than that required by international law)"라고 규정하고 있는데 청구인들은 이 규정의 취지에 의해 모든 국제관습법 위반은 자동적으로 BIT 위반이 된다고 주장한다. 따라서 에콰도르가 denial of justice로 국제관습법을 위반하였다면 이는 바로 BIT상의 의무위반이 된다.

---

4 이하 당사자의 주장은 위 '법률적 쟁점'의 ①항을 정리한 것이다. 당사자들 사이에서는 ①항의 국제관습법에 따른 denial of justice가 주된 쟁점이었고, ②항의 구체적인 BIT 기준 위반도 기본적인 내용은 ①항의 주장과 중복되기 때문이다. 다만, 아래 '중재판정부의 판단'에서 살펴보는 바와 같이 중재판정부는 오히려 ②항 중 일부인 BIT 제2조 제7항을 근거로 BIT 위반을 인정하였음을 주지하여야 한다.

(3) 국제관습법 위반

청구인들은 국제법이 정치적 개입이나 편견 없이 정직하고 공평하게 재판을 진행하는, 외국인에게 열린 공정한 법원에의 접근을 보장한다고 주장한다. denial of justice는 직접적인 판결의 거부와 위법한 절차 지연 · 판결 집행의 명백한 실패와 같은 간접적인 판결의 거부를 포함한다. Denial of justice의 최소기준은 객관적이며, 내국인이 같은 대우를 받았다고 하더라도 성립 가능하다. 특히 부당한 지체는 재판의 명백한 거부보다 더 파괴적이며, 그 자체로 국제관습법 위반을 구성한다고 하는데 명백한 거부라면 신청인은 그의 상황을 파악하고 이에 적절한 대처를 할 수 있기 때문이다. 또 denial of justice 여부를 결정하는 기준으로서 악의(bad faith)는 요구되지 않으며, ① 사안의 복잡성, ② 재판 과정에서 소송인의 행위, ③ 법원의 행동과 같은 사안의 제반사정에 의하여 정당화되지 아니하는 한, 일단 지체가 충분한 기간에 도달하면 부당한 것으로 간주된다.[5]

이 사안에 적용해 보면, 7건의 사건 중 6건이 1998년에 선고를 위한 기일 명령(auto para sentencia)이 발령된 이후 판결을 받을 법적 준비가 되어 있었다. 1건은 14년 이상 증거조사 단계에 머물러 있었으며, 증거조사 단계의 시작부터 휴면 상태에 놓여 있었다. 사안들은 지체를 정당화할 만큼 복잡하지 않으며, 설령 복잡하다고 하더라도 이 정도 길이의 지체는 국제법상 합리적이라고 간주될 여지가 없으므로 그 자체로 재판의 거부를 구성한다. El Oro Mining 사건[6]은 법원으로부터의 아무런 응답도 없는 9년의 지체는, 사건들이 최고로 중요하고 극도로 복잡

---

5 판정문 본문에서는 해당 법리들을 적시함에 있어 별다른 인용을 하고 있지 않는다.

6 *El Oro Mining and Railway Company(Limitied) (Great Britain) v. United Mexican States*, 5 R. INT'L ARB. AWARDS 191(1931), at 191, p. 198.

하더라도 정당화될 수 없다고 하였다.

당사자들의 행동이 일정한 사안에서 지체에 대한 정당화로 받아들여질 수 있으나, 본 사건에서 청구인들은 성실하게 소송 수행을 진행했으며, 그들의 행동에는 지체의 책임이 존재하지 않는다. 본 사안에서 소송사건이 정리되었으며 판결을 받을 준비가 되었다는 공식적 확인인 선고를 위한 기일 명령이 발령된 이후의 청구인들의 소송 수행은 판결의 지체를 정당화할 여지가 없다. 청구인들은 법원의 무응답에 대해 지속적으로 수차례 판결을 요구하였다.

에콰도르 법원이 지체에 대해 직접적인 책임이 있다는 증거로 청구인들의 판결에 대한 47번의 요구, 수 개의 선고를 위한 기일 명령의 발령, 최근 결정된 판결 대부분이 본안 판단에 들어가지 않은 단계에서 판결을 내렸다는 것 등이 있다. 또한 중재판정의 통지가 피청구인에게 송달되기 전에 이 사건들에 대한 어떠한 판결도 내려지지 않았으며 지체에 대한 어떠한 설명도 없었다.

일반적인 법원의 업무 적체로 지체를 정당화할 수 없으며, 적체가 지체에 관련이 있다고 하더라도 피청구인은 적체의 존재를 입증하지도 못했고 적체를 입증하기 위해 필요한 노력을 보이지도 않았다. 피청구인의 주장은 대법원과 일부 항소법원의 적체를 설명하고 있으며, TexPet 소송을 다룬 법원이나 재판장의 담당 건수에 대해서는 설명하고 있지 않다. 1994년부터 1996년까지 대법원의 재판장은 단 30건의 사건을 맡았으며, 이 중 단 2건만을 해결하였다.

나. 피청구국의 주장

피청구국은 denial of justice에 관한 국제법 위반 주장에 관하여 다음과 같이 설명하면서 항변하였다.

피청구국은 Denial of justice는 예외적 상황에 대한 입증을 요구하는 국제법상의 중대한 비난이므로 그러한 예외적인 상황에 대한 입증을 요한다고 주장한다. 청구인은 국내 사법 결정의 적정성에 대한 추정을 반박하고, 매우 터무니없는 행위를 입증할 수 있는 구체적이고 설득력 있는 증거를 제시해야 한다. 국가의 사법체계의 행동에 대해서는 적정성이 추정된다. 따라서 이러한 행동에 대한 판단은 일국의 사법체계에 대한 진지한 존중의 자세로 행해져야 하며, 이를 심사하는 법원은 일국의 법원에 대한 역외적 항소 법원으로서의 역할을 하여서는 안 된다. 따라서 청구인은 보통의 입증 정도 이상의 오류와 손실을 증명하여야 한다.

또 denial of justice를 판단함에 있어서 보다 높은 기준(higher threshold)이 존재한다. Denial of justice를 구성하는 행위에 대해 법리적으로 명확한 규정은 존재하지 않으며, 악의에 이를 만큼 '사법적 적정성에 충격을 주거나 최소한 놀라게 하는(shocks, or at least surprises, a sense of judicial propriety)' 터무니없는 행동에 대한 증거가 요구된다. 재판의 지체를 증거로 드는 경우, 이러한 지체가 판결의 거부에 이르는 정도임을 보여야 한다. 이러한 측면에서 청구인들은 단순한 시간의 경과나 신속한 재판 진행에 대한 선의(innocent)의 장애 이상을 입증해야 한다.

이 사안에 적용해 보면, 에콰도르 법원은 1990년대 초반부터 엄청난 적체를 겪었으며, 이는 10년간 악화되었다. 적체의 증거, 에콰도르의 개혁 노력, 전반적으로 적체를 감소하는 데 성공하였다는 것은 본 중재에서 고려되어야 한다. 또한 TexPet이 겪은 지체는 사법부의 증가하는 업무량에 따른 예측 가능한 결과이자 TexPet이 그들의 사건을 밀어붙이는 데 실패한 결과다.

자동적으로 denial of justice로 인정될 수 있는 지체의 시간은 존재하지 않으며, 이러한 판단은 사안 별로(case-by-case basis) 행해져야 한다. 청구인들은 TexPet의 지체 시간이 모든 상황을 고려했을 때 denial of justice를 구성할 만큼 충분히 긴 시간임을 보이지 못하였다. 청구인들은 상업적 계약에 관한 사건에서 10년의 사법적 활동 부재가 denial of justice를 구성하기에 충분한 것이라는 선례를 찾아내는 데 실패하였다. 인권에 관한 기준이 투자중재의 기준으로 바로 전용될 수 없다. 청구인이 제시한 El Oro Mining 사건은 칼보조항의 요건을 충족하는지가 문제가 된 사안이지 denial of justice에 대한 주장을 포함하지 않으며, 여기서는 사법 행위가 9년 동안 전무하였다는 점에서 본 사안과 차이가 있다.[7]

Denial of justice에 있어서는 상황의 총체성이 고려되어야 한다. 본 사안에서 문제된 사건들은 사실상·법률상 복잡성을 보인다. 큰 회사의 손해에 관한 사안은 개인이 입은 손해에 관한 사안보다 복잡하므로, 판결에 더 긴 기간이 필요하다. 본 사안의 경우에도 다수의 전문가 보고서와 국내 소비를 어떻게 결정하여야 하는지, 누가 잔여 원유의 소유자인지에 대한 쟁점들이 존재한다.

나아가 청구인들은 소송이 계속되게 하는 최소한의 조치만을 취하였을 뿐, 소송을 진전시키는 데는 아무 것도 하지 않았다. 사안의 복잡성을 협상에서의 유리한 카드(bargaining chips)로 이용할 뿐 잠재적인 절차적 도구들을 유리하게 이용하려는 적정한 노력을 보이지 않았다.

에콰도르는 법원 업무의 적체에 대해 지난 15년간 중대하고 효과적인 사법개혁을 행했으며, 부당함이나 악의의 징표는 존재하지 않는다. Denial of justice를 판단함에 있어서 현지의 상황에 비추어 지체가 '비정상적이거나 남용적'인지 여부가 결정적인데, TexPet의 경우 법원 업무의 적체의 맥락에서 보았을 때 절차에 걸린 기간이 에콰도르 대법원

7 *El Oro*, at 194.

의 평균적인 소요 기간을 넘지 않았다.

청구인들은 그들의 소송사건에 대한 직접적인 방해의 증거를 제시하지 못했으며, 단지 전문가 보고서나 통계와 같은 정황적인 사실만을 제시하고 있다. 그러나 피청구인의 통계에 따르면 대 정부 소송에서 원고는 일상적으로 승소하였으며, 1994~1999년에 걸친 에콰도르 법원에서의 TexPet의 승소 사례들도 있다. 법원의 업무 적체 감소에 관한 최근의 성공은 지체를 정당화하는 유효한 대안적 설명이 된다.

2. 국제관습법상 명백히 부당한(Manifestly unjust) 판결에 의한 Denial of Justice

가. 청구인의 주장

청구인들은 이 사안은 국제법상으로 denial of justice를 인정하기 충분한 시간의 지체가 이루어진 시점인 2004년 12월 31일에 denial of justice는 성립하지만, 부수적으로 에콰도르 법원의 판결은 명백히 부당하며, 총체적으로 부적격성을 가지기 때문에 국제관습법상 또 다른 denial of justice를 구성한다고 주장하였다. Azinian v. Mexico[8]를 인용하면서, 악의에 대한 직접적 입증은 불필요하며, denial of justice는 "명백하고 악의적인 법의 잘못된 적용(clear and malicious misapplication of the law)"에서 찾을 수 있다고 하면서, 7개의 소송에 대하여 아래와 같이 명백히 부당한 판결을 내렸다고 주장하였다.

7-92와 8-92 사건(표-1 참고)에서 에콰도르 법원은 명백히 적용 불가능한 민법 규정을 소급적용하여 포기를 이유로 기각하였다. 또한

---

8 *Azinian, Devitian & Baca v. The United Mexican States* (ICSID Case No. ARB(AF)/97/2), Award (1 November 1999), at paras. 102~103.

8-92 사건에서는 법원이 선고를 위한 기일명령(auto para sentencia)을 발령한 후에는 포기에 의한 기각이 금지된다는 규칙을 무시하였다. 나아가 7-92 사건에서는 전적으로 법원이 전문가 선정을 위한 일자를 지정하는 것을 거부했기 때문에 사안이 지체되었다. 중재판정부는 법원의 기각에 의한 직무태만이 기술적으로 에콰도르 법에는 어긋나지 않더라도, 국제법상에서 denial of justice를 구성하는지 고려해야 한다.

시효를 근거로 기각된 사건들(23-91과 7-92)의 경우 에콰도르 법원은 최종 소비자에 대한 소매에 적용되는 특별 시효규정을 적용하고 있으며, 이는 명백히 TexPet과는 범주가 다르다. 피청구인은 유추적용에 의해 2년의 시효규정이 적용될 수 있음을 주장하나 예외 사항에 대한 규정이 없을 경우에는 일반원칙을 적용해야 한다. TexPet의 소송들은 일반적인 것이지 독자적(sui generis)인 것이 아니며, 일반적인 시효기간이 적용되어 10년의 시효가 인정되어야 한다.

23-91, 7-92, 8-92 사건에서 에콰도르 법원은 10년 혹은 그 이상 아무런 활동을 하지 않다가 본 중재판정의 통지가 있은 이후에야 판결을 내렸으며, 이는 에콰도르 법원이 가지고 있던 악의의 강력한 정황증거가 된다. 또한 에콰도르에 사법적 독립성이 결여되어 있다는 일반적 정황 증거를 고려하면, 외국의 석유회사에 대한 에콰도르 법원의 일반적 편견과 TexPet에 대한 구체적 편견이 본 사안을 배척하였음을 알 수 있다. 포기와 시효의 근거는 TexPet의 소송을 본안에 대해 판결하지 않고 기각하려는 계획된 핑계에 불과하다.

나. 피청구국의 주장

에콰도르는 청구인들의 주장에 대하여 다음과 같이 항변하였다.

청구인들이 중재판정부가 그들의 적절한 역할을 넘어서는 행위를 할 것을 요구하고 있다. 중재판정부는 투자유치국의 국내 법원 판결에 대한 심사권한을 가지는 항소법원으로 행동할 수 없다. 이를 전제로 denial of justice가 성립하기 위해서는 악의(bad faith)가 필요하며, 국내법 위반이 예외적으로 터무니없거나 현저하게 중대한 경우에만 부당한 판결 그 자체로 악의에 대한 정황적 증거가 된다. 이때 그 기준은 ① 판결의 도출에 있어서 객관적이고 합리적인 근거가 전무한지, ② 사법상 가능한 범위를 벗어나는 경우인지인데, 이 사안에서는 항소가 여전히 계속 중이며 8-92 사건과 983-03 사건에서는 국내 절차가 소진되지 아니하였으므로 부당한 판결에 해당하지 않는다.

한편, 청구인들은 판결들이 에콰도르 법상 잘못되었음도 밝히지 못하였다. 포기를 이유로 기각된 7-92 사건의 경우 2년 포기 규정이 2005년 개정 민사절차법뿐 아니라 1997년부터 있었던 개정 사법조직법(the Law Amending the Organic Law of the Judiciary)에도 존재하므로 위법한 소급 적용은 없었다. TexPet은 판결을 요청하는 많은 서면들이 있었으므로 기각한 것은 부당하다고 주장하지만, 이것만으로는 TexPet에 제소기간 적용을 면제할 법적인 근거가 없다. 에콰도르의 '포기'에 관한 규정이 적용된 간결한 판결들(concise judgements)은 7-92 사건의 기각이 사법상 가능한 범위에 해당함을 입증한다.

TexPet의 소송사건들은 에콰도르 민사 절차상 집행 소송(executory actions)이나 일반 소송(ordinary actions)이 아니므로 민법 제2439조에 의한 5년 혹은 10년의 시효규정의 적용 대상이 아니며, 에콰도르 탄화수소법(Ecuadorian Hydrocabons Law)상의 특별 소송(special actions)에 해당한다. 에콰도르 법은 일반적으로 특별 소송의 각 범주에 특별한 시효기간을 적용한다. TexPet의 경우 분명히 해당되는 범주는 존재하지 않으며 따라서 법률적 공백이 존재한다. 판사는 유추적용에 의해 시효를 결정하여야 하는데, 민법 제2422조가 단순히 '소매(small retail sales)'뿐만 아니라 '공급자(supplier)'에게도 적용되고 구두변론 절차와 정부에 대한 사건들에서 짧은 제소기간을 일관되게 적용된다는 점을 고려하여 위 규정에 따른 2년의 시효기간을 적용하였다. 소매(small retail sales)로 번역된 'despacho al menudeo'는 맥락상 좁은 의미를 가지지 않는다. 따라서 에콰도르 법원의 판결이 명백히 부당하다고 할 수 없다.

중재판정부의 판단

1. BIT 제2조 제7항의 성질

가. 국제관습법상 denial of justice와의 관계: 특별법

BIT 제2조 제7항은 "각 당사자는 투자, 투자협정 그리고 투자기관과 관련하여 청구권을 주장하거나 권리를 실행할 수 있는 효과적인 수단을 제공하여야 한다(Each Party shall provide effective means of asserting claims and enforcing rights with respect to investment, investment agreements, and investment authorizations)"라고 규정하고 있다. 위와 같은 규정은 미국 BIT들, 에너지헌장조약(Energy Charter Treaty) 등에만 있을 뿐 상대적으로 드물다. BIT 제2조 제7항에 의하여 발생한 의무는 국제관습법상의 denial of justice 금지와 겹친다. 그러나 이는 BIT에서 독립적이고 특별한 조약상 의무다. "효과적인 수단(effective means)" 기준을 설정하고 있는 위 규정은 특별법(lex specialis)이고, denial of justice에 관한 법의 단순한 재진술(restatement)이 아니다. 만일 denial of justice를 단순히 재진술하고자 하였다면 조약 작성과정에서 보다 명백하게 그와 같은 의도가 표현되었을 것이다. "사법 접근(judicial access)" 규정은 투자유치 국가의 법원에 대한 접근권이 불명확한 때에 발생한 것이고, 그에 따라 "조약에 의한 보호"를 선호하게 되었다. 따라서 제2조 제7항은 denial of justice에 관한 국제관습법에 존재하는 불명확성을 시정하기 위하여 독립적인 조약 기준으로서 발생하였다.

따라서 이 규정에 의할 경우 국제관습법에 의한 denial of justice에 비하여 보다 분명하고 덜 엄격한 기준(less-demanding test)이 적용된다. Denial of justice가 인정되는 데에는 '특히 심각한 흠결'과 '사법적 타당성에 충격을 주거나 최소한 놀라게 하는' 터무니없는 행동을 요구하는 등 높은 기준이 요구된다. 반면, 제2조 제7항에서는 국내 법원이 권리를 '효과적으로(effectively)' 실현하지 못하면 충분하고, 이는 반드시 국제관습법상에서 denial of justice가 되기에 충분치는 않을 것이다. 비록 제2조 제7항의 해석과 적용에 있어 denial of justice에 관한 법의 도움을 받지만, 중재판정부는 제2조 제7항을 당해 BIT에 드러난 그대로 해석하고 적용하여야 한다.

나. 제도적 차원에만 적용되는지 여부: 개별 사건 심사에도 적용

피청구인은 제2조 제7항이 단지 제도적 차원(system attributes)에만 적용이 되고 개별적인 사건에서의 투자자의 취급에 대한 심사를 허용하지 아니한다고 주장한다.

그러나 제도와 개별사건에서의 취급이라는 이분법이 이론적으로는 가능할지 모르지만 이를 완전히 분리시킬 수 없다. 제2조 제7항은 적절한 법체계와 제도가 마련될 것을 요구함과 동시에 개별적인 사건에 대한 제도의 효과도 마찬가지로 검토될 것을 요구한다. 위 규정이 '청구권의 주장(asserting claims)'을 명시하므로 투자자로 하여금 청구를 할 수 있는 어떠한 제도가 제공되어야 하는 것이고, '권리를 실현(enforcing rights)'한다고 함으로써 BIT는 특정한 사건에서 문제가 되는 권리의 효과적인 실현에도 초점을 맞추고 있다. 다만, 중재판정부는 국내 사법제도를 존중하여야 하고 국내 사법제도에 대한 항소심으로 작용하여서는 안 된다.

다. 국가의 간섭이 요구되는지 여부: 불필요함

제2조 제7항 기준은 '효과성' 기준으로 투자자가 청구권을 주장하고 권리를 실현하는 능력에 효과를 미치는 다양한 국가 행위에 적용된다. 더욱이 제2조 제7항은 효과적인 수단을 제공하는 투자유치 국가의 적극적인 의무로 기재되어 있지, 그러한 수단이 기능하는 데 간섭하지 말아야 할 소극적 의무로 되어 있지 아니하다. 따라서 정부의 간섭이 제2조 제7항 위반을 판단하는 데 관련이 있을지언정, 그러한 간섭이 없다하더라도 그 조항은 부당한 지체 또는 명백히 부당한 판결에 적용될 수 있다.

2. 효과적인 수단이 제공되었는지 여부(제2조 제7항 위반 여부): 제공 안 됨(위반함)

가. 부당한 지체가 있었는지 여부: 있음

이 사건에서 청구인들에게 제공된 수단은 에콰도르 법원을 통한 구제다. 효과적인 수단이 제공되었다고 하기 위해서는 부당한 지체가 있어서는 안 된다. BIT 제2조 제7항에 따라 에콰도르 법제도는 외국투자자에게 합리적인 기간 안에 적법한 권리를 실현할 수 있는 수단을 제공해야 하고, 그 기한이 합리적인지는 사건의 복잡성, 관련 당사자들의 행동, 사건에 문제가 된 이익의 중요성, 법원 자신의 행동 등을 고려하여야 한다.

이 사안에서 부당한 지체가 있었는지 여부를 검토한다. 먼저 청구인의 중재통지는 2006년 12월 21일 이루어졌고, 7개 소송사건 중 가장 최근의 것은 1993년 12월 개시되었다. 따라서 모든 사건은 이 중재의 개시 시점에 최소한 13년은 계속되었다. 13년은 매우 오랜 기간이지만 이러한 기간만으로 자동적으로 BIT 제2조 제7항의 위반이 있다고 보지 아니하고 위와 같은 시간이 걸린 이유를 고려하여야 한다.

또 해당 소송사건의 성질은 간단한 계약 분쟁이다. 이들 사건은 거액의 금전과 관련되지만 본질적으로 간단한 계약 분쟁이다. 기껏해야 전문가 의견 제출 또는 손해배상액 산정을 위한 계산 때문에 평균적인 복잡성을 지니지만, 수년이 걸리는 것이 정당화될 만큼 복잡하지는 아니하다.

다음으로, 청구인은 지체에 기여하지 아니하였다. 청구인은 판결을 내릴 준비가 될 때까지 자신의 사건을 계속 진행하였고, 판결을 수차례 지속적으로 요청하였다. 청구인의 행동이 적극적으로 그리고 중대하게 지체에 기여하였다는 증거가 없다. 비난받을 수 있는 유일한 행동은 23-91, 7-92, 8-92 사건에서 이익 충돌(conflict of interest)을 이유로 한 기피 신청(그리고 이들 기피에 대한 결정이 지체된다는 이유로 한 기피 신청)이지만 이것도 1993년부터 1994년까지 1년 이내에 해결되었다.

마지막으로 에콰도르 법원은 완전한 활동 부재(complete inactivity)를 보였다. 7-92 사건을 제외한 모든 사건에서 증거 절차가 1997년 중순 전에 종결되어 변론 종결과 중재통지(2006. 12. 21) 사이에 1심 판결을 내릴 수 있는 시간이 9년 있었다. 7-92 사건에서 법원은 중재통지 전 13년 동안이나 사법심사를 위한 일자를 전혀 설정하지 아니하였다. 에콰도르 법원은 그들이 발령한 수많은 '선고를 위한 기일 명령(autos para sentencia)'을 통하여 사건의 종결과 신속히 판결을 내릴 책임에 대하여 공식적으로 확인하였다. 구체적인 진행 과정은 〈표-2〉와 같다.[9]

9 이는 중재판정문(Chevron Texaco, at para. 257)의 내용을 표로 정리한 것이다.

표-2. 각 사건별 법원의 소송 지체 형태

사건 번호	선고를 위한 기일 명령 일자	시작일
8-92	1995. 7. 18.	2006. 10. 2.
154-93	1997. 10. 8.	중재판정시까지 판결 없음
23-91 152-93 153-93	1998～2002	중재통지 일자인 2006. 12. 21.까지 아무런 활동 없음
7-92	1993. 5. 5. 전문가 서류 심사를 위한 기일 통지하였으나 심사 없음. 이후 청구인이 1993. 7～2007. 2. 사이에 새로운 기일 선정을 9차례 요청하였으나 법원은 기일을 잡지 아니하여 증거절차 종결 없음	
983-03	1995년 3월 증거절차 종결. 2003년 10월까지 8년 동안 아무런 활동 안 하다가 관할이 없다는 이유로 다른 법원에 이송. 새로운 법원도 중재통지 시점까지 아무런 활동 없음	

나. 업무 적체가 정당화 사유가 되는지 여부: 안 됨

업무의 적체(court congestion and backlogs)는 지체 기간이 합리적인지를 결정하는 데 고려될 요소이지만 절대적인 항변사유가 될 수 없다. 더욱이 일반화된 업무 적체가 그 자체로 지속적인 장기간의 지체를 가져온다면, 그것은 에콰도르 사법제도의 고안과 운영에 있어서의 제도적 문제를 입증하는 것이고 피청구인 스스로 주장하는 제도적 기준에 따른 제2조 제7항을 위반하는 것이 될 것이다.

법원의 업무 적체가 제2조 제7항 위반 주장에 대한 항변이 되기 위해서는 그것이 임시적이어야 하고 투자유치 국가에 의하여 신속하고 효과적으로 시정되어야 한다. 2004~2005년 1년 동안 대법원의 부재를 가져온 정치적 격변으로 인한 사건의 적체와 지체에 대해서 피청구인이 용서받을 수는 있다. 그러나 1990년 초기에 신청된 청구인의 사건에까지 적체가 발생하였고 그 세기 말까지 줄어들지 아니하였다는 것은 부당한 지체를 정당화할 만큼 임시적이지 아니하였다는 것을 의미한다.

다. 청구인이 미국 법원에서 한 진술이 정당화 사유가 되는지 여부: 안 됨

청구인들이 미국 법원에서 에콰도르 법원의 공정성과 효율성에 대하여 한 진술만으로 부당한 지체가 정당화되지 아니한다. 그러나 이러한 진술들은 지체가 비합리적이었는지를 판단함에 있어서 고려될 수 있다. 특히 청구인들은 현재 문제가 된 7건의 사건들을 에콰도르에서 적절히 재판이 진행된 예로 인용하였으므로 청구인들이 이 중재에서의 입장과 반대로 이들 사건에 의존하였던 Aguinda 소송이 2002년 8월 16일 최종 판결을 내릴 때까지는 부당한 지체의 기준이 충족되지 아니하였다. 더 나아가 사정변경이 청구인들로 하여금 자신의 입장을 변경하고 금반언(estoppel)을 피하도록 허용하듯이, 부당한 지체의 기준이 충족되었음을 주장하기 위해서는 사정변경이 입증되어야 한다.

라. 국내 구제수단이 소진되었는지 여부: 수단을 적절히 활용한 것으로 충분함

청구인들은 BIT 제2조 제7항의 보호를 이끌어 낼 만큼 이용가능한 수단을 적절히 활용하였다. 또한 제2조 제7항이 적용되기 위하여 청구인 측의 어떠한 추가적인 행위가 요구되지 아니하며 추가적인 행위가 7건의 사건을 보다 신속하게 진행되도록 하지도 않았을 것이다. 피청구인이 제안한 구술 및 서면 최종 진술, 징계 또는 금전적 제재 등의 구제수단이 지체를 감소하는 데 효과적일 수 있었다는 점은 증명되지 아니하였다.

마. 중재통지 이후에 이루어진 판결 선고의 영향: 영향 없음

이 사건에서 제2조 제7항 위반은 중재통지가 있던 2006년 12월 21일에 충족되었다. 그런데 에콰도르 법원의 판결이 모두 중재통지 이후에 이루어졌다. 그러나 일단 지체가 부당하게 되었고 BIT 위반이 충족된 경우, 그 일자 이후에 선고된 판결은 부당한 지체를 이유로 한 국가의 책임에 영향을 미치지 아니한다. 단지 인과관계와 손해배상액에만 영향을 미칠 수 있다.

3. 추가적인 판단 불필요

BIT 제2조 제7항이 denial of justice에 관한 국제법 기준보다 더 구체화된 특별법을 구성하고, 부당한 지체를 이유로 한 제2조 제7항 위반이 중재통지 일자에 충족되었으므로, 청구인이 한 국제관습법상의 denial of justice 주장은 더 나아가 판단할 필요가 없다. 추가적인 BIT 위반과 국제관습법 위반은 그것이 추가적인 손해를 가져오는 것이 아닌 이상 관계없는데 당사자들은 다른 BIT 규정 또는 국제관습법 위반에 의하여 추가적인 손해가 발생하였다는 주장을 하지 아니하였고 증거도 없다. 따라서 제2조 제7항 위반에 관한 손해배상의 명령이 다른 BIT와 관습에 기반한 청구와 관련된 보상을 모두 포함하는 이상 그 청구에 대해서는 더 나아가 판단하지 아니한다.[10]

---

10 이 외에 판정문은 국내 구제수단이 소진되었는지 여부, 권리 남용 및 금반언(estoppel), 손해, 손해배상액 산정에 대하여 다루었으나 이는 생략한다.

중재판정부의 판정

중재판정부는 다음과 같이 결정하였다.

① 피청구인의 관할 항변은 받아들이지 아니하고, 중재판정부는 청구인의 청구에 대하여 관할권이 있다.

② 피청구인은 에콰도르 법원이 TexPet의 7개의 소송사건을 결정함에 있어 부당하게 지체함으로써 BIT 제2조 제7항을 위반하였다.

③ 청구인은 절차의 남용을 범하지 아니하였고 피청구인에 대한 현재의 청구를 하는 것이 금지되지 아니한다.

④ 피청구인이 BIT 제2조 제7항을 위반하였다는 중재판정부의 판정에 따라 그리고 청구인이 그 추가적인 청구와 관련하여 구하는 구제가 제2조 제7항에 관한 청구에 따라 구하는 것을 넘지 아니한다는 점을 고려하여, 중재판정부는 다른 BIT 또는 국제관습법 위반에 관한 청구인의 청구에 대하여 판단할 필요가 없다.

⑤ 피청구인이 BIT 제2조 제7항을 위반하였다는 판정에 따라 피청구인은 그 위반으로 인하여 청구인에게 발생한 손해에 대하여 책임이 있다. 그 손해배상액은 별개의 중재판정부 절차 명령에서 정하는 절차의 도움을 받아 중재판정부가 정한다.

검토

국가는 외국인에게도 적절한 재판을 제공할 의무가 있다는 것은 국제법에서 가장 오래된 명제 중 하나다.[11] "Denial of justice" 주장은 이러한 권리를 실현하기 위한 수단으로 존재하여 왔다. Denial of justice의 유형으로 일반적으로 세 가지가 언급된다. 첫째, 명백히 부당한 판결, 둘째, 거부에 상응할 정도의 지체, 셋째, 외국인으로 하여금 법원에 권리를 주장하지 못하도록 하는 것이다.[12]

이 사건에서 청구인은 첫째와 둘째를 주장하였고, 결과적으로는 둘째에 해당하는 부당한 지체가 있다는 점이 인정되었다. 다만, 국제관습법상 인정되는 denial of justice를 기준으로 하지 아니하였고, 미국과 에콰도르 사이의 BIT 제2조 제7항에 기재된 "효과적인 수단" 제공 의무를 위반하였다는 이유로 청구인의 손을 들어주었다. 판정문에도 잘 드러나 있듯이 BIT 제2조 제7항은 국제관습법과는 구별되는 독립적인 의무를 발생시키며 그 기준도 국제관습법에서 요구하는 것보다 낮다. 결국 중재판정부는 내용이 불명확하고 추상적인 국제관습법에 앞서 보다 구체적으로 당사자가 약정한 기준을 먼저 적용하였고 이러한 판정은 투자자의 예측 가능성, 확실성, 안전성을 증진시켜 그에 따라 투자를 촉진할 것으로 보인다.[13] 다만, BIT의 '효과적인 수단'과 국제관습법상 denial of justice를 구분하는 근거와 관련하여, 이와 같은 BIT 조항이 드물게 발견된다는 점 이외에도 BIT 체결 당시 이 조항에 대한 협상 기록이나 당사자의 의도를 추정할 수 있는 별도의 자료가 있다면 중재판정부의 판정이 더욱 설득력이 있었을 것이라고 생각한다.

---

11 Jan Paulsson, *Denial of Justice in International Law* (Cambridge University Press, 2011), at 1.

12 Jason Burke, "Defining Investor Confidence: Avoiding Interpretative Uncertainty in *Chevron Corp. v. Ecuador*", B.C. Int'l and Comp. L. Rev., vol. 34, 2011, p. 467; Paulsson, id. at 65.

13 Burke, id. at 471~474.

에콰도르는 국내의 사법파동을 재판의 지연에 대한 항변으로 내세우나, 사법파동과 같은 일이 있더라도 그러한 경우로부터 자국 투자자가 적절한 구제를 받을 수 있도록 하기 위해 BIT를 체결한 것이 투자국의 입장일 것이다. 투자유치국의 내부적인 사정으로 재판이 지연되었다는 점보다는 권리 구제의 측면에서 장기간에 걸쳐 적절한 권리구제절차가 진행되지 않았다는 객관적인 사실로부터 결론을 내렸다는 점에서 투자유치국의 주관적인 의도보다는 투자자의 객관적인 손해에 대해 보다 중점을 두고 있음을 알 수 있다.

한편, 중재판정부가 부당한 지체를 이유로 한 denial of justice를 인정하면서, 에콰도르의 국내 법원을 대체하여 직접 사건의 사실관계와 법률관계를 확정한 후에 국내 법원에서 인정된다고 보는 손해배상을 명한 것에 대해서는 의문이다. 명백하게 부당한 판결을 이유로 denial of justice를 인정하였다면 그러한 부당한 판결을 대체하는 것이 타당하였을지 모른다. 하지만 부당한 지체를 이유로 한 denial of justice를 인정하였다면 부당한 지체를 해소할 수 있는 구제수단만 인정하면 충분하였을 것이라는 비판을 가할 수 있다. Denial of justice로 발생한 손해의 구제수단으로 무엇을 인정할 것인지에 대해서는 논란이 있는데, 모든 denial of justice에 대한 구제수단을 통일시킬 필요는 없고, denial of justice에 대한 유형에 따라 구제수단을 다르게 할 필요가 있다고 생각한다. 가령 부당한 지체를 인정하였다면 한정된 기간 내에 재판이 종결될 것을 명하고, 그렇지 아니할 경우 일정 기간마다 정기금 형식으로 피청구인을 압박할 수 있을 정도의 손해배상을 명하는 것을 생각해 볼 수 있다.

또 중재재판부는 2002년 미국 Aguinda 사건의 재판에서 청구인이 에콰도르 법원의 공정성과 효율성에 대하여 한 증언을 고려하여 2002년 이전에 발생한 지체는 부당한 지체가 아니라고 판단하면서도,

2002년 이후 중재통지가 있은 때에는 부당한 지체가 완성되었다고 판단하였다. 그런데 중재판정문에는 두 시기의 상이성과 상황의 변화에 대해서는 설명이 다소 미흡한 점에 대하여 아쉬움이 있다.

한편, 이 사건은 BIT에 명시된 기준을 바탕으로 denial of justice를 인정하였다는 점에서 의미가 있다. 또 이 사건은 국제투자와 환경소송이 어떻게 관련이 되고, 어떠한 형태로 분쟁이 발생할 수 있는지를 보여주는 좋은 사례다. 향후 환경, 지속가능한 개발, 인권 등이 투자규범 협상 및 그 해석과정에서 다루어질 중요한 테마가 될 것이고, 이를 다룰 수 있는 다자간 규범체계에 대한 논의가 필요할 것으로 전망된다.

| 제7절 |

최혜국대우

분쟁해결절차 규정에 대한 최혜국대우(MFN) 적용 가부: Impregilo v. Argentina 사건 검토*

| 절차적 배경 및 판정요지 |

사건명

Impregilo S.p.A. v. Argentine Republic, ICSID Case No. ARB/07/17, Award (2011. 6. 21. 중재판정)

* 황윤정, 법무법인 정률 변호사. 사법연수원 수료(40기), 서울대학교 법학과 졸업(2009), 제50회 사법시험 합격(2008).

당사자와 변호인

1. 청구인 및 그 국적

이 사건의 청구인(Claimant)은 Impregilo S.p.A.(Italy)이며 미국 로펌인 King & Spalding LLP 소속의 Mr. R. Doak Bishop, Mr. Craig S. Miles, Mr. Roberto Aguirre Luzi, Mr. David Weiss, Mr. Joost Pauwelyn 변호사가 대리하였다.

2. 피청구국 및 문제가 된 피청구국 국가기관

피청구국(Respondent)은 아르헨티나이며 국가재무부 조달부서(Procuradora del Tesoro de la Nacion, Procuracion del Tesoro de la Nacion) 소속 Dra. Angelina Maria Esther Abbona가 대리하였다.

중재판정부

청구인은 중재인으로 미국 국적의 Charles N. Brower를 선임하였고, 피청구인은 프랑스 국적의 Brigitte Stern 교수를 선임하였다. 의장중재인(president)에 대한 합의가 이루어지지 않아, 청구인의 요청으로 ICSID는 스웨덴 국적의 Hans Danelius 판사를 의장중재인으로 임명하였다.

사실적 배경 및 판정요지

청구인은 다른 다국적기업들(Sideco Americana S.A.와 Aguas de Bilbo

Bizkaia)과 컨소시엄을 조성, 출자하여 아르헨티나 국적의 회사 Aguas del Gran Buenos Aires(AGBA)를 설립하여 부에노스아이레스 주정부와 1999년 12월 7일 부에노스아이레스의 7개 지방자치단체의 지역에 대한 상하수도 서비스 양허계약(Concession Contract)을 체결하였다.

한편, AGBA는 사업을 운영하는 과정에서 아르헨티나의 경제위기로 인하여 소비자로부터 요금을 징수하지 못하게 되는 등 경영상 상당한 어려움을 겪게 되어 양허계약상의 의무를 이행하는 것이 불가능한 수준에 이르게 되었다. 이에 AGBA는 부에노스아이레스 주정부를 상대로 수차례 요금 인상 및 양허계약의 변경을 요구하였으나 받아들여지지 아니하였다. 오히려 부에노스아이레스 주정부는 2006년 7월 11일 AGBA의 계약 위반을 이유로 AGBA와의 양허계약(Concession Contract)을 해지하고 AGBA의 상하수도 서비스 사업허가를 다른 구역에 대한 양허계약 당사자인 Aguas Bonaerenses S.A.(ABSA)에게 이전하였다. 이에 청구인은 ICSID에 피청구인이 투자와 관련하여 아르헨티나-이탈리아 BIT(Argentina-Italy BIT)를 위반하였음을 이유로 손해배상을 구하였다.

이 사건에서 다룰 논점은 '분쟁해결의 절차에 관한 규정에도 MFN(최혜국대우) 조항이 적용될 수 있는지 여부'에 있다. 피청구인은 청구인이 '국내 법원에 제소한 지 18개월 후에야 국제중재를 신청할 수 있다'는 아르헨티나-이탈리아 BIT 제8조 제2항 및 제3항을 위반하여 관할위반이라고 주장하였고, 이에 대하여 청구인은 아르헨티나-이탈리아 BIT 제3조의 MFN 조항을 근거로 하여 청구인에게 더 유리한 절차를 규정한 아르헨티나-미국 BIT(Argentina-US BIT) 제7조의 분쟁해결조항이 이 사건에 적용되어야 하므로 관할위반이 아니라고 주장하였다. 이에 대하여 중재판정부는 청구인의 손을 들어 MFN 조항이 분쟁해결의 절차에 관하여도 적용된다고 판단하여 피청구인의 관할위반 항변을 기각하였다.

중재절차상 특이사항

1. 사건의 등록 및 관할의 항변

Impregilo S.p.A.가 청구인 자격으로 2007년 7월 25일 신청한 ICSID 중재가 'ICSID Case No. ARB/07/17'의 사건 번호로 등록되었다. 피청구인은 2009년 1월 16일자 관할이의에 관한 준비서면(memorial containing objections to jurisdiction)을 통해 ICSID와 현 중재판정부가 청구인들의 손해배상청구를 심리하고 결정할 권한이 없다고 주장하면서 관할에 관한 항변을 제기하였다.

2. 중재판정부의 관할 항변 배척

중재판정부는 이하에서 자세히 살펴보는 바와 같이, 피청구인의 관할 항변을 배척하였는데, 그 과정에서 MFN 조항이 실체법적 사안이 아닌 분쟁해결의 절차적 사안에까지 적용됨을 인정한 판정이라는 점에서 의의가 있다. 이 사건은 아르헨티나에서 중재판정 취소 신청을 하여, 취소 여부를 판단할 특별위원회가 구성되었고, 2013년 말 현재 중재판정 취소에 대한 구술 심리까지 마치고, 이에 대한 판정이 남아 있는 상태이다.

| 사건 및 판정의 세부사항 |

청구의 근거가 된 조약

이 사건에서 청구인의 근거가 된 조약은 아르헨티나-이탈리아 BIT(Argentina-Italy BIT)[1]이다. (1990. 5. 22. 서명, 1993. 10. 14. 발효)

청구인이 문제로 삼고 있는 투자유치국의 조치

판정문의 사실 관계를 고려하여 정리한 쟁점은 다음과 같다.

청구인은 투자유치국이 ① AGBA가 부에노스아이레스의 사업허가(concession) 지역에 상하수도 서비스를 제공하는 데에 있어서 AGBA에게 불리한 새로운 규제체계를 적용한 것, ② AGBA의 요금 인상 요청을 거절한 것, ③ 양허계약(concession agreement)의 해지로써 AGBA에 대한 Impregilo의 투자를 사실상 아무런 보상 없이 국유화한 것이 아르헨티나-이탈리아 BIT와 국제법에 위반된다고 주장하였다.

청구인의 청구취지

① 피청구인은 청구인의 투자에 대하여 아르헨티나-이탈리아 BIT

1 Agreement between Italy and the Argentine Republic for the Promotion and Protection of Investments.

와 국제법을 위반하였음을 확인하여 줄 것

② 피청구인은 청구인이 입은 모든 손해와 다 갚는 날까지의 이자를 배상하여야 함을 명하여 줄 것

③ 피청구인은 중재판정부의 비용, 청구인의 변호사 선임료를 포함하여 중재절차와 관련한 비용 및 다 갚는 날까지의 이자를 지불하여야 함을 명하여 줄 것

사실관계

1. 양허계약의 체결

1990년대 부에노스아이레스 주의 상하수도 서비스는 공기업인 부에노스아이레스 주 위생정책공사(Administracion General de Obras Sanitarias de la Provincia de Buenos Aires, AGOSBA)에 의해 제공되었다. 1996년 주정부는 이 서비스들을 민영화하기로 결정하여 이러한 목적으로 법률 제11820호(Law No. 11820 - 규제체계, Regulatory Framework)를 제정하였고 규제기관으로 수도규제청(Organismo Regulador de Aguas Bonaerense, ORAB: 부에노스아이레스 소재)을 설립하였다. 또한 주의 다양한 지역에 대하여 발급되는 사업허가(concession)에 대하여 입찰 절차를 조직하였다.

Impregilo는 다른 다국적기업(Sideco Americana S.A. 및 Aguas de Bilbao Bizkaia)과 함께 컨소시엄을 구성하였고 1999년 10월 18일자 주법령 제2907/99호(Provincial Decree No. 2907/99)에 의하여 주의 영토가 나누어진 사업허가 지역 중 한 곳에 대하여 사업허가를 받았다. 입찰 규정에 따라 Impregilo와 그 파트너들은 출자를 하여 아르헨티나 기업인 AGBA를 설립하였다. 1999년 12월 7일 부에노스아이레스 주와 AGBA는 7개

의 지방자치단체를 포함한 지역에 상하수도 서비스를 제공하는 양허계약을 체결하였다.

2. 양허계약상 사업시행자인 AGBA의 의무

사업시행자인 AGBA는 인수(takeover) 시부터 30년간 사업허가 지역 내에서 서비스를 제공하는 독점권을 향유(양허계약 제1.6조, 제1.7조)하면서 사업허가와 모든 법률적 · 기술적 · 경제적 · 재정적 위험과 이에 수반되는 것에 대한 책임을 지며, 서비스를 공급하는 데에 필요한 의무와 요건을 수행하는 것에 관하여 주정부 · 소비자 · 제3자에 대하여 책임을 지기로 하였다(양허계약 제13.1조). 또한, AGBA는 규제체계(Regulatory Framework)가 정한 질적 기준을 충족시키면서 '서비스 확장과 최적화 프로그램(Service Expansion and Optimization Program, POES)' 및 5개년 계획을 준수하여 상하수도 처리시설 및 전기시설을 확대 · 수리 · 교체하기로 하였다(양허계약 제3.1조 내지 제3.5조).

이때 POES는 양허계약 제5조 이하, 부속서 F[2]에 규정되어 있었는데, 규제체계와 계약에 규정된 조항에 따라 서비스 확장, 서비스 목표와 사업 계획, 질적, 양적, 서비스 효율성 목표와 약속을 이루고 여기에 설정된 조건에 따라 사업시행자가 수행하고 성취해야 하는 지리적 범위에 대한 요건에 일치하기 위해 요구되는 업무를 포함하였다.

POES는 양허계약 제5.3조에 따라 6개의 연이은 5개년 계획으로 구성되었다. 더욱이 POES는 규제기구의 승인에 따라 양허계약 제6.5조

---

2 "경영 지표"에 관한 Annex F의 제1조는 서비스의 질과 Annex의 표1의 시간 내에 달성해야 하는 가치들, 즉 micro-metering 효율성의 최소 가치(3년차에 75%부터 30년차에 98%까지), 보고되지 않은 물의 최대 가치(3년차에 40%부터 30년차에 25%까지), 서비스의 계속성의 최소 가치(3년차에 96%부터 30년차에 100%)를 허용하는 사업 경영과 관련한 목표를 명시하였다.

에 규정된 POES 진행 연차 보고서를 통하여 만들어진 업데이트 · 수정 및 변화를 포함하였는데, POES를 준수하는 데에 실패하는 경우 벌금이 부과되며(제13.2.5.5조), 이는 동시에 사업시행자의 불이행에 기한 해지사유에 해당하게 된다(제14.1.3.b조).

POES의 기간에 포함되는 각 5년 동안, 사업시행자는 규제기관에 POES가 실행될 구역을 지적하면서 POES에 규정된 서비스 목표와 보급 목표를 이루기 위해 필요한 업데이트를 설명, 조정, 제공하는 5개년 계획 초안을 제출하여야 했다.

5개년 계획 프로젝트는 계약 실행일 이후 3개월 내에 제출되어야 했는데, 각각의 연이은 5개년 계획의 초안은 실행되고 있는 5년 기간의 종료일로부터 적어도 1년 전에 제출되어야 하고, 규제 기관은 필요하다고 추정되는 수정이나 해명을 요구할 수 있었다. 사업시행자가 제출한 초안에 대한 승인이 있으면, 그 초안은 5개년 계획과 POES의 필수적인 부분이 되며 그 이행은 의무적이었다(양허계약 제5.3조).

3. 양허계약상 AGBA의 요금에 관한 권리

요금제도는 양허계약 제12조 이하, 부속서 N에 규정되어 있는데, 원칙적으로 요금의 계산은 모든 운용비용 · 유지비용과 서비스 할부 상환액을 포함하고, 사업시행자의 효율적인 경영과 운영을 하는 선에서, 사업시행자의 투자에 대한 합리적인 보상을 해 주어야 하며 서비스의 질과 확장 목표를 엄격하게 준수해야 한다는 일반원칙에 근거한다(양허계약 제12.1.1조). 그리고 그러한 요금계산은 양허계약 제12장의 검토 절차(review procedures)에 의해 수정되지 아니하는 한 사업허가 기간 내내 유효한 것이었다(양허계약 제12.3.1.조).

요금의 조정(adjustment of tariffs and prices, 양허계약 제12.3조)은 ① 전형적 5개년 심사(ordinary five-year reviews, 양허계약 제12.3.4조) ② 비용 지수의 변

화에 따른 비전형적 심사(extraordinary reviews due to changes in cost indices, 양허계약 제12.3.5조)의 경우에 가능했다. 전형적 5개년 심사(ordinary five-year reviews)란 두 번째 5년의 기간에 적용되는 5년간의 계획(Five-Year Plan)에 근거하여, POES에 규정된 목표의 변화 때문에 매 5년마다 시행되는 검토였다. 비용 지수의 변화에 따른 비전형적 심사(extraordinary reviews due to changes in cost indices)란 사업시행자나 규제 기관이 제12.3.5.2조에 규정된 조항에 따라 절대적 가치 조건하에서 3%를 초과한 사업허가와 결부된 비용 지수의 증가를 청구할 때 검토가 이루어지는 것이었다.

또한, 요금제도의 변경(changes to the tariff regime, 양허계약 제12.4조)은 양허계약이 체결된 이후 세 번째 해에 한 번 가능하며, 사업시행자가 다음의 사항을 입증하면 사업시행자의 요구에 따라 수정될 수 있었다. 즉 ① 서비스 공급과 수요를 맞추기 위한 모든 필요한 조치를 취하고 효율적으로 운영하였음에도 불구하고 현행 요금제도에서 기인하는 원인들로 인하여 서비스 공급과 수요의 균형을 맞추는 것이 불가할 경우, ② 시행되고 있는 요금제도가 서비스 지역에 제공되는 자원과 자산의 합리적 이용을 촉진하지 못하고 서비스 지역에 직접적으로 관련된 위생 목적을 달성하는 데 부적합할 경우, ③ 시행되고 있는 요금제도의 수정은 소비자들에게 이익이 되는 결과를 가져오는 운용 비용의 현격한 감소를 초래할 경우 등이 입증되면 수정이 가능하였다.

4. 양허계약상 사업시행자의 의무위반에 대한 제재 및 양허계약의 해지

사업시행자가 그 의무를 수행하는 데에 실패한다면 경고, 벌금, 일정한 조건에 따른 주정부의 경영권 인수의 제재를 받게 되는데(양허계약 제13.2조), POES 수행을 지체하게 될 경우, ① 승인된 서비스 목표나 약속된 업무의 비본질적인 지체에 대하여 10만 달러 상당의 벌금, ② 승인된 서비스 목표나 약속된 업무의 본질적인 지체에 대하여 100만 달러 상당의 벌금(양허계약 제13.2.5.5조)을 부과받게 된다.

또한, 주정부는 다음과 같은 사업시행자의 불이행으로 인하여 계약을 해지할 수 있는데(양허계약 제14.1.3조), ① 서비스에 적용되는 법률, 계약이나 규제조항에 대한 심각한 불이행(양허계약 제14.1.3조 제a)항), ② POES에 규정된 보급 목표를 수행하는 데에 있어서 반복되고 정당화되지 않은 지체(양허계약 제14.1.3조 b)항), ③ 규제체계(Regulatory Framework) 제13-II조에 규정되어 있는 소비자 규정(user regulation)의 반복된 위반(양허계약 제14.1.3조 h)항), ④ 계속적으로 규제 기관에게 정보를 주지 않거나 은닉하는 행위(양허계약 제14.1.3조 i)항), ⑤ 제11.2조에 규정되어 있는 운용자 보증과 제11.1조에 규정되어 있는 계약 보증을 제공, 갱신, 재공급하는 것에 대한 실패(양허계약 제14.1.3조 k)항)가 그것이다.

5. AGBA의 사업 운영 및 아르헨티나의 경제위기에 따른 경영난

AGBA는 2000년 1월 3일 사업허가(concession)를 취득하였고, 2000년 3월 21일 ORAB에게 첫 번째 5개년 계획을 제시하였다. ORAB는 2000년 7월 21일 5개년 계획의 수정을 요구하였고, 2000년 11월 8일 AGBA가 수정된 5개년 계획을 제시하여 ORAB은 2001년 1월 31일 수정된 계획을 승인하였다. AGBA는 부에노스아이레스 주의 공공사업부 장관(Minister of Public Works and Services of the Province of Buenos Aires)에게 2001년 5월 17일자 서한으로, AGBA의 노력에도 불구하고 소비자로부터 서비스 요금을 징수하는 것에 막대한 어려움을 겪고 있다고 진술하였다. 사업허가 지역(concession area) 내에서 미징수율이 60%에 이르렀고, 이것이 확대 프로그램(expansion program)하에서 요구되는 AGBA의 투자 능력에 영향을 미치고 있었다. 결과적으로 AGBA는 사업의 경제적 재정적 균형의 현저한 변경에 직면하고 있고 은행 대출을 얻는 데에 막대한 어려움을 겪고 있었다.

6. AGBA의 요금 조정 및 양허계약의 변경 요청

이러한 아르헨티나의 경제위기와 요금징수의 어려움으로 인하여 AGBA는 현행 5개년 계획의 목표를 달성하는 것이 불가능하였고, AGBA는 적절한 해결책과 대안책을 공동으로 분석하기 위해 업무위원회를 설치할 것과 동 위원회가 결정할 때까지 확장 목표를 일시적으로 중단할 것을 요구하였다.

그러나 부에노스아이레스 주의 공공사업부 차관(the Undersecretary of Public Services of the Province of Buenos Aires)은 2001년 5월 30일 미징수율의 문제는 AGBA가 양허계약의 조건에 따라 감수해야 하는 경영 위험이라고 답변하였다. 그럼에도 불구하고 공공사업부처는 관련된 지역의 소비자들의 이익에 맞추어 양허계약과 규제체제(Regulatory Framework)의 목적을 조화시키기 위한 계약상 변경을 가져올 업무위원회를 설치하는 데에 동의하였다.

AGBA는 2001년 7월 17일자, 2001년 8월 15일자 서한으로 아르헨티나의 심각한 경제위기를 언급하면서 ORAB에 대하여 POES의 집행을 일시적으로 중단할 것을 요구하였다. 그러나 ORAB은 오히려 2001년 8월 7일 AGBA에 대하여 양허계약의 Annex N[3]의 제10조에 근거하여 특정 지역에서 노임을 청구하는 것을 그만둘 것을 요구하였다.

---

3 Annex N은 면허권자의 서비스 제공에 적용되는 요금제도에 관한 것이다. 제2조에서 서비스에 대하여 지불해야 하는 의무자들, 제4조에서 측정된 서비스와 측정되지 않은 서비스에 적용되는 요금을 정의하고 있다. 제10조는 식수 공급과 오수 서비스가 연결되었을 때 소비자가 지불해야 하는 노임비용을 다루고 있다. 제19조는 면허권자가 그가 제공하는 모든 서비스에 대하여 요금을 청구하고 징수할 권리가 있음을 규정하고 있다. 제29조는 소비자가 비용지급을 연체하는 경우의 서비스 중단을 다루고 있다.

한편, ORAB의 기술부서(Technical Department)는 2001년 8월 27일 양허계약의 1년차 동안 AGBA의 이행이 POES의 이행 수준이 받아들일 수 있는 수준임을 확인하였다. 과학기술부서는 주와 국가가 겪고 있는 경제적 어려움의 측면에서 POES의 중단 요구도 지지하였다. 우호적인 의견이 2001년 11월 23일 ORAB의 경제규제부서(Economic Regulation Department)에 의하여, 2001년 12월 3일 ORAB의 법률해결부서(Law and Resolution Department)에 의해 제시되었다.

AGBA는 2001년 9월 13일자 서한으로 부에노스아이레스 주지사에게 양허계약의 이행에 관련하여 일어나는 심각한 상황을 논의할 회의를 마련하고 개입해 줄 것을 요구하였고, 2001년 12월 27일 여러 사건으로 인하여 방해 받고 있는 양허계약의 경제적, 재정적 상황의 균형을 회복하기 위한 가장 적절한 방법을 결정하기 위한 양자 협상을 즉시 마련해 줄 것을 요청하였다.

ORAB의 기술부서는 2001년 10월 10일자 내부 문서를 통해 AGBA의 노력에도 불구하고 양허계약에 제시되거나 POES에서 명시한 목표 중 그 어느 것도 달성되지 아니하였음에 주목하였다. 이러한 관점에서 ORAB은 2001년 10월 17일 AGBA에 대하여 양허계약의 Annex N에 명시된 계수에 따라 요금을 증가하는 것을 불허하였다. 아르헨티나 연방 정부는 2002년 1월 6일 요금을 달러와 동률로 페소화하여 그 요금을 동결하는 공익 비상 상황과 환율제도 개혁에 관한 법률 제25561호(Law No. 25561 on Public Emergency and Exchange Regime Reform)를 제정하였고 공공 계약을 재교섭할 수 있는 권한을 위임받았다.

AGBA는 2002년 1월 9일자 주지사에게 보내는 문서를 통해, 최근의 경제적 · 사회적 국면은 AGBA의 상황을 더 악화시키고 있음을 지적하였다. AGBA는 사업(concession)을 붕괴 위기에 처하게 하는 많은 요인들에 대하여 주지사에게 알릴 수 있는 회의를 요청하였다. ORAB

는 2002년 1월 11일 AGBA의 요금을 달러와 동률로 페소화하였다. AGBA는 2002년 1월 24일 양허계약뿐 아니라 아르헨티나의 헌법과 법률에 반하므로 이 결정을 번복할 것을 요구하였다.

ORAB은 2002년 2월 18일 AGBA가 노임을 청구하는 것을 막는 결정 제14/02호(Resolution No. 14/02)를 발하였다. AGBA는 2002년 2월 19일, 2002년 4월 17일자 서한으로 주지사에 대하여 양허계약의 재협상을 요청하였다.

부에노스아이레스 주는 2002년 2월 28일 행정부에게 수도 서비스(water services)에 대한 새로운 규제체계(new Regulatory Framework)를 제정할 권한을 부여하는 법률 제12858호(Law No. 12858)를 제정하였다. 브에노스아이레스 주는 2002년 3월 13일자 대통령령 제517/02호(Decree No. 517/02)를 통해 이전까지 Azurix사가 보유하였던 부에노스아이레스 주의 다른 지역의 사업허가를 인수하는 Aguas Bonaersenses S.A.(ABSA) 회사의 지위를 승인하였다. 부에노스아이레스 주는 또한 2002년 3월 13일자 대통령령 제1175/02호(Decree No. 1175/02)로써 공공서비스 계약과 요금의 충격을 평가할 특별위원회(Special Commission for the Evaluation of the Impact of the Crisis on the Tariffs and Contracts of Public Service)를 조직하였다. 특별위원회의 과제는 공공시설이 있는 지역의 문제를 검토하고 해결책을 제안하는 것이었다. AGBA는 ORAB에 대한 2002년 6월 11일자 서한으로 AGBA에게 더 큰 어려움을 일으키는 세법의 변화를 지적하였고 양허계약의 검토를 요청하였다. 양허계약에 대한 재협상의 필요성은 AGBA의 주지사에 대한 2002년 6월 28일자 서한에서 더 자세히 설명되었다.

주의 공공서비스부 차관(Undersecretary of Public Services of the Province)은 2002년 7월 23일 ORAB에 대한 서한을 통해 AGBA가 계약에 의해 POES의 의무를 수행하고 이 목적을 위해 필요한 자금을 스스로 구할 것에 동의하였음을 지적하였다. 차관은 경제적 이익의 보호가 요구되는 소비자에게 부정적 영향을 미칠 것이기 때문에 AGBA에게 유리하도록 조정하는 것이 합리적이지 않다고 판단하였다.

AGBA는 차관에 대한 2002년 8월 14일자 서한, ORAB에 대한 2002년 10월 30일자 서한, 주지사에 대한 2002년 9월 30일자, 2002년 10월 24일자 서한, 공공서비스 계약과 요금의 위기의 충격을 평가하기 위한 위원회의 회장(President of the Commission for the Evaluation of the Impact of the Crisis on the Tariffs and Contracts of Public Service)에 대한 2002년 10월 8일자 서한으로 재협상 요구를 반복하였다.

ORAB은 2002년 8월 27일 결정 제56/02호(Resolution No. 56/02)로써 요금을 지불하지 않은 소비자들에 대한 수도 공급을 중단할 수 있는 AGBA의 권리를 중지시켰다.

ORAB의 회장에게 제출된 2002년 12월 2일자 보고서에서, ORAB의 기술부서는 AGBA가 2000년도 첫 번째 양허계약에 규정된 목표를 근본적으로 만족하였음을 확인하였다. 2002년 12월 5일자 결정 제69/02호(Resolution No. 69/02)로써 ORAB은 AGBA가 양허계약의 Annex F에 규정되어 있고 POES의 필수적 부분인 첫 번째 5개년 계획에 포함되어 있는 대로 사업허가의 첫 번째 해인 2000년도의 서비스 확장과 질적 목표는 달성하였다고 결정하였다.

ORAB은 2002년 12월 30일 결정 제77/02호(Resolution No. 77/02)로써 POES 의무 중단 요청을 승인하였다. 이는 AGBA의 두 번째 사업허가 기간인 2002년도의 그 해 동안 완수하지 못한 조치가 양허계약의 제13.2.5.5.에 따른 벌칙을 초래하지 않는 효과로 이어졌다.

부에노스아이레스 주(province)는 2003년 6월 9일 주의 식수와 오수 공공서비스를 제공하는 새로운 규제체계(New Regulatory Framework)를 포함하는 대통령령 제878/03호(Decree No. 878/03)를 발표하였는데 그 대통령령에 따라 통제 기관은 부에노스아이레스 수도관리청(Organismo de Control del Agua de Buenos Aires, OCABA)이 되었다. AGBA는 2003년 7월 17일 그 법령에 이의를 제기하였고, 2003년 8월 27일, 2003년 9월 22일, 2003년 12월 2일, 2004년 6월 30일에 반복적으로 양허계약의 재협상을 요구하였다. 주지사는 2004년 6월 30일 새로운 규제체계(New Regulatory Framework)를 규정하고 있는 대통령령의 취소에 대한 AGBA의 요청을 거절하였다.

그러나 주는 2005년 4월 26일 Aguas Bohaerenses S.A.("ABSA")와의 협약을 승인한 대통령령 제757/05호(Decree No. 757/05)를 채택하였다. ABSA는 요금을 점진적으로 인상하는 것을 허가 받았고 보조금을 승인받았다. AGBA는 권한 있는 장관과 차관에 대한 2005년 7월 15일자 서한에서 ABSA와 비교하여 차별을 받았으므로, 유사한 대우를 요구하였다. 요금 인상을 허락하여 달라는 AGBA의 요청은 2005년 8월 25일 공공사업부 차관(Undersecretary of Public Sevices)으로부터 거절되었다.

7. 양허계약의 해지

공공사업부(Ministry of Public Services)는 2006년 3월 10일 결정 제84/06호(Resolution No. 84/06)로 OCABA에게 AGBA의 사업시행자(concession holder)로서의 수행에 관한 정보를 수집할 것을 명하였다. OCABA는 2006년 4월 21일 AGBA가 양허계약과 POES의 의무를 여러 방법으로 위반하였다고 결론 내린 보고서를 발표하였다.

AGBA는 ORAB의 회장, 공공서비스부의 장관과 차관에 대한 2006년 6월 14일자 서한에서 주정부가 양허계약의 의무를 위반하였고, 이것이 45일 내에 수정되지 않는 한, AGBA는 양허계약을 취소할 필요가 있음을 선언하였다.

OCABA는 2006년 7월 10일 결정 제36/06호(Resolution No. 36/06)

로써 AGBA에 대하여 적절한 시간에 불만사항을 처리하는 것에 실패하였음을 이유로 벌금을 부과하였다. 결국 주지사는 2006년 7월 11일 대통령령 제1666/06호(Decree No. 1666/06)로써 양허계약 제14.1.3.(a),(b),(h),(i),(k)에 따른 AGBA의 잘못을 이유로 양허계약을 해지하였다. 주지사는 2006년 7월 13일 대통령령 제1677/06호(Decree No. 1677/06)에 의하여 AGBA의 상하수도 서비스 사업허가권을 ABSA에게 이전하였다.

법률적 쟁점 및 중재판정부의 판단

1. 관련 규정

가. 아르헨티나 – 이탈리아 BIT(Argentina – Italy BIT)

제3조 제1항

각 체약 당사국은 그 영토 내에서 다른 체약 당사국의 투자자들에 의해 이루어진 투자, 그러한 투자에 연계된 수입과 활동들, 이 협정에 의하여 규제되는 다른 모든 사안들에 대하여 제3국의 투자가들이나 자국의 투자가들에게 부여된 것보다 불리하지 않은 대우를 부여하여야 한다.[4]

4 "Each Contracting Party shall, within its own territory, accord to investments made by investors of the other Contracting Party, to the income and activities related to such investments and to all other matters regulated by this Agreement, a treatment that is no less favorable than that accorded to its own investors or investors from third-party countries."

제8조 제2항

분쟁이 우호적으로 해결되지 않는다면, 투자가 이루어진 영토를 가지고 있는 당사국의 권한 있는 법원이나 행정법원에 제소할 수 있다.[5]

제8조 제3항

위 제2항에 언급된 법원에의 절차 개시 통지가 이루어진 날짜로부터 18개월 후에 투자가와 일방 체약 당사국 사이의 분쟁이 해결되지 않았다면 이는 국제중재에 회부될 수 있다.[6]

나. 아르헨티나 – 미국 BIT(Argentina – US BIT)

제7조 제2항[7]

투자 분쟁이 발생한 경우, 분쟁의 당사자들은 우선적으로 협상과 협의를 통한 해결을 구하여야 한다. 분쟁이 우호적으로 해결될 수 없다면, 관련된 국민이나 회사는 해결을 위하여 분쟁의 제소를 다음과 같이 선택할 수 있다.

---

5 "If the dispute cannot be settled amicably, it may be submitted to the competent judicial or administrative courts of the Party in whose territory the investment is made."

6 "Where, after eighteen months from the date of notice of commencement of proceedings before the courts mentioned in paragraph 2 above, the dispute between an investor and one of the Contrating Parties has not been resolved, it may be referred to international arbitration."

7 "In the event of an investment dispute, the parties to the dispute should initially seek a resolution through consultation and negotiation. If the dispute cannot be settled amicably, the national or company concerned may choose to submit the dispute for resolution: (a) to the courts or administrative tribunals of the Party that is a party to the dispute; or (b) in accordance with any applicable, previously agreed dispute-settlement procedures; or (c) in accordance with the terms of paragraph 3."

(a) 분쟁의 당사자의 법원이나 행정판정부에 제소하거나

(b) 적용 가능하고 사전에 합의된 분쟁해결절차를 따르거나

(c) 제3항의 조건에 따르는 것

제7조 제3항(a)[8]

관련된 국민이나 회사가 제2항 (a), (b)에 따라 분쟁해결을 위하여 제소하지 않았고 분쟁이 발생한 날로부터 6개월이 도과하였다면, 관련된 국민이나 회사는 서면으로 법적 구속력 있는 중재에 분쟁해결을 제기할 것에 동의하는 것을 선택할 수 있다.

2. 피청구국의 주장

피청구국인 아르헨티나 공화국은 중재판정부에 ICSID 중재규칙 제41조 제4항에 기하여 ICSID에 관할이 없고 판정부에 이 사건을 심리할 권한이 없음을 선언하는 판정을 하여 줄 것을 요구하였다. 즉, ① Impregilo가 아르헨티나-이탈리아 BIT 제8조에서 규정한 요건을 갖추지 못하였으므로 ICSID의 관할권(jurisdiction)과 판정부에 심리권한(competence)이 없고, ② 선택적으로, Impregilo의 청구가 간접적 청구이므로 ICSID의 관할권과 판정부에 심리권한이 없으며, ③ 선택적으로, 청구가 ICSID가 관할이 없는 계약상 논점에 적용되는 것이므로 ICSID의 관할권과 판정부에 심리권한이 없음을 선언하여 줄 것을 다음과 같이 주장하였다.

8 "Provided that the national or company concerned has not submitted the dispute for resolution under paragraph 2 (a) or (b) and that six months have elapsed from the date on which the dispute arose, the national or company concerned may choose to consent in writing to the submission of the dispute for settlement by binding arbitration."

가. 아르헨티나-이탈리아 BIT의 제8조 제2항 및 제3항 요건의 불비

아르헨티나-이탈리아 BIT의 제8조 제2항 및 제3항의 분쟁해결조항은 투자자로 하여금 국제중재절차를 신청하기 전에 18개월 동안 국내 법원에서 다툼을 제기할 것을 요구한다. 허가형 동사 'may'의 사용은 투자자가 국제중재절차를 시작하기 원한다면, 투자자가 국내 법원에 다툼을 처음으로 제기하는 것과 국제중재절차 시작 전에 18개월을 기다리는 것으로부터 면제됨을 의미하는 것이 아니다.

사실, 우호적인 협상이 실패한다면, 그때 투자자는 아르헨티나-이탈리아 BIT의 제8조 제3항에 따라 오직 다툼이 우선적으로 권한 있는 행정부나 사법부의 관할에 최소 18개월 동안 제기되어야만 국제중재에 제기할 수 있다. 이와 다른 해석은 조약 해석과 관련한 'effet utile(유용한 효과)'나 'ut res magis valeat quam pereat(사안은 효과가 없는 것보다 효과를 가져야만 한다)'를 침해하여 아르헨티나-이탈리아 BIT의 제8조 제3항 전단의 의미를 상실케 할 것이다.

Impregilo가 아르헨티나-이탈리아 BIT에 따라서 ICSID 중재절차를 신청하기 전에 18개월간 아르헨티나 공화국의 권한 있는 행정부나 사법부의 관할에 제소하지 아니하였으므로 이 사건 청구는 배척되어야 한다. Wintershall Aktiengesellschaft v. Argentine Republic,[9] TSA v. Argentine Republic[10] 사건의 ICSID 판정이 이 사안에 대한 아르헨티나의 입장을 지지한다.

---

9 *Wintershall Aktiengesellschaft v. Argentine Republic* (ICSID Case No. ARB/04/14), Award (8 December 2008), at paras. 114~122.

10 *TSA Spectrum de Argentina S.A. v. Argentine Republic* (ICSID Case No. ARV/05/5), Award (19 December 2008), at paras. 98, 107, and 110~112.

나. MFN 조항 적용 불가

Impregilo는 국내 법원에 18개월 동안 호소해야 하는 의무를 피하기 위한 목적에서 아르헨티나-이탈리아 BIT의 제3조 제1항의 최혜국대우 조항(MFN)에 의지할 수 없다. MFN 조항을 적용함으로써 아르헨티나-미국 BIT 제7조가 아르헨티나-이탈리아 BIT에 인용되어야 한다는 입장을 거절하기 위한 4개의 논거가 있다. ① 아르헨티나-미국 BIT 제7조는 MFN 조항의 용어에 정당한 효과를 주지 않는 점, ② 중재는 아르헨티나와 그 주권 밖에서 진행되는 반면, MFN 조항은 영토 내의 조치와 관련이 있는 점, ③ 국내 법원에 호소하는 것이 투자자들에게 불리하다고 간주될 수 없는 점, ④ 18개월 조항은 BIT의 필수적인 조항이므로 Impregilo는 그것을 따르지 않기 위해 MFN 조항에 호소할 수 없는 점이 그것이다.

(1) MFN 조항의 용어 해석

아르헨티나-이탈리아 BIT의 제3조 제1항의 MFN 조항의 주어는 "다른 체약 당사국의 투자자들에 의하여 이루어진 투자, 그러한 투자에 연계된 수입과 활동들, 이 협정에 의하여 규제되는 모든 다른 사안들"이다. '투자(investments)'와 '그러한 투자에 연계된 수입과 활동들(income and activities related to such investments)'이라는 2개의 특정된 사항이 있고, 콤마로 분리되지 않은 제3의 일반적 용어인 '이 협약에 의해 규제되는 모든 다른 사안들(all other matters regulated by this Agreement)'이 같은 구절에 뒤따른다. 동일한 종류의 원칙(ejusdem generis principle)에 따라 일반적 용어는 특정 사항의 주제에만 적용된다. 따라서 MFN 조항이 '이 협약에 의해 규제되는 모든 다른 사안들'에 대하여 '불리하지 않은 조치'를 요구할 때, 이것은 투자와 관련된 사안을 말하는 것이다. 18개월간의 국내 사법적 구제 요건을 포함한 아르헨티나-이탈리아 BIT 제8조의 중재와 그 선결조건은 투자가 아닌 오히려 BIT하에서의 분쟁해결절차와 관련된 것이다. 더욱이 ICSID 중재는 아르헨티나가 투자가들에게 제공하는 '조치'가 아니라 오히려 투자가들의 결정에 의하여 아르헨티나가 받아야 하는 절차이다. 따라서 MFN 조항은 아르헨티나-이탈리아 BIT 제8조에 적용되지 않는다.

유효성 원칙(effet utile principle)은 이러한 결론에 대한 근거를 제공한다. MFN 조항에 일반 용어인 '모든 다른 사안들'이 제8조를 포함한 아르헨티나-이탈리아 BIT에 거론된 모든 것을 포함하는 것이라면, 일반 용어는 처음 2개의 특정 용어의 의미를 상실케 할 것이다. 아르헨티나-이탈리아 BIT는 2개의 특정 용어 없이 최종적, 일반 용어만을 명시할 수 있었고 그것은 동일한 의미를 가질 것이다.

(2) MFN 조항은 영토 내의 조치와 관련이 있음

MFN 조항은 영토적 적용에 제한된다. 각 국가는 오로지 '그 영토 내에서(within its territory)' 불리하지 않은 조치에 부합할 것이 요구된다. MFN 조항은 국가의 영토 밖에서 가장 우호적인 조치를 요구하지 않는다. 아르헨티나-이탈리아 BIT하에서 아르헨티나 공화국의 영토는 물리적으로 정의되고 그 '육지와 해안선(land and ocean boundaries)'과 '해상구역(maritime zones)'을 포함하는 것으로 고려된다.[11]

ICSID는 피청구 국가의 장소나 위치, 중재가 이루어지는 장소나 위치에 상관없이 다자 조약에 의해 지배되고 어떠한 국가의 관할로부터 완전히 분리된 순수하게 다국적 중재이기 때문에 이러한 영토적 한계는 MFN 조항의 범위에서 ICSID 중재에 참여라는 조건을 제외한

11 중재판정문 본문에서는 해당 BIT 내 어떤 조항이 영토와 관련한 정의를 담고 있는지 특정하고 있지 않는다.

다. 따라서 아르헨티나-이탈리아 BIT 제8조의 국제중재에 필수적인 18개월 국내 사법적 구제절차를 포함하여 국제중재에 의지하기 위한 조건들에 관하여 MFN 조항에 호소할 근거가 없다.

(3) 국내 법원에 호소하는 것이 투자자들에게 불리하다고 간주될 수 없음

아르헨티나-이탈리아 BIT의 제3조 제1항은 투자를 받는 국가들을 상대로 그 국적의 투자가들이나 제3국의 투자가들에게 부여된 것보다 불리하지 않은 조치를 부여할 것을 요구하고 있다. 중재판정부가 아르헨티나-이탈리아 BIT 제8조에 MFN 조항을 적용한다 하더라도(적용하지 말아야 할 것이지만), 아르헨티나-미국 BIT의 분쟁해결조항을 이용하기 위하여는 Impregilo가 아르헨티나-미국 BIT가 아르헨티나-이탈리아 BIT보다 더 유리한 조치를 제공한다는 사실을 입증할 책임이 있다. 그러나 Impregilo는 입증을 하지 아니하였고 입증할 수 없을 것이다.

Impregilo는 어떠한 장애로든지 사법적 청구를 하는 것을 방해를 받지 아니하였다. Impregilo는 법원에 대한 접근 권리나 적법절차에 대한 권리가 주어지지 아니하였다고 주장할 수 없다. 이것은 18개월 내에 아르헨티나 법원이 내린 여러 결정들이(그중 많은 결정은 종국적인 것임) 증거가 된다. 이 사건에서 논점이 되는 것과 같은 조치들은 아르헨티나 법원에 의해 검토되었을지도 모르고 검토되었을 만한 것들이다. 그리고 많은 사건에서 본안에 대한 판단은 1년 내에 발표되었다. 이러한 점은 아르헨티나 공화국의 사법제도가 신속한 결정을 내리는 자원이 있음을 입증한다.

(4) 18개월 조항은 BIT의 필수적인 조항이므로 Impregilo는 그것을 따르지 않기 위해 MFN 조항에 호소할 수 없음

아르헨티나-이탈리아 BIT의 제8조는 양 주권에 의한 중재에 대한 제한된 동의로 이어지는 분쟁해결 메커니즘을 명확히 표현한다. 당사자들은 이러한 절차를 전체(하나의 덩어리)로 고안하고 협상하였고, 분명히 이 조항이 의미가 있다고 생각하였다. Impregilo는 아르헨티나가 맺은 수많은 BIT들 중에서 일부분을 고르고 선택하는 방법으로 협상된 패키지를 재조립하도록 허락되어서는 아니 된다.

이러한 18개월 조항의 목적은 국가들에게 그들의 법원을 통하여 분쟁해결을 하고 잠재적으로 국제법 위반을 해결하는 가능성을 부여하는 것에 있다. 이것이 이 요건이 아르헨티나와 어떠한 국가들 사이에서 특별히 협상된 이유이고 자본수출국들이 더 긴 기간을 규정한 비슷한 조항들을 가지고 있는 이유이다.

18개월 조항이 특별히 협상된 사정을 고려하면, Impregilo는 MFN 조항을 들어 이탈리아와의 관계에서 뿐만 아니라 그러한 조항들이 포함된 BIT를 가지고 있는 다른 모든 국가들과의 관계에 있어서 아르헨티나-이탈리아 BIT의 제8조 제2항을 피하도록 허용되어서는 아니 된다. 이 조항은 아르헨티나가 체결한 모든 BIT에 존재하는 것이 아니며, 이 점이 조약을 협상하는 국가들이 나머지 조항들과 마찬가지로 그 조항을 특별하고 구속적인 조항이라고 의도하였다는 증거가 된다. 18개월 조항을 포함하지 않은 조약들을 맺은 이후 아르헨티나가 몇몇 경우에서 18개월 조항이 있는 조약을 계속 체결하였다는 사실은 이것을 증명한다.

아르헨티나-이탈리아 BIT 제3조 제1항의 "이 협정에 의하여 규제되는 모든 다른 사안들"이라는 문구와 유사하고, 많은 BIT들에 포함된 "관련된 모든 사안들"이라는 문구에 대한 Vladimir Bershader v.

Russian Federation[12] 사건의 분석이 참조가 될지도 모른다. Salini,[13] Plama,[14] Telenor,[15] Wintershall[16] 사건의 ICSID 판정문도 아르헨티나의 이 논점에 대한 입장을 지지한다.

3. 청구인의 주장

가. 아르헨티나 – 이탈리아 BIT의 제8조 제2항의 해석

아르헨티나-이탈리아 BIT 제8조 제2항은 투자자가 분쟁을 투자국의 권한 있는 법원이나 행정법원에 소를 제기해도 된다(may)고 규정하고 있다. 다른 BIT들과 달리 아르헨티나-이탈리아 BIT는 국내 법원이나 당국에 제소해야 한다(shall)고 규정하고 있지 않다. 따라서 국내 법원에의 제소는 선택사항이고 의무적 요건이 아니라고 결론내릴 수 있다.

수년간 Impregilo는 성실하게 아르헨티나와의 분쟁을 해결하기 위하여 노력하였으나, 분쟁은 오직 악화되기만 하였고 주정부가 2006년 중반 위법하게 양허계약을 해지하면서 일단락되었다. 이에, AGBA는 계속적으로 국내 법원과 행정법원에, 그 법원들이 주정부의 결정을 취소하여 줄 것을 기대하고 호소하였으나, 이것은 전혀 현실화되지 않았다. 아르헨티나 법원은 이 중재절차에 회부된 사실관계에 대하여 판단

12 *Vladimir Bershader and Moise Berschader v. Russian Federation* (SCC Case No. 080/2004), Award (21 April 2006), at paras. 183~208.

13 *Salini Costruttori S.p.A. and Italstrade S.p.A. v. The Hashemite Kingdom of Jordan* (ICSID Case No. ARB/02/13), Decision on Jurisdiction (9 November 2004), at paras. 116~119.

14 *Plama Consortium Limited v. The Republic of Bulgaria* (ICSID Case No. ARB/03/24), Decision on Jurisdiction (8 February 2005), at paras. 183~227.

15 *Telenor Mobile Communications AS v. Republic of Hungary* (ICSID Case No. ARB/04/15), Award (13 September 2006), at paras. 83~101.

16 *Wintershall*, at paras. 161~168.

할 기회가 있었으나(지금도 있다), 그렇게 하지 못하거나 행정부의 입장을 지지하여 왔다.

이번 중재사건에서, 아르헨티나 공화국은 이 분쟁이 일어나게 된 최초의 사실이 발생한 지 8년 이상의 시간이 지난 후에 중재판정부가 관할권이 없다고 주장하고 있다. 아르헨티나는 ① Impregilo가 "우호적인 협의" 기간을 갖는 데에 실패하였고, ② Impregilo가 국내 법원에 제소하는 18개월 기간요건을 지키는 데에 실패하였으며, ③ MFN 조항의 범위에 대한 Impregilo의 해석에 결함이 있다고 주장하였다.

아르헨티나 공화국의 항변은 아르헨티나 법원과 행정법원이 현재 사건에 수반된 사실에 대하여 판단할 기회가 있었다는 사실을 무시하고 있다. 그럼에도 불구하고 그들은 판결을 내리는 데에 실패하거나 그 조치들을 지지하는 것 중에 하나의 입장을 취하였다. 그 청구들은 현재 사건의 BIT 청구들과 유사한 사실관계 및 배경을 가지고 있었음에도 불구하고 오직 계약적 논점에만 근거하였었다. 아르헨티나 법원은 이러한 사실적 배경에 대하여 판단할 18개월 이상의 시간을 가지고 있었다.

TSA v. Argentina[17] 중재판정부는 국내 행정적 또는 사법적 구제절차를 위한 기간을 둔 목적이 그러한 시간의 틀 안에서 국가적 차원에서 만족스러운 해결을 할 수 있는 공정한 기회를 갖는 것이라는 점을 이해하고 있었다. ICJ는 Interhandel 사건에서 국제관습법상의 국내 구제책의 소진이라는 요건과 관련하여 '피신청국은 개인에 대하여 행하여졌다고 주장되는 잘못을 국내 법률 시스템 틀 안에서 피신청국만의 조치들로 교정할 기회를 최초로 가져야 한다'고 판결하였다.[18] 아르헨티나

17 *TSA*, at para. 110.

18 *Interhandel Case* (Switzerland v. U.S.), Judgement of 21 March 1959, 1959 ICJ Rep. 5, p. 27.

법원들은 충분한 시간을 가졌고 이 사건을 시정하는 데에 실패하였다. Impregilo가 아닌 AGBA가 그 사건들의 청구인이었다는 사실은 국내 법원에 제소하여야 하는 목적과는 무관하다.

따라서 18개월의 기간 요건이 지켜지지 않았다는 아르헨티나의 주장은 아르헨티나 법원이 이 다툼을 일으킨 조치를 취소할 수 있는 기회를 가져야 한다는 18개월 기간의 주요 목적이 충족되었고 국내 구제책의 소진을 요구하는 국제관습법상의 요건까지도 충족되었다는 점을 무시한 것이다.

청구인은 아르헨티나 법률 시스템에서 구제를 추구하는 것이 무익함을 강조한다. 아르헨티나 법원과 행정법원은 이 사건 중재를 불러 온 아르헨티나 정부의 조치를 시정할 수 있는 기회가 있었다. 그러나 18개월간 본안에 대한 판결이 이루어질 수 없다는 사실이 18개월간 제소하여야 하는 것의 무익성을 보여준다. 다시 말해서 국내 법원에 18개월 동안 호소하는 것은 효과적이지 못하고 Impregilo에게 불균형한 비용만을 부담하게 하는 것이다.

나. MFN 조항의 적용

국내 법원에 18개월 동안 제소하는 것을 통하여 분쟁을 해결하려 노력해야 한다는 조항이 의무적 요건으로 해석된다면(그렇게 해석되지도 않지만), Impregilo는 선택적으로(in the alternative) 아르헨티나-이탈리아 BIT 제3조 제1항의 MFN 조항을 적용할 것을 주장한다. 이 조항이 MFN 조치가 BIT에 의하여 규제되는 모든 사안으로 확대되어야만 한다고 기재하고 있기 때문에 이 조항의 범위는 극히 넓다. 이러한 넓은 범위는 명백히 BIT의 분쟁해결조항도 포함한다. 따라서 Impregilo는 아르헨티나-미국 BIT의 분쟁해결조항의 적용을 요구한다. 이 가능성은 아르헨티나가 당사자였던 사건, 이 사건에서 문제가 되는 것과 비슷한 양허계약을 포함한 분쟁을 비롯한 여러 중재판정부에 의해 만장일치로 인정된 바 있다. Maffezini v. Spain,[19] Ambatielos,[20] Siemens v. Argentina,[21] Gas Natural v. Argentina,[22] Suez v. Argentina,[23] National Grid v. Argentina,[24] Camuzzi v. Argentina[25] 사건들이 그런 사건들이다. 한편, 피청구인이 언급하고 있는 Salini,[26] Plama,[27] Bershader,[28] Telenor,[29] Wintershall[30] 사건들은 이 사건과 쉽게 구별된다.

MFN 조항에 근거하여 청구인은 투자가가 국제중재를 제기하는

---

19 *Emilio Agustin Maffezini v. Spain* (ICSID Case No. ARB/97/7), Decision on Jurisdiction (25 January 2000).

20 *The Ambatielos Claim* (*Greece v. United Kingdom of Great Britain and Northern Ireland*), Award (6 March 1956), UNRIAA, Vol. XII, 83.

21 *Siemens AG v. Argentina* (ICSID Case No. ARB/02/8, Decision on Jurisdiction (3 August 2004).

22 *Gas Natural SDG, S.A. v. Argentina* (ICSID Case No. ARB/03/10), Decision of the Tribunal on Preliminary Questions on Jurisdictions (17 June 2005).

23 *Suez, Sociedad General de Aguas de Barcelona S.A., and InterAguas Servicios Integrales del Agua S.A. v. Argentine Republic* (ICSID Case No ARB/03/17), Decision on Jurisdictions (16 May 2006).

24 *National Grid Plc v. Argentina* (UNCITRAL), Decision on Jurisdictions (20 June 2006).

25 *Camuzzi Int'l S.A. v. Argentina* (ICSID Case No. ARB/03/7), Decision on Jurisdiction (10 June 2005).

26 *Salini Costruttori S.p.A. and Italstrade S.p.A. v. The Hashemite Kingdom of Jordan* (ICSID Case No. ARB/02/13), Decision on Jurisdiction (9 November 2004), at paras. 116~119.

27 *Plama Consortium Limited v. The Republic of Bulgaria* (ICSID Case No. ARB/03/24), Decision on Jurisdiction (8 February 2005), at paras. 183~227.

28 *Vladimir Bershader and Moise Berschader v. Russian Federation* (SCC Case No. 080/2004), Award (21 April 2006), at paras. 183~208.

29 *Telenor Mobile Communications AS v. Republic of Hungary* (ICSID Case No. ARB/04/15), Award (13 September 2006), at paras. 83~101.

30 *Wintershall Aktiengesellschaft v. Argentine Republic* (ICSID Case No. ARB/04/14), Award (8 December 2008), at paras. 114~122.

것이 허용되기 전에 18개월 동안 국내 법원이 분쟁에 대하여 판단하기를 기다리는 절차를 예상하지 아니한 아르헨티나-미국 BIT의 분쟁해결조항의 적용을 요구한다. 아르헨티나-미국 BIT는 단지 우호적으로 분쟁을 해결하기 위해 노력하는 6개월의 협의 기간을 규정하고 있을 뿐이다. 아르헨티나-미국 BIT의 분쟁해결조항에 규정된 6개월의 기간은 Impregilo로 하여금 BIT에 규정된 형식적이고, 무익하고 과도한 부담이 따르는 절차를 피하도록 허용하기 때문에 더 우호적인 조치가 된다.

청구인은 현재 이 분쟁을 아르헨티나의 법원이나 행정적 구제절차 또는 (적용가능하고 사전에 동의된) 다른 어떠한 분쟁해결절차에도 제소하지 않은 상태이다. 따라서 아르헨티나-미국 BIT의 첫 번째 요건을 갖추고 있다고 하겠다.[31]

2006년 1월 24일 Impregilo는 아르헨티나 연방정부에 대하여 공식적으로 문제가 되는 분쟁을 고지하고, 협의와 협상으로 사안을 해결하는 방법을 추구하고, 아르헨티나 공화국에 대하여 사안이 협의와 협상으로 해결될 수 없다면 Impregilo가 BIT에 의해 국제중재를 제기할 것이라는 서신을 송달하였다. 이 서신이 송달된 후 6개월의 기간은 2006년 6월 24일 도과되었고, 분쟁은 해결되지 않은 상태로 남았다. 따라서 아르헨티나-미국 BIT의 두 번째 요건도 갖추어졌다.

31 아르헨티나-미국 BIT 제7조 제2항 참조.

4. 중재판정부의 판단

가. 아르헨티나 – 이탈리아 BIT 제8조 제2항과 제3항

아르헨티나-이탈리아 BIT 제8조 제2항은 분쟁이 우호적으로 해결되지 않는다면 투자가 이루어진 영토를 가지고 있는 당사국의 권한 있는 법원이나 행정법원에 제소될 수 있다고 규정하고 있다. 동 조항은 당사자가 국내 법원에 제소해야 한다("shall" or "must")고 규정하고 있지 않다. 그러나 투자가와 계약 당사자 사이의 분쟁이 해결되지 않을 때, 제8조 제2항에 언급된 법원에 절차가 개시되었음을 고지하는 날짜로부터 18개월 후에야 국제중재가 개시될 수 있다고 규정하는 아르헨티나-이탈리아 BIT 제8조 제2항과 제3항 사이에는 긴밀한 연결이 있다.

따라서, 한편으로는 국내 법원 절차가 시작될 수도 있음을 규정하는 조항이 있고, 다른 한편으로는 중재 조건으로서 그러한 절차가 있고 그러한 절차가 18개월 동안 계속되어야 함을 규정하는 조항이 있다.

BIT의 문맥상 모호한 점이 있어 보일 수 있고, 함께 읽었을 때에 두 단락에 대한 다음의 두 가지 해석이 논쟁의 소지가 있다.

① 첫 번째 해석(해석 1): 단어 "may"와 아르헨티나-이탈리아 BIT 제8조 제2항의 선택적 성격(optional character)에 강조를 두고, 아르헨티나-이탈리아 BIT 제8조 제2항에서 투자가가 국내 법원에 제소할 수 있다고 규정하고 있으므로, 아르헨티나-이탈리아 BIT 제8조 제3항상의 사전적 국내 절차 조건은 '만약 투자가가 선택을 하여 실제 국내 법원에 절차를 제기하였을 때에만' 적용된다는 것을 의미함. 반면, 투자가가 선택을 하지 아니하고 국내 법원에 절차를 제기하지 아니하였다면 투자가는 즉시 국제중재에 제소할 수 있을 것임.

② 두 번째 해석(해석 2): 아르헨티나-이탈리아 BIT 제8조 제2항은 투자가가 국내 법원에 제소할 수 있다고 규정하고 있지만, 아르헨티나-이탈리아 BIT 제8조 제3항에 따라 투자가가 국제중재에 제소하기를 원한다면 반드시 우선적으로 국내 법원에 제소하고 18개월의 기간 동안 기다려야 한다는 것.

중재판정부는 어떠한 해석이 선택되든지 간에 아르헨티나-이탈리아 BIT 제8조 제2항의 "may"라는 개념은 투자가가 국내 법원에 제소할 의무를 부담하지 아니한다는 뜻에서 정당화된다는 것에 주목한다. 아르헨티나-이탈리아 BIT 제8조 제2항의 문언에 관한 유일한 질문은 투자가가 이러한 법원들에 제소하지 아니할 경우 나타나는 법률적 결과가 무엇인지에 있다.

중재판정부의 견해는 BIT들 간의 용어상 차이점이 어떠한 실체적인(substantial) 차이점을 필연적으로 의도하였음을 나타내지는 않는다는 것이다. 따라서 모호함은 문언뿐 아니라 문맥을 해석하는 방법으로 해결되어야 할 것이다(조약에 관한 비엔나 협약 제31조). 아르헨티나-이탈리아 BIT 제8조 제2항의 직접적인 문맥과 다른 두 조항들을 함께 해석하면, 합리적인 의미를 부여할 수 있을 것이다.

위의 해석 1에 의하면 투자가가 국내 법원에 제소하지 아니한다면 아르헨티나-이탈리아 BIT 제8조 제3항의 조건은 적용되지 않는다. 다시 말해서, 투자자는 항상 즉각적인 국제중재와 적어도 18개월의 기간 동안 국내 절차가 그러한 중재에 선결되어야 하는 것 중에 선택권이 있는 것이다.

중재판정부는 BIT의 당사국들이 위 해석을 염두에 두었던 것은 아니었을 것이라고 본다. 아르헨티나 정부로서는 외국 투자가들과의 분쟁을 해결하는 데에 그 법원에 첫 번째 기회를 주는 것을 원했을 것이다. 만일 아르헨티나-이탈리아 BIT 제8조 제3항이 해석 1과 같이 해석된다면 이러한 이익이 당연히 실현될 수 없다. 더욱이 아르헨티나-이탈리아 BIT 제8조 제3항의 문언은 국제중재의 일반적 조건을 규정하고 있으며 국내 절차가 없을 경우의 상황에 대한 예외를 규정하고 있지 않다. 이러한 예외를 규정할 의도가 있었다면 문언은 달라졌을 것이다. 적당한 문언은 예를 들어 "만일 분쟁이 위의 제2항에 따라 권한 있는 법원이나 행정 법원에 제소되지 아니하였다면, 또는 만일 이러한 법원에 제소된 이후에 분쟁이 그 절차가 시작된 후 18개월간 해결되지 않은 상태라면, 국제중재에 제소될 수 있다" 정도가 되었을 것이다.

문면상으로 볼 때, 중재판정부는 아르헨티나-이탈리아 BIT 제8조 제3항은 해석 2를 따라야 한다고 판단한다. 다시 말해서, 아르헨티나-이탈리아 BIT 제8조 제3항은 국제중재에 제소하기를 원하는 투자자들이 반드시 지켜야 할 일반 조건을 나타낸 것으로 판단된다는 것이다. 여기서 지켜져야 하는 조건은 두 가지인데, 첫째, 우선적으로 국내 법원에 제소되어야 하고, 둘째, 그 후에는 국제중재절차를 시작하기 전에 18개월을 기다려야 한다는 것이다. 그러나 청구인은 이 조건을 지키지 아니하였다.

ICSID에 제소할 권리를 행사하기 전에 갖추어야 할 의무적인 — 그리고 시간적으로 제한된 — 관할 요건을 규정한 아르헨티나-이탈리아 BIT 제8조 제3항에 따른 이러한 결론은 비슷한 문언의 조항에 대하여 같은 결론에 이른 다른 결정들에 의해서도 뒷받침된다.

Maffezini 사건의 중재판정부는 국내 법원에 먼저 제소해야 하는 것이, 준수되어야 할 관할 요건 중 하나라고 판단하였다.

> 아르헨티나와 스페인 BIT의 체약 당사자들은 그들 각각의 법원에 18개월의 특정 기간 동안 분쟁을 해결할 기회를 주기를 원하였다. 이것이 청구

인의 논점에 대한 유일한 주장이라면, 판정부는 청구인이 BIT의 제10조 제2항에 따라 요구되는 대로 스페인 법원에 제소하지 아니하였으므로 ICSID는 관할권이 없고 이 판정부는 사건을 심리할 권한(competence)이 없다고 결론지을 수밖에 없다.[32]

Wintershall도 동일한 접근 방식을 취하였다.

의심할 여지 없이, 투자의 촉진과 보호는 BIT의 대상과 목적이다. 그러나 아르헨티나-독일 BIT상의 촉진과 보호는 "협약의 근거하에" 있고, 이는 제10조 제2항을 제외할 수 없다. 만일 대상과 목적이 ICSID 중재에 대한 즉각적이고 제한 없는 직접적인 접근이라면, 제10조 제2항의 포함은 쓸데없고 불필요한 것일 것이다. [중략] 그러므로 이 중재절차에서 (그리고 다른 일부 ICSID 중재판정부에서) BIT의 대상과 목적이 투자의 촉진 및 보호이므로, ICSID 중재에 대한 제한 없는 직접적 접근이 추정되어야 한다는 가정과 주장은 아르헨티나-독일 BIT의 문언(및 문맥)과는 상충된다.[33]

---

32 *Maffezini*, at para. 35["the Contracting Parties to the BIT-Argentina and Spain-wanted to give their respective courts the opportunity, within the specified period of eighteen months, to resolve the dispute before it could be taken. Had this been the Claimant's sole argument on the issue, the Tribunal would have had to conclude that because the Claimant failed to submit the instant case to Spanish courts as required by article X(2) of the BIT, the Centre lacked jurisdiction and the Tribunal lacked competence to hear the case"].

33 *Wintershall*, at para. 155["Undoubtedly, the promotion and protection of investment is an object or purpose of the BIT but that promotion and protection in the Argentina-Germany BIT is to be 'on the basis of an agreement'(i.e. on the basis of the terms of the Treaty-the BIT): which could not possibly exclude the provisions of Article 10(2). If the object and purpose had been to have an immediate unrestricted direct access to ICSID arbitration, then inclusion of Article 10(2) would have been otiose and superfluous. Therefore, the assumption and assertion

결론적으로 아르헨티나-이탈리아 BIT 제8조 제3항은 ICSID 판정부가 관할을 주장할 수 있기 전에 갖추어야만 하는 관할 요건을 포함하고 있다고 보아야 한다. 이 결정은 아르헨티나-독일 BIT에서 '제10조 제2항은 ICSID로의 권리가 실현되기도 전에 투자가가 국내 법정에 의무적으로 제소해야 하는 시간 제한적(time-bound), 국내 법원을 통한 사전적 구제 조항(prior-recourse-to-local-courts-clause)'을 포함하고 있는 Wintershall 사건에서의 결정과 일치한다.[34] 따라서 청구인은 이 요건을 갖추지 못하였으므로 중재판정부는 아르헨티나-이탈리아 BIT 제8조 제3항에 근거하여 관할권이 없다는 결론에 이른다.

나. MFN 조항

청구인은 아르헨티나-이탈리아 BIT 제3조 제1항의 MFN 조항을 들어 이 조항을 통하여 아르헨티나-미국 BIT의 더 관대한 규정이 이 사건 분쟁에 적용되어야 한다고 주장한다. 아르헨티나-미국 BIT 제7조상의 분쟁해결조항에 의하면, 투자자는 분쟁해결을 위하여 국내 법원이나 행정판정부(adminiatrative tribunal)에 제소하거나, 사전에 동의된 분쟁해결절차에 따라 처리하거나, 또는 분쟁이 발생한 날로부터 6개월 후에 국제중재에 제소하는 것 중에서 선택을 할 수가 있다.

MFN 조항이 적용되어서는 안 된다는 주장을 뒷받침하기 위해 피청구인은 다음을 들었다. (a) Impregilo의 해석은 MFN 조항의 용어

---

made in this proceeding (and in some decisions of ICSID Tribunals as well), that since the object and purpose of a BIT is to protect and promote investments, unrestricted direct access to ICSID must be presumed, is contrary to the text (and context) of thie BIT, i.e., the Argentina-Germany BIT"].

34 *Wintershall*, at para. 118.

(term)에 정당한 효과를 주지 아니한다. (b) 중재는 아르헨티나의 밖에서 그 주권의 범위를 벗어나 이루어지는 반면, MFN 조항은 계약 당사자의 '그 영토 내에서'의 조치에 대하여 적용된다. (c) 국내 법원의 구제절차는 투자가들에게 우호적이지 않은 것으로 간주될 수 없다. (d) 18개월 조항은 BIT의 필수적 조항이므로 MFN 조항에 의해 무효화될 수 없다.

위 (a)와 관련하여 피청구인은, ['대우(treatment)'에 적용되고, '다른 모든 사안들'을 언급하기 앞서 '투자'와 이러한 투자들과 관계된 수입과 활동들을 먼저 열거하고 있는] 아르헨티나-이탈리아 BIT 제3조 제1항의 MFN 조항의 문언 중재판정부는 '대우(treatment)'라는 개념이 그 자체로 분쟁해결과 같은 절차적 샤안에도 적용될 수 있을 만큼 충분히 넓다는 견해를 더욱이 "이 협정에 의해 규제되는 다른 모든 사안들(all other matters regulated by this Agreement)"이라는 문구도 분명히 분쟁해결 규칙을 포함시킬 정도로 충분히 넓다. 위 MFN 조항상 '다른 모든 사안들'이 '다른 비슷한 사안들'이나 '동일한 종류의 다른 모든 사안들'이라고 읽혀지지 않는다. 따라서 '다른 모든 사안들'이 동일한 종류의 원칙(ejusdem generis principle)에 따라 '투자'와 '그러한 투자와 연계된 수입 및 활동들'로 제한된다는 주장은 설득력이 없다. 법률 기안(legal drafting)에서 일반적인 적용을 의도하고 있는 조항들에도 전형적인 예들을 제시하는 것은 흔한 일인바, '다른 모든 사안들'과 같은 모든 것을 포함하는 개념이 앞서 언급된 '투자'와 '그러한 투자와 연계된 수입과 활동들'의 개념들을 불필요한 것으로 만든다는 주장도 설득력이 없다.

(b)와 관련하여, 중재판정부는 '그 영토 내에서(within its territory)'라는 문구가 MFN 조항의 범위를 제한한다는 점은 받아들인다. 그러나 이 사건에서 아르헨티나가 외국 투자가들에게 어떠한 법적 보호를 줄 것인지에 대한 문제(question)는 아르헨티나가 결정할 권한이 없는 논점

이 아니며 어떠한 특정 영토에 유착된(tied) 것도 아니다. 따라서 판정부는 '그 영토 내에서'라는 문구가 MFN 조항의 분쟁해결에 대한 적용을 배제하는 것이 아니라고 본다.

(c)와 관련하여, 중재판정부는 국제중재보다 국내 법원에 호소하는 것이 투자가들에게 얼마나 유리한지 여부는 적절한 질문이 아니라고 본다. 대신 투자가들이 아르헨티나-미국 BIT에서와 같이 국내 절차와 국제중재 중에서 선택하도록 하는 것이, 의무적으로 국내 절차를 거치도록 하는 것보다 더 유리한지 여부가 고려되어야 한다. 이 질문에 대한 답은 '일반적으로 — 분명 이 사건에서는 — 투자가들에게 선택권을 주는 시스템이 선택권을 부여하지 않는 시스템보다 더 유리하다'는 것이다.

마지막으로 (d)는 더욱 어려운 논점을 제시한다. 이 사안과 관련하여, 아르헨티나 공화국은 아르헨티나가 아르헨티나-미국 BIT 후에 체결된 BIT에 이르기까지 몇몇의 BIT들에 국내 절차와 18개월의 대기 기간에 관한 조항을 포함하였다고 지적한다. 즉 아르헨티나는 국내 절차 및 대기 기간 조항들이 MFN 조항을 통하여 투자가에게 더 유리한 아르헨티나-미국 BIT의 규정들로 교체될 것을 의도하지 않았다는 것이다. 그러나 아르헨티나-이탈리아 BIT(1990년 5월 22일 서명)가 아르헨티나-미국 BIT(1991. 11. 14. 서명)보다 먼저 체결되었으므로 이 사건에서 위 주장은 설득력이 없다.

또한, 중재판정부는 그 범위를 '이 협약에 의하여 규제되는 다른 모든 사안'들까지 범위를 확장하는 MFN 조항의 문구에 특별한 무게를 둔다. 이 언어의 폭을 고려했을 때, 이 조항은 분쟁해결조항을 포함한다고 고려되어야만 한다.

중재판정부는 나아가 적어도 BIT에 의하여 규제되는 '모든 사안들'에 적용된다는 문구로 표현된 MFN 조항이 있을 때, 다른 BIT들에 있는 더 유리한 분쟁해결조항들이 포함될 것임을 시사(indicate)하는 많은 양의 판정례가 있음을 지적한다. 이들 사건에는 Maffezini, Gas Natural, Suez,[35] Camuzzi[36] 등이 있다. 또한 일부 사건에서는, 덜 포괄적이면서 '투자자와 투자에 대한 MFN 조치'만을 규정하고 있는 MFN 조항들에 대해서도 분쟁해결이 포함되는 것으로 판단한 경우가 있다. 이에 대한 사례들로는 Siemens 사건, National Grid 사건, RosInvest 사건[37] 등이 있다.

그러나 MFN 조항이 '모든 사안들'을 포함한다는 사실에도 불구하고, 이 조항을 분쟁해결에 적용하기에 충분하지 않다고 판단한 판정례가 하나라도 있는 한 판정례들이 완전히 일관되지는 않을 것이다. 그 사건은 Berschader 사건이다. 그러나 중재인들 중 한 명이 이 점에 대하여 강력한 반대 의견을 가졌다는 점과 그러한 판정 결과에 기여한 몇 가지 특별한 요소가 있다는 점은 지적되어야만 한다.

다른 BIT들의 분쟁해결절차가 MFN 조항의 결과로서 포함되는 것으로 보아서는 안 된다고 한 다른 사건들에서, 이러한 조항들은 그 문구에 따라 '모든 사안들'에 적용 가능한 것이 아니라 '투자자'들이나 '투자'들에 대한 MFN 조치를 규정한 것이었다. 한 사건의 중재판정부는 이에 대하여 Salini, Plama, Telenor, Wintershall 사건들을 인용한다. 이러한 판정례에서 몇몇 판정부는 이 영역에서 판정례의 일반적 발전에 대하여 강력한 의구심을 가지고 있었다고 보여진다.

---

35 *Suez Sociedad General de Aguas de Barcelona S.A. and Vivendi Universal S.A. v. Argentina* (ICSID Case No. ARB/03/19), Decision on Jurisdiction (3 August 2006), at paras. 52~68.

36 *Camuzzi International S.A. v. Argentine Republic* (ICSID Case No. ARB/03/2), Decision on Objections to Jurisdiction (11 May 2005), at paras. 120~121.

37 *RosInvest v. Russian Federation* (SCC Case No. V079/2005), Award on Jurisdiction (October 2007), at paras. 124~139.

그럼에도 불구하고, 중재판정부는 이 논점에 대한 평가가 각각의 사건에서 중재인의 개인적 의견에 의지할 수는 없다고 본다. 이러한 결과를 피하기 위한 최선의 방법은 명백한 선례법(case law)을 선별할 수 있는 때라면 언제든지 그 선례를 근거로 결정하는 것이다. 위에서 언급한 바와 같이 분쟁해결조항에 대한 MFN 조항의 적용과 관련하여 법률적 견해가 완전히 일관되지 않은 것이 사실이다. 그럼에도 불구하고 MFN 조항이 BIT에서 규제되는 '모든 사안들(all matters)'이나 '어떠한 사안(any matters)'을 언급하는 사건들에서, 그 조항이 분쟁해결 규칙을 포함한다는 것에는 거의 모두가 동의하고 있다고 보았다. 이를 근거로, 중재판정부의 다수 의견은 Impregilo가 아르헨티나-미국 BIT의 분쟁해결 규칙에 의지할 자격이 있고, 이 사건은 아르헨티나-이탈리아 BIT 제8조 제2항 및 제3항의 요건을 갖추지 못하였다고 각하될 수는 없다는 결론을 내린다.

5. 중재판정부의 판정

① 이 분쟁은 ICSID의 관할 및 중재판정부의 권한범위 내에 있음을 선언하고, ICSID와 중재판정부의 관할에 대한 아르헨티나의 이의를 기각한다. 단, 계약 위반은 아르헨티나-이탈리아 BIT가 규정한 투자자들에 대한 아르헨티나의 의무위반이 아니라면 중재판정부의 권한 외의 것이다.

② 아르헨티나 공화국이 AGBA에 대한 Impregilo의 투자를 수용하거나 국유화하여 아르헨티나-이탈리아 BIT를 위반하지 아니하였음을 확인한다.

③ 아르헨티나 공화국이 Impregilo의 투자를 공정하고 공평하게 대우하지 아니하여 아르헨티나-이탈리아 BIT를 위반하였음을 확

인한다.

④ ③항의 판단 관점에서, 아르헨티나 공화국이 Impregilo의 투자를 부당하고 차별적 조치로써 악화시켰거나 투자에 대한 완전한 보호와 안전을 보장하였는지 여부에 대한 판단이 필요하지는 않음을 확인한다.

⑤ 아르헨티나 공화국은 Impregilo에게 미화(USD) 2,129만 4,000달러와 2006년 7월 11일 부터 다 갚는 날까지 연 6%의 비율에 의한 이자를 배상하여야 한다.

⑥ 각 당사자는 각자에게 발생한 절차 비용을 부담하며, ICSID와 중재판정부 비용의 절반씩을 부담한다.

이 사건은 앞에서 본 AWG v. Argentina 사건과 배경이 유사하며, 중재판정부는 청구인의 직접 및 간접 수용 주장을 배척하였으나, 공정하고 공평한 대우 위반을 인정하여 아르헨티나의 배상책임을 인정하였다는 점에서 궤를 같이 한다. 이 사건의 의미는 BIT상의 최혜국대우 조항이 분쟁해결절차에 적용이 되는가에 관하여 최근의 판정례 중에서 가장 심도 있는 분석을 한 사례라는 데 있다. Maffezini 사건의 중재판정부가 최혜국대우 조항의 분쟁해결절차에 대한 적용을 인정한 이후, 국제투자협정중재의 전문가들 간에 이 문제에 대한 심각한 견해의 대립이 있었다. 대체로 중재판정부들은 구체적인 협정의 문안을 충실하게 해석하여 그 문안이 "all matters" 또는 "any matter"라는 표현을 쓰고 있는 경우에는 분쟁해결절차에도 적용이 있는 것으로 인정하는 경향을 보여왔다. Impregilo 중재판정부의 Stern 교수는 이러한 해석의 경향에 대하여 매우 심각한 비판을 하면서, 국제법에서 최혜국대우의 연원과 국제투자협정중재에서 국가의 중재동의의 성격과 그 조건의 중요성을 고려할 때, 조약 체약 당사국들의 분명한 의사가 없는 한 중재판정부가 중재동의의 조건 자체를 해석에 의하여 변경하여서는 아니 된다는 점을 별도의 의견으로 제시하였다.

이 중재판정이 시사하는 것은 앞으로도 이 문제에 대하여 계속적으로 논쟁이 있을 것이며, 중재판정부의 구성에 따라서 일관성이 없는 결정이 나올 가능성을 배제할 수 없다는 것이다. 이 점에서 국가의 입장에서는 기존의 BIT의 문구를 검토하여 최혜국대우의 분쟁해결절차의 적용 여부에 관하여 국가의 입장을 보다 분명하게 제시할 필요가 있다. Stern 교수의 별도 의견은 이 주제에 관하여 가장 포괄적으로 분석한 글 중의 하나로 꼽히고 있다.

분쟁해결절차와 최혜국대우:
Impregilo v. Argentina-Stern 교수의 별도 의견*

| 반대 의견의 요지 |

피청구인이 선임한 중재인인 Stern 교수는 중재판정에 대한 별도의 의견을 내었는데, 일부는 중재판정에 찬성하는 내용이며, 일부는 중재판정에 반대하는 내용이다. MFN 적용에 관한 매우 상세한 의견을 제시하고 있어서, Stern 교수의 반대 의견을 아래와 같이 요약하였다. 청구인이 선임한 Brower 판사 역시 별도의 일부 찬성 및 일부 반대 의견을 제시하였다.

반대 의견에서 Stern 교수는 ① 우선 다수 의견의 문제점을 지적하고, ② MFN 조항이 분쟁해결절차에 적용되지 않는 것이 옳으나, 이제까지의 중재판정들에서 충분히 그 근거가 제시되지 않았다고 지적하면서 ③ MFN 조항의 적용 범위에서 분쟁해결절차가 제외되는 것에 대한 이론적 근거를, '권리(rights)'와 '권리를 갖기 위한 요건(qualifying conditions for access to rights)'의 구분에 기초하여 제시한다. 그 요지는 실체적 권리에 대해서도 권리의 내용에 대해서만 MFN 조항이 적용될

* 서민경, 김&장 법률사무소 변호사, 사법연수원 수료(43기), 제52회 사법시험 합격, 서울대학교 법과대학 졸업(2012).

뿐 그 권리를 누리기 위한 요건으로서 '투자'나 '투자가'에 해당하기 위한 조건에 대해서는 MFN 조항이 적용될 수 없으며, 마찬가지로 절차적 권리에 대해서도 이를 누리기 위한 요건인 '동의'의 조건을 MFN 조항을 통해 변경할 수 없다는 것이다. ④ 나아가 MFN 조항이 분쟁해결절차에 인정된다는 결정을 내린 Maffezini 판정에 따른 접근을 할 경우의 위험성에 대해 경고한다.

| 반대 의견의 세부사항 |

다수 의견에 대하여

1. "모든 사항(all matters)" — 최혜국대우 조항에 대한 선례?

다수 의견에 따른 중재판정(The Award of the majority)은 최혜국대우(MFN) 조항이 분쟁해결절차에 적용되는지에 관한 법리가 일관되지 않다는 점을 인정하였다. 그럼에도 불구하고, MFN 조항이 양자간 투자협정(BIT)에서 규율하는 "모든 사항(all matters)" 또는 "any matter"를 언급하고 있는 경우에는, 거의 예외 없이 MFN 조항이 분쟁해결절차에까지 미친다는 판단이 이루어지고 있다고 한다. 그리고 이러한 법리를 근거로, 중재판정부의 다수 의견에서는 Impregilo가 아르헨티나-미국 BIT상의 분쟁해결규정에 의존할 수 있으며, 아르헨티나-이탈리아 BIT Article 8(2)와 (3)의 조건을 충족하지 않았다고 해서 이 사건을 각

하할 수 없다고 판단하였다.[1]

하지만 MFN 조항이 분쟁해결절차에 적용될 수 있다는 사건의 수가 아니라 관련 중재인의 수를 살펴보면, 적용될 수 있다는 쪽과 없다는 쪽은 거의 균형을 이룬다. 몇몇 중재인들이 이러한 사건들에 반복적으로 관여하기 때문에 이러한 현상이 나타난 것이다. 나아가 선례가 마치 구속성이 있는 것처럼 이를 근거로 논의를 전개하는 것은 설득력이 없다고 본다.

사실 이러한 논쟁이 시작된 것은, 전례가 없는 입장을 취한 Maffezini 결정[2] 이후이다. Zachary Douglas가 지적하고 있듯이, "Maffezini 사건은 당사자가 MFN 조항을 근거로 국제중재판정부(international tribunal)의 관할을 수정하는 것을 허용한 최초의 케이스였다. 그 이전 수백 년 동안은 이러한 적용을 부정하는 입장을 취한 사건들만 있었으며, 이는 국제사법재판소(International Court of Justice, ICJ)의 Anglo-Iranian Oil Company Case와 영국-베네수엘라 Mixed Claims Commission의 Aroa Mines 결정을 포함한다."[3] Maffezini 이후에야 ICSID 판정부 중 일부가 MFN 조항이 분쟁해결절차에 적용될 수 있다는 태도를 취했으며, 이 사건에서 중재판정부의 다수 의견 역시 마찬가지이다.

다른 판정부들은 Maffezini 사건 이후에도 MFN 조항의 고전적

---

1 *Impregilo S.p.A. v. Argentine Republic* (ICSID Case No. ARB/07/17), Award (21 June 2011), at para. 108. 이하에서는 다수 의견을 인용할 때는 Award라 표시한다.

2 *Emilio Agustín Maffezini v. Kingdom of Spain* (ICSID Case No. ARB/97/7), Award on Jurisdiction (25 January 2000). (본문에 대한 각주는 별다른 표기가 없는 한, Stern 교수의 Dissenting Opinion 원문의 각주임.)

3 Zachary Douglas, The MFN Clause in Investment Treaty Arbitration: Treaty Interpretation off The Rails, *Journal of International Dispute Settlement*, 2010, pp. 1~17, at 5, references omitted.

인 해석을 따랐으며, 그중 첫 케이스들은 Salini v. Jordan[4]과 Plama v. Bulgaria[5]이다. 이후 ICSID 판정부들 중 일부는 이 케이스들을 따랐다.

2. "More favorable"한 분쟁해결절차란?

아르헨티나-이탈리아 BIT는 국내 사법제도에 분쟁을 회부한 후 18개월이 지난 후에 분쟁이 여전히 존재하는 경우에 국제중재에 회부할 수 있도록 규정하고 있다. 그러나 청구인은 분쟁을 18개월 동안 아르헨티나 사법제도를 경유해야 한다는 요건을 회피하고, 바로 국제중재에 회부하기 위해서 MFN 조항을 사용하였다. 여기서 청구인이 원용한 것은 아르헨티나-미국 BIT인데, 이는 전혀 다른 투자분쟁해결절차의 일부를 원용한 것이다. 아르헨티나-미국 BIT는 Article VII에서 투자자는 분쟁의 해결을 국내 재판 또는 행정심판절차에 회부하거나, 미리 합의된 분쟁해결절차에 따르거나, 분쟁이 발생하고 6개월 후 국제중재를 요청하는 것 중에서 선택할 수 있다고 규정하고 있다.

그런데 기본 조약인 아르헨티나-이탈리아 BIT가 예정하는 분쟁해결절차는 아르헨티나-미국 BIT의 그것과 본질적으로 다르다. 전자는 국제중재가 가능하기 전에 국내 법원에 갈 것을 요건(requiring)으로 하는 것이고, 후자는 이를 금지(forbidding)하는 것이다. 이러한 상황에서, 어느 것이 투자자의 보호를 위해 더 이로운지를 결정하는 것은 쉽지 않다. 즉 이 두 조약상 분쟁해결절차 조항의 근본적인 이유(underlying rationale)가 전혀 다르기 때문에, 어느 한 쪽의 기간 요건을 다른 한쪽으로 가지고 올 수는 없다.

---

4 *Salini Costruttori S.p.A. and Italstrade S.p.A. v. Jordan* (ICSID Case No. ARB/02/13), Decision on Jurisdiction (9 November 2004).

5 *Plama Consortium Limited v. Bulgaria* (ICSID Case No. ARB/03/24), Decision on Jurisdiction (8 February 2005).

나아가 다수 의견은 문제를 '아르헨티나-미국 BIT처럼 국내 절차와 국제중재 간에 선택할 수 있도록 하는 것이, 국제중재를 의뢰하기 전에 국내 절차를 거칠 것을 의무로 하는 것보다 더 투자자에게 유리한지'로 파악한다. 그리고 다수 의견은 '당연히 선택권을 주는 시스템이 선택의 여지가 없는 시스템보다 투자자에게 더 유리하다'고 주저 없이 판단한다.[6] 하지만 이것은 성급한 결론이다. 반대로 누적적으로 두 가지 법정에서 해결을 시도할 가능성을 주는 시스템이(비록 하나가 18개월 동안 미뤄지더라도), 한 가지 가능성만을 선택하도록 요구하는 시스템보다 유리하다고 주장할 수도 있는 일이다.

3. 구체적인 결과(concrete result)의 문제

다수 의견이 낳는 결과는 Impregilo에게 존재하는 것 중 가장 유리한 분쟁해결 메커니즘을 부여하는 것이 아니라, 다수 의견을 구성하는 중재인들의 논리에 의해서 형성된 독특한 메커니즘을 부여하는 것이다. 이러한 분쟁해결절차는 기본 조약(basic treaty, 아르헨티나-이탈리아 BIT)과 제3자 조약(third-party treaty, 아르헨티나-미국 BIT) 중 어느 것에서도 예정하지 않은 것이다.

Impregilo는 결국 아르헨티나-이탈리아 BIT하의 투자자나 아르헨티나-미국 BIT하의 투자자 누구보다도 유리한 위치에 놓이게 된다. 한편으로는 국제중재로 분쟁을 회부하는 데 18개월 요건의 제한을 받지 않으면서, 또 한편으로는 갈림길 조항(fork-in-the-road)에 의해 선택의 제한을 받지도 않게 되기 때문이다. 엄밀히 말하면, 다수 의견(award)에 의해서 Impregilo에게 부여된 것은, 가장 유리한 대우(most

---

6 Award, at para. 101.

favored treatment)가 아니라, 존재하지 않는 유리한 대우(inexistent favorable treatment)이다. 외국인 투자자는 양 조약에서 좋은 점만을 취했지만, 이것은 어떠한 조약상에서의 실제 상황과도 합치되지 않는 것이었다.

이제까지 이 문제를 다룬 사안들에 대한 전반적 논평

1. 문제의 범위

MFN 조항의 해석이 문제되는 것은 분쟁해결절차에 대한 적용 여부에 대한 당사자들의 의도가 BIT상 명확하지 않은 경우로 한정된다. 영국 Model BIT와 같이 MFN이 분쟁해결절차에 적용된다고 명시하거나, 미주자유무역지대(Free Trade of the Americas, FTAA)의 초안과 같이 당사자들이 분쟁해결절차를 명시적으로 MFN의 적용 범위에서 제외하는 경우(2003년 11월 21일 FTAA 초안, 각주 13)에는 해석의 문제가 발생하지 않는다.

Stern 교수는 MFN 조항이 분쟁해결절차에 적용될 수 없다고 보며, Maffezini 등의 결론에 반대하고 Plama 등의 결론에 동의한다. 그러나 그 사례들이 제시하는 근거들이 그 이유를 충분히 설명하지 못한다고 보아 이를 밝히고, MFN 조항이 분쟁해결절차에 적용되지 않음에 대한 일반적으로 적용가능할 만한 근거를 이 반대 의견(Dissenting Opinion)을 통해 제시하고자 한다.

2. 특별히 협상된(specifically negotiated) 조항이라는 점에 기한 논의

Plama의 중재판정부는 Maffezini 결정을 비판하면서, 분쟁해결절차는 당사국들에 의해 "특별히 협상된(specifically negotiated)" 것이라는 점을 강조했다. 그리고 이러한 식의 논의는 해당 중재판정부가 MFN 조항의 일반성에 분쟁해결절차의 특별성을 대비시킨 Tza Yap Shum v. Republic of Peru[7] 사건에서도 반복되었다.

그러나 분결해결절차가 MFN 조항의 적용 범위에서 제외되어야 하는 이유를 '이들 조항이 특별히 협상(specifically negotiated)'되었다는 점에서만 찾을 수는 없다. 즉 Stern 교수는 국가 당사자들이 조약을 체결할 때, 본질적으로 FET 조항, 수용 관련 조항, 차별적이고 자의적인 조치 금지 등의 조항과 분쟁해결절차 사이에는 차이가 없으며, 분쟁해결절차를 다른 항목들보다 더 특별히 교섭한 것이라고 볼 수 없다는 분석[8]에 동의한다.

3. 실체적 사항(substantive matters)과 절차적 사항(procedural matters)의 구별에 기한 논의

실체적 사항과 절차적 사항을 구별하는 것에 기초하여 MFN 조항을 분쟁해결절차에 적용하지 않는 접근에 따르면, 실체적인 권리(substantial rights)는 외국투자자에게 특정한 대우를 부여하는 권리인 반면, 국제중재제도의 접근(access)은 절차적, 관할상의 문제라고 한다.

이러한 접근의 예는 Telenor Mobile 사건에서 찾아볼 수 있는데, 여기서 "투자는 다른 제3국의 투자자들의 투자에 대한 대우보다 불리하지 않은 대우를 받는다(investments shall be accorded treatment no less favourable

---

7 *Tza Yap Shum v. Republic of Peru* (ICSID Case No. ARB/07/6), Decision on Jurisdiction (19 June 2009)(Spanish), at paras. 216 and 220.

8 Yas Banifatemi, The Emerging Jurisprudence on the Most-Favoured-Nation Treatment in Investment Arbitration, in Andrea Björklund, Ian Laird & Sergey Ripinsky(eds)., *Investment Treaty Law: Current Issues III* (London, BIICL, 2009), p. 269.

than that accorded to investments made by investors of any third State)"의 통상적인 의미(ordinary meaning)는 투자자의 투자에 관한 실체적인 권리(substantive rights)가 제3국과 투자유치국(host state) 간의 BIT에서보다 덜 유리하게 취급되지 않는다는 것이며, 이것을 절차적인 권리(procedural rights)를 원용할 수 있도록 한다고 볼 여지가 없다[9]고 판시하였다.

Maffezini 결정 이전에는 '대우(treatment)'의 통상적인 의미(비엔나 조약법 협약 제31조상의 'ordinary meaning')가 실체적인 권리를 의미할 뿐, 국제법에서는 예외적인 것에 해당하는 분쟁해결절차를 의미하지는 않았다는 데에 논쟁의 여지가 없었다. 그리고 여기서의 기본적인 생각은, 실체적 문제와 절차적 문제는 다른 법적 성질을 가진 것이며, 따라서 동종제한의 원칙(ejusdem generis)에 따라 이 둘을 동일하게 취급할 수 없고, 대우(treatment)에 대한 MFN 조항을 분쟁해결절차에 적용할 수 없다는 것이다. 나는 이러한 분석에는 동의한다. 그러나 이러한 이분법을 정당화하는 만족스러운 논증이 여태까지 제시되지 않았다고 본다.

이러한 이분법의 근원으로 Hart의 1차 규범(실체적 규범)과 2차 규범(1차 규범의 위반을 다루는 규범)에 대한 구분[10]을 생각해 볼 수 있지만, Renta 4 판정에서 지적되었듯이, 이러한 학문적인 구분에 대해서는 선례가 없으며, 오히려 동종제한의 원칙(ejusdem generis)을 수립된 기준으로 보아야 한다.[11]

Stern 교수는 Renta 4의 분석에 동의하며, 권리와 권리보호방법은 별개의 것이라고 본다. 그 예로는 집단 학살 금지에 대한 협약에서 협

9 *Telenor Mobile Communications A.S. v. Republic of Hungary* (ICSID Case No. ARB/04/15), Award (13 September 2006), at para. 92.

10 *Herbert Hart, The Concept of Law* (Oxford: Clarendon Press, 1961), p. 77.

11 *Renta 4 S.V.S.A et al. v. Russian Federation* (SCC No. 24/2007), Award on Preliminary Objections (20 March 2009), at paras. 99~100.

약의 의무 내용에 대한 유보는 불가하나 협약 위반 국가의 책임에 관한 ICJ 관할에 대해서는 유보할 수 있는 점, 계약에서 중재조항의 분리 가능성(severability), 여러 투자 관련 조약에서 '대우'에 대한 장이 분쟁해결 절차에 대한 장과 구분되어 있다는 점을 들 수 있다. 특히 계약상의 분리 가능성과 관련하여, 이는 계약상 실체적 의무와 이를 강제하는 절차적 수단의 법적 성질이 다름을 환기시킨다.

하지만 투자법(investment law)에 있어서는, 외국투자자에게 가장 중요한 '대우'는 중재의 가능성이라고 일반적으로 이해되고 있다. 이는 여러 판정례에서 조금씩 다른 방식으로 인정된 바 있는데, 실체적 대우와 '불가분적으로 연결된(inextricably related)' 관할권적 보호라던가, 대우의 '일부(part of)'라던가, 심지어는 그 자체로 '실체적인 보호(substantive protection)'[12]로 이야기되는 경우도 있다.

실체적 권리와 절차적 권리의 동화(assimilation)에 기초하여 MFN 조항에 의해 관할을 확장하는 것에 찬성하는 판정들은, Ambatielos 사건에 의존하는 경우가 많은데, 이는 적절하지 못하다. Ambatielos 사건에서 MFN 조항은 절차에 접근하는 조건을 변경하기 위해 사용된 것이 아니라, 그리스의 국민들에게 '정의, 공정, 형평의 이념에 따른' 정의의 실현이라는 실체적인 보호를 주기 위해서 원용되었던 것이다. 이러한 점은 Salini v. Jordan과[13] Plama[14] 판정부가 잘 지적한 바 있다. 따라서 Maffezini와 이를 따른 사건들이 주장하는 실체적 권리와 절차적 권리

---

12 *Gas Natural SDG, S.A. v. The Argentine Republic* (ICSID Case No. ARB/03/10), Decision of the Tribunal on Preliminary Questions on Jurisdiction (17 June 2005), at para. 31: "The Tribunal holds that provision for international investor-state arbitration in bilateral investment treaties is *a significant substantive incentive and protection* for foreign investors." 강조는 Stern 교수.

13 *Salini*, at para. 112.

14 *Plama*, at para. 215.

의 동화(assimilation)는 Ambatielos를 근거로 할 수 없다. 이러한 해석은 Ambatielos 결정을 곡해한 것이다.

만약 MFN 조항을 절차에까지 적용하는 국제투자중재판정부들이 내세운 일부 전제들(분쟁해결절차가 대우의 '필수적인 부분'이라던가, 기본조약에서 언급하지 않는 어떠한 대우라도 가지고 들어올 수 있다는 논리 등)을 그대로 받아들인다면, 논리적으로 국제중재에 대해 전혀 규정하지 아니한 조약에 대해서도 ICSID 조항을 가지고 들어오는 것을 막을 이유가 없을 것인데, 이러한 결론을 반기는 사람은 거의 없을 것이다.

오늘날, 주관적인 차원에서(on a subjective plane) 국제투자자들에게 국제중재는 그들의 투자에 부여되는 '대우'의 중요한 요소로 인식되는 것은 사실이다. 하지만 실체적인 대우와 분쟁해결은 법적인 개념으로서는(in legal terms) 다른 '대우'들이며, 동종제한의 원칙(ejusdem generis)의 적용에 의해 같이 취급될 수 없다. 각각의 '대우'의 혜택을 받기 위한 조건(qualifying conditions)들이 다르기 때문에 이들이 동종제한의 원칙(ejusdem generis)하에서 다르게 취급되어야 한다는 것이다.

4. 투자(investment) 보호와 투자자(investor) 보호의 구별에 근거한 논의

RosInvestCo[15] 사건은 실체적 권리와 절차적 권리의 구별이 항상 자명한 것은 아니며, 이상한 결과를 낳는 경우가 있다는 것을 보여준다. 이 사건에서 영국-소련(UK-USSR) BIT 제3조의 MFN 조항은 제1항에서는 투자(investments or returns of investors)에 대한 최혜국대우를, 제2항에

15 *RosInvestCo UK Ltd. v. The Russian Federation* (SCC Case No. Arb. V079/2005), Award on Jurisdiction (October 2007).

서는 투자자(investors)에 대한 최혜국대우를 규정하고 있다.[16] 제2항에서 국제중재에 대한 언급이 없었음에도 RosInvestCo 사건의 중재판정부는 제1항에 대해서는 '대우'가 실체적 권리에 한정되었다고 본 반면, 제2항의 '수용(expropriation)은 투자자가 투자를 이용(use)하고 향유(enjoyment)하는 것을 방해하며, 중재에 회부하는 것은 그러한 상황에 처한 투자자에 대한 적절한 보호에 해당한다'고 하여 MFN 조항에 기해 관할을 인정한 바 있다. 이 결정을 문자 그대로 이해하는 경우, MFN 조항이 투자(investments)에 대해서만 언급하고 있고 투자자(investors)를 언급하지 않는 경우는 분쟁해결절차에 적용되지 않는다는 것이 된다. 당해 사건에 이를 적용하면, 아르헨티나-이탈리아 BIT상 MFN 조항은 '투자(investment)'만을 언급하고 있으므로, 아르헨티나-미국 BIT상 분쟁해결절차의 어떤 부분도 MFN 조항을 통해 도입할 수 없는 결론에 이를 것이다.

그러나 이러한 투자/투자자에 따른 구별은 인위적인 것이며, 매우 비슷한 MFN 조항에 대해서 다른 해결에 이르게 된다. Stern 교수는 Siemens 사건의 판시와 같이, 투자(investment)에 대한 대우는 투자자(investors)에 대한 대우를 포함한다[17]는 이유로 'MFN 조항의 적용에 있어서는 투자자나 투자라는 용어에 따라 차이가 없다'는 결론에 찬성한다.

---

16 "(1) Neither Contracting Party shall in its territory subject investments or returns of investors of the other Contracting Party to treatment less favourable than that which it accords to investments or returns of investors of any third State.
(2) Neither Contracting Party shall in its territory subject investors of the other Contracting Party, as regards their management, maintenance, use, enjoyment or disposal of their investments, to treatment less favourable than that which it accords to investors of any third State."

17 *Siemens AG v. Argentine Republic* (ICSID Case No. ARB/02/8), Decision on Jurisdiction (3 August 2004), at para. 92.

분석 제안

'Qualifying conditions for access to rights'와 'rights'의 구별에 기초한 분석(이러한 분석은 실체적 대우와 절차적 대우를 구분하는 것을 법적으로 정당화한다)

아르헨티나-이탈리아 BIT의 MFN 조항은 분쟁해결절차에 대해 명시적으로 언급하고 있지 않다. 여기서 청구인은 아르헨티나-미국 BIT상 6개월간 협상만을 요구하는 것이 더 유리한 대우라고 주장하면서,[18] "이 협정에 의해 규율되는 모든 다른 사항(all other matters regulated by the Agreement)"이라는 MFN 조항의 폭넓은 적용 문구를 근거로 든다. 여기서 MFN 조항의 "모든 사항(all matters)"에 대한 언급을 어떻게 해석할 것인지 문제된다.

국내법 질서에서와 달리, 국제법 체계에서는 실체적 대우(substantial treatment)에 절차적 대우(jurisdictional treatment)가 내재되어 있지 않다. 즉, 국제법의 차원에서는, 국가가 예외적으로 ICJ나 중재에 의한 관할권을 인정하는 승낙을 한 경우에 한하여 관할권에 관한 대우(jurisdictional treatment)가 실체적 대우(substantial treatment)를 보완하게 된다는 것이다. 이 둘은 구별되어야 하나, 그 이유는 그 자체로서(per se) 어느 하나가 실체적이고 다른 하나가 절차적인 것이라서가 아니라, 관할권에 관한 대우(jurisdictional treatment)가 투자자에게 인정되기 위해서는 보충적인 조건(supplementary condition)이 요구되기 때문이다.

---

18 Claimant's Counter Memorial on Jurisdiction, at para. 25.

1. 기본적인 구분(The basic distinction)

여러 중재판정부가 "모든 사항(all matters)"이라는 광범위한 문언에 기초하여 MFN 조항을 분쟁해결절차에 적용할 수 있다고 본 반면, Berschader 사건에서와 같은 다른 중재판정부들은 "겉으로는 분명해 보일지 모르는 이러한 문언도, MFN 조항의 맥락에서는 명확한 의미를 가지고 있다고 볼 수는 없다"[19]며 이에 대해 의구심을 표했다.

Stern 교수는 후자의 판단을 공유한다. MFN 조항이 BIT가 규율하는 "모든 사항"에 대해 적용되지 않는 경우가 여러 가지 있다. 이는 BIT상에는 두 가지의 구분되는 규정이 있기 때문인데, '권리'와 '권리에 접근하기 위한 기본적인 조건들'이 그것이다. MFN 조항은 투자자가 향유할 수 있는 권리(rights)에 대한 것일 뿐, 그 권리를 향유하기 위한 기본적인 조건들(fundamental conditions for the enjoyment of such rights)을 수정할 수는 없다.

MFN 조항이 권리를 누리기 위한 조건(conditions of access to the right)을 변경할 수는 없다. 이는 그 조건이 — 비록 일부 겹치기는 하지만 — 상이한 실체적 권리(substantive rights)와 관할권적 권리(jurisdictional rights)에 대하여 각각 다른 접근을 하는 결과를 필연적으로 낳는다.

BIT상의 실체적 권리(substantial rights)를 얻기 위해서는, "BIT에 의해 규율되는 사항"에 해당하는 몇 가지 조건들이 충족되어야 한다. 이는 인적 관할(ratione personae), 물적 관할(ratione materiae), 시간적 관할(ratione temporis)이다.

BIT상 중재제도의 관할권적 보호(jurisdictional protection)를 받기 위해

19 *Berschader v. The Russian Federation* (SCC Case No. 080/2004), Award (21 April 2006), at para. 184.

서는, 인적 관할(ratione personae), 물적 관할(ratione materiae), 시간적 관할(ratione temporis)에 추가하여 당사자들의 동의(ratione voluntatis)가 필요하다. 국가가 외국투자자에게 직접 자신을 상대로 국제법상 제소할 권리를 부여하는 이러한 동의는 일정한 조건하에 부여된다. 그리고 BIT상 권리를 갖기 위해 투자자가 국적 요건을 갖춰야 하는 것과 마찬가지로, 이러한 국가의 중재동의를 구체화하는 조건들(the conditions shaping the State's consent to arbitration)이 충족되어야 중재에 대한 권리가 생긴다.

여기서 중요한 점은, 국가가 다른 국가에게 조약을 승인할 때 부여하는 동의와 중재에 대한 동의는 다른 것이라는 점이다. 한 국가가 다른 국가에게 그 국가의 투자자들에게 실체적인 권리를 부여하는 동의를 했다고 해서, 외국투자자들에게 국제중재에 국가를 상대로 제소할 권리를 부여하는 동의가 자동적으로 여기서 도출되는 것이 아니다. 이런 권리가 생기기 위해서는 조약 내에서 특별한 동의가 이루어져야 하며, 국가는 이 동의를 어떤 기본적인 조건하에서 부여할 것인지를 결정할 자유가 있다. 잊지 말아야 할 것은, 어떠한 국제법상의 주체도 절차적 구제수단(jurisdictional recourse)에 대한 내재적 권리를 갖고 있지는 않다는 점이다. 투자자들에게는 국제법적 차원에서 국가들이 자신의 권리를 인정할 것을 사법적으로 요구할 권리가 — 국가들이 그러한 권리를 국가들 스스로 정하는 조건하에서 부여하지 않는 한 — 없다. 중재판정부는 ICJ와 마찬가지로, 일반적인 관할권을 가지고 있지 않고 '부여된 권한(compétence d'attribution)'만을 가지며, 이러한 권한은 국가들이 규정한 한계를 존중해야 한다.

이는 ICJ의 여러 판결에서 엿볼 수 있는데,[20] 특히 Rwanda 사건에

---

20 *Case Concerning East Timor* (Portugal v. Australia), ICJ Reports 1995, Judgment of 30 June 1995, § 29.

서 ICJ는 분쟁이 국제공동체 전체에 대한 의무(erga omnes)와 관련한 것이라 해도, 그 자체가 ICJ의 재판권을 창설하지는 못한다는 Rwanda의 주장을 받아들였다.[21] 즉 국제법의 차원에서는 실체적 권리와 그것을 강제하는 재판적 수단이 자동적으로 연결되지 않는 것이며, 이는 각각을 향유하기 위한 전제조건(qualifying conditions)이 다르기 때문이다. 바로 이 전제조건들이 다르다는 점에 기초해서, 실체적(substantive)인 문제이든 관할권적(jurisdictional)인 문제에 관하여든, MFN 조항에 관련된 여러 사안을 설명할 수 있다.

2. 이러한 구분에 의한 해설 가능성: 일반적인 차원(The general explanatory potential of the distinction)

실체적 권리를 누리기 위한 조건들이 — 비록 BIT에 의해 규율되는 '모든 사항'에 포함됨에도 — MFN 조항에 의해 확장되지 않는 경우가 여럿 있다. 즉 MFN 조항에서 모든 사항에 대해 언급하고 있다고 하더라도, BIT상 권리를 누리기 위한 조건(the conditions of access to the rights granted by the BIT)은 여기에 포함되지 않으므로, MFN 조항이 정말로 '모든' 사항에 대해 적용된다는 의미는 아니라는 것이다.

투자보호협정에서 인정되는 실체적인 권리(substantive rights)는 협정에서 요구하는 인적 관할(ratione personae), 물적 관할(ratione materiae), 시간적 관할(ratione temporis)의 요건이 충족될 때에만 인정된다는 것에는 논란의 여지가 없다. 이 요건들은 명백히 협정에 의해 규율되는 사항들이지만, 이것들이 MFN 조항에 의해서 수정될 수 있다는 주장은 없다.

이 요건들은 협정이 적용되기 위한 요건이 아니라, 협정이 적용되

---

21 *Ibid.*, at paras. 60~61.

기 때문에 그 하에서 요구되는 조건들이다. 이들은 BIT가 규정하는 조건으로서, 협정하의 권리들을 향유하기 위한 조건들인 것이다. 예를 들어, 어떤 조약이 규정하는 물적 관할에 관한 조건이 충족되지 않은 경우에 조약은 적용이 되지만, 그 결과로서 해당되는 투자자는 그 조약에 의해 부여된 권리를 향유할 수 없게 된다. 즉 MFN 조항은 조약에 의해 부여되는 실체적인 권리에 접근하기 위한 요건들을 우회해 가기 위해 사용될 수 없다는 것이다.

이는 ICSID 관할에 관련된 절차적/관할권적인 권리(procedural/jurisdictional rights)에 있어서도 마찬가지다. 여기서도 실체적인 권리와 동일하게 인적 관할, 물적 관할, 시간적 관할이 요구되며, 추가적으로 당사자들의 동의(ratione voluntatis)가 요구된다. 만약 국가가 국제중재에 대한 동의를 하는 것에 대해 규정한 조건들이 충족되지 않으면, 투자자는 그 조약에 의해 부여된 절차적인 권리를 향유할 수 없게 된다.

이러한 요건들은 아르헨티나-이탈리아 BIT도 규정하고 있다. 본 BIT는 다음을 요구한다. ① 인적 관할(ratione personae) 요건: 분쟁은 한 당사국의 국민과 다른 당사국 사이의 것이어야 한다[Article 8(1), Article 1]. ② 물적 관할(ratione materiae) 요건: 투자와 관련한 분쟁이 있어야 한다[Article 8(1), Article 1]. ③ 당사자들의 동의(ratione voluntatis) 요건: 당사국은 '중재의 제안(offer to arbitrate)'을 제시해야 하며, 이것을 투자가가 원하면 받아들일 수 있다[이 제안은 Article 8(3)에서 볼 수 있다]. ④ 시간적 관할(ratione temporis) 요건: BIT는 관련된 시간에 적용 가능성이 있었어야 한다(Article 11, Article 12).

이 모든 요건들은 BIT에 의해 나열된 것이며, 따라서 'BIT에서 규율하는 모든 사항'에 해당한다. 하지만 인적 관할(ratione personae), 물적 관할(ratione materiae), 시간적 관할(ratione temporis)을 MFN 조항에 의해 수정하는 것이 인정된 적은 한 번도 없다. 그런데 유달리 당사자들의 동의(ratione voluntatis)만 MFN 조항에 의해 수정될 수 있다는 것은 논리적이지 못하다.

3. 이러한 구분에 의한 해설의 가능성: 실체적 권리의 차원 (The explanatory potential of the distinction as far as substantive rights are concerned)

가. '투자자(investor)'의 정의는 BIT에 의해 규정된 '모든 사항'에 포함되나, BIT의 보호에 접근하기 위한 조건을 구성하므로, MFN 조항에 의해 수정될 수 없다.

MFN 조항이(실체적이든 절차적이든 조약상 모든 권리를 향유하기 위한 요건인) 인적 관할(ratione personae)을 바꿀 수는 없다는 것에는 논쟁의 여지가 없다. 예를 들어, 기본 협정이 국내 기업에 대해서는 70% 이상 외국인이 지배(foreign control)하는 경우에만 적용된다면, MFN 조항을 통해서 다른 협정의 20% 지분 외국인 소유의 국내 기업이 보호를 받을 수 있는 조항을 가지고 들어올 수 있게 되는 것이 아니다. 마찬가지로, 기본조약(아르헨티나-이탈리아 BIT)이 이중국적자에 대해서는 국제중재를 배제하고 있는 경우, MFN 조항을 통해 이중국적자를 포함시킬 수 없다. 좀 더 일반론적으로, MFN 조항을 통해 기본조약상 투자자의 범위에 포함되지 않는 자들에게 BIT상 권리를 부여하도록 기본조약의 범위를 확장할 수는 없다.

---

22 "투자자"란 한 체약 당사국의 개인 또는 법인으로서 다른 체약 당사국의 영토 내에서 투자를 하였거나, 하거나, 하려고 하는 자를 말한다. 여기서, "개인"이란, 각 당사국에 있어서, 그 법에 의해 그 국민인 자를 의미한다. 그리고 "법인"이란, 각 당사국에 있어서, 그 법에 의해 설립되고 인정된 주체로서, 그 설립지(seat)가 그 당사

아르헨티나-이탈리아 BIT에서는, Article 1(2)에서 '투자자(investor)'에 대해 규정을 두고 있다.[22]

결론적으로, 비록 '투자자'는 명백히 협정에 의해 규율되는 사항임에도 불구하고, MFN 조항은 '투자자'의 정의를 변경하기 위해 원용될 수 없다.

나. '투자(investment)'의 정의는 BIT에 의해 규정된 '모든 사항'에 포함되나, BIT의 보호에 접근하기 위한 조건을 구성하므로 MFN 조항에 의해 수정될 수 없다.

MFN 조항이(실체적이든 절차적이든 조약상 모든 권리를 향유하기 위한 요건인) 물적 관할(ratione materiae) 요건을 수정할 수는 없다는 것 역시 논쟁의 여지가 없다. 예를 들어, 기본 협정이 농업에 관한 투자에만 적용이 된다면, MFN 조항을 통해 산업에 관한 투자에 대해서도 BIT가 적용된다고 주장할 수 없는 것이다.

이는 UNCITRAL 중재규칙이 적용된 Société Générale v. Dominican Republic[23] 사건에서 다음과 같이 천명된 바 있다.

국 내에 있는 주체를 의미한다. 이는 경제활동에 참가하는 공적 주체, 조합, 회사, 재단과 사단을 포함하며, 무한책임인지 유한책임인지를 불문한다.
("Investor" means any individual or legal entity of a Contracting Party who has made, makes, or has undertaken to make investments in the territory of the other Contracting Party. — "individual" means, in respect of each one of the Contracting Parties, an individual who is a citizen of that State in accordance with its laws.
— "legal entity" means, in respect of each one of the Contracting Parties, any entity established and recognized under the laws of a Contracting Party, having its seat in the territory of that Party, such as a public entity engaged in economic activities, partnerships or corporations, foundations and associations, whether with limited or unlimited liability.)

23 *Société Générale v. Dominican Republic* (UNCITRAL, LCIA Case No. UN 7927), Preliminary Objections to Jurisdiction (19 September 2008).

"각각의 조약은 보호되는 투자가 어떤 것인지를 정의하고, 누가 그러한 보호를 받을 권리가 있는지를 규정한다. 이러한 정의는 조약마다 다를 수 있다. 이러한 경우, MFN 조항의 구체적인 문언을 원용하는 것은 불필요하다. 왜냐하면 MFN은 그렇게 정의된 투자에게 주어지는 대우에 대해서만 적용될 뿐이지, '투자'의 정의 자체에 대해서는 적용되지 않기 때문이다."[24]

결론적으로, MFN 조항은 BIT에 의해 수여된 권리를 누릴 수 있는 '투자'의 범위를 넓히기 위해 원용될 수 없다.

다. BIT 적용의 시간적 범위의 정의(definition of the temporal application of the BIT)는, BIT가 규율하는 '모든 사항'에 포함되지만, BIT의 보호에 접근하기 위한 조건을 구성하므로, MFN 조항에 의해 수정될 수 없다.

MFN 조항이(실체적이든 절차적이든 조약상 모든 권리를 향유하기 위한 요건인) 시간적 관할(ratione temporis) 요건을 바꿀 수는 없다는 것 역시 논쟁의 여지가 없다. 기본 협정이 그 발효 이후의 투자에 대해서만 적용된다면, MFN 조항의 적용을 통해 BIT 발표 이전의 투자까지 보호하는 다른 협정의 조항을 들고 올 수 없다. 여기서 시간적 적용 범위에 해당하는 것은 BIT상 권리가 존재하기 위한 조건이므로, MFN 조항이 여기에 대해 적용되지 않는 것은 당연하다.

24 *Ibid.*, at paras. 40~41. (Each Treaty defines what it considers a protected investment and who is entitled to that protection, and definitions can change from treaty to treaty. In this situation, resort to the specific text of the MFN Clause is unnecessary because it applies only to the treatment accorded to such defined investment, but not to the definition of "investment" itself.)

시간적 관할 요건을 수정하지 않을 필요성은 Tecmed v. Mexico 사건에서 인정된 바 있다. 이 사건에서 멕시코-스페인 BIT는 협정 발효 이후에 이루어진 투자에 대해서만 적용된다는 것을 규정하고 있었다. 중재판정부는 이 경우, MFN 조항을 통해서 BIT 발효 이전의 투자도 보호하는 멕시코-오스트리아 BIT의 조항을 들여올 수 없다고 판단하였다.[25]

아르헨티나-이탈리아 BIT에서는, 제11조와 제12조에서 협정상 권리의 존재의 시간적 관할(ratione temporis)을 정의하고 있다.[26] 위 조항들은 협정상 권리의 시간적 범위(temporal scope of existence of the treaty's rights)를 규정하며, 협정상 권리를 누리기 위한 전제조건이므로, MFN 조항에 의해 수정될 수 없다. 예를 들면, 만약 아르헨티나가 체결한 다른 BIT에서 계쟁 중인 분쟁(pending dispute)에 대해서도 협정이 적용된다고 규정하더라도, 본 조약은 그러한 분쟁에 대해 적용될 수 없는 것이다.

'모든 사항(all matters)'이라는 표현이 실제로는 '모든' 사항을 포괄하지 않는다는 것, 특히 외국투자가에게 부여된 실체적 권리에 접근하기

---

25 *Técnicas Medioambientales Tecmed, S.A v. United Mexican States*, ICSID Case No. ARB(AF)/00/2, Award (29 May 2003) at para. 69.

26 ARTICLE 11

Investments made before the Effective Date of this Agreement This Agreement shall also apply to investments made before the effective date of this Agreement by investors of one Contracting Party in the territory of the other Party and recorded by the latter as a foreign investment in accordance with its statutory provisions.
In any case, it shall not apply to disputes pending or settled before it came into force or to any claims pending or arising before such date.

ARTICLE 12 Effective Date

This Agreement shall enter into force on the date on which the Contracting Parties shall have notified each other that their respective constitutional requirements for the execution of this Agreement have been fulfilled.

위한 전제조건들을 포함하지 않는다는 것은 Berschader 사건의 판정부에서도 확인된 바 있다. 여기서 중재판정부는 "'당해 조약에 의해 규율되는 모든 사항(all matters covered by the present Treaty)'이라는 표현은 문자 그대로 이해해서는 안 된다"[27]고 판단하였다.

여기서 본 바와 같이, 인적 관할, 물적 관할, 시간적 관할의 요건들은 비록 BIT에서 규율하는 '모든 사항'에 포함되며 기본협약에서 외국투자(foreign investment)에 부여되는 대우(treatment)의 조건을 형성하지만, MFN 조항에 의해 수정될 수 없다는 것은 일반적으로 받아들여진 바이다. 이것은 지극히 타당하며, 외국투자자가 절차적 보호(jurisdictional provisions)를 향유하기 위한 조건들 역시, 이를 MFN 조항에 의해 우회할 수 없다.

4. 이러한 구분에 의한 해설의 가능성: 관할적 권리의 차원 (The explanatory potential of the distinction as far as jurisdictional rights are concerned)

가. 국가의 중재동의를 형성하는 조건들(conditions shaping the State consent to arbitration)은, BIT가 규율하는 '모든 사항'에 포함되지만, BIT하의 중재제도에 접근하기 위한 조건을 구성하므로, MFN 조항에 의해 수정될 수 없다.

앞서 본 바와 같이 MFN 조항이 인적 관할(ratione personae), 물적 관할(ratione materiae)과 시간적 관할(ratione temporis)을 수정할 수 없는 것과 마찬가지로, MFN 조항은 절차적 권리를 향유하기 위한 요건인 당사

27 Berschader, at para. 192.

자의 동의(ratione voluntatis)를 수정할 수 없다.

즉 분쟁해결절차에 관한 조항을 기본협약으로 도입할 수 있기 전에, 기본협약하에서 투자자에게 국제중재(이 사안의 경우 ICSID 중재)에 대한 권리가 존재해야 한다. 이러한 절차적 관할은 요건이 충족되어야 발생하는데, 인적 관할(ratione personae), 물적 관할(ratione materiae), 시간적 관할(ratione temporis)과 이에 추가하여 국가의 그러한 관할에 대한 동의의 범위와 관련된 요건인 당사자의 동의(ratione voluntatis)가 필요한 것이다.

투자유치국이 국제중재에 대한 동의를 하는 조건으로 명시한 조건들(the qualifying conditions expressed by the State in order to give its consent)이 충족이 되지 않는 한, 동의는 존재하지 않는다. 즉, 외국투자자가 ICSID 중재에 대한 권리를 갖지 못한다는 것이다. MFN 조항은 기본 협정상의 국제중재에 대한 권리의 범위를 확장하기 위해 사용될 수 없다. 기본 협정에서 요구하는 조건이 충족되지 않아 국제중재가 불가능한 경우, MFN 조항을 통해 국제중재에 대한 권리를 부여할 수 없다는 것이다.

만약 권리에 대한 접근의 전제조건들이 수정될 수 있다면, BIT의 범위를 완전히 바꿔놓는 결과가 될 것이다. 1978년 최혜국대우 조항들에 대한 초안 규약(Draft Articles on Most-Favoured-Nation Clauses)에서 설명되었듯이, "MFN의 효과는 한 조약의 조항을 수단으로 다른 조약의 조항을 끌어들이는 것이다. 이러한 과정이 양 조항의 취급대상(subject matter)이 충분히 동질적인(substantial identity) 경우로 엄격히 한정되지 않을 경우, 많은 경우에 국가에게 자신이 상정하지 않았던 의무를 부과하는 결과를 낳을 수 있다. 따라서 이러한 지침은 일반적인 조약해석 원칙에서 명백히 도출된다. 국가는 자신이 승인한 범위를 넘어서는 의무를 지지 않는다."[28]

나. 국가의 동의를 형성하는 조건들(conditions shaping the State's consent)을 모두 동일하게 취급할 것인지 여부: 재판적격성의 조건(conditions of admissibility)과 관할권의 조건(conditions of jurisdiction) 간에 차이가 있는가?

법적으로 국가 동의에 대한 재판적격성의 조건(conditions of admissibility)과 관할권의 조건(conditions of jurisdiction)이라는 두 종류의 요건을 다르게 취급할 이유가 없어 보인다. 이러한 견해는 여러 ICSID 중판정부에서 중재판정부 스스로의 권한에 대한 판단을 하면서 채택한 바 있다. 예를 들어, Enron 사건에서는 청구인들이 6개월 협상 요건은 절차적인 요건이지 관할권의 요건이 아니라고(procedural, not a jurisdictional requirement) 주장했는데, 중재판정부는 이 주장을 배척하고 이는 관할권적 요건(jurisdictional requirement)이며, 충족되지 않을 경우 관할권이 없다[29]고 판시하였다.

마찬가지로, Burlington 사건의 판정부 역시 6개월 협상 요건에 대해, 이는 투자유치국에게 문제를 시정할 기회를 주기 위한 것으로 청구인들이 투자유치국의 이러한 기회를 박탈하는 경우 관할이 부정된다고 하면서, 이는 관할권적 요건(jurisdictional requirement)[30]이라고 판시하였다.

Wintershall 사건에서 역시, 아르헨티나-독일 BIT상 18개월간 국

---

28 Draft Articles on Most-Favoured Nation Clauses with commentaries, 1978, ILC Report Vol. II, Part 2, A/CN/4/SER.A/1978/Add.1(Part 2), p. 30.

29 *Enron Corporation and Ponderosa Assets, L.P. v. Argentine Republic* (ICSID Case No. ARB/01/3), Decision on Jurisdiction (14 January 2004), at para. 88.

30 *Burlington Resources Inc. v. Republic of Ecuador* (ICSID Case No. ARB/08/5), Decision on Jurisdiction (2 June 2010), at para. 315.

내 사법제도 경유 요건은 ICSID 중재로 가기 위한 첫째 단계이며 투자유치국의 '동의'의 중요한 부분을 구성한다고 하였다. 판정부는 이 '동의'는 해당 BIT하에서 ICSID 중재를 원하는 모든 투자자에 의해 동일한 조건상에서 수락되어야 하고, 18개월 국내 절차요건은 단순히 절차적인 조항(mere procedural provision)이 아니라, 근본적으로 관할과 관련된 요건(fundamentally a jurisdictional clause)[31]이라고 판단하였다.

따라서, 만약 국가의 동의를 형성하는 모든 조건들이 국제중재에 대한 권리가 존재하기 위한 관할권적 요건(jurisdictional prerequisite)이라고 본다면, MFN 조항은 절대로 국제중재제도에 대한 동의의 범주를 수정할 수 없을 것이다. 모든 조건들은 그것이 대기기간(waiting period)이든 국내 구제제도를 소진하여야 할 요건(exhaustion of local remedies)이든, 특정한 중재에 대해서만 동의를 하는 것이든 또는 중재의 범위를 제한하는 것이든 간에, 국가의 중재동의에 대한 관할권적 요건들(jurisdictional conditions)이며, MFN 조항에 의해 대체될 수 없는 것이다.

다. MFN 조항이 기본협약상의 국가의 중재동의를 형성하는 조건들(conditions shaping the State consent to arbitration)을 수정할 수 없다는 것은, 국제중재에서 국가의 동의가 갖는 중요성과 일맥상통한다.

위의 결론은 국가의 중재동의에 대한 일반적인 고려사항에 의해 뒷받침된다. '동의는 ICSID 중재의 초석'이라는 것은 MFN 조항이 분쟁해결절차에 적용되지 않는 것을 정당화한다. 앞에서는 권리와 그 권리에 접근하기 위한 조건의 구분에 기초하여, 국가가 ICSID 중재를 외국투자자에게 허용하기 위해 제시한 조건을 MFN 조항에 의해 수정할

31 *Wintershall Aktiengesellschaft v. Argentine Republic* (ICSID Case No. ARB/04/14), Award (8 December 2008), at paras. 160 and 172.

수 없다는 결론을 내린 바 있다. 국제중재에서 국가의 중재동의가 갖는 중요성은 당사자들의 동의(ratione voluntatis) 요건과 관련하여 특히 이러한 결론을 강화한다.

만약 MFN 조항이 제3국과의 조약의 분쟁해결절차를 기본 협정으로 가지고 오는 데 사용된다면, 이는 기본 협정에서 창설될 수 없는 중재판정부의 관할권을 창설하는 것이 된다.

국가의 동의의 중요성은 PCIJ와 ICJ를 포함한 여러 국제 판례에서 강조된 바 있다. Armed Activities 사건에서 ICJ는 "재판소의 관할은 당사자의 동의에 기초하며, 그들이 승인한 범위 내로 한정된다… 그 동의가 국제적 협정상 타협적인 조항(compromissory clause)으로 표현되었을 때는, 그러한 동의가 조건으로 하는 요건들은 그 동의의 한계를 구성한다고 보아야 한다"[32]라고 판시하였다. 이는 국제적 협정에서 — 그러한 동의와 같은 성질이라고밖에 볼 수 없는 — 일방적인 제의(unilateral offer)에 필요한 요건들에 대해서도 동일하다고 할 것이다.

동의의 중요성은 국제중재사건들(특히 ICSID 사건)에서 항상 강조되어 왔다. Plama 사건은 분명하고 애매하지 않은 동의(clear and unambiguous consent)의 필요성을 강조했다.

> "중재판정부의 관점에서는, 이하의 고려사항 역시 매우 중요하다 … 최근, 중재가 투자자와 국가간 분쟁을 해결하는 수단으로 일반적으로 받아들여지고 있다. 하지만, 이러한 현상은 중재를 위한 기본적인 요건(당사자들의 중재에 대한 동의)을 없애 주는 것이 아니다. 국내법과 국

---

32 *Armed Activities on the Territory of the Congo (New Application: 2002)*(Democratic Republic of the Congo v. Rwanda), *Jurisdiction and Admissibility*, Judgment (3 February 2006), at para. 88. ICJ Reports 2006.

제법상 모두에서 이러한 동의는 분명하고 애매하지 않아야 한다(clear and unambiguous)는 것은 확립된 원칙이다. … 만약 중재동의가 편입(incorporation)이나 원용(reference)에 의하여 성립된다고 보는 경우, 당사자들의 분명하고 애매하지 않은 의도에 대한 의심이 생길 것이다."[33]

"분명하고 애매하지 않은 동의(clear and unambiguous)"를 요구하고, MFN 조항이 분쟁해결절차에 적용되기 위해서는 BIT의 당사자들이 그런 결과를 의도한 것에 대해 '의심의 여지가 없어야' 한다는 Plama 중재판정부의 태도는, 국가의 동의에 대한 제한적인 해석을 한다고 비판받는다. 그리고 이것이 실제로 중재동의를 협약상 다른 조항과 다른 방식으로 해석해야 한다는 공식에 이르는 것이라면, 비판을 받을 만큼 과하다고 볼 여지가 있다.

하지만 '동의를 찾기에 있어 제한적인 해석을 하는 것(to use a restrictive interpretation to find a consent, 그러나 Plama 판정부가 이런 방식으로 판시한 것은 아니다)'과 '중재에 대해 부여된 동의는 명확하고 확실한 것이어야 한다는 것(to consider that any given consent to arbitration must be clear and certain, 이는 그 필요성에 대해 논쟁의 여지가 없다)'은 다른 문제이다. 대체 누가 불확실하고 모호한 중재동의가 중재재판부에게 관할을 주기에 충분하다고 주장할 것인가?

Wintershall 결정에서는 "아르헨티나-독일 BIT상 국내 사법절차 우선 경유(local-remedies)는 아르헨티나의 '동의'의 조건이 된다. 이러한 '동의'는 아르헨티나가 분쟁을 중재를 통해 해결하는 것을 '제안(offer)' 하는 것이지만, 국내 구제절차 경유(local-remedies) 조항을 투자가가 받

---

33 *Plama*, at paras. 198~199.

아들이고 이에 따르는 경우에 한하여 제안(offer)을 하는 것이며, 투자자는 그 제안을 그러한 조건이 달린 상태에서만 받아들일 수 있다”[34]고 판시하여, 국가의 동의가 필요하고, 국제중재를 위해서는 이러한 동의가 조건이 된다는 것을 다시 한번 강조하였다.

이 사건에서, 아르헨티나-이탈리아 BIT상 아르헨티나는 이탈리아 투자자들에게 무조건적인 중재 제안(unconditional offer to arbitrate)을 한 것이 아니라, 국내 사법절차를 18개월 동안 거칠 것을 조건으로 하는 중재 제안을 했을 뿐이다.

만약 일정한 조건하에 중재를 할 제안(이러한 제안은 이미 넓은 범위의 아직 특정되지 않은 투자자들에 대해 이루어진다)에서 그 조건들이 수정될 수 있다면, ‘ICSID 중재의 초석’인 동의는 전적으로 미확정적인 동의(completely inchoate consent)로 보일 것이다. 범주가 정의되어 있지만 구체적으로 확정되지 않은 투자자들을 상대로 국가가 제안한 동의가, 나아가 그 범위나 조건까지도 확정되지 않고 그 국가가 맺은 다른 조약들에 의해 변덕스럽게 영향을 받게 되는 것이다. 이러한 동의는 전혀 명확하지 않은 가변적인(versatile) 동의일 것이며, 나아가 동의 자체가 아니라고 할 수 있을 것이다.

명시적인 반대 언급이 없는 한, 투자자가 국제적으로 국가를 직접 상대로 제소하기 위한 조건으로 국가가 내세운 조건들은 MFN 조항에 의해 대체될 수 없으며, ICSID 중재에 대한 조건부 권리가 MFN 조항에 의해 무조건적인 권리가 될 수도 없다. 기본협약에서 제시된 권리에 대한 접근(access to the right)은 MFN 조항에 의해 수정될 수 없다. 이와 다른 방식의 접근은 중대한 위험을 안고 있다.

---

34 *Wintershall*, at para. 116.

Maffezini식 접근의 위험성

Maffezini 사건에서 중재판정부는 MFN 조항을 분쟁해결절차에 적용하는 결정이 낳을 수 있는 결과에 대해 자각하고 있었으며, MFN 조항의 활용에 의한 '합법적인 권리의 확장(legitimate extension of rights and benefits)'과 기본 협정의 정책적 목적을 훼손하는 '분열적인 협정 쇼핑(disruptive treaty-shopping that would play havoc with the policy objectives of underlying specific treaty provisions)'을 구분해야 한다[35]고 판단하였다. 따라서 중재판정부는 몇 가지 한계를 염두에 두어야 한다고 하였다. 이는 "원칙의 문제로서, MFN 조항의 수혜자는 조약의 당사자들이 동의의 근본적인 조건으로서 상정한 공공정책적 고려사항(public policy considerations)을 뒤집을 수 없어야 한다"[36]는 말로 요약되었다.

필요한 한계의 몇 가지 예는 Maffezini 사건에서 제시된 바 있다. 즉, 다음과 같은 경우 MFN 조항을 통해 국가의 동의를 대체할 수 없다고 한 바 있다. ① 국내 구제수단 소진을 동의의 조건으로 한 경우, ② BIT에서 갈림길 조항(fork-in-the-road)을 규정하는 경우, ③ ICSID와 같이 특정한 중재기구를 규정해 두는 경우, ④ NAFTA와 같이 상세한 절차 규정을 둔 고도로 조직화된 중재제도를 설정해 둔 경우가 그것이다.

이처럼 MFN 조항이 적용될 수 없는 상황의 예로 Maffezini 중재판정부는 국내 구제수단 소진을 동의의 조건으로 하는 경우를 들고 있는바, '만약 국내 구제수단의 소진을 동의의 조건으로 하는 경우, 이 요

---

35 *Maffezini*, at para. 63.

36 *Ibid*., at para. 62.

건은 MFN 조항을 원용함으로써 피해갈 수 없다'[37]고 판단하고 있다. 국내 구제수단 소진의 조건은 MFN 조항을 통해 수정할 수 없다고 하면서, 일정 기간 동안의 국내 구제수단 소진 요건(이는 Siemens 사건에서 '국내 구제수단 소진 규정의 완화된 형태'로 설명된 바 있다)은 MFN 조항으로 수정할 수 있다는 것을 어떻게 정당화할 수 있는지 의문이다.

Maffezini 결정으로 인한 또 다른 중대한 우려점은 협정 쇼핑(treaty shopping)이다. Maffezini 결정 자체에서 그 우려에 대해 언급하고 있으며, 이외에도 여러 판정부들이 이 염려를 한 바 있다. 예를 들어 Salini v. Jordan 사건에서는 이탈리아-요르단 BIT상 ICSID 중재에 대한 조건을 확장하는 것을 거부하면서, 'Maffezini 사건에서 판정부가 제시한 예방책들은 실제적으로 적용하기 어려울 수 있으며, 이로 인해 협정 쇼핑(treaty shopping)의 위험에 불확실성을 더할 수 있다'[38]고 판단하였다.

또한, Maffezini 결정을 그 제한과 함께 받아들일 경우에도 제기되는 문제들이 있다. Maffezini 판정부는 기본 BIT에서 갈림길 조항(fork-in-the-road)을 규정하고 있는 경우(그 이유는 제시하지 않으면서), MFN 조항이 적용될 수 없다고 판시하였다. 그런데 이것을 그대로 받아들일 경우 기묘한 결론에 이르게 된다. 예를 들어, 이 사건에서의 아르헨티나-이탈리아 BIT와 아르헨티나-미국 BIT를 비교해 보자. 아르헨티나-이탈리아 BIT는 중재에 회부할 수 있기 전에 18개월 동안 국내 사법제도를 경유해야 한다고 규정하는 반면, 아르헨티나-미국 BIT는 갈림길 조항(fork-in-the-road)을 규정하여 투자자가 국제중재로 가기로 원하는 경우(여기서 필요한 조건은 분쟁 발생 후 6개월이 지났을 것이다) 국내 구제제도를 활용할 수 없도록 규정하고 있다.

---

37 *Ibid.*, at para. 64.

38 *Salini*, at para. 115.

Maffezini 결정에 따를 경우, 아르헨티나-이탈리아 BIT의 적용을 받는 투자자는 아르헨티나-미국 BIT의 6개월 요건을 MFN 조항을 통해 원용하여, 6개월 후에는 직접 국제중재에 분쟁을 회부할 수 있을 것이다. 반면 아르헨티나-미국 BIT하의 투자자는 갈림길 조항(fork-in-the-road)을 피하기 위해 MFN 조항을 원용할 수 없을 것이다. Maffezini 결정에 따를 경우 나오는 이러한 결과가, 모든 투자자에게 동일한 대우를 하고자 하는 MFN 조항의 목적을 어떻게 달성하는지 이해하기 정말 어렵다.

또한, MFN 조항이 중재신청의 단계에서 원용될 수 있는 것이 아니라, 중재절차의 이후 단계에서 원용된다는 것(많은 경우 국가의 관할에 대한 이의에 대한 답변으로써) 때문에 생기는 이론적 문제도 있다. 국가의 중재 동의가 있고 투자자의 중재신청이 투자자의 동의를 포함하므로, 상호간의 중재합의(reciprocal consents)를 통해 중재판정부의 관할이 이미 창설되어 있는 때인 것이다. 그렇다면 이러한 중재에 대한 합의(arbitration agreement)가, 이후의 MFN 조항에 의해 원용된 BIT상의 중재 제안(offer)에 의해 뒤집히게 되는 것인데, 이것이 과연 받아들일 수 있는 결론인가? 즉, Maffezini식의 접근은 하나의 BIT상의 중재 제안에 기하여 중재절차를 시작한 후, 이후에 중재합의를 변경하는 것을 허용하는 것이다. 나아가 심지어는 ICSID 중재절차를 시작한 이후에, 다른 BIT상 UNCITRAL 중재절차의 제안을 '받아들일' 수 있도록 하는 결과가 된다.

더욱이 MFN 조항을 분쟁해결절차에 적용하는 경향에서 우려되는 것은, 다른 BIT의 절차적 조항들을 전체로써 가지고 오는 것이 아니라, 더 유리한 것으로 보이는 절차적 조항의 일부만을 도입하는 경향이다. 이는 이 사건의 다수 의견에서도 취한 방식인데, 이에 따르면 MFN 조항의 적용에서 골라 선택할(pick and choose) 가능성이 있게 된다. 이는

MFN 조항에 대한 한 논문에서, 이러한 접근의 난점을 강조한 바 있다.

> Siemens 결정의 가장 모험적인 측면은 아르헨티나-칠레 BIT상 분쟁해결절차의 유리한 측면을 청구인이 MFN 조항을 통해 도입하는 것이 가능하다면 그 절차의 불리한 측면[이 경우는 기본협약인 아르헨티나-독일 BIT에는 없는 갈림길 조항(fork-in-the-road)] 역시 함께 도입해야 한다는 아르헨티나의 주장을 판정부가 배척한 것이다. 중재판정부는 Siemens 사건에서 불리한 사항들이 유리한 사항들에 대한 양보일 수 있다는 것을 인정하면서도 MFN 조항은 유리한 대우에 대해서만 적용된다고 판시하였다. 그 결과로, 갈림길 조항(fork-in-the-road) 규정은 MFN 조항에 의해 도입될 수 없게 되었으며, 청구인에게 이러한 가능성을 열어줌으로써 중재판정부는 다른 투자자들이 자신의 사정에 가장 잘 맞추어 활용할 수 있는 잠재적으로 무한한 종류의 분쟁해결절차의 조합을 허용한 것이 되었다.[39]

절차적인 조항은 여러 가지 요구를 조화하는 복잡한 기제이다. 이러한 절차적인 조항들을 해체(de-structure)하고, 투자유치국이 제3국과 맺은 조약의 전체적인 틀 속에서는 의미가 있으나 기본 협정 속에서는 같은 의미를 갖지 않는 한 가지 요소를 골라서 선별적으로 도입하는 것(pick-and-choose)은 말이 되지 않는다. 이러한 상황의 위험성은 다음과 같은 법리에 의해 강조된다.

---

39 Stephen Fietta, "Most Favoured Nation Treatment and Dispute Resolution under Bilateral Investment Treaties: a Turning Point?", *Int. A.L.R.*, 2005, pp. 131~138 and also *TDM*, June 2005, Vol. 2-Issue 3.

> MFN 조항을 적용할 때는, 더 유리한 대우를 구성하는 조항들이 제대로 적용되도록 해야 하며, 그 결과로서 해당 BIT의 협상된 균형을 근본적으로 뒤집어 놓지 않도록 주의해야 한다. 그리고 이것이 바로 Maffezini v Spain 사건의 이단적인 결정이 갖는 효과이다. [중략] 이러한 균형은 상이한 국가 당사자들 간에 상이한 상황 속에서 협상된 조약들에 있는 여러 선택지들 가운데서 투자자가 자유롭게 선택함으로 인해 뒤집어질 수 있어서는 안 된다.[40]

Plama 결정에서 잘 지적하고 있듯이 이는 혼란스러운 상황을 초래할 것이다.[41] 이러한 혼란을 피하기 위해서는 MFN 조항이 국가가 중재에 동의하기 위한 조건으로 내세운 조건을 우회하기 위해 적용될 수는 없어야 한다. 곧 Plama 결정을 지지하는 것이다. MFN 조항의 절차적 조항에 대한 적용 여부에 대한 원칙에 있어서, 한 가지 경우(기본 협정상의 MFN 조항상 의심의 여지 없이 당사자들이 분쟁해결절차 조항들에 대해 적용될 것을 의도하였던 경우)를 제외하고는, Maffezini 결정에서와는 다르게 적용되어야 한다는 것이다.[42]

상기의 이유로, Stern 교수는 아르헨티나-미국 BIT의 제7조에 기한 별도의 관할 인정의 기초를 MFN 조항을 통해 아르헨티나-이탈리아 BIT에 도입될 수 없다고 보며, 그 결과 당해 중재재판부는 관할권이 없다고 본다.

---

40 Campbell McLachlan, Laurence Shore & Matthew Weiniger, INTERNATIONAL INVESTMENT ARBITRATION, Oxford, Oxford U. Press, 2007, p. 254, p. 257.

41 *Plama*, supra 5, at para. 219.

42 *Ibid.*, at para. 223.

| 제8절 |

긴급피난 항변

투자유치국의 항변, 긴급피난: AWG v. Argentina 사건 검토*

| 절차적 배경 및 판정요지 |[1]

사실적 배경 및 판정요지

20세기 초부터 부에노스아이레스 수도권(Buenos Aires metropolitan area)의 상하수도 서비스는 공기업인 국가위생공사(Obras Sanitarias de la

* 김성현, 변호사. 헌법재판소 사무처장 비서관(2010~2012), 서울대학교 법학전문대학원 박사과정수료, 사법연수원 수료(39기).

1 이 사건 AWG v. Argentina의 공식 사건명, 당사자 및 중재판정부 등에 대한 형식적인 정보는 위의 '제4절 수용'에서 이미 언급하였으므로 해당 내용을 참조할 것(이 책 131~132면).

Nacion, OSN)에 의해 공급되었다. 아르헨티나 정부는 상하수도 서비스에 대규모 투자확보가 용이한 양여사업을 추진하였고, 최종 입찰에 Suez, AGBAR, Vivendi, AWG 등이 구성한 컨소시엄이 입찰권을 취득하여, 동 컨소시엄이 설립한 AASA(Aguas Argentinas S.A.)가 1993년 4월 28일 아르헨티나의 공공경제부(Minister of Economy and Public Work)와 30년 양허계약(concession contract)[2]을 체결하였다. 2000년경 아르헨티나 경제위기가 발생하자, 아르헨티나 정부는 긴축 재정을 실시하고 긴급조치법을 제정 · 시행하여 AASA의 투자 수익이 감소되었다. AASA는 2003년 2월 수도요금 인상 요구가 거부되자 2003년 4월 ICSID에 중재를 신청하였고, 아르헨티나 정부가 AASA의 양허계약해지 요구를 거부하고 오히려 2006년 3월 AASA의 계약 위반을 이유로 계약을 해지하자 중재를 통하여 1억 192만 달러의 손해배상을 청구하였다.

청구인은 경제위기에 대처하기 위한 아르헨티나의 조치, 요금 인상 요구 거부 및 일방적인 양허계약해지 등 아르헨티나의 조치가 공정하고 공평한 대우(fair and equitable treatment, FET) 등 BIT에 위반하였다고 주장하였고, 이에 대하여 아르헨티나는 동 조치가 긴급피난에 해당한다고 항변하였다. 이에 관하여, 중재판정부는 2000년대 초 아르헨티나 경제위기는 매우 혹독한 위기였고, 경제위기에서 이루어진 아르헨티나의 조치는 다른 국가의 본질적 이익을 침해하지 아니하며, 아르헨티나

---

2 양허계약[Concession(contrant)] 또는 양여계약은 실정법상의 용어가 아니며 학문적으로도 그 개념이 명확하게 정의되지 않고 있다. 이는 실무상의 개념으로 통상 자치단체와 사업자 사이에 전력, 가스, 상하수도, 전철 등 지역 공공서비스(Local Public Services)에 관하여 체결되는 계약으로, 자치단체가 시설의 소유권을 보유하고 사업자에게 시설 설치 및 관리 등 해당 공공서비스의 공급에 관한 제반사항을 사업자 자신의 명의와 비용으로 수행하도록 위탁하는 형식이라고 할 수 있다. 김성수, "상하수도 양여계약의 개념과 법적 가능성", 법학논총, 한양대학교 법학연구소, 2006, 3면 참조; K. Stern, *Zur Problematik des energiewirtschaftlichen Konzessionsvertags*, *AoeR 84* (1959), 137면 이하; M. Zacher, *Energiewirtschaftlich Konzessionsvertraege* (1982).

가 제기하는 긴급피난 항변이 조약상 금지되는 의무가 아니라는 사실은 인정하였다. 그러나 중재판정부는 아르헨티나의 조치가 자국의 본질적 이익을 보호하기 위한 유일한 수단이라고 할 수 없고, 아르헨티나 스스로 긴급 상황의 초래에 충분히 실질적(sufficiently substantial)으로 기여하였으므로, 아르헨티나의 긴급피난 항변을 받아들이지 아니한다고 판시하였다.

중재절차상의 특이사항

AASA는 ① 1999년부터 2006년까지 이루어진 아르헨티나의 다양한 조치들이 직접 · 간접 수용을 금지한 BIT 규정을 위반하였고, ② 아르헨티나 정부가 법체계에 따른 요금 조정을 거부하고, 재협상을 강요한 행위는 BIT에서 규정하는 FET 의무를 위반하였다고 주장하였다. 이에 대하여 중재판정부는 아르헨티나의 조치들이 BIT상의 직접 · 간접 수용 금지규정을 위반한 것은 아니지만, FET 의무를 위반하였다고 판단하였다.[3]

아르헨티나는 자국의 조치들이 FET 의무를 위반하였다고 하더라도, 그러한 조치는 긴급피난에 해당한다는 항변을 하였고, 이에 대하여 중재판정부는 아르헨티나의 조치들이 긴급피난의 요건에 해당하는지를 검토하였다. 중재판정부는 이 사건에서 문제되는 BIT에 긴급피난에 관하여 명확하게 규정되어 있지 아니하여, 청구인 및 피청구국이 동의한 바와 같이 국제법위원회(International Law Commission)의 국제위법

3 수용 및 FET에 관하여 자세한 내용은 앞의 제4절과 제5절 AWG v. Argentina 사건 검토 참조.

행위에 대한 국가책임에 관한 초안(Articles on the Responsibility of States for Internationally Wrongful Acts, 2001) 제25조에 근거하여 긴급피난 요건을 검토하였다.

긴급피난 항변에 추가하여, 중재판정부는 BIT에서 아르헨티나에 전쟁, 사회 혼란 그리고 국가 비상사태로 인한 투자 손실에 대하여 최혜국대우(no less favorable treatment) 의무를 부여하였으나, 이것이 조약상 의무를 면제시켜 주는 것이 아니라고 판단하였다.

| 사건 및 판정의 세부사항 |[4]

법률적 쟁점 및 중재판정부의 판단

1. 항변의 성격(The Nature of the Defense)

아르헨티나는 자국의 조치가 이 사건에 적용되는 개별 BIT 조항에 위반되었다고 하더라도 국제관습법으로 인정되는 긴급피난의 항변으로 책임이 면제된다고 주장하였다. 긴급피난의 항변에 관한 법률적 근거는 국제법위원회(International Law Commission, ILC)의 국제위법행위에 대한 국가책임에 관한 규정 제25조[5]에 있다는 것을 청구인과 아르헨티

---

4 청구의 근거가 된 조약, 문제가 되고 있는 투자유치국의 조치, 청구인의 청구 취지 등은 앞의 제4절과 제5절 AWG v. Argentina 사건 검토 참조.

5 Article 25 Necessity

1. Necessity may not be invoked by a State as a ground for precluding the wrongfulness of an act not in conformity with an international obligation of that State unless the act:

(a) Is the only way for the State to safeguard an essential interest against a grave

나 모두 인정하였고, 이는 다음과 같다.

제25조 긴급피난

1. 국가는 긴급피난을 원용하여 국제적 의무(international obligation)에 합치하지 아니하는 자국의 행위가 위법성이 조각된다고 주장할 수 없다. 다만, 다음과 같은 경우에는 그러하지 아니하다.
   (a) 중대하고 임박한 위험으로부터 국가의 본질적 이익을 보호하기 위한 유일한 수단이고,
   (b) 그 의무를 부담하는 국가나 국가들 또는 국제 공동체 전체의 본질적 이익을 심각하게 손상시키지 아니하는 경우
2. 국가는 어떠한 경우에도, 다음에 해당하면 위법성을 조각하는 근거로 긴급피난을 원용할 수 없다.
   (a) 문제가 되는 국제적 의무가 긴급피난의 원용 가능성을 배제하거나
   (b) 당해 국가가 긴급피난 상황에 기여한(contribute) 경우

이와 같은 ILC 규정이 긴급피난의 요건을 적극적 요건으로 규정하지 않았다는 것을 주목할 필요가 있다. 동 규정에서는 긴급피난 항변이 제기될 수 없는 상황을 제시하기 위하여 요건들을 엄격히 제한하고 있음을 알 수 있다.

---

and imminent peril; and (b) Does not seriously impair an essential interest of the State or States towards which the obligation exists, or of the international community as a whole.

2. In any case, necessity may not be invoked by a State as a ground for precluding wrongfulness if:
(a) The international obligation in question excludes the possibility of invoking necessity; or (b) The State has contributed to the situation of necessity.

2. 피청구국 아르헨티나의 주장

아르헨티나가 취한 조치로 인하여 청구인은 투자에 영향을 받게 되었고, 아르헨티나는 이러한 조치가 금융위기에서 국가의 본질적 이익을 보호하기 위한 긴급피난이었다고 주장하였다. 아르헨티나는 이러한 금융위기가 아르헨티나의 조치에 기인한 것이 아니고, 인도네시아, 멕시코, 브라질, 러시아 등 다른 국가에서 이미 발생하였던 소위 금융, 경제위기에 기인한 것이라고 주장하였다. 아르헨티나는 자국의 본질적 이익을 보호하기 위하여 다양한 방안을 강구하여 시행하여야 하였는데, 이를 위한 다른 유효한 수단은 전혀 없었다고 하였다.

아르헨티나는 그 주장을 입증하기 위하여, 긴급피난 항변을 받아들인 LG&E v. Argentina 사건[6]에서의 책임에 관한 중재판정부의 판단을 다음과 같이 인용하였다.

> 2001년 12월 아르헨티나의 본질적 이익이 침해될 위험이 있었다. 아르헨티나에는 국가의 현존, 정치 · 경제적 생존, 운영 가능한 필수적인 조직들의 유지 가능성 및 국내적 치안 유지에 극도로 심각한 침해의 위협이 있었다. 그러한 위기가 긴급피난 상태를 야기하였는데, 기록상 아르헨티나가 그 위기에 기여하였다는 어떠한 증거도 없다. 이러한 상황에서 경제회복정책은 그 위기에 대처할 유일한 수단이었다. 비록 수많은 경제회복계획안이 제시되었지만, 중재판정부에 제출된 증거에 따르면 포괄적인 대안이 필요했고, 공공사업에 대한 관세가 제기되어야 했다.[7]

6 *LG&E Energy Corp., LG&E Capital Corp. and LG&E International Inc. v. Argentine Republic* (ICSID Case No. ARB/02/1), Decision on Liability (3 October 2006).

7 *LG&E v. Argentina*, at para. 257.

아르헨티나는 국내 거주자의 물에 대한 인권을 보호하기 위하여 조치를 취한 것이라고 주장하였다. 아르헨티나는 국민의 생명과 건강의 중요성을 고려하여 물을 일반적인 상품과 동일하게 다룰 수 없다고 하였다. 이와 같은 정부의 조치에 관한 아르헨티나의 주장은 두 가지로 요약된다. ① 조약상 의무를 준수했는지를 판단함에 있어, 생명과 건강을 유지하는 데 필요한 물의 기초적인 역할과 이에 따른 물에 대한 인권(human right to water)으로 인하여 중재판정부는 다른 필수품이나 용역과 관련된 사건보다 이 사건에서 아르헨티나의 재량을 넓게 인정할 수 밖에 없다. ② FET와 같은 조약 규정에 위반되었는지를 판단함에 있어, 중재판정부는 아르헨티나가 조치를 취한 배경을 고려하여야 하고, 물에 대한 인권이 그러한 배경을 설명한다.

3. 청구인의 주장

청구인은 이와 같은 아르헨티나의 긴급피난의 항변이 법률이나 사실에 근거하지 아니한다고 반박하였다. ILC 규정과 국제관습법에 대한 청구인의 해석에 따르면, 국제 의무의 책임에 대하여 다음 세 가지 조건이 성취되어야 국가가 긴급피난의 항변을 제기할 수 있다고 하였다. ① 국가가 면하고자 하는 국제적 의무가 항변의 제기 가능성을 배제하지 않아야 하고, ② 국가가 긴급피난의 상황에 기여하여서는 아니 되며, ③ 문제된 국가의 조치가 중대하고 임박한 위험으로부터 본질적인 이익을 보호하기 위한 유일한 수단이어야 한다. 또한, 청구인은 Gabćikovo-Nagymaros Project 사건에서의 국제사법재판소(ICJ)의 권고를 환기시켰다. 즉, 제25조는 "매우 엄격한 조건에서 적용되는 예외적인 구제방안이다. 그렇지 아니할 경우 어떠한 국제적 의무로부터도 면제되기 때문이다."[8]

청구인은 나아가 사실상 아르헨티나가 긴급피난 항변을 제기할 수 있는 세 가지 조건 중 어느 것도 충족하지 못한다고 주장하였다. 청구인은 문제되는 BIT가 경제위기 시의 투자자들을 보호하기 위한 것이고, 따라서 긴급피난 이론은 유추될 수 없다고 하였다. 청구인은 아르헨티나의 정책과 조치들이 자국에 닥친 경제위기에 기여하였고, 이로써 긴급피난 항변은 제기될 수 없다고 주장하였다. 마지막으로 청구인은 위기에 대한 아르헨티나의 조치들은 중대하고 임박한 위험으로부터 국가의 본질적 이익을 보호할 유일한 수단이 아니었다고 주장하였다. 사실 위기가 심각한 시기에, 아르헨티나는 스스로의 주장과 같은 국가 유지의 협상을 한 사실이 없었고, 본질적 이익의 위협을 주장한 바도 없었다. 나아가 아르헨티나 경제가 2002년 2분기에 회복세에 들어섰기 때문에 위기는 중대하고 임박한 위험이 아니었다. 심지어 청구인은 아르헨티나가 역보조금(cross subsidy), AASA의 투자의무 일시적 경감, 소비계층에 따른 일부 요금의 차별적 동결 등 양허(concession)에 관한 다른 다양한 조치들을 취했었다면, 그 위기를 극복하고 AASA 투자자들에 대한 약정을 여전히 준수하였을 것이라고 주장하였다.

아르헨티나와 '법정 조언자(amici curiae)'가 주장하는 바와 같이 중재판정부가 뒤에서 언급할 인권의 측면에서 본다면, 청구인은 주민의 물에 대한 권리를 문제 삼은 사실이 없었다. 청구인은 아르헨티나가 부에노스아이레스 수도 서비스(Buenos Aires water service)를 민영화하고 AASA를 설립하여 서비스를 확대하는 AASA의 노력을 통하여 더 많은 아르헨티나 주민들을 위한 물에 대한 권리가 공고해 졌다고 지적하였다. 청

8 *Gabčikovo-Nagymaros Project* (Hungary/Slovakia) Judgment (25 September 1997), ICJ at paras. 51~52.

구인은 나아가 양허사업 관련 규제체제(Concession's regulatory framework)에서 보장된 상하수도의 수질을 조율할 수 있는 AASA의 수단들이 부정된 이후 주민들의 물에 대한 권리가 위협받게 된 것은, AASA나 청구인이 아닌 경제위기 동안의 아르헨티나 정부의 조치 때문이었다고 보았다. 결국 청구인은 아르헨티나가 BIT의 법률적 의무규정을 위반하였는지 여부가 본 사건에서 문제되는 것이고, 그 여부의 판단과 인권법은 관련이 없다고 주장하였다.

4. '법정 조언자(amicus curiae)'의 참고서면(submission)

중재판정부는 법정조언자가 2007년 4월 4일 참고서면을 제출하였는데, 이 참고서면은 물과 이 사건에서의 쟁점들에 대한 인권법의 관계를 발전시킨 5개의 비정부기구[9]가 제출한 것이다. 참고서면에서는 인권법이 물에 대한 권리뿐만 아니라 물에 대한 권리가 생명, 건강, 주거, 삶의 적정 수준 등을 포함한 기타 인권들과 밀접한 관련이 있음을 인정한다고 지적하였다. 비정부기구들은 이 서면에서, 아르헨티나가 주민들이 물리적 · 경제적으로 물에 접근할 수 있는 조치를 취해야 하고, 위기에 직면하여 그 조치들은 인권법을 준수하여야 한다는 것이 인권법의 요구라고 주장하였다. 또한 인권법은 위기 조치에 대한 이론적 근거를 제시하므로, 문제되는 BIT 조항들의 해석과 적용에 있어서 중재판정부가 그러한 이론적 근거를 고려해야 한다고 주장하였다.

9 5개의 비정부기구는 Asociación Civil por la Igualdad y la Justicia, Centro de Estudios Legales y Sociales, Center for International Environmental Law, Consumidores Libres Cooperativa Ltda. de Provisión de Servicios de Acción Comunitaria, 그리고 Unión de Usuarios y Consumidores이다.

5. 중재판정부의 판단

가. 아르헨티나 경제위기

중재판정부는 2001~2003년 아르헨티나에 닥친 위기가 아르헨티나 역사상 가장 혹독한 위기였다는 사실은 의문의 여지가 없다고 보았다. 그 위기는 극도의 사회무질서, 폭동, 혼란 및 정치체제의 붕괴로 기술된다. 중재판정부는 이 사건 기록상 증거들을 통하여 그 혹독함을 명확히 확인하였다. 위기로부터 야기된 분쟁을 판단하였던 이전의 중재판정부도 그 혹독함을 인정하고 강조한 바 있다.[10] CMS v. Argentina 사건에서 중재판정부는 아르헨티나의 긴급피난 항변을 결국 인정하지는 않았지만, "위기가 진실로 혹독하였고, 어떠한 사건도 발생하지 않았다는 주장은 받아들일 수 없다"[11]고 확인하였다. LG&E v. Argentina 사건에서 중재판정부는 "2001년 12월 1일부터 2003년 4월 26일까지는 아르헨티나의 위기 기간이었고, 이 위기 기간 동안 아르헨티나는 공공질서를 유지하고 필수적인 안보이익을 보호하기 위하여 조치를 취할 필요가 있었다"[12]고 하면서, 이 시기의 국내적인 상황을 "참화(devastating)"[13]라고 표현하였다.

---

10 아르헨티나 경제위기에서 나타난 CMS Case 및 LG&E Case 등 긴급피난에 관하여는 김대순, "국제법상 긴급피난과 보상의무: 미국-아르헨티나간 ICSID 사건을 중심으로", 대한국제법학회, 『국제법학회논총』 통권 제118호, 2010, 서철원, "투자보장협정상 투자자보호와 경제위기에 대응하는 조치와의 관계에 관한 연구 — 아르헨티나의 가스 산업 사건들을 중심으로", 서울국제법연구원, 『서울국제법연구』, 2011 참조.

11 *CMS Gas Transmission Company v. Republic of Argentina* (ICSID Case No. ARB/01/8), Award (12 May 2005), at para. 320.

12 *LG&E v. Argentina*, at para. 226.

13 *LG&E v. Argentina*, at para. 237.

나. 국제관습법상 긴급피난

중재판정부는 위기의 혹독함만으로는 국가가 긴급피난 항변으로 조약 책임을 경감시킬 수 없다고 보았다. 중재판정부는 국제관습법이 앞에서 인용한 ILC 규정 제25조에서와 같이 엄격한 부가적인 요건들을 요구하는 이유가 크고 작은 국가가 때때로 위기와 비상 상황에 직면하여 조약상 의무로부터 벗어나는 일이 빈번하게 발생하게 되면 국제법의 틀과 국제관계체제의 안정성이 위협받게 되기 때문이라고 하였다. 이러한 이유로 국제사법재판소, 기타 중재판정부 및 학자들은 항변의 예외적인 성격과 그 적용을 둘러싼 엄격한 요건들에 관하여 경고해 왔다.

ILC 규정 제25조는 긴급피난의 항변을 적용하기 위한 네 가지 요건을 제시한다. 처음 두 요건은 국제 의무에 합치되지 않는 국가 조치의 특성과 관련된다. 국가 조치는 ① 중대하고 임박한 위험으로부터 국가의 본질적 이익을 보호하기 위한 유일한 수단이어야 하고, ② 의무의 대상인 국가 또는 국제사회 전체의 본질적 이익에 심각한 위해를 주어서는 아니 된다는 것이다. 나머지 두 요건은 그러한 조치로 인하여 영향을 받는 국제적 의무의 성질 및 긴급피난의 상황을 야기한 국가의 기여와 관련된다. ③ 문제되는 의무가 긴급피난 항변의 가능성을 금지하지 않아야 한다. ④ 국가가 긴급피난의 상황에 기여하여서는 아니 된다는 것이다. 이 사건 상황에서 이러한 네 요건들에 관한 중재판정부의 검토는 다음과 같다.

다. 긴급피난의 요건 검토

(1) 긴급피난 항변의 첫 번째 요건: 본질적 이익을 보호하기 위한 유일한 수단인가

중재판정부는 부에노스아이레스 수도권 지역에 대한 수도 공급과 하수 처리가 약 천만 명의 건강과 안녕에 치명적이어서 아르헨티나 국가의 본질적인 이익이라고 보았다. 그러나 결과적으로 청구인의 투자에 관한 조약상 권리를 침해하게 될 조치를 취한 것이 아르헨티나가 본질적인 이익을 충족시킬 수 있는 FET에 부합한 유일한 수단이었다고 확신할 수 없다고 하였다. 중재판정부는 앞에서 논한 바와 같이, 아르헨티나는 부에노스아이레스 주민들에게 수도공급과 하수처리를 계속하고, 동시에 FET 의무를 준수할 수 있는 더 유연한 방법을 적용할 수 있었으며, 이 두 방안은 결코 상호 배타적이지 않다고 보았다. 결국 중재판정부는 아르헨티나가 긴급피난 항변의 첫 요건을 만족하지 못한다고 판단하였다.

(2) 긴급피난 항변의 두 번째 요건: 다른 국가의 본질적 이익 침해금지

중재판정부는 청구인의 투자에 대하여 FET를 준수하지 못한 점에서 아르헨티나가 청구인의 이익을 침해하였을 수 있으나, 아르헨티나의 조치가 프랑스, 스페인, 영국 또는 국제사회의 본질적 이익에 어떠한 위해를 가하였는지를 확인하기 어렵다고 보았다. 이에 중재판정부는 아르헨티나가 긴급피난 항변의 두 번째 요건을 충족하였다고 판단하였다.

(3) 긴급피난 항변의 세 번째 요건: 조약 의무가 긴급피난 항변을 금지하지 않을 것

중재판정부는 문제되는 세 가지 BIT 규정이 긴급피난 항변을 구체적으로 금지하거나 허용하지 아니한다고 보았다. 아르헨티나가 근거로 하는 LG&E 사건은 미국-아르헨티나 BIT의 적용과 관계되는데, 동 BIT 제11조는 "체약 당사자가 국제평화나 안전 또는 자국의 필수적인 안전의 이익을 보호하기 위하여 공공질서를 유지하고, 의무를 이행하는 데 필수불가결한 조치를 적용하는 것을 배제하지 않는다(This Treaty shall not preclude the application by either Party of measures necessary for the maintenance of public order, the fulfillment of its obligations with respect to the maintenance or restoration of international peace or security, or the protection of its own essential security interests)"라고 규정한다. 그런데 이 사건에 적용이 가능한 세 가지 BIT에는 이와 같은 "조치 비배제 규정(예외조항, non-precluded measures clause, NPM)"[14]이 없다. 아르헨티나와 법정조언자의 참고서면은 주민에게 물에 대한 권리를 부여하는 아르헨티나의 인권 의무가 조약상 의무보다 우월하고 물에 대한 인권의 존재는 또한 묵시적으로 아르헨티나에게 BIT 의무와 상관없이 조치들을 취할 권한을 부여하였다고 하였다. 중재판정부는 그러한 결론의 근거를 BIT나 국제법에서 찾지 못하였다. 중재판정부는 아르헨티나가 인권과 같은 국제적 의무와 조약상 의무 모두를 준수하여야 하고, 그 두 의무를 동등하게 존중하여야 하며, 이 사건의 상황하에서 아르헨티나의 인권 의무와 투자조약상의 의무는 모순 또는 양립불가하거나 상호 배타적이지 아니하다고 판단하였다. 결국 앞에서 살펴본 바와 같이 아르헨티나는 두 가지의 의무를 모두 준수할 수 있었다는 것이다. 각 조약을 전체적으로

14 WW Burke-White & A von Staden, *Investment Protection in Extra-Ordinary Times: The Interpretation and Application of Non-Precluded Measures Provisions in Bilateral Investment Treaties*, 48 Virginia J of Intl L 307 (2008).

볼 때, 중재판정부는 어떠한 조약도 긴급피난 항변을 배제하지 않았으므로 아르헨티나가 긴급피난 항변의 세 번째 요건을 충족하였다고 판단하였다.

(4) 긴급피난 항변의 네 번째 요건: 긴급피난 상황에 기여하지 않았을 것

긴급피난 항변을 제기하려면 국가는 긴급피난 상황에 기여하여서는 아니 된다. 중재판정부가 이 상황에 적합하다고 인정한 용어는 "기여(contribute)"이지, "원인(cause)" 또는 "유발(create)"이 아니었다. 따라서 문제되는 국가 외에 다른 행위자들이 당해 국가의 긴급피난 상황에 기여하였다는 것이 당연히 그 국가가 기여하지 않았다는 것을 의미하는 것은 아니다. ILC 규정의 주석서에는 그러한 기여가 "충분히 실질적(sufficiently substantial)이어야 하고, 단순히 우발적이거나 부수적(merely incidental or peripheral)이어서는 아니 된다"[15]고 명확히 하고 있다. 결국, 문제되는 것은 국제법을 준수한 긴급피난 항변을 배척할 정도로 2001~2003년 위기에 아르헨티나가 충분히 실질적으로 기여했는지 여부이다. 이 부분에 관하여, 청구인은 그 위기가 근본적으로 아르헨티나 정부의 경제 정책들과 같은 국내적 요인들에 의하여 유발되었다고 보았다. 반면, 피청구인은 그 위기가 근본적으로 1999년 러시아를 강타한 것과 같은 다양한 글로벌 위기 등 국외적 요인들에 의하여 유발되었다고 보았다.

이에 대하여 중재판정부는 내적 요인들과 외적 요인들이 결합하여

15 *Suez, Sociedad General de Aguas de Barcelona S.A., and Vivendi Universal S.A. v. The Argentine Republic* (ICSID Case No. ARB/03/19), DECISION ON LIABILITY (30 July 2010), at para. 263.

21세기 초 아르헨티나 위기에 기여하였다고 판단하였다. 중재판정부는 아르헨티나가 위기에 기여한 요인들로 과도한 공공 지출, 부족한 징세, 초기 위기 징후들에 대한 대응의 지연, 수출시장 개발노력 부족 그리고 효과적인 정책 수립을 방해하는 국내적 정치 불화와 문제들을 열거하고, 이러한 내적 요인들의 설시가 아르헨티나 경제를 강타한 실질적인 외부적 영향들을 결코 과소평가하려는 의도는 아니라고 하였다. 즉 아르헨티나 스스로 긴급 상황에 기여하였다는 것을 밝히려는 것이다. 이러한 관점에서, 중재판정부는 CMS v. Argentina 사건에서의 중재판정부 판단에 동의하였다. CMS Case의 중재판정부는 다음과 같이 판단하였다.

> 어쨌든, 쟁점은 아르헨티나가 위기에 기여한 바가 충분히 실질적인지 아닌지의 여부이다. 현재의 분쟁 상황을 재조명해 볼 때, 중재판정부는 이 사건이 바로 그렇다고 판단하여야 한다. 이 위기는 특정 정권이 만들어낸 것이 아니고 1980년대의 초기 위기를 기원으로 하여 2002년 이후 정점을 이룬 1990년대 정부의 정책들에 기인한 것이다. 따라서, 중재판정부는 정부의 정책과 그로 인한 부작용들이 그 위기와 긴급사태에 대하여 중대한 기여를 하였고, 외적인 요소들이 부가적인 장애를 촉진시켰음에도 불구하고, 피청구인은 이 사건에 대한 책임이 면제될 수 없다고 판단한다.[16]

중재판정부는 외적, 세계적인 요인들만으로 아르헨티나의 위기가 유발되었다면, 다른 나라들이 같은 시기에 동등한 수준의 위기를 겪지

---

16 *CMS v. Argentine*, at para. 329.

않은 것은 의문이라고 설시하였다.

6. 중재판정부의 판정

중재판정부는 BIT를 위반한 아르헨티나의 조치들은 자국의 본질적 이익을 보호하기 위한 유일한 수단이라고 할 수 없고, 아르헨티나 스스로 긴급 상황에 기여하였으므로, 중재판정부는 BIT 위반에 관한 청구인의 주장에 대한 아르헨티나의 긴급피난 항변을 받아들이지 아니한다고 판단하였다.

추가 쟁점 — 무력 분쟁과 위기상황에 관한 BIT조항

1. 피청구국 아르헨티나의 주장

아르헨티나는 앞에서 언급한 아르헨티나-프랑스 BIT의 특별 규정 및 아르헨티나-영국 BIT상 계약 당사자의 영토 내에서 발생할 수 있는 긴급 상황에 관한 일반 조치 조항을 준수하지 아니한 책임에 대하여 추가적으로 항변하였다. 구체적으로, 아르헨티나-프랑스 BIT 제5조 제3항은 다음과 같이 규정하고 있다.

> 계약 당사자인 투자자가 투자유치국 내에서의 전쟁 및 기타 무력 분쟁, 혁명, 국가적 긴급 상황 또는 투자유치국의 영토 내 또는 해상에서의 폭동으로 인하여 손실을 입었다면, 당해 투자자는 유치국의 투자자 또는 유치국의 최혜국 투자자에 상응하는 대우를 유치국으로부터 부여받아야 한다.[17]

---

17 "Investors of either Contracting Party whose investments have suffered losses as a

마찬가지로, 아르헨티나-영국 BIT의 제4조("손실 보상")도 다음과 같이 규정되어 있다.

> 투자유치국의 영토 내에 이루어진 투자가 전쟁 또는 기타 무력 분쟁, 혁명, 국가비상 상황, 폭동, 반란 또는 소동 또는 투자유치국의 자의적인 조치로 인한 결과로 손실을 입은 계약 당사자인 투자자는 유치국 투자자 또는 제3국 투자자에 상응하는 상환, 배상, 보상 또는 기타 청산과 동일한 유치국의 대우를 받는다. 보상채권은 자유로이 양도할 수 있다.[18]

아르헨티나-스페인 BIT에는 유사한 조항이 포함되어 있지 않으나, 아르헨티나는 앞에서 언급된 조약 규정들이, 다수의 BIT에 포함되어 있으므로, 국제관습법을 구성하고 이로써 규정들이 구체화하는 원리들은 스페인 국적의 청구인 AGBAR에도 적용된다고 주장하였다.

이러한 관점에서 아르헨티나의 주장의 핵심은 앞에서 언급한 BIT 조항들이 비상 상황의 투자자들에게 적용 가능한 특별한 지침을 구성하고 그러한 비상 상황에서 아르헨티나가 투자자들에게 취할 유일한 조치는 자국 투자자나 제3국 투자자들에 상응하는 조치라는 것이다.

---

result of war or any other armed conflict, revolution, state of national emergency or uprising in the territory or maritime zone of the other Contracting Party shall be accorded by the latter Party treatment which is no less favorable than that accorded to its own investors or to investors of the most-favored nation."

18 "Investors of one Contracting Party whose investments in the territory of the other Contracting Party suffer losses owing to war or other armed conflict, revolution, a state of national emergency, revolt, insurrection or riot or resulting from arbitrary action by the authorities in the territory of the latter Contracting Party shall be accorded by the latter Contracting Party treatment, as regards restitution, indemnification, compensation or other settlement, no less favourable than that which the latter Contracting Party accords to its own investors or to investors of any third State. Resulting payments shall be freely transferable."

아르헨티나는 AASA 투자자가 문제로 삼는 조치가 있던 기간 동안 비상 상황에 있었다고 주장하였다. 따라서 BIT상 아르헨티나가 부담하는 책임은 청구인 투자자에게 아르헨티나 투자자 또는 제3국 투자자에 상응하는 조치를 취하는 것인데, 청구인이 그러한 차별이 존재하였다는 어떠한 사실도 입증하지 않았으므로, 아르헨티나는 투자자에 대한 조치가 어떠한 조약 규정에도 위반되지 않는다고 주장하였다.

2. 청구인의 주장

이에 대하여 청구인은 우선 아르헨티나가 근거로 하는 조약 규정에는 아르헨티나의 책임을 면제하는 조항이 없으므로 조약의 다른 규정에 위반될 수 있다고 주장한다. 더하여 청구인은 동일한 쟁점을 다루었던 CMS v. Argentina 사건의 중재판정문을 다음과 같이 인용하였다.

> 규정(제4조 제3항)의 문언상 의미는 비상 상황에서 입은 손실에 관하여 채택된 조치라는 맥락에서 투자자에게 최소한의 대우를 제공하는 것이고 이는 국내 또는 다른 외국투자자들에게 적용되는 것과 다르지 아니하다. 이 규정은 조약상 권리를 훼손하는 것이 아니며, 손실을 보상하거나 최소화하도록 부여된 어떠한 조치도 비차별적인 방식으로 적용될 것을 보장한다.[19]

---

19 *CMS v. Argentina*, at para. 375. "The plain meaning of the Article [Article IV(3)] is to provide a floor treatment for the investor in the context of the measures adopted in respect of the losses suffered in the emergency, not different from that applied to nationals or other foreign investors. The Article does not derogate from the Treaty rights but rather ensures that any measures directed at offsetting or minimizing losses will be applied in a non-discriminatory manner."

청구인은 이와 같은 BIT 규정들은 다음과 같은 상황에 한하여 적용되어야 한다고 주장하였다. ① 투자자가 무력 분쟁 또는 유사한 상황으로 인하여 손해를 입었으나, ② 투자자가 또 다른 조약 또는 국제관습법에서 구체적인 보상받을 권리를 부여받지 못하고, ③ 국내외를 불문한 다른 투자자에게는 또 다른 조약, 국내법 또는 단순히 재량에 따른 보상이 인정된 경우가 그러한 상황이라는 것이다. 즉, 용어나 구조상 이러한 BIT 규정들은 보상에 관한 부가적인 법률적 요건들을 창설하는 것이고, BIT를 위반하는 조치들에 대한 면제 사유를 제공하는 것이 아니라는 것이다. 나아가, 조약 해석에 관하여 청구인은 BIT 규정들의 명백한 목적이 전쟁, 혁명 또는 사회 혼란으로 야기된 물리적 손해에 대하여 적용되는 것이지, 국가의 규제 조치(regulatory measures)로 야기된 피해에 적용되는 것이 아니라는 것을 명확히 지적하였다.

3. 중재판정부의 판단

중재판정부는 BIT 규정에 대한 아르헨티나의 해석에 동의하지 않는다. 중재판정부는 BIT 규정의 명백한 의미를 체약 당사자들에게 전쟁, 사회 혼란 그리고 국가 위기로 인한 손실에 대한 투자조치평등의무를 부과하는 것으로 보았다. 의무 면제에 관한 규정은 말할 것도 없고, 그 규정에는 BIT에서 체약 당사자에게 부여되는 일체의 의무에 관한 언급이 없다. 투자를 보호하고 증진하는 법률적 의무의 총체에 관한 세밀한 협상이 있은 후, 전쟁, 사회 혼란 또는 국가 비상사태의 시기에 그러한 의무가 적용되지 아니한다고 체약 당사자가 의도하였다면, 당사자는 분명히 구체적으로 그와 같이 기술하였을 것이다. 사실, 다른 많은 BIT에서 체약 당사자는 특별한 상황에서 BIT 의무를 제한적으로 면제해 주는 예외조항을 포함시켰다. 당사자들이 이를 원하였다면 그렇게 하였을 터인데, 이 사건에서 문제되는 BIT의 체약 당사자들은 그렇게 하지 않았다.

중재판정부는 BIT 규정들이 기술되어 있는 대로 판단하였다. BIT 규정들은 아르헨티나에 전쟁, 사회 혼란 그리고 국가 비상사태로 인한 투자 손실에 대하여 공평한 조치 의무를 부여하였다. 그 규정은 BIT에 따라 아르헨티나의 다른 조약상 의무를 면제시켜 주는 것이 아니었다. 결국 중재판정부는 제기된 BIT 조항들에 관한 아르헨티나의 해석 및 다른 규정 위반 책임에 관하여 아르헨티나가 제기한 항변을 배척하였다.

이 사건의 중재판정은 아르헨티나가 2001~2002년의 경제위기 상황에서 취한 긴급조치에 대하여 긴급피난의 항변을 배척하고 책임을 인정한 다수의 판정례들과 궤를 같이 한다. 그러나 한편 유사한 상황에 대하여 긴급피난을 배척한 원래의 중재판정을 취소(annulment)한 Sempra v. Argentina[20] 및 Enron v. Argentina[21] 사건의 annulment 위원회의 판단과는 배치된다. 이들 위원회는 원래의 중재판정부가 국제관습법상의 긴급피난에 관한 ILC의 국제위법행위에 대한 국가책임에 관한 규정 제25조에 따른 엄격한 요건을 적용하였으나, BIT 위반이 주장되는 경우에는 먼저 BIT에 규정된 면책조항을 적용해야 한다고 판단하고, 원래의 판정이 ICSID 협약상 취소 사유인 "manifest excess of power"에 해당한다고 하여 이를 취소하였다.

---

20 *Sempra Energy International v. Argentine Republic* (ICSID Case No. ARB/02/16) 이 사건의 원래 중재판정은 2007년 9월 28일에 내려졌다. 아르헨티나가 취소신청을 하여, 취소를 심리한 위원회가 2010년 10월 29일 취소판정을 내렸다. 취소판정 후 청구인이 다시 중재를 신청하여 2012년 12월 말 현재 사건이 계속 중이다.

21 Enron Creditors Recovery Corporation (formerly Enron Corporation) and *Ponderosa Assets, L.P. v. Argentine Republic* (ICSID Case No. ARB/01/3) 이 사건의 중재판정은 2007년 5월 22일에 내려졌다. 아르헨티나가 취소신청을 하여, 2010년 7월 30일에 취소판정이 내려졌다. 청구인이 다시 중재를 신청하여 2012년 12월 말 현재 사건이 계속 중이다.

| 제9절 |

위법성 항변

위법한 투자와 중재판정부의 관할권: Fraport v. Philippines 사건에서 주장된 위법성 항변*

| 절차적 배경 및 판정요지 |

사건명

Fraport AG Frankfurt Airport Services Worldwide (Claimant) v. The Republic of the Philippines (Respondent), ICSID Case No. ARB/03/25, AWARD (2007. 8. 16. 중재판정)

* 최고야, 서울대학교 법과대학 대학원(국제투자법 전공). 서울대학교 법학사.

당사자와 변호인

1. 청구인 및 그 국적

이 사건의 청구인(Claimant)은 Fraport AG Frankfurt Airport Services Worldwide(Fraport, Germany)이며, 이는 Mr. Jeffrey Barist, Mr. Michael Nolan, Ms. Lesley A. Benn(위 3명의 변호사는 미국 로펌인 Milbank, Tweed, Hadley & McCloy LLP 소속), Mr. Cesar P. Manalaysay, Mr. Edgardo G. Balois(위 2명의 변호사는 필리핀 로펌인 Siguion Reyna, Montecillo & Ongsiako 소속)가 대리하였다.

2. 피청구국

피청구국(Respondent)은 필리핀 공화국(Republic of the Philippines)이며, Ms. Carolyn B. Lamm, Ms. Abby Cohen Smutny(위 2명의 변호사는 미국 로펌인 White & Case LLP 소속) 그리고 필리핀 전직 대법원 판사인 Judge Florentino P. Feliciano와 필리핀 법무부 소속인 Ms. Agnes Devanadera, Mr. Rex Bernardo L. Pascual, Mr. Eric Remegio O. Panga가 대리하였다.

중재판정부

청구인들은 중재인으로 Dr. Bernardo M. Cremades (Spain) 교수를 선임하였고, 필리핀은 W. Michael Reisman (U.S.A) 교수를 선임하였다. 양 당사자의 합의로 의장중재인(president)는 Mr. L. Yves Fortier(Canada)가 임명되었다.

사실적 배경 및 판정요지

필리핀 니노이 아키노 공항에 국제항공편을 전담하는 제3터미널을 건설하기 위하여 프레포트(Fraport, 청구인)가 설립한 Philippine International Air Terminals Co., Inc(이하 "PIATCO")와 필리핀 정부 사이에 양허계약(concession contract)을 체결하였다. 그러나 청구인은 필리핀 국내법에 반하여 주주들 간의 비밀 주주협약을 통해(PAGS-Paircargo-PTI 간의 주주협약) 직간접적으로 61.44%를 넘는 회사 지분을 가지게 되었으며, 전문기술과 기능에 관한 영역에 속하는 문제에 대해서 결정권을 갖게 되었다. 그 당시만 해도 필리핀 정부는 이런 비밀 주주협약의 존재를 알지 못하고 있었다. 다만, 양허계약에 대한 필리핀 여론이 악화되자 필리핀 정부는 양허계약을 재검토하였고, 결국 PIATCO가 입찰 당시 필리핀 국내법에서 제시한 자금조건을 충족하지 않았다는 점, 양허계약이 중대한 공익에 반한다는 점 등을 들어 양허계약이 무효임을 주장하며 필리핀 법원에 제소하였다. 필리핀 대법원은 원고의 주장을 받아들여 양허계약이 무효라고 판단하였다. 완공된 공항에 대해 필리핀 정부가 금전적인 보상을 전혀 해 주지 않자 청구인은 ICSID 중재를 제기하였다. ICSID 중재절차가 개시된 후에, 청구인이 체결한 비밀 주주협약이 밝혀지면서, 청구인의 투자는 BIT에 의하여 보호되지 않는다고 피청구인이 주장하였다.

BIT상 '법에 따른(in accordance with law)' 투자만이 보호대상인바, 본 사건의 쟁점은 청구인이 필리핀 국내법에 반하여 투자를 했는지 여부와 중재판정부가 BIT상 물적 관할이 있는지 여부이다. 청구인은 비밀협약을 통해서 고의적으로 필리핀 국내법을 위반하였고, 그 결과 청구인은 BIT상의 법에 따른 투자를 했다고 할 수 없기에, 중재판정부는 청구인의 청구가 물적 관할이 없다는 판단을 하고 청구인의 청구를 배척하였다.

중재절차상 특이사항

중재판정부의 각하결정 후에 청구인은 ① 중재판정부가 그들에게 주어진 관할을 거부하면서 명백히 그들의 재량권 범위를 일탈하였다는 점, ② 중재판정부는 당사자가 변론을 할 권리(right to be heard)를 거부함으로써 절차에 관한 기본 원칙으로부터 심각히 벗어났다는 점, ③ Fraport의 필리핀 국내법 위반, 죄형법정주의(nullen crimen sine lege) 원칙의 부적용, Fraport의 개별 투자를 분리하여 BIT를 적용하지 않은 것에 대한 이유를 설시하지 않았다는 점 등을 들어, 중재판정부 판정의 취소를 구하였다. 취소 사유가 있는지를 검토하기 위하여 구성된 위원회(Annulment Committee, 이하 "위원회")는 두 번째 이유에 기초하여 판정문 전체를 취소하였다(ad hoc Committee, Decision on the Application for Annulment 2010년 12월 23일). 이에 따라서 청구인은 다시 ICSID에 중재를 제기하였으며, 이 사건은 2012년 말 현재 진행 중이다(ICSID Case No. ARB/11/12).

| 사건 및 판정의 세부사항 |

청구의 근거가 된 조약

이 사건에서 청구인들의 청구 근거가 된 조약은 독일-필리핀 BIT(Germany-Philippines BIT)이다.

청구인이 문제로 삼고 있는 투자유치국의 조치

청구인은 필리핀 아키노 국제공항의 제3터미널 공사를 위해 청구인이 설립한 PIATCO와 필리핀 교통통신부(Department of Transportation and Communication, DOTC)가 체결한 양허계약이 무효라고 판단한 필리핀 법원의 조치가 BIT에 위반된다고 주장하였다.

청구인의 청구취지

청구인은 중재판정부의 관할이 인정된다고 주장하며, 양허계약을 무효화한 필리핀 정부의 조치와 필리핀 법원의 판결이 BIT에 위반한다는 사실에 대한 확인을 중재판정부에 구하였다.

사실관계

1. 제3터미널 프로젝트에 대한 청구인의 투자

이 사건은 필리핀 니노이 아키노 공항에 국제항공편을 전담하는 제3터미널의 설립을 추진하던 필리핀 정부의 정책에서부터 시작되었다. 필리핀 국회는 1994년 5월 5일에 '민간투자 사회 기반 시설을 위한 자금 조달 · 건설 · 운영 · 보수 및 기타 목적에 관한 법(Act Authorizing the Financing, Construction, Operation and Maintenance of Infrastructure Projects by the Private Sector and for Other Purposes, 이는 필리핀의 'BOT법'으로 더 잘 알려져 있다. 이하 "BOT법"이라 한다)을 제정하여 위 터미널 건설에 관한 입찰과정과 조건을 제시했으며, 개인투자자를 유치하기 위해 공공시설의 운영수익

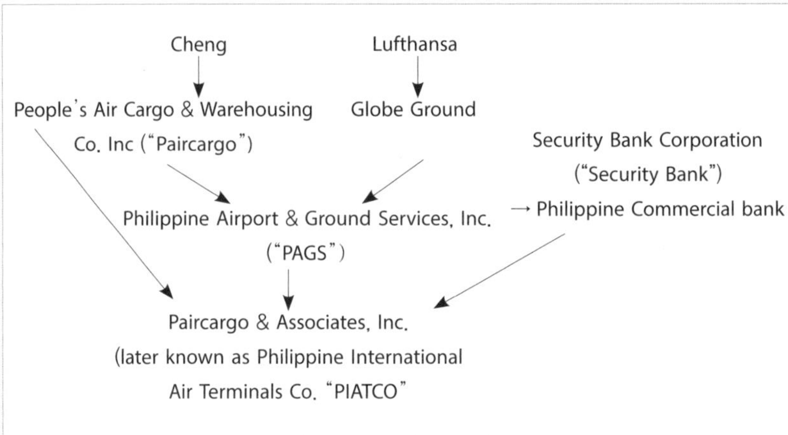

그림-1. Paircargo & Associates, Inc.의 지분구조
Paircargo & Associates, Inc.의 모회사는 People's Air Cargo & Warehousing Co. Inc., Philippine Airport & Ground Services, Inc.(PAGS) 및 Security Bank Corporation(Security Bank)이다. Paircargo와 Global Ground는 PAGS의 주주이다. Chengs 가문이 Paircargo를, 독일 항공사인 루프트한자(Lufthansa)가 Globe Ground를 각각 소유하고 있다.

이 개인투자자에게 귀속될 수 있도록 하였다. 또한 BOT법과 BOT법의 시행령(Implementing Rules and Regulations of the BOT Law, IRR)이 제정되었는데, 시설의 운영은 ① 필리핀 국민, 또는 ② 필리핀 국민이 60%를 소유하고 증권거래위원회(Securities and Exchange Commission, SEC)에 등록이 된 법인이 담당한다고 규정하고 있다 .

터미널 건설공사 입찰과정에서 Paircargo & Associates, Inc.(이하 "Paircargo". 후에 Fraport의 자회사인 PIATCO로 이름이 바뀜)가 입찰에 성공했다. Paircargo의 구조관계는 〈그림-1〉과 같다.

PIATCO는 1997년 7월 12일에 필리핀 정부를 대표하는 필리핀 교통통신부(DOTC)와 양허계약(concession agreement)을 체결했다. 양허계약은 제3터미널을 국제 터미널로 사용하겠다는 점, 양허기간이 25년이며 기간을 25년간 더 연장할 수 있다는 점, 양허계약을 추후에 수정을 할 수 있다는 점 등이 포함되었다. PIATCO는 청구인에게 제3터미널 프로젝트의 컨설턴트로 활동할 것을 제의하였다.

마닐라의 퀴숨빙 토레즈(Quisumbing Torres, QT) 로펌이 1999년 1월 11일에 실사보고서를 청구인에게 전달하였다. 보고서에는 이하의 내용이 포함되었다. ① 1991년에 제정된 외국인투자법(Foreign Investments Act)에 의하면 필리핀 국민이 아닌 자는 법률 내에 나열된 상업 활동을 제외한 나머지 분야에서 회사 주식의 100%를 소유할 수 있다. ② 외국인투자법에 나열된 해당 상업활동 및 외국인투자 허용기준은 공공사업(public utilities)의 운영 및 소유(40%), 소매업(외국인투자 금지), 토목공사 등 면허를 요하는 직종(외국인투자 금지), 사유지 소유(40%) 및 광고(30%)이다. ③ 필리핀 헌법에는 공공사업의 자본 중 최소 60%는 필리핀 국민이 소유해야 하며, 공공사업과 관련된 회사의 관리자 및 경영진은 필리핀 국민으로 제한하고 있다. ④ Anti-Dummy Law(이하 "ADL")는 위의 법률과 헌법을 위반한 자에게 민·형사적 제재를 가한다[여기서 이하 두 요건 중 하나만 만족되면 ADL 위반이 된다. 하나는 양적 테스트(quantitative test), 즉 특정 필리핀 회사 지분을 외국투자자가 법률의 제한한계를 넘어서 소유하고 있는 경우고, 다른 하나는 외국인 투자자가 특정 필리핀 회사에 대해 경영상의 통제(managerial control)를 갖고 있을 경우다]. ⑤ PIATCO가 추진하는 사업은 공공사업과 관련이 있으므로 헌법 및 ADL에 의해 규율된다. 따라서 회사의 모든 경영진과 관리자는 필리핀 국민으로 구성되어야 한다. (당시 PIATCO의 75%는 필리핀 국민이, 25%는 외국인이 소유하고 있었다.)

청구인은 1999년 7월 6일에 공항 운영에 주도적인 역할을 할 계획으로 QT로펌의 실사보고서를 무시한 상태로 비밀리에 PAGS, Paircargo 및 PTI(모두 Cheng가의 회사)와 비밀 주주간 계약(confidential shareholder agreement)을 체결했다. 청구인은 위 계약을 통해서 직간접적으로 61.44%를 넘는 지분을 가지게 되었으며, 이러한 조치가 프로젝트

Shareholder Structure of PIATCO

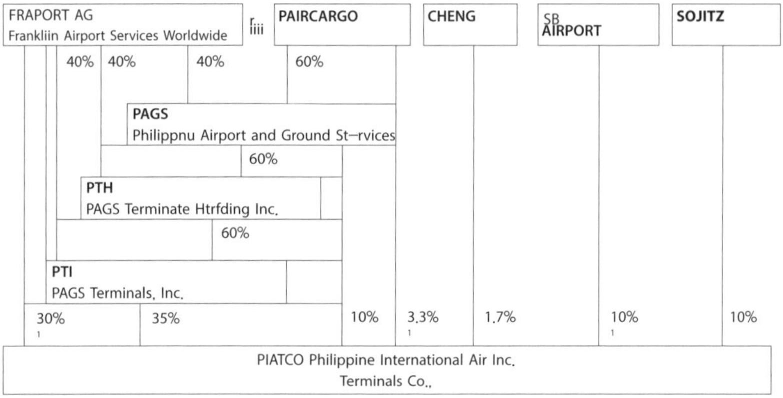

그림-2. PIATCO의 지분구조
PAGS에 대해 청구인이 40%, Paircargo가 60%의 지분을 갖고 있고, PTH에 대해 PAGS가 60%, 청구인이 40%의 지분을 갖고 있었다. PTI의 지분 중 60%는 PTH가, 40%는 청구인이 소유하고 있었다. 청구인은 PIATCO에 대해 직접적으로 갖고 있는 지분은 30%, 나머지 21.44%는 PAGS, PTH, PTI를 통해 계단 형식(Cascade)의 간접적인 방식으로 소유하고 있었다.

의 성공을 위해서 반드시 필요하다고 여겨졌다. 청구인의 감독이사회(Supervisory Board)도 이런 조치가 필리핀 법을 위반한다는 사실을 인지하고 있었다. PIATCO 회사의 구조관계는 〈그림-2〉와 같다.

또한 주주계약에는 주주들이 특정사항에 대해 일치된 결론을 도출할 수 없을 경우, 터미널의 운영 · 유지 · 관리를 포함한 청구인의 전문분야와 관련된 문제는 청구인의 권고에 따르기로 한 내용과 비밀을 준수할 의무(strict confidentiality)가 포함되었다.

PIATCO는 타케나카(Takenaka)사와 계약을 체결하여 타케나카사에게 공항의 설계 및 건설, 공사 중에 필요한 자재 공급 등을 위임하였다. 공사는 2000년 6월 15일에 시작해서 2002년 말에 완공하는 것으로 예정이 되어 있었다.

2. 제3터미널 프로젝트에 대한 반대

필리핀 항공사(Philippine Airlines, PAL)[1]는 1990년대 후반부터 경제난에 시달리며 다양한 비용절감 조치를 취하게 되었다. 그중 제일 중요한 조치는 모든 국내 · 외 항공노선을 제2터미널(Terminal 2)로 집중시키는 것이었다. 필리핀 항공회사는 제2터미널을 활용하면서 공항료를 지불하지 않아도 되었다. 그러나 PIATCO와 필리핀 정부 간의 양허계약에 따라 국제노선을 제3터미널로 옮기게 되면 필리핀 항공사는 큰 경제적인 부담을 안게 되기에 필리핀 항공사는 제3터미널로의 이전을 반대했다. 또한 이해관계가 걸려 있는 상인들이 마닐라 서비스 공급자 연합(MIA-NAIA Association of Service Operators, MASO)을 결성하여 필리핀 항공사의 국제노선 재배치를 강력하게 반발했다. 청구인에게 유리한 양허계약상의 "독점 조항(exclusivity clause)"으로 인해 MASO 회원인 상인들은 자기들이 제3터미널에서의 영업에서 제외될까 봐 걱정을 하고 있었다.

2001년 6월 MASO는 PIATCO에게 자금을 대출하지 못하도록 PIATCO의 대출자를 설득하려고 했으며, 필리핀 항공사가 제2터미널을 떠나지 못하도록 소송을 하겠다고 했고, PIATCO가 가난한 개발도상국의 국민을 착취하고 있다고 신문에 게재했다.

3. Fraport의 투자에 대한 조사

공사에 대한 여론이 나빠지자 아로요(Arroyo) 필리핀 대통령은 클리

1 필리핀 항공회사(PAL)는 필리핀의 국적항공사(national flag carrier)로서 필리핀에서 규모가 가장 큰 항공회사다. 필리핀 항공회사는 1966년에 민영화되었고, 1976년에 국영화되었으나 1992년에 다시 민영화되었다. 적자를 계속 해결하지 못한 필리핀 항공회사는 1998 아시아 외환위기 때 대규모 해고 및 노사 갈등으로 14일 동안 회사가 마비되었을 만큼 재정적으로 문제가 많았다.

마코(Gloria L. Tan Climaco) 장관을 지명하여 양허계약을 재검토할 수 있는 권한을 부여하였다. 클리마코 장관은 양허계약을 최대한 존중할 의사가 있다고 밝혔으나, MASO의 요구사항을 어느 정도 반영해 주겠다고 언급했고 수정안을 제출하기로 했다. 클리마코 장관의 수정안에는 국제노선을 담당하는 제3터미널에 대한 PIATCO의 독점 조항을 삭제한다는 내용이 포함되었다. 이런 조치는 수정안이 아닌 양허계약을 재협상하는 수준이라고 PIATCO는 강력하게 반발했다. 아로요 대통령은 2002년 3월에 클리마코 장관에게 PIATCO와의 계약을 재협상할 수 있도록 권한을 위임하였다. 대통령은 또한 2002년 10월에 7인으로 구성된 각료급 검토위원회(cabinet review committee)를 만들어 제3터미널 프로젝트와 관련된 문제들을 재검토하도록 지시했으며, 클리마코 장관은 본 위원회에게 제3터미널에 관한 평가를 제출하였다. 클리마코 장관은 법원을 통한 양허계약 무효화도 정부가 선택할 수 있는 방안이라고 제의했지만, 검토위원회는 PIATCO와의 협상을 계속 진행할 것을 제안했다. 즉 "분리원칙(separability principle)"에 따라서 특정 조항이 무효이더라도 계약 전체에는 영향이 없는 것으로 판단할 수 있다는 입장을 선택하였다.

클리마코 장관은 2002년 9월 30일에 공무원 책임 및 감사를 위한 상원위원회(Senate Committee on Accountability of Public Officers and Investigations, "Blue Ribbon Committee")에게 양허계약을 무효화해야 한다는 입장을 밝혔다. 무효 사유로는 ① PIATCO가 입찰 당시 자금 조건을 충족하지 않았다는 점과 ② 필리핀 정부와 PIATCO 사이에 체결된 양허계약은 공공정책(public policy)에 반한다는 점이 포함되었다. 클리마코 장관은 공무원 책임 및 감사를 위한 상원위원회에 다시 참석하여 양허계약이 무효임을 주장하였다. 그 이유로는 챙(Chengs) 가문이 제3터미널과 관련해서 뇌물을 준 사실과 PIATCO의 지배주주들이 뇌물을 주고받았다는 사실이 드러났다는 것이다. 또한 클리마코 장관은 양허계약을 이행할 경우 필리핀 정부와 필리핀 항공사가 치명적인 경제적 타격을 입을 것이라는 클리마코 보고서(Climaco Memorandum)를 제출했다. 보고서에는 필리핀 항공사가 제2터미널에서의 혜택을 제3터미널에서도 받기를 원한다는 내용도 포함되었다.

제1 및 제2 터미널에서 근무하는 국제항공 서비스 공급자들은 양허계약의 이행에 따라 직장을 잃을 수 있다면서 2002년 9월 17일에 계약이행금지 가처분 신청(petitions for writs of prohibition)을 했다. 필리핀 법상 정부의 재량권 남용으로 공공이익에 반하는 계약이행금지의 가처분은 필리핀 대법원에게 관할권이 인정되기 때문에 대법원이 해당 사안을 심리하게 되었다.

필리핀 법무부 장관은 그동안 양허계약에 관해서 언급을 하지 않았으나, 후에 양허계약이 필리핀 헌법, BOT 법률 및 그 시행령에 반한다는 입장을 밝혔다. PIATCO의 전신인 Paircargo가 입찰조건을 충족하지 않았기에 PIATCO의 양허계약은 무효이며, 무효계약에 대해서는 침해가 있을 수 없다는 입장을 취했다. 아로요 대통령 또한 PIATCO를 비난하며 허가계약이 무효임을 연설에서 주장했지만 정당한 투자는 마지막 페소(peso)까지도 보호해 주겠다고 언급했다. 반면 청구인은 공사가 거의 끝나는 단계에서야 문제 제기를 한 필리핀 정부의 입장은 받아들일 수 없다고 했으며, 2003년 2월 28일까지 문제가 해결되지 않을 경우 세계은행의 중재절차를 밟겠다는 입장을 밝혔다. 청구인은 공항의 소유권을 필리핀 정부에게 돌려주는 대신에 국제적으로 유명한 감사 회사의 평가를 받아서 투자한 금액을 배상받고 싶다는 의사를 밝혔다.

PIATCO의 전신인 Paircargo가 입찰조건을 충족하지 못했다는 이유로 제3터미널 공사 양허계약이 무효라는 필리핀 대법원 판결이 2003년 5월 5일에 나왔다. 제3터미널 공사가 거의 완공된 상태였기에 필리핀 정부는 정당한 보상을 해 주겠다는 입장을 재차 밝혔으며, 공사와 관련된 남은 문제들을 해결하기 위해서 감독위원회를 구성하였다. 그러나 감독위원회와 PIATCO 및 청구인과의 논의는 계속 연기되었으며, 아로요 대통령은 2004년 1월 21일에 감독위원회를 해산시켰다.

법률적 쟁점 및 중재판정부의 판단

1. 피청구인의 주장

피청구인은 BIT에서 제공되는 보호는 필리핀 법을 위반한 투자에까지 확대되지 않는다는 이유로 이 중재사건에 있어 중재판정부의 관할을 부인했다. 이러한 주장의 전제는 필리핀과 독일 사이에 체결된 BIT가 청구인의 이 사건 청구에 대한 중재판정부 관할의 유일한 기초가 된다는 것이었다. 결국, 청구인의 투자가 BIT 제1조 제1항에서 규정한 필리핀 법에 따라 '승인되지 않았다'는 것이다.

일단 '승인된' 투자라도 그것이 실질적으로 직접적으로 투자 혹은 투자 활동을 규제하는 투자유치국(host State)의 법을 위반한 방법으로 수행되는 경우 BIT의 보호 범위를 벗어날 수 있다. 즉, 투자유치국의 법에 따라야 하는 의무는 투자가 이루어진 시기 내내 지켜져야만 하는 것이다.

특히, 제3터미널 허가가 필리핀 헌법상의 국적 제한과 ADL에서 부여된 금지 조건이 붙는 공공시설에 관한 것이고 위 두 법은 PIATCO에 대한 청구인의 투자에 적용되는 것이다. 청구인은 비밀 주주간 계약에 따른 '간접적' 소유를 통해 공개적으로 공공시설의 외국 소유 자본을 40%로 제한하는 국적 요건을 회피하려고 하였다.

피청구인은 'Salini v. Morocco 사건'을 언급하면서 BIT의 보호는 오직 필리핀 법에 따라 이루어진 투자에만 확대되어야 한다고 주장했다.[2] BIT가 관할 문제로서 투자의 적법성 여부가 문제되면 반드시 이를 검토하여야 하고, 투자를 촉진시키려는 의도로 규정된 포괄적, 일반적 형태의 BIT 서문이 있더라도 마찬가지이다. BIT 규정을 해석함에 있어서 정부가 투자 촉진을 위하여 우호적인 환경을 조성할 필요가 있지만, 이는 법의 지배에 기초하여 정부를 유지하고 발전시키기 위해 준수되어야 할 법적 · 규제적 원칙(legal and regulatory imperatives)이 희생되지 않아야 한다는 것을 전제로 한다.

피청구인은 이어서 입증의 정도와 관련하여서도 언급을 한다. 청구인은 '주장된 사실들(alleged facts)'이 입증되기만 하면 '조약의 조문에 해당될 수 있으며(capable of falling with the provisions of the treaty)', 피청구인의 관할 항변은 기각되어야 한다고 주장한다. 이에 대해 피청구인은, 청구인이 관할 요건에 관한 입증의 정도와 BIT 위반 여부에 관한 실체요소의 입증 정도를 혼동하고 있다고 주장하였다. 더 나아가 피청구인은, 청구인의 행동이 BIT 위반인지를 확인하는 것이 아니라 관할의 존재 여부, 즉 '투자'의 존재 여부를 확인하고 있다고 주장하였다.

마지막으로, 청구인이 BIT의 보호를 받지 못하는 것은 청구인의 자본 투자, PIATCO에 대한 대출과 보증이 필리핀 헌법과 ADL을 위반하여 이루어졌기 때문이다. 특히, 피청구인은 청구인이 1999년 투자를 시작할 때 필리핀 국적(Philippine nationality)과 ALD을 회피하려는 의도로 PIATCO에 대한 투자를 설계하였다고 주장하였다. 청구인은 제3터미널 프로젝트의 재정적 합의를 결정하는 배타적인 권한을 통한 계약상 합의뿐만 아니라, PIATCO 이사회와 추가적인 약정을 할 수 있는

2 *Salini Costruttori S.p.A and Italstrade S.p.A v. Kingdom of Morocco* (ICSID Case No. ARB/00/4, 23 July 2001).

권한, 터미널 운영자의 결정에 반대할 권리, 터미널 운영과 소매 경영의 영역에 영향력 행사를 허용하는 것 등과 같이 PIATCO에 대한 영향력과 지배력을 보장하기 위한 일련의 합의를 고안한 것이다. 청구인이 PIATCO를 지배하려는 시도는 결과적으로 2005년 12월 청구인이 작성한 비밀 주주간 계약과 2006년 1월 청문회 과정에서 증명되었다.

2. 청구인의 주장

중재판정부의 관할을 부정하기 위해서는 공사에 대한 청구인 투자의 시적 관할(ratione temporis),[3] 인적 관할(ratione personae)[4] 또는 물적 관할(ratione matariae)[5] 중 하나라도 부정되어야 하는데, 이번 사건의 투자는 세 가지 요소를 다 충족했다고 청구인은 주장한다. 특히, 4억 2,500만 달러에 달하는 투자는 필리핀 법에 따라 이루어졌기에 피청구인이 문제 삼고 있는 물적 관할 또한 충족했다고 청구인은 주장하였다.

계단 형식으로 소유하고 있는 회사(cascade companies, 이하 "간접 소유 회사"로 약칭)들을 통하여 청구인은 PIATCO에 대한 간접 투자 방식을 취하고 있었다. 따라서 청구인은 공공시설의 외국인 소유에 대한 제한을 포함한 필리핀 법에 따라 제3터미널 프로젝트에 제공되는 것이 합법적으로 허용되었다는 것이다. Cheng 가문의 구성원은 필리핀 국민이고 PIATCO를 지배하고 있었다. 따라서 청구인의 실제 지배권은 30%에 불과하였다.

청구인은 피청구인이 범하고 있는 명백하고 기본적인 오류는 경

3 *Empresa Lucchetti S.A. et ah v. Republic of Peru* (ICSID Case No. ARB/03/4, 7 February 2005).

4 *Soufraki v. The United Arab Emirates* (ICSID Case No. ARB/02/07, 7 July 2004).

5 *Inceysa Vallisoletana, S.L. v. Republic of El Salvador* (ICSID Case No. ARB/03/26, 2 August 2006).

제적 참여와 경영 지배권을 구별하지 못했다는 것이라고 지적하였다. 청구인은 PIATCO의 소수주주이고, 지배권은 PIATCO의 대주주인 Cheng 가문에 있었다. 청구인은 또한 간접 소유 회사의 소수주주였고, 청구인은 PIATCO의 주식을 소유하는 방법으로 어떤 회사의 지배권도 가지지 않고 있었다. 이것은 청구인이 투자에 상응하는 경제적 이익을 얻으면서도 공공시설의 지배권에 관한 필리핀 법의 제한을 따르는 구조이다.

또한 청구인이 ADL과 외국인 투자자의 투자 제한에 관한 법을 따르지 않았다는 피청구인의 주장은 이 중재를 위한 조작으로 이해되어야 한다고 청구인은 주장했다. 청구인은 필리핀 정부가 청구인의 위법행위에 대해 자국법상의 어떠한 조치도 취한 적이 없다고 진술했다. 피청구인은 PIATCO의 주주 구조를 오랫동안 자세히 알고 있었고, 청구인을 필리핀의 외국인 소유 법 위반으로 문제 삼은 적이 없었다. 특히 청구인의 투자는 항상 완전히 필리핀 SEC에 공개되었고, 게다가 정부의 고위층에서도 청구인의 투자를 알고 있었다.

청구인은 BIT가 피청구인에게 외국인투자를 허용할 의무를 발생시킨다고 주장하면서, 중재판정부가 외국인투자 허가(admission of foreign investments)와 그들의 자국법(local laws) 준수에 관한 언급이 포함된 조항의 범위를 정의 내릴 때 BIT보다 넓은 목적(broader purpose of a BIT)에 의지할 것이라고 주장했다.

청구인은 실제 BIT에 따라 이루어진 '투자'인지에 대해 다음과 같이 주장했다. 첫째, 청구인은 일견 필리핀 법에 따른 투자로 보이는 것이 반박되지 않으면, 그 결과 투자는 BIT하에 승인된 것으로 보아야 한다. 둘째, 피청구인이 청구인의 투자가 필리핀 법에 합치되지(in accordance with) 않았다는 증거를 제시할 책임(burden to produce evidence)을 부담하고, 피청구인은 단지 자국법의 미준수(non-compliance with local laws)를 보여주는 것만으로 그 책임을 다할 수는 없다. 셋째, 필리핀 법 준수는 투자를 한 시점을 기준으로 평가되어야 한다. 마지막으로 관계 기관이 승인하고 묵인한 행동들이 피청구인이 청구인의 투자를 받아들인 증거를 구성한다.

3. 중재판정부의 판단

가. 관련 BIT 규정

이 사건에서 제일 중요한 문제는 독일-필리핀 BIT에서 정의하고 있는 "투자"의 범위이다.

(1) Germany – Philippines BIT 제1조 제1항

'투자(investment)'라는 용어는 각 체약국의 법과 규칙에 따라서 승인된 모든 종류의 자산을 의미한다.[6]

(2) Germany – Philippines BIT 제2조 제1항

타방 체약국 투자자의 투자를 각 체약국은 자국 내에서 최대한 촉진하며 제1조 제1항에서 언급한 바와 같이 헌법과 법률 및 규정에 따라 이러한 투자를 허락한다.[7]

---

6 "The term 'investment' shall mean any kind of asset accepted in accordance with the respective laws and regulations of either Contracting State."

7 "Each Contracting State shall promote as far as possible investment in its territory by investors of the other Contracting State and admit such investments in accordance with its Constitution, laws and regulations as referred to Article 1, paragraph 1."

(3) 의정서(The Protocol to the Agreement) 제2조

필리핀 공화국 헌법에 의거하여 외국인 투자자는 필리핀 영토 내에서 토지를 소유할 수 없다. 다만, 외국인 투자자는 회사의 지분을 40%까지 취득할 수 있으며, 해당 회사가 토지를 소유할 수 있다.[8]

(4) 1997년 7월 10일 독일과 교환한 필리핀의 비준서(Instrument of Ratification)

본 협약은 투자가 각 체약국의 헌법, 법률 및 규정에 의하여 또는 그에 따라 허용되는 분야에서 이루어져야 한다고 규정한다.[9]

나. '투자'의 존재 여부

위 조항들은 모두 물적 관할(ratione materiae)에 대한 명시적인 제한인바, 당사국들은 필리핀의 헌법적인 제한을 염두에 두고 있었으며, 의정서 제2조와 비준서는 이러한 사실을 의심의 여지 없이 분명히 하고 있다. 이 조항들에 의하여 나타난 바에 따르면, 당해 BIT 당사국 중 한 국가의 국민에 의하여 취하여진 경제적 거래가 '투자'로서의 자격을 갖추어 협약의 적용 범위로 들어오기 위해서는 투자유치국의 특정한 법적 요건을 충족시켜야 하는 것이 명백하다는 것이다.

한편, 국제투자에는 ① 투자유치국과의 명시적인 협약에 근거한 또는 이를 동반한 투자(또는 투자유치국의 일방적인 의사표시에 근거한 또는 이를 동

8 "As provided for in Constitution of the Republic of the Philippines, foreign investors are not allowed to own land in the territory of the Republic of the Philippines. However investors are allowed to own up to 40% of the equity of a company which can then acquire ownership of land."

9 The Agreement provide that the investment shall be in the areas allowed by and in accordance with the Constitution, law and regulations of each of the Contracting Parties.

반한 투자)와 ② 투자자와 투자유치국 정부 간에 특정한 협약을 동반하지 않은, 투자유치국의 시장에 대한 투자가 있다. BIT의 영문본은 제1조 제1항과 제2조 제1항을 ①유형의 투자에만 적용하는 것으로 읽힐 수도 있으나, 그러한 해석은 투자유치국의 의사나 BIT 제2조를 구체화하고 있는 의정서 제2조의 태도, 비준서의 규정 등에 비추어 보았을 때 합리적이지 않다고 할 것이다. 따라서 투자에 대한 실질적인 제한은 ①유형과 ②유형의 투자 모두와 관련된 것으로 보인다.

다른 한편, BIT의 관련 조항의 조건에 대한 시간적 연장(temporal extension)과 관련하여, BIT하에서 관할을 유지하기 위해서는, 투자의 개시 시점에 관련 국내법에 '따라야(in accordance with)'할 뿐만 아니라 계속해서 국내법을 준수한 상태로 남아 있어야 한다고 피청구인은 주장한다. 그러나 전체 협약의 맥락에서 관련 조문들을 해석하면 BIT 제1조 및 제2조는 투자의 시작(initiation)을 강조하고 있다. 따라서 투자의 개시 시점에 투자유치국의 법을 준수하였으나 투자 과정에서 그 법을 위반했더라면 투자유치국의 주장은 BIT의 실질적인 위반에 대한 본안 항변이 될 수 있을 뿐이고, BIT의 권한하에서 활동하는 중재판정부로부터 그 관할권을 박탈할 수는 없다.

마지막으로 금반언(estoppel)의 문제가 있다. 공평성의 원칙은 중재판정부로 하여금, 정부가 그 위반을 알면서도 이를 무시하고 그 법을 준수하지 않은 투자를 승인했다면, 그 법 위반의 문제를 관할권에 대한 항변으로 제출하지 못하게 할 것을 요구한다. 그러나 비밀협약(covert arrangement)은 그 속성상 프로젝트를 승인한 정부 관리에게 알려져 있지 않기 때문에 금반언의 근거가 될 수 없다. 비밀이라는 속성은 승인 또는 인증에 대한 표시의 법적 유효성을 박탈할 것이다. 기록에 따르면 청구인이 1999년 당시에 처음 투자를 했을 때 필리핀 법을 준수하지 않은 비밀협약이 있었다는 사실을 필리핀이 알았거나, 알았어야 했다거나, 또는 알 수 있었다는 어떠한 암시도 없다.

관할권 분석에 적용 가능한 법적 기준을 위와 같이 세웠으므로, 중재판정부는 아래와 같이 ADL의 해석에 관한 검토를 한다.

다. ADL에 대한 중재판정부의 해석

이하 두 가지 요건 중 하나만 만족되더라도 필리핀 국내법인 ADL에 위반된다. 하나는 양적 테스트[누적적인(cumulative) Grandfather Rule 또는 비누적적인(non-cumulative) Control Rule]이고, 다른 하나는 경영상 통제(managerial control)의 실증(actual demonstration)에 의한 것인데, 후자에 따른 분석의 경우 회사에 대한 자본의 양(quantum of equity)은 무관하다. 달리 말해서, 만약 어떤 외국투자자가 공공시설에 대하여 15%의 자본을 소유하고 있지만, 필리핀 사람과 경영 및 통제에 관한 비밀협약을 맺고 있다면, 이는 ADL 위반을 구성하게 될 것이다. 전자의 방법은 단지 후자의 방법을 추정하는 수단인바, 위반을 확립하는 양적인 방법과 관련하여 필리핀 법의 유일한 변화는 누적적인 계산 공식인 Grandfather Rule이 좀 더 관대한 비누적적 공식인 Control Rule로 대체된 것이었다. 여기서 중재판정부의 관심은 청구인의 양적인 자본에 있지 아니하고 비밀주주협약에 있다. 청구인 내부 서류의 맥락에서 살펴보면 비밀주주협약은 청구인이 처음부터 필리핀 법상의 금지를 정확하게 이해하고 있었으나 만약 필리핀 법을 준수할 경우 장래의 투자가 수익을 거둘 수 없다고 믿었음을 보여준다. 따라서 청구인은 비밀주주협약을 통해 비밀리에 필리핀 법을 위반함으로써 그 투자를 진행하기로 선택한 것이다. 이 비밀협약은, 청구인이 자신의 투자가 필리핀 법을 준수하고 있지 않다(not 'in accordance' with Philippine law)는 것을 계획하고 알았다는 사실을 입증한다.

라. 필리핀에서의 ADL 절차

필리핀의 Balayan 변호사와 Bernas 변호사는 2003년에 청구인이 PIATCO 주식의 61.44%를 소유하였다는 사실과 관련하여 청구인과 PIATCO의 주요 임원 및 이사들이 ADL을 위반하였다고 필리핀 수사국(National Bureau of Investigation)에 고발하였다. 필리핀 수사국에 의한 절차는 검찰의 예비조사(Preliminary Investigation)에 회부할 필요가 있는지 결정하기 위한 사실과 자료를 수집하기 위한 것이다. 필리핀 수사국 보고서는 청구인이 Grandfather Rule의 양적 테스트를 위반하였다고 결론을 내리고 기소할 것을 권고하였지만 Grandfather Rule의 양적 테스트는 더 이상 쓰이지 아니한다는 점에서 필리핀 수사국 보고서는 부정확하다. 그러나 필리핀 수사국이 2005년 12월과 2006년 1월인 현재의 중재 과정에서 현출된 비밀주주협약(secret shareholder agreement)을 알 수 없었다는 사실이 중재판정부의 분석에 있어서 더 중요하다. 비밀주주협약의 존재가 ADL 위반이 있었는지에 대한 질문에 답하기 위한 결정적인 요소이다.

필리핀 수사국 보고서는 2004년에 발간되었으나 검사는 2006년 12월 27일 발간된 보고서에서 필리핀 수사국의 권고를 배척하였다. 필리핀 수사국 보고서에 대한 검사의 배척은 비밀주주협약에 근거한 것이 아니라, 보다 관대한 비누적적 계산 공식(non-cumulative computational formula)의 적용 가능성에 근거한 것이었다. 여기서 놓치고 있는 것은 실재하는 비밀주주협약에 대한 인식이다. 위 비밀주주협약에 의하여 ADL이 금지하는 경영과 통제가 효과적으로 청구인에게 부여되었음에도 불구하고, 필리핀 수사국 보고서와 필리핀 법무부 보고서는 모두 비밀주주협정과 그 협정으로 인한 ADL 위반 문제를 다루고 있지 않았다.

검찰의 결정은 2007년 1월 18일 Bernas 변호사의 재심 신청(Motion

for Reconsideration) 및 2007년 1월 19일 Balayan 변호사의 재검토 요청(Petition for Review)에 의하여 다투어졌다. 그 후 2007년 3월 15일 Bernas 변호사의 재심 신청은 법무부 결정에 의하여 인용되었다.

중재판정부가 2007년 3월 14일에 피청구인에 의하여 제출된 추가적인 1,900페이지의 서류를 검토한 결과, ADL 절차에서의 기록은 비밀주주협정을 포함하고 있지 않은 것이 명백하였다.

마. 비밀주주협정(Secret Shareholder Agreement)에 대한 청구인의 은폐

청구인은 피청구인의 많은 조치를 통하여 사실상의 승인(acceptance)이 있었으며 피청구인은 ADL에 따른 어떠한 공식 조치도 개시하지 않았다고 주장하였다. 그러나 청구인은 ADL 위반을 알면서 의식적으로 이를 은폐하였고, 그 결과 선의의(in good faith) 외국투자자를 전제로 한 필리핀 정부의 조치들에 의하여 위반이 치유된다거나 필리핀 정부가 금반언 원칙에 구속된다고 할 수 없다. 피청구인은 청구인이 그 위반을 은폐하였으므로 청구인에 대하여 법적인 조치를 취할 수 없었다.

청구인은 자신이 실제로는 PIATCO에 대한 통제를 행사하지 않았으며 나중에 ADL에 합치되도록 비밀주주협약을 개정하였기 때문에 이러한 사실이 ADL 위반 시도를 불법화하지 않게 해 준다는 취지의 주장을 하였다. 이러한 주장에 대하여 중재판정부는 다음과 같이 지적하였다. 첫째, 앞서 BIT 분석에서 설명된 것과 같이, 물적 관할(jurisdiction ratione materiae)에 관한 국내법의 준수와의 관련성은 투자의 개시 시점에 있어야 하는 것이며, 둘째, ADL은 ADL에 열거된 행위들을 고의로 계획(planning)한 사람도 처벌한다고 규정하고 있다는 것이다. 또한 중재판정부는 자신이 비밀주주협약 체결을 통하여 얻기 위해 노력한 권한에 대하여 자신은 이를 행사할 의도가 없었다고 주장하는

Fraport의 견해는 신뢰하기 어렵다고 하였다.

바. 결론

투자가 투자유치국의 법에 따른 것인지가 문제되는 경우, 투자자에게 유리하고 보다 자유로운 방식으로 물적 관할(jurisdiction ratione materiae)을 해석하는 주장들이 상당히 존재할 수 있다. 몇몇 상황에서는 문제가 되는 투자유치국의 법이 전적으로 명백하지 않거나 투자자가 선의의(in good faith) 실수를 할 수도 있다. 이러한 선의의 실수는 법률 실사를 할 수 있고 자격이 있는 현지의 법조인이 제대로 실사를 하지 못하였거나 해당 국가의 법을 준수하는 방식으로 투자하더라도 계획된 수익의 손실이 없는 경우에 인정될 수 있을 것이다.

이 사안에서는 투자자 자신의 기록에서도 명백한 것처럼 외국투자자는 알면서도 법을 위반하였으며 일반적인 운영으로부터는 수익을 거둘 수 없었다. 관련 기록은 ① 투자가 BIT의 보호를 받기 위하여서는 투자유치국의 법에 따라야 함을 요구하고 있다는 것과 ② 특정한 구조에 대한 협약은 필리핀 법의 중요한 조항을 위반할 것이라고 현지의 법조인이 명시적으로 경고하였었다는 사실을 보여주고 있다. 게다가, 이러한 위반 가능성은 이사회(Board of Directors) 수준에서 명시적으로 논의된바 있다. 재무 전문가에 의한 실사보고서에 따르면, 투자자인 Fraport는 그 자본 투자가 수익을 거둘 수 있는 유일한 방법은 그 프로젝트에 대한 경영과 통제에 관한 협약을 비밀리에 체결하는 것뿐이며 투자자는 그러한 비밀협약을 체결하는 것이 필리핀 법에 합치하지 않는다(not in accordance with)는 사실을 알고 있었다. 이는 1999년 7월 6일 FAG-PAIRCARGO-PAGS-PTI 간의 주주협약에 의하여 성취되었는바, 이 주주협약은 Fraport(주주협약 체결 당시에는 FAG로 알려져 있었음)가 '전문기술과 기능에 관한 영역(areas of expertise and competence)'에 속하는 문제에 대하여 결정권(casting and controlling vote)을 갖는 것을 허락하고 있었다. 따라서 위반이 우연히 발생하였다거나 투자와 무관하다고 볼 수는 없으며, 오히려 위반이 프로젝트 성공에 가장 중요한 요소라고 할 것이다. 그 협약이 필리핀 법에 위배됨을 알았다는 사실은 협약을 비밀리에 체결하기로 결정하여 그 협약이 외국법하에서 효과적으로 작동하기 위해 노력했다는 사실에 의하여 분명해진다. 이 모든 사실들은 청구인의 내부 서류로부터 나온 것들이며 청구인에 의하여 그 신뢰성을 탄핵받기는 어렵다.

청구인은 비밀협약을 통해서 고의적으로 ADL을 위반하였고, 그 결과 청구인은 '법에 따른(in accordance with law)' 투자를 했다고 주장할 수 없다. 또한 피청구인의 관료들은 그 위반을 알 수 없었기 때문에 청구인은 피청구인의 고위 관료들이 법적 요건들을 포기하고 청구인의 투자를 승인하였다고 주장할 수도 없다. '법에 따른 투자(investment in accordance with law)'가 없기 때문에, 중재판정부는 물적 관할(jurisdiction ratione materiae)이 없다.

정책과 관련하여, BIT는 정부에게 외국투자자와의 관계를 투명한 방식으로 수행할 의무를 부과하고 있었고, 이와 상호적인 의무들이 외국투자자에게 부여되어 있었다. 그 의무들 중 하나는 투자유치국의 법에 따라(in accordance with host state law) 투자하여야 한다는 것이다. 투자유치국의 법을 준수하지 아니한 투자(an investment which is not made in accordance with host state law)도 투자유치국에 중요한 경제적 가치를 가져다줄 수 있다는 주장도 있을 수 있겠으나, 그러한 경제적 가치가 국제법 영역의 유일한 목적은 아니며, 투자유치국의 법을 존중하는 것 또한 국제투자법의 발전에 관한 결정적인 요소라 할 것이다. 다만 이 문제에 있어서 중재판정부의 결정은 이러한 정책적 측면에 의존하지 않았고 결정적인 것은 BIT상의 문언이며 그 문언상의 표현이 문제에 있어서

명확할 것이다.

투자유치국의 법을 준수하는 것은 협정과 협정에 부속된 의정서의 명시적이고 합리적인 요건이다. 제3터미널 프로젝트에 있어서 청구인이 표면적으로 주식을 매수한 것은 다른 유형의 불법적인 투자를 은폐하고 있기 때문에 BIT에 의하여 규율되는 '투자'라 할 수 없다. 따라서 중재판정부는 중재판정부 관할의 근거는 BIT이기 때문에 Fraport의 청구는 물적 관할(jurisdiction ratione materiae)이 없음을 이유로 각하되어야 한다고 결정하였다.

중재판정부의 판정

중재판정부는 필리핀에 의해 제기된 ICSID의 관할에 관한 항변을 인용하면서, ICSID는 이 분쟁에 대하여 심리할 수 있는 관할이 없음과 본 중재판정부는 이 사건을 다룰 수 없음을 선언하였다. 중재판정부는 각 당사자가 자신의 모든 법률 비용을 부담할 것과 중재판정부의 구성원에 대한 보수와 ICSID 이용에 대한 행정적 비용은 각 당사자에 의하여 균등하게 분담할 것을 명하였다.

Cremades 교수의 반대 의견

Cremades 교수는 다수 의견은 BIT의 용어와 오히려 반대되는 것이며, 불법성(illegality)에 대한 다수 의견의 접근방법은 근본적으로 잘못되었다고 지적한다. 나아가 그는 다수 의견이 필리핀에서의 투자를 증진하고 보호한다는 목적을 위반하는 해석을 포함하고 있다고 주장한다.

Cremades 교수는 불법적인 행위가 투자자로부터 BIT하에서의 보호를 필연적으로 박탈하는 것은 아니기 때문에, 판정문에서 논의된 불법적인 행위로 인하여 PIATCO의 주식보유가 필리핀 법에 따라 승인된 자산이라는 사실에는 변함이 없다고 주장한다. 그의 견해에 의하면, 불법성은 무시되어서는 아니 되는 반면, 이를 고려할 적절한 시점은 중재에서 실체적인 문제(substantive issue)로 다루어질 때이다.

Cremades 교수는 ADL은 우선적으로 더미(dummy)의 행위를 불법화하는데, 사안에서는 더미(dummy)가 확립되지 않았으므로 ADL이 위반되지 않았다고 주장한다. 왜냐하면 비밀주주협약은 시행된 적이 없고, 따라서 PIATCO는 그 스스로를 더미(dummy)가 되도록 허락한 사실이 없기 때문이라는 것이다.

판결의 무효 — Fraport v. Philippines Annulment Decision

(ICSID Case No. ARB/03/25)

ICSID협약 제52조 제1항

당사자들은 아래 하나 또는 그 이상의 근거로 판정의 취소를 서면으로 사무총장에게 요청할 수 있다. ① 중재판정부의 구성에 문제가 있을 경우, ② 중재판정부가 재량권 범위를 일탈한 경우, ③ 중재판정부의 부정행위가 있는 경우, ④ 중재판정부가 절차에 관한 기본 원칙에서부터 심각하게 벗어나는 경우, ⑤ 중재판정부가 근거로 내세운 이유를 설시하지 않은 경우.

이 사건에서 청구인은 결과에 불복하여 ICSID 사무총장에게 중재판정의 취소를 요청하였으며, 그 근거로는 ① 중재판정부가 재량권 범위를 일탈하였다는 점, ② 중재판정부는 변론을 할 권리(Right to be heard)를 거부함으로써 절차에 관한 기본 원칙을 위반했다는 점, ③ Fraport의 필리핀 국내법 위반, 죄형법정주의(nullen crimen sine lege) 원칙의 부적용, 개별 Fraport 투자를 분리하여 BIT를 적용하지 않은 것 등에 대한 이유를 설시하지 않았다는 점을 들었다.

1. 절차의 기본 원칙으로부터 심각하게 벗어남

중재판정부는 청구인(Fraport)이 비밀주주계약을 통해 필리핀 회사를 비밀리에 지배하려 한 점에서 ADL을 위반하였다고 판시하였다. 이때 중재판정부는 증거개시 절차 이후 필리핀이 제출한 문서, 특히 ADL에 기초한 형사 고소를 기각한 필리핀 검사의 결정을 강하게 채택하였다.

필리핀은 검사가 오직 두 문서만을 이용하였고, 그는 비밀주주계약 또는 Fraport의 ADL 위반에 대한 다른 기록 증거를 분명히 보지 않았다고 주장했다. 이에 Fraport는 필리핀이 검사가 이용한 문서가 무엇인지를 명백히 알지 못한다고 주장했다.

중재판정부는 필리핀에 검사의 파일에 관해 증거 제출을 요구하였는데, 이 요청이 절차를 재개하는 결정은 아니고, 단지 당사자들이 제출한 증거를 완성하기 위한 것이라고 강조하였다. 필리핀은 검사 기록의 전체라고 주장하며 1,900페이지의 새로운 문서를 제출하는데, Fraport는 이것이 여전히 전체 기록이 아니라고 주장했다. 이에 대해 필리핀은 어떤 누락된 부분도 고의적인 것이 아니고, 추가적인 기록이 존재하면 이를 제출할 것이라고 덧붙였다. 이러한 단계에서 중재판정부는 당사자들에게 '중재판정부에 추가적인 서면을 보내는 것을 금지'하고 절차를 종료했다. 중재판정문에서 중재판정부는 Fraport가 ADL을 위반하였다는 결론을 내린 검사의 기록을 증거로 채택한다. 또한 검사가 핵심적인 주주계약을 보았다는 아무런 증거가 없다고 결정하였다.

위원회는 Fraport가 ADL을 위반하였다는 중재판정부의 결정은 관할을 거부하는 결정의 핵심적인 부분이었으며, 검사가 비밀주주계약을 이용하였다면, 중재판정부는 다른 결론에 도달하였을 것이라고 판단한다.

위원회는 당사자가 변론을 할 권리(Right to be heard, 이러한 권리는 청구나 상대방 주장에 대한 반박에 있어 증거와 주장을 제출할 기회를 포함한다)는 절차의 기본 원칙을 구성한다고 보았다. 이는 ICSID 협약 초안의 기초가 된 1952년 국제법위원회(International Law Committee)에 의해 채택된 중재절차에 대한 모델규칙(Model Rules on Arbitral Procedure) 제35조(c)에 의해 비롯된다. 따라서, 중재판정부는 만약 관련 있는 것으로 여겨지는 새로운 증거가 있다면 반드시 당사자들에게 의견을 개진할 기회를 주어야 한다고 하였다.

위원회는 중재판정부가 당사자 모두에게 의견을 개진할 기회를 보장하지 않고 임의로 새로운 증거를 고려해서는 아니 된다고 판시하였다. 따라서 위원회는 중재판정부가 ICSID 중재규칙(ICSID Arbitration Rules)의 제38조(2)[10]에 따라 절차를 재개했어야 한다고 판단한다. 결론적으로 위원회는 원래의 중재판정이 절차의 기본 원칙으로부터 심각하게 벗어났다는 이유로 중재판정을 취소하였다.

---

10 ICSID 중재규칙 제38조(2)

예외적으로, 중재판정 결과가 내려지기 전에 결정적인 요소를 구성하는 새로운 증거가 제시되거나, 특정 사항에 대한 설명이 반드시 필요할 경우, 중재판정부는 중재절차를 재개할 수 있다(Exceptionally, the Tribunal may, before the award has been rendered, reopen the proceeding on the ground that new evidence is forthcoming of such a nature as to constitute a decisive factor, or that there is a vital need for clarification on certain specific points).

2. 명백한 재량권 일탈(Manifest excess of powers)

위원회는 중재판정부는 명백히 재량권을 일탈하지 않았다고 결정했다. 청구인은 BIT상의 '투자'가 있었는지에 대한 해석에 대해 문제를 제기하였는데, 중재판정부의 명백한 재량권 일탈 여부를 조사하는 목적은 그러한 문제에 대한 중재판정부의 접근이 합리적인지를 판단하는 것이라고 하였다. 해석과 관련하여 위원회는 중재판정부의 결정이 비합리적(unreasonable)이지 않으면 개입하지 않는다고 보았다. 위원회의 역할은 해석이 더 타당하거나 옳은지를 결정하는 것이 아니라 중재판정부가 적용한 해석이 성립할 수 없는 것인지 여부를 판단하는 것이다. 청구인은 해석의 보충적 방법으로 위원회가 독일과 필리핀 사이에 BIT 체결 협상 과정에서 교환된 문서를 사용할 것을 요청하였다. 그러나 위원회는 만약 그러한 해석의 보충적 방법이 중재판정부에 제출되지 않았다면, 그러한 요청이 취소절차(annulment proceedings)에서도 받아들여지지 않는다고 하였다.

3. 이유 미설시(Failure to state reasons)

위원회는 중재판정부가 이유를 설시하지 않은 것은 아니라고 판단했다. 이유 설시를 요구하는 것은 중재판정부가 임의로 사건을 결정하지 않는다는 것을 보장하는 것이다. 중재판정문에서 중재판정부의 ADL에 대한 분석은 청구인의 투자가 BIT에 의해 보호를 받는지에 대한 조사로 제한되어 있다. 그러나 형사 책임 여부를 결정하는 것은 중재판정부의 소관이 아니다. 또한 형사법의 실체적 원칙을 적용하는 것도 중재판정부의 소관이 아니다. 게다가 이러한 원칙을 원래의 중재절차에서 당사자가 주장하지도 않았다.

4. 결론

이처럼 위원회는 중재판정부가 절차에 관한 기본 원칙으로부터 심각하게 벗어났다고 판단하면서 ICSID협약 제52조 (1)항 (d)에 기초하여 판정문 전체를 취소하였다.

이 사건은 비록 원래 판정이 취소되었으나, 청구인이 투자와 관련하여 투자유치국의 공무원에게 뇌물을 제공하였거나, 입찰과 관련하여 허위 정보를 제공한 경우에는 BIT에 의하여 보호를 받지 못한다는 점을 다시 확인한 사건이다. 유사한 사례로서는 전직 대통령에게 뇌물을 준 것이 쟁점이 되었던 World Duty Free v. Kenya[11]사건과 투자를 함에 있어서 사기적 수법으로 허위의 정보를 투자유치국에 제공한 것이 문제가 된 Plama v. Bulgaria[12] 및 Inceysa v. El Salvador[13] 사건이 있다.

---

11 *World Duty Free Company Limited v. Republic of Kenya* (ICSID Case No. ARB/00/7), Award (4 October 2006).

12 *Plama Consortium Limited v. The Republic of Bulgaria* (ICSID Case No. ARB/03/24), Decision on Jurisdiction (8 February 2005).

13 *Inceysa Vallisoletana, S.L. v. Republic of El Salvador* (ICSID Case No. ARB/03/26), Award (2 August 2006).

부록

[부록 1]

국제투자중재 분야 참고 자료 목록

1. 국제투자협정 원문

일반적으로 투자협정의 원문은 해당 협정의 당사국 정부에 의하여 공포된다. 예컨대 우리나라에서는 발효될 협정이 '관보'에 게재되어 공포되며, 이와 마찬가지로 오스트리아에서는 'Bundesgesetzblatt', 바레인 및 기타 아랍어권 국가에서는 'Al-Jaridah al-Rasmiyah', 칠레를 포함한 여러 스페인어권 국가에서는 'Diario Oficial', 프랑스를 비롯한 불어권 국가에서는 'Journal Officiel de la Republique' 등에 협정 원문이 게재되므로 이에 대한 열람이 가능해진다.

한편, 미국 연방정부는 'Treaties and Other International Agreements(TIAS)'와 'United States Treaties and Other International Agreements(UST)'를 발간한다. TIAS에는 새롭게 체결된 조약과 협정이 최초로 게재되고, 이들이 나중에 UST에 통합되어 게재된다. 이와 비슷하게 영국은 'Treaty Series(TS)', 'British and Foreign State Papers'라 불리는 조약 및 협정 모음집을 가지고 있고, 호주 · 캐나다 · 네덜란드 등의 국가들도 이러한 협정 모음집을 발간하고 있다.

또한 많은 국가들이 자국 정부의 웹사이트를 통해 협정의 원문, 색인 등을 공개하고 있는데, 예를 들어 호주는 그들의 다자간 · 양자간 협정의 모든 원문 및 그 현황을 담고 있는 'Australian Treaties Library'를 웹사이트를 통해 운영하고 있다. 네덜란드 외무부는 'Verdragenbank' 웹사이트를 통해 공식적인 협정 모음인 'Tractatenblad'을 공개하고 있다. 미국에서는 조약과 관련된 사건들을 다루는 국무부 법률고문실(US Department of State Office of the Assistant Legal Adviser for

Treaty Affairs)이 그러한 웹사이트를 운영하고 있으므로, 미국의 조약 및 기타 국제 협정을 검색해 볼 수 있다. 미국 의회도서관 웹사이트에서도 관련 협정을 열람할 수 있다.

2. 투자협정 문헌 관련 국제기구 자료

1) 국제연합(UN)

The United Nations Treaty Collection(UNTS)은 1946년 이후로 체결된 대부분의 조약과 국제협정들을 열람할 수 있도록 하고 있는데, 이는 국제연합헌장 제102조가 국제연합 회원국이 체결하는 모든 조약과 국제협정을 국제연합 사무국에 등록하고 사무국으로 하여금 공표하도록 하고 있기 때문이다.

2) United Nations Conference on Trade and Development(UNCTAD)

UNCTAD의 'Compendium of International Investment Instruments'는 투자협정에 관하여 존재하는 모든 양자간 · 지역간 · 다자간 법률문서를 정리하고 있다. 이는 인쇄물로도 발간되고 있으며 온라인상으로도 이용가능하다. 특히 UNCTAD의 'Investment Instruments OnLine' 웹사이트는 개개의 양자간 투자협정 원문의 매우 중요한 출처가 된다. UNCTAD의 자료는 키워드 · 국가별 · 지역별 · 주제별 · 날짜별로 검색이 가능하다.

3) International Centre for Settlement of Investment Disputes(ICSID)

1970년대 초부터 세계은행 산하의 ICSID는 양자투자협정의 원문을 모아 제공하여 왔다. 그중 대부분은 *Investment Promotion and Protection Treaties*라는 제목의 투자협정에 관한 여러 권의 모음집에 담겨져 있다. 그리고 양자간 투자협정의 리스트는 ICSID가 발간하는 *Foreign Investment Law Journal*에도 발표된다. 또한 ICSID 웹사이트는 1996년 말부터 체결된 BIT 목록을 연대순으로 제공하고 있고, 협정 체결국의 목록을 알파벳순으로 제공하고 있다.

4) Organization of American States(OAS)

OAS에 의해 운영되는 웹사이트는 OAS의 회원국이 체결한 모든 무역 · 투자 관련 양자 · 다자간 협정에 관한 정보를 제공한다.

5) Energy Charter Treaty

벨기에 브뤼셀에 있는 에너지 헌장 사무국(Energy Charter Secretariat)은 1994년 에너지헌장조약과 그와 관련된 문서의 원문이 수록된 웹사이트를 운영하고 있다.

3. 투자협정 문헌 관련 각종 민간 출처

1) Electronic Information System for International Law(EISIL)

American Society of International Law(ASIL)가 개발하고 운영하고 있는 웹사이트로 BIT 및 기타 국제투자협정에 관하여 구체적으로 소개하고 있다.

2) International Treaty Arbitration(ITA)

ITA는 투자협정 및 투자협정중재와 관련하여 공개된 중재판정문를 비롯한 각종 정보를 제공하고, 양자간 투자협정, 자유무역협정, 모델 BIT 등에 관한 링크를 제공하는 웹페이지(italaw.com)를 운영하고 있다.

3) InvestmentClaims.com

이 웹사이트는 외국의 투자 관련 법률 및 국제투자협정에 관한 여러 정보를 제공하고 있다.

4) NAFTAClaims.com

이 웹사이트는 NAFTA 투자자 — 국가 분쟁의 해결에 관한 정보를 비롯한 주요 문헌들을 제공한다.

4. 기타 참고 웹사이트

정부기관

• 산업통상자원부: http://www.motie.go.kr

• 산업통상자원부가 운영하는 '자유무역협정FTA': http://www.fta.go.kr

• 외교부: www.mofa.go.kr

• 미국무역대표부: www.ustr.gov

• 캐나다 외교통상발전부: http://www.international.gc.ca/

• 멕시코 경제부: http://www.economia.gob.mx/

• 미국 국무부가 운영하는 NAFTA 투자자 — 국가 간 중재 관련 웹사이트:
http://www.state.gov/s/l/c3439.htm

국제투자 관련 중재판정 및 결정에 관한 문헌

- 국제지속개발연구소(IISD):
  Publications Centre: http://www.iisd.org/publications/
- 이란-미국 청구 판정부(Iran-United States Claims Tribunal) 데이터베이스:
  http://www.iusct.net/
- 미국 저개발국 민간투자공사(OPIC) — 투자 관련 결정 및 중재판정문:
  http://www.opic.gov/what-we-offer/political-risk-insurance/claims-determinations
- 국제사법재판소(ICJ): http://www.icj-cij.org/docket
- 상설중재재판소(PCA): http://www.pca-cpa.org/
- 상설국제사법재판소(PCIJ): http://www.icj-cij.org/pcij/
- UN에서 운영하는 국제중재판정문 리포트(Reports of International Arbitral Awards): http://www.un.org/law/riaa/

국제투자협정중재사건 요약 및 관련 데이터베이스

- 독일 쾰른 대학 국제투자법센터(IILCC): http://www.investment-law-digest.com/
- International Arbitration Case Law(IACL):
  http://www.internationalarbitrationcaselaw.com/
- 국제투자중재 및 공공정책(IIAPP): http://www.iiapp.org/
- UNCTAD 국제투자협정중재 데이터베이스: http://iiadbcases.unctad.org/

기타 투자법 및 국제투자협정중재 관련 정보

- Investment Arbitration Reporter: http://www.iareporter.com/
- International Law Reporter: http://ilreports.blogspot.kr/
- 국제 지속가능한 개발 연구소(IISD)가 발간하는 투자협정뉴스(Investment Treaty News): http://www.iisd.org/itn/

• 에너지헌장 사무국 투자자 — 국가 분쟁해결 관련 데이터 베이스: http://www.encharter.org/index.php?id=213

블로그

• Kluwer Arbitration Blog: http://kluwerarbitrationblog.com/

• 국제투자법 및 중재에 관한 주요 논문 모음:
http://arbitrationandinvestmentlaw.wordpress.com/
http://arbitrationpublications.wordpress.com/

기타 리서치 가이드

• Peace Palace 도서관 International Investment Law 관련 목록:
http://www.peacepalacelibrary.nl/research-guides

• 영국 국제비교법 연구소(HIICL) 투자협정 포럼: http://www.biicl.org/itf/

• Hague Justice Portal이 제공하는 상설중재재판소 주요 판정례:
http://www.haguejusticeportal.net

• Financial Times가 제공하는 해외직접투자(FDI) 매거진 — fDiIntelligence:
http://www.fdiintelligence.com/

• 미국 콜롬비아대학교 지속가능한 국제투자 센터(Vale Columbia Center on Sustainable International Investment): http://www.vcc.columbia.edu/

다자간 투자협정(MAI) 협상 관련 자료

• Documentation from MAI Negotiations: http://www1.oecd.org/daf/mai/toc.htm

국제기구

• 국제통화기금(IMF): http://www.imf.org

- 국제무역기구(WTO): http://www.wto.org/
- 국제투자보증기구(MIGA): http://www.miga.org/
- 경제협력개발기구(OECD): http://www.oecd.org
- 세계은행(World Bank): http://www.worldbank.org/

[부록 2]

ICSID 협약 국 · 영문 대역*

Convention on the Settlement of Investment Disputes Between States and Nationals of Other States

Preamble

The Contracting States,

Considering the need for international cooperation for economic development, and the role of private international investment therein;

Bearing in mind the possibility that from time to time disputes may arise in connection with such investment between Contracting States and nationals of other Contracting States;

Recognizing that while such disputes would usually be subject to national legal processes, international methods of settlement may be appropriate in certain cases;

Attaching particular importance to the availability of facilities for international conciliation or arbitration to which Contracting States and nationals of other Contracting States may submit such disputes if they so desire;

Desiring to establish such facilities under the auspices of the International Bank for Reconstruction and Development;

Recognizing that mutual consent by the parties to submit such disputes

* ICSID 협약의 국문 번역본은 외교부에서 발간한 '다자조약집'에 수록된 것을 바탕으로 하였으며, 외교부 웹사이트(www.mofa.go.kr)에서도 열람이 가능함.

국가와 타방국가 국민간의 투자분쟁의 해결에 관한 협약

전 문

체약국은,

경제발전을 위한 국제적 협력의 필요와 그에 대한 국제적인 민간투자의 역할을 고려하고,

이러한 투자와 관련하여 일방 국가와 타방 체약국 국민간에 분쟁이 수시로 야기될 수 있는 가능성에 유의하고,

이러한 분쟁이 통상적으로 국내의 법적 절차에 따라야 하는 반면 경우에 따라서는 국제적인 해결 방법이 적절한 것임을 인정하고,

체약국과 타방 체약국 국민이 원한다면 이러한 분쟁을 회부할 수 있는 국제조정이나 국제중재의 기관의 유용성을 특히 중요시하고,

국제부흥개발은행의 주관하에 이러한 기관을 설치할 것을 희망하고,

이러한 분쟁을 그 기관에 의한 조정 또는 중재에 회부한다는 당사국 간의 상호 동의는 구속력 있는 합의를 구성하며,

이 합의는 조정자의 어떠한 건의에 대하여서도 적절한 고려를 하여야 할 것과 또한 어떠한 중재판정도 준수되어야 한다는 것을 특히 요구하는 것임을 인정하고,

어떠한 체약국도 본 협약의 비준, 수락 또는 승인이라는 단순한 사실만으로써

to conciliation or to arbitration through such facilities constitutes a binding agreement which requires in particular that due consideration be given to any recommendation of conciliators, and that any arbitral award be complied with; and Declaring that no Contracting State shall by the mere fact of its ratification, acceptance or approval of this Convention and without its consent be deemed to be under any obligation to submit any particular dispute to conciliation or arbitration,

Have agreed as follows:

CHAPTER I
INTERNATIONAL CENTRE FOR SETTLEMENT OF INVESTMENT DIDPUTES

Section 1 Establishment and Organization

Article 1

(1) There is hereby established the International Centre for Settlement of Investment Disputes(hereinafter called the Centre).

(2) The purpose of the Centre shall be to provide facilities for conciliation and arbitration of investment disputes between Contracting States and nationals of other Contracting States in accordance with the provisions of this Convention.

Article 2

The seat of the Centre shall be at the principal office of the International Bank for Reconstruction and Development(hereinafter called the Bank). The seat may be moved to another place by decision of the Administrative Council adopted by a majority of two-thirds of its members.

그들의 동의 없이 어느 특별한 분쟁을 조정이나 중재에 회부하여야 한다는 의무를 지우는 것으로 간주하지 아니함을 선언하며,

다음과 같이 합의하였다.

제1장
투자분쟁의 해결을 위한 국제본부

제1절 설치와 기구

제1조

(1) 투자분쟁의 해결을 위한 국제본부(이하 본부라 한다)를 이에 설치한다.

(2) 본부의 목적은 본 협약의 규정에 따라 체약국과 타방 체약국 국민간의 투자분쟁의 조정과 중재를 위한 기관을 마련함에 있다.

제2조

본부의 소재지는 국제부흥개발은행(이하 은행이라 한다)의 주 사무소의 소재지로 한다. 그 소재지는 이사의 3분지 2 이상 다수결에 의하여 채택한 운영이사회의 결정으로 다른 장소로 이를 이전할 수 있다.

Article 3

The Centre shall have an Administrative Council and a Secretariat and shall maintain a Panel of Conciliators and a Panel of Arbitrators.

Section 2 The Administrative Council

Article 4

(1) The Administrative Council shall be composed of one representative of each Contracting State. An alternate may act as representative in case of his principal's absence from a meeting or inability to act.

(2) In the absence of a contrary designation, each governor and alternate governor of the Bank appointed by a Contracting State shall be ex officio its representative and its alternate respectively.

Article 5

The President of the Bank shall be ex officio Chairman of the Administrative Council(hereinafter called the Chairman) but shall have no vote. During his absence or inability to act and during any vacancy in the office of President of the Bank, the person for the time being acting as President shall act as Chairman of the Administrative Council.

Article 6

(1) Without prejudice to the powers and functions vested in it by other provisions of this Convention, the Administrative Council shall

(a) adopt the administrative and financial regulations of the Centre;

(b) adopt the rules of procedure for the institution of conciliation and arbitration proceedings;

(c) adopt the rules of procedure for conciliation and arbitration proceedings (hereinafter called the Conciliation Rules and the Arbitration Rules);

(d) approve arrangements with the Bank for the use of the Bank's administrative facilities and services;

제3조

본부에는 운영이사회와 사무국을 두고, 1개의 조정위원단과 1개의 중재위원단을 상설한다.

제2절 운영이사회

제4조

(1) 운영이사회는 각 체약국의 대표 1명으로써 구성된다. 교체대표는 수석대표가 회의에 결석하거나 또는 행동할 수 없는 경우에는 대표의 자격으로 행동할 수 있다.

(2) 별단의 지명이 없는 경우, 각 체약국이 임명하는 은행의 각 위원과 대리위원은 직권상 각각 당해 체약국의 대표 및 교체대표가 된다.

제5조

은행의 총재는 직권상 운영이사회의 의장(이하 의장이라 한다)이 되나 투표권은 가지지 아니한다.

총재가 결석하거나 또는 행동할 수 없는 때와 총재직에 궐원이 있는 때에는 그 당시의 총재의 대리권자가 운영이사회의 의장으로서 행동한다.

제6조

(1) 본 협약의 다른 규정에 의하여 운영이사회에 부여한 권한과 기능을 침해함이 없이, 운영이사회는,

(가) 본부의 행정규칙과 재정규칙을 채택하고,

(나) 조정 및 중재절차 재정을 위한 의사규칙을 채택하고,

(다) 조정 및 중재절차를 위한 규칙(이하 조정규칙 및 중재규칙이라 한다)을 채택하고,

(라) 은행의 행정적 시설과 용역을 이용하기 위한 은행과의 약정을 승인하고,

(e) determine the conditions of service of the Secretary-General and of any Deputy Secretary General;

(f) adopt the annual budget of revenues and expenditures of the Centre;

(g) approve the annual report on the operation of the Centre.

The decisions referred to in sub-paragraphs(a),(b),(c) and(f) above shall be adopted by a majority of two-thirds of the members of the Administrative Council.

(2) The Administrative Council may appoint such committees as it considers necessary.

(3) The Administrative Council shall also exercise such other powers and perform such other functions as it shall determine to be necessary for the implementation of the provisions of this Convention.

Article 7

(1) The Administrative Council shall hold an annual meeting and such other meetings as may be determined by the Council, or convened by the Chairman, or convened by the Secretary-General at the request of not less than five members of the Council.

(2) Each member of the Administrative Council shall have one vote and, except as otherwise herein provided, all matters before the Council shall be decided by a majority of the votes cast.

(3) A quorum for any meeting of the Administrative Council shall be a majority of its members.

(4) The Administrative Council may establish, by a majority of two-thirds of its members, a procedure whereby the Chairman may seek a vote of the Council without convening a meeting of the Council. The vote shall be considered valid only if the majority of the members of the Council cast their votes within the time limit fixed by the said procedure.

Article 8

Members of the Administrative Council and the Chairman shall serve

(마) 사무총장 및 사무차장의 복무조건을 결정하고,

(바) 본부의 수입, 지출의 연간 예산을 채택하며,

(사) 본부의 활동에 관한 년간 보고서를 승인한다.

상기 (가), (나), (다) 및 (바)에 규정된 결정은 운영이사회 이사의 3분지 2 이상의 다수결로 채택한다.

(2) 운영이사회는 필요하다고 인정하는 위원회를 임명할 수 있다.

(3) 운영이사회는 본 협약의 제 규정을 이행하기 위하여 필요하다고 결정하는 기타 권한을 행사하고 또한 기타 기능을 행한다.

제7조

(1) 운영이사회는 연례회의와 이사회가 결정하거나 의장이 소집하거나 또는 이사회 이사 5명 이상의 요구에 의하여 사무총장이 소집하는 기타 회의를 개최한다.

(2) 운영이사회의 각 이사는 1개의 투표권을 가지며, 달리 규정한 경우를 제외하고는 이사회에 제의되는 모든 문제는 과반수 투표로써 이를 결정한다.

(3) 운영이사회의 회의 정족수는 그 구성원의 과반수로 한다.

(4) 운영이사회는 동 이사회 이사 3분지 2 다수결로써 의장이 동 이사회를 소집하지 아니하고 동 이사회의 투표를 구할 수 있는 절차를 제정할 수 있다. 그 투표는 전기 절차에 의하여 지정된 기간 내에 이사회의 과반수 이사가 투표를 할 때에만 유효한 것으로 간주한다.

제8조

운영이사회 이사와 의장은 본부로부터 보수를 받지 아니하고 근무한다.

without remuneration from the Centre.

Section 3 The Secretariat

Article 9

The Secretariat shall consist of a Secretary-General, one or more Deputy Secretaries-General and staff.

Article 10

(1) The Secretary-General and any Deputy Secretary-General shall be elected by the Administrative Council by a majority of two-thirds of its members upon the nomination of the Chairman for a term of service not exceeding six years and shall be eligible for re-election. After consulting the members of the Administrative Council, the Chairman shall propose one or more candidates for each such office.

(2) The offices of Secretary-General and Deputy Secretary-General shall be incompatible with the exercise of any political function. Neither the Secretary-General nor any Deputy Secretary-General may hold any other employment or engage in any other occupation except with the approval of the Administrative Council.

(3) During the Secretary-General's absence or inability to act, and during any vacancy of the office of Secretary-General, the Deputy Secretary-General shall act as Secretary-General. If there shall be more than one Deputy Secretary-General, the Administrative Council shall determine in advance the order in which they shall act as Secretary-General.

Article 11

The Secretary-General shall be the legal representative and the principal officer of the Centre and shall be responsible for its administration, including the appointment of staff, in accordance with the provisions of this Convention and the rules adopted by the Administrative Council. He shall perform the

제3절 사무국

제9조

사무국은 1명의 사무총장과 1명 또는 그 이상의 사무차장 및 직원을 둔다.

제10조

(1) 사무총장과 사무차장은 운영이사회가 의장의 지명에 의하여 동 이사회 이사 3분지 2 이상의 다수결에 의하여 6년을 초과하지 아니하는 임기로 선출되고 또한 그들은 재선될 수 있다. 의장은 운영이사회 이사와 협의한 후에 이러한 직위에 1명 또는 그 이상의 후보자를 제의하여야 한다.

(2) 사무총장과 사무차장의 직무는 어느 정치적 기능의 행사와 양립될 수 없다. 사무총장이나 사무차장은 운영이사회의 승인 없이는 다른 직무를 가지지 못하며 또한 다른 직업에 종사하지 못한다.

(3) 사무총장이 결석하거나 권한을 행사할 수 없을 때 또는 사무총장의 직에 결원이 있을 때 사무차장이 사무총장으로서 활동한다.

제11조

사무총장은 본부의 법적 대표이며 본부의 수석 직원이며, 또한 본 협약의 제 규정과 운영이사회가 채택한 규칙에 따라 직원의 임명을 포함한 본부의 운영에 대하여 책임을 진다. 사무총장은 동 기관의 기능을 이행하며 본 협약에 따라 부여한 중재의 판정서를 인증하고 또한 상기 판정 사본을 인증할 권한을 가진다.

function of registrar and shall have the power to authenticate arbitral awards rendered pursuant to this Convention, and to certify copies thereof.

Section 4 The Panels

Article 12

The Panel of Conciliators and the Panel of Arbitrators shall each consist of qualified persons, designated as hereinafter provided, who are willing to serve thereon.

Article 13

(1) Each Contracting State may designate to each Panel four persons who may but need not be its nationals.

(2) The Chairman may designate ten persons to each Panel. The persons so designated to a Panel shall each have a different nationality.

Article 14

(1) Persons designated to serve on the Panels shall be persons of high moral character and recognized competence in the fields of law, commerce, industry of finance, who may be relied upon to exercise independent judgment. Competence in the field of law shall be of particular importance in the case of persons on the Panel of Arbitrators.

(2) The Chairman, in designating persons to serve on the Panels, shall in addition pay due regard to the importance of assuring representation on the Panels of the principal legal systems of the world and of the main forms of economic activity.

Article 15

(1) Panel members shall serve for renewable periods of six years.

(2) In case of death or resignation of a member of a Panel, the authority which designated the member shall have the right to designate another person

제4절 위원단

제12조

조정위원단과 중재위원단은 다음에 규정한 바에 따라 지명된 자로서 당해 위원단에 복무할 의사를 가진 유자격자로서 각각 구성된다.

제13조

(1) 각 체약국은 자국민일 수는 있으나 자국민임을 요하지 아니하는 자 4명을 각 위원단에 지명한다.

(2) 의장은 각 위원단에 10명을 지명한다. 이와 같이 지명된 자는 각각 상이한 국적을 가진다.

제14조

(1) 위원단에 복무하기로 지명된 자는 높은 덕망이 있고 법률, 상업, 산업이나 재정의 분야에 있어서 공인된 자격이 있으며, 독립하여 판결할 수 있다고 신뢰를 받는 자라야 한다. 법률 분야에 있어서의 자격은 중재위원단에 종사하는 경우에 특히 중요하다.

(2) 의장은 위원단에 복무할 자를 지명함에 있어서 이에 부가하여 세계의 주요한 법제도와 경제활동의 주요 형태를 위원단에 대표하도록 보장하는 중요성에 대하여 적절한 고려를 하여야 한다.

제15조

(1) 위원단의 위원은 6년 임기로 복무하거나 재임될 수 있다.

(2) 위원단의 위원의 사망이나 사직의 경우에는 그 위원을 지명한 당국은 그 위원의 잔여 임기동안 복무할 다른 자를 지명할 권한을 가진다.

to serve for the remainder of that member's term.

(3) Panel members shall continue in office until their successors have been designated.

Article 16

(1) A person may serve on both Panels.

(2) If a person shall have been designated to serve on the same Panel by more than one Contracting State, or by one or more Contracting States and the Chairman, he shall be deemed to have been designated by the authority which first designated him or, if one such authority is the State of which he is a national, by that State.

(3) All designation shall be notified to the Secretary-General and shall take effect from the date on which the notification is received.

Section 5 Financing the Centre

Article 17

If the expenditure of the Centre cannot be met out of charges for the use of its facilites, or out of other receipts, the excess shall be borne by Contracting States which are members of the Bank in proportion to their respective subscriptions to the capital stock of the Bank, and by Contracting States which are not members of the Bank in accordance with rules adopted by the Administrative Council.

Section 6 Status, Immunities and Privileges

Article 18

The Centre shall have full international legal personality. The legal capacity of the Centre shall include the capacity

(a) to contract;

(b) to acquire and dispose of movable and immovable property;

(3) 위원단의 위원은 그 후임자가 지명될 때까지 계속 복무한다.

제16조

(1) 1위원이 양 위원단에 복무할 수 있다.

(2) 1위원이 1 이상의 체약국에 의하거나 또는 1 이상의 체약국과 의장에 의하여 동일한 위원단에 복무하기로 지명되었을 경우, 그는 최초로 그를 지명한 기관에 의하여 그러한 기관이 그가 국민인 국가인 때에는 당해국에 의하여 지명된 것으로 간주된다.

(3) 모든 지명은 사무총장에게 이를 통고하여야 하며, 이는 통고가 접수된 날로부터 효력이 발생한다.

제5절 본부에 대한 재정 염출

제17조

본부의 경비가 본부 시설의 이용에 대한 과징금이나 기타 수입금으로써 충족되지 못한 때, 그 초과액은 은행의 회원인 체약국의 경우는 은행자본에 대한 각자의 분담금에 비례하여 그리고 은행의 회원이 아닌 체약국의 경우는 운영이사회가 채택한 규칙에 따라 부담한다.

제6절 지위, 면제 및 특권

제18조

본부는 완전한 국제법 인격을 가진다. 본부의 법적권능은 다음의 권능을 포함한다.

(가) 계약의 체결

(나) 동산과 부동산의 취득 및 처분

(c) to institute legal proceedings.

Article 19

To enable the Centre to fulfil its functions, it shall enjoy in the territories of each Contracting State the immunities and privileges set forth in this Section.

Article 20

The Centre, its property and assets shall enjoy immunity from all legal process, except when the Centre waives this immunity.

Article 21

The Chairman, the members of the Administrative Council, persons acting as conciliators or arbitrators or members of a Committee appointed pursuant to paragraph (3) of Article 52, and the officers and employees of the Secretariat

(a) shall enjoy immunity from legal process with respect to acts performed by them in the exercise of their functions, except when the Centre waives this immunity;

(b) not being local nationals, shall enjoy the same immunities from immigration restrictions, alien registration requirements and national service obligations, the same facilities as regards exchange restrictions and the same treatment in respect of travelling facilities as are accorded by Contracting States to the representatives, officials and employees of comparable rank of other Contracting States.

Article 22

The provisions of Article 21 shall apply to persons appearing in proceedings under this Convention as parties, agents, counsel, advocates, witnesses or experts; provided, however, that sub-paragraph(b) thereof shall apply only in connection with their travel to and from, and their stay at, the place where the proceedings are held.

(다) 소송의 제기

제19조

본부가 그의 권능을 수행할 수 있도록 하기 위하여 본부는 각 체약국의 영역 안에서 본절에 규정된 면제와 특권을 가진다.

제20조

본부 및 그의 재산과 자산은 모두 소송으로부터 면제를 받는다. 다만, 그 면제를 포기한 때에는 그러하지 아니한다.

제21조

의장, 운영이사회 이사, 조정관이나 또는 중재관으로서 행동하는 자, 또는 제52조 제3항에 따라 임명된 위원회의 위원과 사무국의 직원 및 고용원은,

(가) 본부가 이러한 면제를 포기하지 아니하는 한 그들의 직무행사로서 수행한 행동에 관하여 소송으로부터 면제된다.

(나) 현지의 국민이 아닌 때에는 일방 체약국이 타방 체약국의 이에 상응하는 계급의 대표, 직원 및 고용원에 부여하는 것과 동일한 출입국 제한, 외국인등록요건 및 국내 제 용역으로부터의 면제와 환 제한에 있어서의 동일한 편의제공과 아울러 여행편의 제공에 있어서의 동일한 대우를 향유한다.

제22조

제21조의 규정은 본 협약에 따라 당사자, 대리인, 법률자문관, 변호인, 증인 또는 전문가로서 소송에 출석하는 자에게 적용된다. 다만, 동 조 (나)항은 소송이 진행되고 있는 곳에 대한 출입을 위한 여행과 그곳에 체류하는 것에 관하여서만 적용된다.

Article 23

(1) The archives of the Centre shall be inviolable, wherever they may be.

(2) With regard to its official communications, the Centre shall be accorded by each Contracting State treatment not less favourable than that accorded to other international organizations.

Article 24

(1) The Centre, its assets, property and income, and its operations and transactions authorized by this Convention shall be exempt from all taxation and customs duties. The Centre shall also be exempt from liability for the collection or payment of any taxes or customs duties.

(2) Except in the case of local nationals, no tax shall be levied on or in respect of expense allowances paid by the Centre to the Chairman or members of the Administrative Council, or on or in respect of salaries, expense allowances or other emoluments paid by the Centre to officials or employees of the Secretariat.

(3) No tax shall be levied on or in respect of fees or expense allowances received by persons acting as conciliators, or arbitrators, or members of a Committee appointed pursuant to paragraph(3) of Article 52, in proceedings under this Convention, if the sole jurisdictional basis for such tax is the location of the Centre or the place where such proceedings are conducted or the place where such fees or allowances are paid.

CHAPTER II
JURISDICTION OF THE CENTRE

Article 25

(1) The jurisdiction of the Centre shall extend to any legal dispute arising directly out of an investment, between a Contracting State(or any constituent

제23조

(1) 본부의 문서보관소는 소재의 여하를 불문하고 불가침이다.

(2) 공용통신에 관하여 본부는 각 체약국이 기타 국제기구에 부여하는 것보다 불리하지 아니하는 대우를 부여받는다.

제24조

(1) 본부, 그의 자산, 재산 및 소득과 본 협약에 의하여 인정된 그의 운영과 거래는 모든 조세와 관세로부터 면제된다. 본부는 또한 어떠한 조세 또는 관세의 징수와 납부의 의무로부터 면제된다.

(2) 현지의 국민인 경우를 제외하고는 어떠한 조세도 본부가 운영이사회의 의장이나 위원에게 지급한 소요경비에 대하여 또는 그와 관련하여 또는 본부가 사무국의 직원이나 고용원에게 지급한 봉급, 소요경비나 기타 수당에 대하여 또는 그와 관련하여 부과되지 아니한다.

(3) 어느 조세에 대한 유일한 과세권의 기초가 본부의 위치에 의한 것이거나 이러한 소송이 행하여진 곳이거나 또는 이러한 수수료나 수당이 지급된 곳인 경우에는 어떠한 조세도 본 협정상의 소송에 있어서 제52조 제3항에 따라 임명된 조정관, 중재관 또는 위원회의 위원으로서 행동하는 자가 받은 수수료나 소요경비 수당에 대하거나 또는 이에 관련하여 부과되지 아니한다.

제2장
본부의 관할권

제25조

(1) 본부의 관할권은 분쟁 당사자가 본부에 제소할 것을 서면상으로 동의한 분쟁으로서 체약국(또는 당해 체약국에 의하여 본부에 대하여 지정한 동 체약국

subdivision or agency of a Contracting State designated to the Centre by that State) and national of another Contracting State, which the parties to the dispute consent in writing to submit to the Centre. When the parties have given their consent, no party may withdraw its consent unilaterally.

(2) "National of another Contracting State" means:

(a) any natural person who had the nationality of a Contracting State other than the State party to the dispute on the date on which the parties consented to submit such dispute to conciliation as well as on the date on which the request was registered pursuant to paragraph(3) of Article 28 or paragraph(3) of Article 36, but does not include any person who on either date also had the nationality of the Contracting State party to the dispute; and

(b) any juridical person which had the nationality of a Contracting State other than the State party to the dispute on the date on which the parties consented to submit such dispute to conciliation or arbitration and any juridical person which had the nationality of the contracting State party to the dispute on that date and which, because of foreign control, the parties have agreed should be treated as a national of another Contracting State for the purposes of this Convention.

(3) Consent by a constituent subdivision or agency of a Contracting State shall require the approval of that State unless that State notifies the Centre that no such approval is required.

(4) Any Contracting State may, at the time of ratification, acceptance or approval of this Convention or at any time thereafter, notify the Centre of the class or classes of disputes which it would or would not consider submitting to the jurisdiction of the Centre. The Secretary-General shall forthwith transmit such notification to all Contracting States. Such notification shall not constitute the consent required by paragraph(1).

Article 26

Consent of the parties to arbitration under this Convention shall, unless otherwise stated, be deemed consent to such arbitration to the exclusion of

의 하부조직이나 기관)과 타방 체약국 국민간의 투자로부터 직접적으로 발생하는 모든 법적 분쟁에 미친다. 당사자가 그러한 동의를 한 경우에는 어떠한 당사자도 그 동의를 일방적으로 철회할 수 없다.

(2) "타방 체약국 국민"이라 함은 다음의 자를 말한다.

(가) 제23조 제1항 또는 제36조 제3항에 따라 요청서가 등록된 일자 및 당사자가 어느 분쟁을 조정이나 중재에 회부하기로 동의한 일자에 그러한 분쟁 당사국 이외의 체약국의 국적을 가진 자연인. 다만, 이상의 어느 일자에 분쟁 당사국의 국적을 가진 자는 이에 포함되지 아니한다.

(나) 당사자가 어느 분쟁을 조정이나 중재에 회부하기로 동의한 일자에 그러한 분쟁 당사국 이외의 체약국의 국적을 가진 법인 및 전기일자에 분쟁 체약 당사국의 국적을 가지고 또한 외국인의 지배로 인하여 당사국이 본 협정의 목적을 위하여 타 체약국의 국민으로서 취급할 것으로 합의한 법인.

(3) 체약국의 하부조직이나 기관이 행하는 동의는 체약국의 승인을 요한다. 다만, 당해 국가가 이러한 승인이 필요하지 아니하다고 통고한 경우에는 그러하지 아니하다.

(4) 체약국은 본 협약의 비준, 수락 또는 승인하는 때나 또는 그 이후의 어느 때에 있어서 본부의 관할에 제기하는 것으로 고려한다거나 또는 고려하지 아니할 분쟁의 종류 및 제 종류를 본부에 통고한다. 사무총장은 즉시 이러한 통고를 모든 체약국에 전달한다. 이러한 통고는 제1항이 요구하는 동의를 구성하지 아니한다.

제26조

본 협약에 따라 당사자가 중재에 동의하는 것을 달리 규정한 바가 없으면 다른 어떠한 구제수단도 배제하고 그러한 중재에 동의한 것으로 간주된다. 체약국

any other remedy. A Contracting State may require the exhaustion of local administrative of judicial remedies as a condition of its consent to arbitration under this Convention.

Article 27

(1) No Contracting State shall give diplomatic protection, or bring an international claim, in respect of a dispute which one of its nationals and another Contracting State shall have consented to submit or shall have submitted to arbitration under this Convention, unless such other Contracting State shall have failed to abide by and comply with the award rendered in such dispute.

(2) Diplomatic protection, for the purposes of paragraph(1), shall not include informal diplomatic exchanges for the sole purpose of facilitating a settlement of the dispute.

CHAPTER III
CONCILIATION

Section 1 Request for Conciliation

Article 28

(1) Any Contracting State or any national of a Contracting State wishing to institute conciliation proceedings shall address a request to that effect in writing to the Secretary-General who shall send a copy of the request to the other party.

(2) The request shall contain information concerning the issues in dispute, the identity of the parties and their consent to conciliation in accordance with the rules of procedure for the institution of conciliation and arbitration proceedings.

(3) The Secretary-General shall register the request unless he finds, on the basis of the information contained in the request, that the dispute is manifestly

은 본 협약에 따른 중재에의 동의조건으로서 행정적 또는 사법적인 지역적 구제수단을 다 거칠 것을 요청할 수 있다.

제27조

(1) 어떠한 체약국도 1명의 당해국 국민과 타 체약국이 본 협약에 따라 중재에 회부하기로 동의하였거나 또는 회부하였던 분쟁에 관하여 외교적 보호를 부여하거나 또는 국제적인 청구로서 제기하여서는 아니 된다. 다만, 관계체약국이 이러한 분쟁에 있어서 내린 판정에 복하고 이를 이행하지 못한 경우에는 그러하지 아니한다.

(2) 제1항의 적용상 외교적 보호라 함은 분쟁의 해결을 촉진할 목적만을 위한 비공식적인 외교조치를 포함하지 아니한다.

제3장
조정

제1절 조정 요청

제28조

(1) 조정 절차를 제거하고자 하는 어느 체약국이나 어느 체약국의 국민은 이러한 취지의 요청서를 서면으로 사무총장에게 제출하여야 하며 사무총장은 요청서의 사본을 타방 당사자에게 송부하여야 한다.

(2) 요청서에는 분쟁 중의 문제, 당사자의 신원사항과 조정 및 중재절차를 제기하기 위한 규칙에 따라서 조정 제기에 대한 동의 등에 관한 제 정보가 포함되어야 한다.

(3) 사무총장은 요청서에 포함된 정보에 의하여 그 분쟁이 명백히 본부의 관할권외라고 인정하는 경우가 아닌 한 요청서를 등록하여야 한다. 그는 즉시 당사자에게 등록이나 등록의 거부를 통고하여야 한다.

outside the jurisdiction of the Centre. He shall forthwith notify the parties of registration or refusal to register:

Section 2 Constitution of the Conciliation Commission

Article 29

(1) The Conciliation Commission(hereinafter called the Commission) shall be constituted as soon as possible after registration of a request pursuant to Article 28.

(2) (a) The Commission shall consist of a sole conciliator or any uneven number of conciliators appointed as the parties shall agree.

(b) Where the parties do not agree upon the number of conciliators and method of their appointment, the Commission shall consist of three conciliators, one conciliator appointed by each party and the third, who shall be the president of the Commission, appointed by agreement of the parties.

Article 30

If the Commission shall not have been constituted within 90 days after notice of registration of the request has been dispatched by the Secretary-General in accordance with paragraph(3) of Article 28, or such other period as the parties may agree, the Chairman shall, at the request of either party and after consulting both parties as far as possible, appoint the conciliator or conciliators not yet appointed.

Article 31

(1) Conciliators may be appointed from outside the Panel of Conciliators, except in the case of appointments by the Chairman pursuant to Article 30.

(2) Conciliators appointed from outside the Panel of Conciliators shall possess the qualities stated in paragraph(1) of Article 14.

제2절 조정위원회의 구성

제29조

(1) 조정위원회(이하 위원회라 한다)는 제28조에 따라 요청서가 등록된 후 가능한 한 조속히 구성되어야 한다.

(2) (가) 위원회는 당사자가 합의한 바에 따라 임명된 1명의 또는 기수의 조정관으로서 구성된다.

(나) 당사자가 조정관의 수와 그의 임명방법에 관하여 합의하지 아니한 경우에는, 위원회는 각 당사자가 임명하는 1명의 조정관과 그 위원회의 위원장이 될 자로서 당사자의 합의에 의하여 임명될 제3의 조정관의 3명의 조정관으로써 구성된다.

제30조

요청서의 등록 통고가 제28조 제3항에 따라 사무총장에 의하여 발송된 후 90일 이내에 또는 당사자가 합의하는 기타 기간내에 위원회가 구성되지 아니한다면, 의장은 일방 당사자의 요청에 의하여 가능한 한 광범위하게 양 당사자와 상의한 후에 아직 임명되지 아니한 조정관 또는 조정관들을 임명하여야 한다.

제31조

(1) 조정관은 조정위원단의 외부로부터 임명될 수도 있다. 다만, 제30조에 따라 의장이 임명하는 경우에는 그러하지 아니하다.

(2) 조정위원단의 외부로부터 임명된 조정관은 제14조 제1항에 규정된 자격을 가져야 한다.

Section 3 Conciliation Proceedings

Article 32

(1) The Commission shall be the judge of its own competence.

(2) Any objection by a party to the dispute that dispute is not within the jurisdiction of the Centre, or for other reasons is not within the competence of the Commission, shall be considered by the Commission which shall determine whether to deal with it as a preliminary question or to join it to the merits of the dispute.

Article 33

Any conciliation proceeding shall be conducted in accordance with the provisions of this Section and, except as the parties otherwise agree, in accordance with the Conciliation Rules in effect on the date on which the parties consented to conciliation. If any question of procedure arises which is not covered by this Section or the Conciliation Rules or any rules agreed by the parties, the Commission shall decide the question.

Article 34

(1) It shall be the duty of the Commission to clarify the issues in dispute between the parties and to endeavour to bring about agreement between them upon mutually acceptable terms. To that end, the Commission may at any stage of the proceedings and from time to time recommend terms of settlement to the parties. The parties shall cooperate in good faith with the Commission in order to enable the Commission to carry out its functions, and shall give their most serious consideration to its recommendations.

(2) If the parties reach agreement, the Commission shall draw up a report noting the issues in dispute and recording that the parties have reached agreement. If, at any stage of the proceedings, it appears to the Commission that there is no likelihood of agreement between the parties, it shall close the proceedings and shall draw up a report noting the submission of the dispute

제3절 조정 절차

제32조

(1) 위원회는 그 자신의 권한을 결정하여야 한다.

(2) 분쟁이 본부의 관할권 내에 있지 아니하거나 또는 기타 이유로 위원회의 권한 내에 있지 아니하다는 어느 분쟁 당사자의 이의는 위원회에 의하여 고려되며 또한 그 이의를 예비문제로 취급할 것인지 또는 그 이의를 분쟁의 본안에 결합시킬 것인지의 여부를 위원회가 결정하여야 한다.

제33조

어떠한 조정 절차도 본절의 제 규정에 의거하여 진행되어야 하며 또한 분쟁 당사자가 별도로 합의하는 경우를 제외하고는 당사자가 조정에 부의할 것을 동의한 당시에 유효하던 조정규칙에 의거하여 진행되어야 한다. 본 절에 의하여서나 조정규칙 또는 분쟁 당사자가 합의하는 어떠한 규칙에 의하여서도 망라되지 아니한 어떠한 절차상의 문제가 제기되는 경우 위원회는 그 문제를 결정하여야 한다.

제34조

(1) 위원회의 의무는 당사자 간에 분쟁 중인 문제를 명백히 하고 상호 간에 수락할 수 있는 조건으로 당사자 간의 합의를 성립시키도록 노력하는 것이다. 이러한 목적을 위하여 심리절차의 어느 단계에서든지 또는 수시로 당사자에게 해결조건을 건의할 수 있다. 분쟁 당사자는 위원회가 그의 기능을 수행할 수 있도록 성실히 위원회와 협력하여야 하며, 이의 건의에 대하여는 분쟁 당사자는 가장 진지한 고려를 하여야 한다.

(2) 분쟁 당사자가 합의에 도달하면 위원회는 분쟁 중의 문제를 기술하고 또한 분쟁 당사자가 합의에 도달한 사실을 기록한 보고서를 작성하여야 한다. 심리절차의 어느 단계에 있어서든지 만일 분쟁 당사자간에 합의에 도달할 가능성이 없다고 위원회가 인정하는 경우에는 위원회는 그 심리절차를 종결하고 분쟁의 제기 사실을 기술하고 또한 당사자가 합의도달에 실패하였음을 기록한 보고서를 작성하여야 한다.

and recording the failure of the parties to reach agreement. If one party fails to appear or participate in the proceedings, the Commission shall close the proceedings and shall draw up a report noting that party's failure to appear or participate.

Article 35

Except as the parties to the dispute shall otherwise agree, neither party to a conciliation proceeding shall be entitled in any other proceeding, whether before arbitrators or in a court of law or otherwise, to invoke or rely on any views expressed or statements or admissions or offers of settlement made by the other party in the conciliation proceedings, or the report or any recommendations made by the Commission.

CHAPTER IV
ARBITRATION

Section 1 Request for Arbitration

Article 36

(1) Any Contracting State or any national of a Contracting State wishing to institute arbitration proceedings shall address a request to that effect in writing to the Secretary-General who shall send a copy of the request to the other party.

(2) The request shall contain information concerning the issues in dispute, the identity of the parties and their consent to arbitration in accordance with the rules of procedure for the institution of conciliation and arbitration proceedings.

(3) The Secretary-General shall register the request unless he finds, on the basis of the information contained in the request, that the dispute is manifestly outside the jurisdiction of the Centre. He shall forthwith notify the parties of registration or refusal to register.

제35조

분쟁 당사자가 달리 합의하는 바를 제외하고는 조정 중의 어느 당사자도 중재재판이거나 법정 또는 기타 어떠한 경우를 막론하고 다른 어떠한 심리절차에 있어서도 조정심리 도중에 타방 분쟁 당사자가 표명한 의견, 성명, 또는 해결을 위한 조건의 용인 또는 제시 등이거나 또는 위원회가 작성한 보고서나 권고안 등을 원용하거나 또는 이에 의뢰할 권리가 없다.

제4장
중재

제1절 중재요청

제36조

(1) 중재소송절차를 제기하고자 하는 체약국이나 체약국의 국민은 서면으로 이와 같은 취지로 사무총장에게 요청서를 송부하여야 하며 사무총장은 동 요청서의 사본을 타방 당사자에게 송부하여야 한다.

(2) 요청서에는 분쟁중의 문제, 당사자의 신원사항 및 조정과 중재소송절차를 제기하기 위한 규칙에 따라서 중재 제기에 대한 동의 등에 관한 제 정보가 포함되어야 한다.

(3) 사무총장은 요청서에 포함된 정보에 의하여 그 분쟁이 명백히 본부의 관할권외라고 인정하는 경우가 아닌 한 그 요청서를 등록하여야 한다. 그는 즉시 당사자에게 등록이나 등록의 거부를 통고하여야 한다.

Section 2 Constitution of the Tribunal

Article 37

(1) The Arbitral Tribunal(hereinafter called the Tribunal) shall be constituted as soon as possible after registration of a request pursuant to Article 36.

(2) (a) The Tribunal shall consist of a sole arbitrator or any uneven number of arbitrators appointed as the parties shall agree.

(b) Where the parties do not agree upon the number of arbitrators and the

method of their appointment, the Tribunal shall consist of three arbitrators, one arbitrator appointed by each party and the third, who shall be the president of the Tribunal, appointed by agreement of the parties.

Article 38

If the Tribunal shall not have been constituted within 90 days after notice of registration of the request has been dispatched by the Secretary-General in accordance with paragraph(3) of Article 36, or such other period as the parties may agree, the Chairman shall, at the request of either party and after consulting both parties as far as possible, appoint the arbitrator or arbitrators not yet appointed. Arbitrators appointed by the Chairman pursuant to this Article shall not be nationals of the Contracting State party to the dispute or of the Contracting State whose national is a party to the dispute.

Article 39

The majority of the arbitrators shall be nationals of States other than the Contracting State party to the dispute and the Contracting State whose national is a party to the dispute; provided, however, that the foregoing provisions of this Article shall not apply if the sole arbitrator or each individual member of the Tribunal has been appointed by agreement of the parties.

제2절 재판소의 구성

제37조

(1) 중재재판소(이하 재판소라 한다)는 제36조에 따라 요청서의 등록 후 가급적 신속히 구성되어야 한다.

(2) (가) 재판소는 당사자가 합의하는 1명의 또는 기수의 중재관으로써 구성되어야 한다.

(나) 당사자가 중재관의 수와 그의 임명방법에 관하여 합의하지 아니한 경우에는, 재판소는 각 당사자가 임명하는 1명의 중재관과 재판장이 될 자로서 당사자의 합의에 의하여 임명될 제3의 중재관의 3명의 중재관으로서 구성되어야 한다.

제38조

요청서의 등록통지가 제36조 제3항에 따라 사무총장에 의하여 발송된 후 90일이내에 또는 당사자가 합의하는 기타 기간 내에 재판소가 구성되지 아니한다면 의장은 일방 당사자의 요청에 의하여 가능한 한 광범위하게 양 당사자와 상의한 후에 아직 임명되지 아니한 중재관 또는 중재관들을 임명하여야 한다. 본 조에 따라 의장이 임명하는 중재관은 분쟁 당사자인 체약국의 국민이거나 또는 그의 국민이 분쟁 당사자인 체약국의 국민이어서는 아니 된다.

제39조

중재관의 과반수 이상은 분쟁 당사자인 체약국 및 그의 국민이 분쟁 당사자인 체약국 이외의 국가의 국민이어야 한다. 그러나 본 조의 전기 규정은 1명의 중재관이나 재판소의 각 재판관이 당사자의 합의에 따라 임명된 때에는 적용되지 아니한다.

Article 40

(1) Arbitrators may be appointed from outside the Panel of Arbitrators, except in the case of appointments by the Chairman pursuant to Article 38.

(2) Arbitrators appointed from outside the Panel of Arbitrators shall possess the qualities stated in paragraph(1) of Article 14.

Section 3 Powers and Functions of the Tribunal

Article 41

(1) The Tribunal shall be the judge of its own competence.

(2) Any objection by a party to the dispute that dispute is not within the jurisdiction of the Centre, or for other reasons is not within the competence of the Tribunal, shall be considered by the Tribunal which shall determine whether to deal with it as a preliminary question or to join it to the merits of the dispute.

Article 42

(1) The Tribunal shall decide a dispute in accordance with such rules of law as may be agreed by the parties. In the absence of such agreement, the Tribunal shall apply the law of the Contracting State party to the dispute(including its rules on the conflict of laws) and such rules of international law as may be applicable.

(2) The Tribunal may not bring in a finding of non liquet on the ground of silence or obscurity of the law.

(3) The provisions of paragraphs(1) and(2) shall not prejudice the power of the Tribunal to decide a dispute ex aequo et bono if the parties so agree.

Article 43

Except as the parties otherwise agree, the Tribunal may, if it deems it necessary at any stage of the proceedings,

(a) call upon the parties to produce documents or other evidence, and(b) visit the scene connected with the dispute, and conduct such inquiries there as it

제40조

(1) 중재관은 중재위원단의 외부로부터 임명될 수도 있다. 다만, 제38조에 따라 의장이 임명하는 경우에는 그러하지 아니하다.

(2) 중재위원단의 외부로부터 임명되는 중재관은 제14조 제1항에 규정된 능력을 소유하여야 한다.

제3절 재판소의 권한과 기능

제41조

(1) 재판소는 그 자신의 권한을 결정하여야 한다.

(2) 분쟁이 본부의 관할권내에 있지 아니하거나, 또는 기타 이유로 재판소의 권한내에 있지 아니하다는 어느 분쟁 당사자의 이의는 재판소에 의하여 고려되며 또한 그 이의를 예비문제로 취급할 것인지 또는 그 이의를 분쟁 본안에 결합시킬 것인지의 여부를 재판소가 결정하여야 한다.

제42조

(1) 재판소는 당사자가 합의하는 법률의 규칙에 따라 분쟁을 해결하여야 한다. 이러한 합의가 어느 때에는 분쟁 체약 당사국의 법률(법률의 충돌에 관한 동국의 규칙을 포함한다) 및 적용할 수 있는 국제법의 규칙을 그 분쟁에 적용하여야 한다.

(2) 재판소는 법의 부존재나 불명을 이유로 명확하지 않다는 판결을 내릴 수 없다.

(3) 제1항과 제2항의 규정은 분쟁 당사자가 합의하는 경우 형평과 선의 원칙에 따라 분쟁을 결정할 재판소의 권한을 침해하여서는 아니 된다.

제43조

당사자가 달리 합의하는 경우를 제외하고는 소송절차의 어느 단계에 있어서라도 재판소가 필요하다고 인정한다면 재판소는,

(가) 당사자에게 문서나 기타 증거를 제출하도록 요구할 수 있고,

(나) 분쟁과 관련되는 현장을 임검하고 재판소가 적절하다고 인정하는 그곳

may deem appropriate.

Article 44

Any arbitration proceeding shall be conducted in accordance with the provisions of this Section and, except as the parties otherwise agree, in accordance with the Arbitration Rules in effect on the date on which the parties consented to arbitration. If any question of procedure arises which is not covered by this Section or the Arbitration Rules or any rules agreed by the parties, the Tribunal shall decide the question.

Article 45

(1) Failure of a party to appear or to present his case shall not be deemed an admission of the other party's assertions.

(2) If a party fails to appear or to present his case at any stage of the proceedings the other party may request the Tribunal to deal with the questions submitted to it and to render an award. Before rendering an award, the Tribunal shall notify, and grant a period of grace to, the party failing to appear or to present its case, unless it is satisfied that that party does not intend to do so.

Article 46

Except as the parties otherwise agree, the Tribunal shall, if requested by a party, determine any incidental or additional claims or counter-claims arising directly out of the subject-matter of the dispute provided that they are within the scope of the consent of the parties and are otherwise within the jurisdiction of the Centre.

Article 47

Except as the parties otherwise agree, the Tribunal may, if it considers that the circumstances so require, recommend any provisional measures which should be taken to preserve the respective rights of either party.

의 조사를 실시할 수 있다.

제44조

어떠한 중재소송절차도 본절의 제 규정에 의거하여 진행되어야 하며 또한 분쟁 당사자가 별도로 합의하는 경우를 제외하고는 당사자가 중재에 부의할 것을 동의한 당시의 유효하던 중재규칙에 따라 진행되어야 한다. 본 절에 의하여서나 또는 중재규칙이나 분쟁 당사자가 합의하는 어떠한 규칙에 의하여 망라되지 아니한 어떠한 절차상의 문제가 제기되는 경우 재판소는 그 문제를 결정하여야 한다.

제45조

(1) 일방 당사자가 출석하지 못하거나 그의 사건을 제기 못한 것은 타방 당사국의 주장을 인용한 것으로 간주되지 아니한다.

(2) 일방 당사자가 출석하지 못하거나 그의 사건을 제기하지 못하는 경우 타방 당사자는 재판소에 제출한 문제를 취급하고 판정을 내리도록 요청할 수 있다. 판정을 내리기 전에 재판소는 출석하지 못하거나 그의 사건을 제기하지 못한 당사자에게 통고하고 유예기간을 허용하여야 한다. 다만, 당해 당사자가 그와 같이 행동할 의사가 없음을 재판소가 납득한 경우에는 그러하지 아니하다.

제46조

당사자가 달리 합의하는 경우를 제외하고는 일방 당사자의 요청이 있으면 재판소는 어떠한 부수적이거나 부가적인 소 또는 분쟁의 본 안으로부터 직접적으로 발생한 반소를 결정하여야 한다. 다만, 그러한 소가 당사자가 합의한 범위 내의 것이고 또한 당사자가 합의한 것이 본부의 관할 내에 있어야 한다.

제47조

당사자가 달리 합의하는 경우를 제외하고는, 재판소는, 그가 사정이 그와같이 요청한다고 인정하는 경우에는, 각 당사자의 상호의 권리를 보전하기 위하여 취하여야 할 잠정적 조치를 권고할 수 있다.

Section 4 The Award

Article 48

(1) The Tribunal shall decide questions by a majority of the votes of all its members.

(2) The award of the Tribunal shall be in writing and shall be signed by the members of the Tribunal who voted for it.

(3) The award shall deal with every question submitted to the Tribunal, and shall state the reasons upon which it is based.

(4) Any member of the Tribunal may attach his individual opinion to the award, whether he dissents from the majority or not, or a statement of his dissent.

(5) The Centre shall not publish the award without the consent of the parties.

Article 49

(1) The Secretary-General shall promptly dispatch certified copies of the award to the parties. The award shall be deemed to have been rendered on the date on which the certified copies were dispatched.

(2) The Tribunal upon the request of a party made within 45 days after the date on which the award was rendered may after notice to the other party decide any question which it had omitted to decide in the award, and shall rectify any clerical, arithmetical or similar error in the award. Its decision shall become part of the award and shall be notified to the parties in the same manner as the award. The periods of time provided for under paragraph(2) of Article 51 and paragraph(2) of Article 52 shall run from the date on which the decision was rendered.

제4절 판정

제48조

(1) 재판소는 모든 재판관의 다수결 투표에 의하여 문제를 결정하여야 한다.

(2) 재판소의 판정은 서면으로 작성되어야 하며 그것에 찬성 투표한 재판소의 재판관이 이에 서명하여야 한다.

(3) 판정은 재판소에 제출된 모든 문제를 취급하여야 하고 또한 판정의 근거가 되는 이유를 명시하여야 한다.

(4) 재판소의 재판관은 그가 다수 의견과 의견을 달리하거나 아니하거나를 불문하고 판정에 대한 개인 의견을 부가하거나 또는 불찬성에 대한 진술을 첨부할 수 있다.

(5) 본부는 당사자의 동의 없이는 그 판정서를 발급하여서는 아니 된다.

제49조

(1) 사무총장은 판정서의 인증 등본을 신속히 당사자에게 송부한다. 판정은 그 판정서의 인증 등본이 송달되는 날에 내려진 것으로 간주된다.

(2) 판정이 내려진 날로부터 45일 이내에 행한 일방 당사자의 요청에 따라 재판소는 일방 당사자에게 통고한 후 판정에서 결정이 누락된 문제점을 결정할 수 있고, 또한 판정서상의 어떠한 오기, 오산 또는 기타 이에 유사한 오류를 정정하여야 한다. 재판소의 결정은 판정의 일부를 구성하며 판정서와 동일한 방법으로 당사자에게 통고되어야 한다. 제51조 제2항 및 제52조 제2항에 규정된 기간은 결정이 행하여진 날로부터 가산되어야 한다

Section 5 Interpretation, Revision and Annulment of the Award

Article 50

(1) If any dispute shall arise between the parties as to the meaning or scope of an award, either party may request interpretation of the award by an application in writing addressed to the Secretary-General.

(2) The request shall, if possible, be submitted to the Tribunal which rendered the award. If this shall not be possible, a new Tribunal shall be constituted in accordance with Section 2 of this Chapter. The Tribunal may, if it considers that the circumstances so require, stay enforcement of the award pending its decision.

Article 51

(1) Either party may request revision of the award by an application in writing addressed to the Secretary-General on the ground of discovery of some fact of such a nature as decisively to affect the award, provided that when the award was rendered that fact was unknown to the Tribunal and to the applicant and that the applicant's ignorance of that fact was not due to negligence.

(2) The application shall be made within 90 days after the discovery of such fact and in any event within three years after the date on which the award was rendered.

(3) The request shall, if possible, be submitted to the Tribunal which rendered the award. If this shall not be possible, a new Tribunal shall be constituted in accordance with Section 2 of this Chapter.

(4) The Tribunal may, if it considers that the circumstances so require, stay enforcement of the award pending its decision. If the applicant requests a stay of enforcement of the award in his application, enforcement shall be stayed provisionally until the Tribunal rules on such request.

Article 52

(1) Either party may request annulment of the award by an application in

제5절 판정서의 해석, 개정 및 무효

제50조

(1) 판정서의 의미 또는 범위에 관하여 당사자 간에 분쟁이 제기되는 경우에는 어느 일방 당사자는 사무총장 앞으로 신청서를 제출하여 판정서의 해석을 요청할 수 있다.

(2) 요청서는 가능하다면 판정을 내린 재판소에 제출되어야 한다. 이것이 불가능하다면 새로운 재판소가 본 장 제2절에 따라 구성되어야 한다. 재판소는 사정이 그와 같이 요구한다고 인정하는 경우에는 그의 결정이 있을 때까지 판정의 집행을 유예할 수 있다.

제51조

(1) 어느 일방 당사자가 판정에 결정적으로 영향을 미치는 그러한 성질의 어느 사실을 발견하였음을 이유로 사무총장 앞으로 신청서를 제출하여 판정서의 수정을 요청할 수 있다. 다만, 판정이 내려졌을 당시에 이러한 사실이 재판소 및 신청인에게 알려지지 아니하였고 또한 이러한 사실을 신청인이 알지 못하였음이 과실에 기인하지 아니한 때에 한한다.

(2) 신청은 이러한 사실을 발견한 후, 30일 이내에 행하여져야 하고 어떠한 경우라 할지라도 판정이 내려진 날로부터 3년 이내에 이를 행하여야 한다.

(3) 요청서는 가능하다면 판정을 내린 재판소에 제출되어야 한다. 이것이 불가능하다면 새로운 재판소는 본 장 제2절에 따라 구성되어야 한다.

(4) 재판소는 사정이 그와 같이 요구한다고 인정한다면 그의 결정이 있을 때까지 판정의 집행을 유예할 수 있다. 신청인이 그의 신청서에서 판정집행의 유예를 요청한다면 집행은 재판소가 이러한 요청에 대한 결정을 할 때까지 잠정적으로 유예되어야 한다.

제52조

(1) 각 당사자는 다음의 1 또는 2 이상의 사유로서 사무총장 앞으로 신청서를

writing addressed to the Secretary-General on one or more of the following grounds;

(a) that the Tribunal was not properly constituted;

(b) that the Tribunal has manifestly exceeded its powers;

(c) that there was corruption on the part of a member of the Tribunal;

(d) that there has been a serious departure from a fundamental rule of procedure; or

(e) that the award has failed to state the reasons on which it is based.

(2) The application shall be made within 120 days after the date on which the award was rendered except that when annulment is requested on the ground of corruption such application shall be made within 120 days after discovery of the corruption and in any event within three years after the date on which the award was rendered.

(3) On receipt of the request the Chairman shall forthwith appoint from the Panel of Arbitrators an ad hoc Committee of three persons. None of the members of the Committee shall have been a member of the Tribunal which rendered the award, shall be of the same nationality as any such member, shall be a national of the State party to the dispute or of the State whose national is a party to the dispute, shall have been designated to the Panel of Arbitrators by either of those States, or shall have acted as a conciliator in the same dispute. The Committee shall have the authority to annul the award or any part thereof on any of the grounds set forth in paragraph(1).

(4) The provisions of Articles 41-45, 48, 49, 53 and 54, and of Chapters VI and VII shall apply mutatis mutandis to proceedings before the Committee.

(5) The Committee may, if it considers that the circumstances so require, stay enforcement of the award pending its decision. If the applicant requests a stay of enforcement of the award in his application, enforcement shall be stayed provisionally until the Committee rules on such request.

(6) If the award is annulled the dispute shall, at the request of either party, be submitted to a new Tribunal constituted in accordance with Section 2 of this Chapter.

제출하여 판정의 무효를 요청할 수 있다.

(가) 재판소가 적절히 구성되지 아니하였을 때,

(나) 재판소가 명백히 그의 권한을 이탈하였을 때,

(다) 재판소의 재판관에 독직이 있을 때,

(라) 기본적인 심리 규칙으로부터 중대한 이탈이 있었을 때, 또는

(마) 판정서에 그의 근거되는 이유를 명시하지 아니하였을 때.

(2) 신청은 판정이 내려진 날로부터 120일 이내에 이를 하여야 한다. 다만, 독직을 이유로 무효를 요청한 때에는 독직을 발견한 날로부터 120일 이내에 그리고 어떠한 경우라 할지라도 판정이 행하여진 날로부터 3년 이내에 이러한 신청을 하여야 한다.

(3) 요청서를 접수하면 의장은 즉시 3명으로 구성된 특별위원회를 중재위원단으로부터 임명하여야 한다. 위원회의 어느 위원도 판정을 내린 재판소의 재판관이어서는 아니되며, 분쟁 당사국이나 그의 국민이 분쟁 당사자인 국가의 국민이어서도 아니되며, 이들의 어느 국가에 의하여서도 중재위원단에 지명되지 아니하였어야 하며 또는 동일한 분쟁의 조정자로서 활동하지 아니하였어야 한다. 위원회는 제1항에 규정된 이유에 의하여 판정서 또는 그의 어느 부분을 무효하게 하는 권능을 가진다.

(4) 제41조 내지 제45조, 제48조, 제49조, 제53조 및 제54조와 제6장 및 제7장의 규정은 위원회의 절차에 준용한다.

(5) 위원회는 사정이 그와 같이 요구한다고 인정한다면 그의 결정이 있을 때까지 판정의 집행을 유예할 수 있다. 신청인이 그의 신청에서 판정집행의 유예를 요청한다면 집행은 위원회가 이러한 요청에 대한 결정을 할 때까지 잠정적으로 유예되어야 한다.

(6) 판정이 무효로 된다면 그 분쟁은 어느 일방 당사자의 요청에 따라 본 장 제2절의 규정에 따라 구성되는 새로운 재판소에 제출되어야 한다.

Section 6 Recognition and Enforcement of the Award

Article 53

(1) The award shall be binding on the parties and shall not be subject to any appeal or to any other remedy except those provided for in this Convention. Each party shall abide by and comply with the terms of the award except to the extent that enforcement shall have been stayed pursuant to the relevant provisions of this Convention.

(2) For the purposes of this Section, "award" shall include any decision interpreting, revising or annulling such award pursuant to Articles 50, 51 or 52.

Article54

(1) Each Contracting State shall recognize an award rendered pursuant to this Convention as binding and enforce the pecuniary obligations imposed by that award within its territories as if it were a final judgment of a court in that State. A Contracting State with a federal constitution may enforce such an award in or through its federal courts and may provide that such courts shall treat the award as if it were a final judgment of the courts of a constituent state.

(2) A party seeking recognition or enforcement in the territories of a Contracting State shall furnish to a competent court or other authority which such State shall have designated for this purpose a copy of the award certified by the Secretary-General. Each Contracting State shall notify the Secretary-General of the designation of the competent court or other authority for this purpose and of any subsequent change in such designation.

(3) Execution of the award shall be governed by the laws concerning the execution of judgments in force in the State in whose territories such execution is sought.

Article 55

Nothing in Article 54 shall be construed as derogating from the law in force in any Contracting State relating to immunity of that State or of any foreign

제6절 판정의 승인과 집행

제53조

(1) 판정은 당사자를 구속하며 본 협정에 규정된 바를 제외하고는 어떠한 상소나 또는 기타 어떠한 구제수단에도 그 대상으로 되지 아니한다. 각 당사자는 본 협약의 관계조항에 따라 집행이 유예되어 있는 범위를 제외하고는 판정의 조건을 준수하고 이를 따라야 한다.

(2) 본절의 적용상, 판정이라 함은 제50조, 제51조 또는 제52조에 따라 이러한 판정을 해석, 수정 또는 무효케 하는 어떠한 결정도 포함한다.

제54조

(1) 각 체약국은 본 협약에 따라 내려진 판정은 구속력 있는 것으로 승인하고 그것이 당해 국가의 법원의 최종판결인 것과 같이 동국의 영역 안에서 이러한 판정에 의하여 과하여진 금전상의 의무를 집행하여야 한다. 연방헌법을 가진 체약국은 그의 연방법원 안에서 또는 이를 통하여 이러한 판정을 집행하여야 하며 또한 이러한 법원은 그 판정을 마치 주 법원의 최종판결인 것과 같이 취급할 것을 정하여야 한다.

(2) 체약국의 영역 안에서 승인이나 집행을 구하는 당사자는 이러한 국가가 이 목적을 위하여 지정한 법원이나 기타 당국에 사무총장이 인증한 판정서의 등본을 제공하여야 한다. 각 체약국은 이 목적을 위한 관계법원이나 기타 당국의 지정 및 그 후의 이러한 지정의 변경을 사무총장에게 통고하여야 한다.

(3) 판정의 집행은 그의 영토 안에서 이러한 집행이 요구된 국가에서 유효한 재판의 집행에 관한 법률에 의하여 규율되어야 한다.

제55조

제54조의 어떠한 규정도 당해국 또는 어느 외국의 집행으로부터의 면제에 관한 어느 체약국의 유효한 법률을 훼손하는 것으로 해석되지 아니한다.

State from execution.

CHAPTER V

REPLACEMENT AND DISQULIIFICATION OF CONCILIATORS AND ARBITRATORS

Article 56

(1) After a Commission or a Tribunal has been constituted and proceedings have begun, its composition shall remain unchanged; provided, however, that if a conciliator or an arbitrator should die, become incapacitated, or resign, the resulting vacancy shall be filled in accordance with the provisions of Section 2 of Chapter III or Section 2 of Chapter IV.

(2) A member of a Commission or Tribunal shall continue to serve in that capacity notwithstanding that be shall have ceased to be a member of the Panel.

(3) If a conciliator or arbitrator appointed by a party shall have resigned without the consent of the Commission or Tribunal of which he was a member, the Chairman shall appoint a person from the appropriate Panel to fill the resulting vacancy.

Article 57

A party may propose to a Commission or Tribunal the disqualification of any of its members on account of any fact indicating a manifest lack of the qualities required by paragraph(1) of Article 14. A party to arbitration proceedings may, in addition, propose the disqualification of an arbitrator on the ground that he was ineligible for appointment to the Tribunal under Section 2 of Chapter IV.

Article 58

The decision on any proposal to disqualify a conciliator or arbitrator shall

제5장
중재관 및 조정관의 대체 및 자격상실

제56조

(1) 위원회나 재판소가 구성되고 심리절차가 시작된 후에는 그 구성을 변경하지 못한다. 그러나 중재관이나 조정관이 사망, 능력상실, 또는 사직하는 경우 이 결과로 초래된 결원은 제3장 제2절 또는 제4장 제2절의 규정에 따라 충원되어야 한다.

(2) 위원회 또는 재판소의 위원이나 재판관은 그가 위원단의 위원직을 상실하였음에도 불구하고 위원 또는 재판관자격으로 계속 복무하여야 한다.

(3) 일방 당사자가 임명한 중재관이나 조정관이 그가 위원인 위원회나 재판소의 동의 없이 사직하게 되는 경우에는 의장은 이 결과로 초래된 결원을 충원하기 위하여 관계위원단으로부터 인원을 임명하여야 한다.

제57조

일방 당사자는 제14조 제1항에 요구된 자격의 명백한 결격을 나타내는 사실 때문에 어느 위원의 자격상실을 위원회나 재판소에 제의할 수 있다. 중재소송의 일방 당사자는 이에 추가하여 그가 제4장 제2절에 따라 임명이 될 자격이 없다는 이유로 중재관의 자격상실을 제의할 수 있다.

제58조

조정관이나 중재관을 자격 상실시키는 제의에 대한 결정은 그 경우에 따라

be taken by the other members of the Commission or Tribunal as the case may be, provided that where those members are equally divided, or in the case of a proposal to disqualify a sole conciliator or arbitrator, or a majority of the conciliators or arbitrators, the Chairman shall take that decision. If it is decided that the proposal is well-founded the conciliator to whom the decision relates shall be replaced in accordance with the provisions of Section 2 of Chapter III or Section 2 of Chapter IV.

CHAPTER VI
COST OF PROCEEDINGS

Article 59

The charges payable by the parties for the use of the facilities of the Centre shall be determined by Secretary-General in accordance with the regulations adopted by the Administrative Council.

Article 60

(1) Each Commission and each Tribunal shall determine the fees and expenses of its members within limits established from time to time by the Administrative Council and after consultation with the Secretary-General.

(2) Nothing in paragraph(1) of this Article shall preclude the parties from agreeing in advance with the Commission or Tribunal concerned upon the fees and expenses of its members.

Article 61

(1) In the case of conciliation proceedings the fees and expenses of members of the Commission as well as the charges for the use of the facilities of the Centre, shall be borne equally by the parties. Each party shall bear any other expenses it incurs in connection with the proceedings.

위원회나 재판소의 기타 위원이나 재판관으로서 이를 행하여야 한다. 그러나 이와 같은 위원이나 재판관이 동수로 분립하거나 또는 1명의 조정관이나 중재관이 또는 다수의 조정관이나 중재관을 자격 상실시키는 제의의 경우에는 의장이 그 결정을 한다. 제의에 충분한 이유가 있다고 결정한 경우에는 그 결정에 관련되는 조정관이나 중재관은 제3장 제2절 또는 제4장 제2절의 규정에 따라 대체되어야 한다.

제6장
소송비용

제59조

당사자가 본부시설의 이용에 대하여 지불하여야 할 과징금은 운영이사회가 채택한 규정에 따라 사무총장이 이를 결정하여야 한다.

제60조

(1) 각 위원회 및 각 재판소는 운영이사회가 수시로 설정하는 범위 내에서 또는 사무총장과 상의한 후에 그 위원이나 재판관의 수수료와 경비를 결정하여야 한다.

(2) 본 조 제1항의 어떠한 규정도 당사자가 위원회나 재판소의 위원이나 재판관의 수수료와 경비에 관하여 관계위원이나 재판소와 사전에 합의하는 것을 배제하지 아니한다.

제61조

(1) 조정절차의 경우에 있어서 본부시설의 이용을 위한 과징금과 아울러 위원회 위원의 수수료 및 경비는 당사자가 균등히 이를 분담한다. 각 당사자는 그 절차와 관련하여 당사자가 부담하는 기타 경비를 부담하여야 한다.

(2) 중재소송의 경우에 있어서 달리 합의하는 바를 제외하고는 소송과 관련

(2) In the case of arbitration proceedings the Tribunal shall, except as the parties otherwise agree, assess the expenses incurred by the parties in connection with the proceedings, and shall decide how and by whom those expenses, the fees and expenses of the members of the Tribunal and the charges for the use of the facilities of the Centre shall be paid. Such decision shall form part of the award.

CHAPTER VII
PLACE OF PROCEEDINGS

Article 62

Conciliation and arbitration proceedings shall be held at the seat of the Centre except as hereinafter provided.

Article 63

Conciliation and arbitration proceedings may be held, if the parties so agree,

(a) at the seat of the Permanent Court of Arbitration or of any other appropriate institution, whether private or public, with which the Centre may make arrangements for that purpose; or

(b) at any other place approved by the Commission or Tribunal after consultation with the Secretary-General.

CHAPTER VIII
DISPUTES BETWEEN CONTRACTING STATES

Article 64

Any dispute arising between Contracting States concerning the

하여 당사자에 의하여 부담될 경비를 재판소는 산정하여야 하며 또한 재판소의 경비, 재판소의 재판관의 수수료와 경비 및 본부시설의 이용을 위한 과징금이 어떻게 지불되어야 하며 누가 지불하는가를 재판소가 결정하여야 한다. 이러한 결정은 판정의 일부를 이룬다.

제7장
조정 및 중재의 장소

제62조

조정과 중재의 절차는 이하에서 달리 규정하는 경우를 제외하고는 본부의 소재지에서 행하여져야 한다.

제63조

조정과 중재의 절차는 당사자가 합의한다면 다음의 장소에서 행하여질 수 있다.

(가) 상설 중재재판소의 소재지 또는 민간기구와 공공기구를 불문하고 본부가 그 목적을 위하여 약정할 수 있는 기타 적당한 기구의 소재지.

(나) 위원회나 재판소가 사무총장과 상의한 후에 승인한 기타 장소.

제8장
체약국 간의 분쟁

제64조

본 협약의 해석이나 적용에 관하여 체약국 간에 발생하는 분쟁으로서 교섭에

interpretation or application of this Convention which is not settled by negotiation shall be referred to the International Court of justice by the application of any party to such dispute, unless the States concerned agree to another method of settlement.

CHAPTER IX
AMENDMENT

Article 65

Any Contracting State may propose amendment of this Convention. The text of a proposed amendment shall be communicated to the Secretary-General not less than 90 days prior to the meeting of the Administrative Council at which such amendment is to be considered and shall forthwith be transmitted by him to all the members of the Administrative Council.

Article 66

(1) If the Administrative Council shall so decide by a majority of two-thirds of its members, the proposed amendment shall be circulated to all Contracting States for ratification, acceptance or approval. Each amendment shall enter into force 30 days after dispatch by the depositary of this Convention of a notification to Contracting States that all Contracting States have ratified, accepted or approved the amendment.

(2) No amendment shall affect the rights and obligations under this Convention of any Contracting State or of any of its constituent subdivisions or agencies, or of any national of such State arising out of consent to the jurisdiction of the Centre given before the date of entry into force of the amendment.

의하여 해결되지 아니하는 것은 관계국가가 다른 해결방법에 합의한 경우를 제외하고는 어느 분쟁 당사자의 신청에 의하여 국제사법재판소에 회부되어야 한다.

제9장
개정

제65조

어느 체약국이든 본 협약의 개정을 제의할 수 있다. 개정안은 이러한 개정안을 검토할 운용이사회의 회기에 앞서 90일 전에 사무총장에게 송부되어야 하며 또한 사무총장은 운영이사회의 전 위원에게 이를 즉시 전달하여야 한다.

제66조

(1) 운영이사회가 그 위원의 3분지 2 이상의 다수결로서 가결한다면 개정안은 비준, 수락 또는 승인을 위하여 모든 체약국에 배부되어야 한다. 각각의 개정은 모든 체약국이 그 개정을 비준, 수락 또는 승인하였다는 통고를 본 협약의 기탁기관에 의하여 체약국에 발송된 후 30일 만에 효력을 발생한다.

(2) 어떠한 개정도 개정의 효력발생이전에 본부의 관할권에 동의함으로써 발생한 어느 체약국 또는 그의 하부조직이나 기관 또는 이러한 국가의 국민의 본 협정상의 권리의무에 영향을 미치지 아니한다.

CHAPTER X
FINAL PROVISIONS

Article 67

This Convention shall be open for signature on behalf of States members of the Bank. It shall also be open for signature on behalf of any other State which is a party to the Statute of the International Court of Justice and which the Administrative Council, by a vote of two-thirds of its members, shall have invited to sign the Convention.

Article 68

(1) This Convention shall be subject to ratification, acceptance or approval by the signatory States in accordance with their respective constitutional procedures.

(2) This Convention shall enter into force 30 days after the date of deposit of the twentieth instrument of ratification, acceptance or approval. It shall enter into force for each State which subsequently deposits its instrument of ratification, acceptance or approval 30 days after the date of such deposit.

Article 69

Each Contracting State shall take such legislative or other measures as may be necessary for making the provisions of this Convention effective in its territories.

Article 70

This Convention shall apply to all territories for whose international relations a Contracting State is responsible, except those which are excluded by such State by written notice to the depositary of this Convention either at the time of ratification, acceptance or approval or subsequently.

제10장
최종 조항

제67조

본 협약은 은행의 회원국가의 서명을 위하여 개방된다. 그것은 또한 국제사법재판소 규정의 당사국이며 또한 운영이사회가 그 이사회의 3분지 2 이상의 투표로서 협약에 서명하도록 초청할 기타 국가의 서명을 위하여 개방된다.

제68조

(1) 본 협약은 서명국 각각의 헌법상의 절차에 따라 당해국에 의하여 비준, 수락 또는 승인되어야 한다.

(2) 본 협약은 비준서, 수락서 또는 승인서가 20번째로 기탁된 후 30일 만에 효력을 발생한다. 본 협정은 그 후에 비준서, 수락서 또는 승인서를 기탁한 각 국가에 대하여서는 이러한 기탁을 한 날로부터 30일 만에 효력을 발생한다.

제69조

각 체약국은 당해국의 영역 내에서 본 협약의 규정을 유효케 하는데 필요한 입법적인 또는 기타 필요하다고 인정되는 조치를 취하여야 한다.

제70조

본 협약은 체약국의 국제관계에 있어서 책임을 지는 모든 영역에 대하여 적용되어야 한다. 다만, 이러한 국가가 비준, 수락 또는 승인하는 어느 때에나 본 협약의 기탁 기관에 서면통고로써 제외시킨 영역에 대하여서는 그러하지 아니하다.

Article 71

Any Contracting State may denounce this Convention by written notice to the depositary of this Convention. The denunciation shall take effect six months after receipt of such notice.

Article 72

Notice by a Contracting State pursuant to Articles 70 or 71 shall not affect the rights or obligations under this Convention of that State or of any of its constituent subdivisions or agencies or of any national of that State arising out of consent to the jurisdiction of the Centre given by one of them before such notice was received by the depositary.

Article 73

Instruments of ratification, acceptance or approval of this Convention and of amendments thereto shall be deposited with the Bank which shall act as the depositary of this Convention. The depositary shall transmit certified copies of this Convention to States members of the Bank and to any other State invited to sign the Convention.

Article 74

The depositary shall register this Convention with the Secretariat of the United Nations in accordance with Article 102 of the Charter of the United Nations and the Regulations thereunder adopted by the General Assembly.

Article 75

The depositary shall notify all signatory States of the following:

(a) signatures in accordance with Article 67;

(b) deposits of instruments of ratification, acceptance and approval in accordance with Article 73;

(c) the date on which this Convention enters into force in accordance with Article 68;

제71조

모든 체약국은 본 협약의 기탁 기관에 서면 통고함으로써 본 협약을 폐기할 수 있다. 폐기는 이러한 통고를 받은 날로부터 6개월 후에 효력을 발생한다.

제72조

제70조 또는 제71조에 의거한 체약국의 통고는 기탁 기관이 이러한 통고를 받기전에 본부의 관할권에 동의한 것으로부터 발생한 어느 체약국, 그의 하부조직이나 또는 기관 또는 이러한 국가의 국민이 지고 있는 본 협정상의 권리의무에 영향을 미치지 아니한다.

제73조

본 협약 및 그 개정 협약에 대한 비준서, 수락서 또는 승인서는 본 협약의 기탁 기관으로서 행동할 은행에 기탁되어야 한다. 기탁 기관은 회원국과 협약에 서명하도록 초청받은 기타 국가에 인증 등본을 송부하여야 한다.

제74조

기탁 기관은 국제연합헌장 제102조 및 총회가 채택한 그에 관한 규정에 따라 국제연합사무국에 본 협약을 등록하여야 한다.

제75조

기탁 기관은 모든 체약국에 대하여 다음의 사항을 통고하여야 한다.

(가) 제67조에 따른 서명.

(나) 제73조에 따른 비준서, 수락서 및 승인서의 기탁.

(다) 제68조에 따른 본 협약의 효력 발생 일자.

(d) exclusions from territorial application pursuant to Article 70;

(e) the date on which any amendment of this Convention enters into force in accordance with Article 66; and

(f) denunciations in accordance with Article 71.

DONE at Washington in the English, French and Spanish languages, all three texts being equally authentic, in a single copy which shall remain deposited in the archives of the International Bank for Reconstruction and Development, which has indicated by its signature below its agreement to fulfil the functions with which it is charged under this Convention.

(Signatures omitted)

(라) 제70조에 따른 영역의 본 협약 적용으로부터의 제외.

(마) 제66조에 따른 본 협약의 개정의 효력 발생 일자.

(바) 제71조에 따른 폐기.

동등히 정본인 영어, 불어 및 서반아어로 각각 1통씩을 워싱톤에서 작성하였으며, 국제부흥개발은행의 문서국에 이를 기탁하여야 한다. 동 은행은 아래에 서명함으로써 동 은행에 본 협약에 의하여 부과된 기능을 수행하는데 대한 동의를 표명하였다.

| 찾아보기 |

[T]

[U]

[V]

[W]

[Z]

[ㄴ]

[ㄷ]

[ㅁ]

[ㅂ]

[ㅅ]

[ㅇ]

[ㅈ]

편저자 소개

신희택(申熙澤)

서울대학교 법과대학 법학과 졸업 (1975. 2)
제16회 사법시험 합격 (1974), 사법연수원 수료 (7기, 1977. 8)
육군 법무관 (1977~1980)
서울대학교 대학원 법학과 졸업, 법학석사 (1981. 2)
미국 Yale Law School 법학석사 (LL.M. 1983. 6)
미국 Yale Law School 법학박사 (J.S.D. 1990. 6, 국제투자법 전공)

서울대학교 법학전문대학원 교수 (2007. 10~현재)
국제투자분쟁해결센터(ICSID) 중재인 (2009~현재)
서울국제중재센터 운영위원장 (2010~현재)
교육과학기술부 법학교육위원장 (2010~2012)
대한변호사협회 섭외이사 (1999~2001)
새교육공동체위원회 대학위원회 위원 (1998~2000)
외교통상부 국제투자부문 통상교섭 민간자문그룹 자문위원 (1998~2006)
중앙교육심의회 위원 (1996~1998)
사법연수원 국제거래법 외부강사 (1995~2006)
우루과이라운드 서비스 협상 정부 자문 변호사 (1990~1993)
김&장 법률사무소 변호사 (1980. 10~2007. 9)

김세진(金世珍)

서울대학교 사회과학대학 정치학과 졸업 (2005)
미국 University of Washington School of Law 졸업 J.D. (2008)

법무법인 태평양 국제중재팀 변호사 (2013. 4~현재)
해군 법무관 (2010~2013)
미국 뉴욕주 변호사 (2009)
미국 Washington Court of Appeals Law Clerk (the Honorable Mary Kay Becker) (2008~2009)
Pacific Rim Law & Policy Journal 편집위원(Executive Comment Editor) (2006~2008)